中国100

影响中国的 100 部典籍

主编 张秀平

五洲传播出版社

图书在版编目（CIP）数据

影响中国的 100 部典籍 / 张秀平主编；张秀平等著 . -- 北京：五洲传播出版社，2024.1

（中国 100）

ISBN 978-7-5085-5059-6

Ⅰ.①影… Ⅱ.①张… Ⅲ.①古籍－介绍－中国 Ⅳ.① Z835

中国国家版本馆 CIP 数据核字 (2023) 第 073310 号

"中国 100"

主　　编：张秀平
出 版 人：关　宏

影响中国的 100 部典籍

张秀平主编；张秀平等著

责 任 编 辑：刘　波
装 帧 设 计：蒲建霖
出 版 发 行：五洲传播出版社
地　　　址：北京市海淀区北三环中路 31 号生产力大楼 B 座 6 层
邮　　　编：100088
发 行 电 话：010-82005927，010-82007837
网　　　址：http://www.cicc.org.cn，http://www.thatsbooks.com
印　　　刷：北京圣彩虹科技有限公司
版　　　次：2024 年 1 月第 1 版，第 1 次印刷
开　　　本：787×1092 mm　1/16
印　　　张：25.5
字　　　数：315 千字
定　　　价：68.00 元

前言

在中华文明的浩瀚长河中，无数璀璨的典籍犹如星辰点缀，它们承载着中华民族数千年的智慧与文化。如今，我们精心挑选最具代表性的、时间跨度上从先秦至清末的典籍，汇聚于《影响中国的100部典籍》一书中。

在这100部典籍中，既有《论语》《老子》等哲学经典，也有《史记》《资治通鉴》等史学巨著；既有《本草纲目》《黄帝内经》等医学名著，也有《山海经》《徐霞客游记》等地理学佳作。这些典籍或阐发了深邃的哲学思想，或记录了波澜壮阔的历史画卷，或揭示了自然科学的奥秘。它们共同构成了中华文化的壮丽画卷。

在编写过程中，我们力求从简练的文字中展现每部典籍的精华与魅力。通过对其成书经过、主要理论主张及影响的概述，让读者能够快速领略典籍的独特价值与深远影响。

《影响中国的100部典籍》是对中华传统文化的传承与弘扬，在书中我们将追溯中华文化的源远流长，感受中华文化的博大精深。希望本书能够成为读者了解中华文化、探寻中华民族的精神家园、提升人文素养的宝贵指南。

目录

序 / 1

001　玄妙的阴阳八卦——《周易》 / 5

002　"天道之数,人心之变"——《管子》 / 9

003　"祸兮福之所倚,福兮祸之所伏"——《老子》 / 12

004　儒家的经典,道德的规范——《论语》 / 17

005　"民为贵,社稷次之,君为轻"——《孟子》 / 21

006　先秦法治理论的宣言——《商君书》 / 25

007　"夫道有情有信,无为无形;可传而不可受,
可得而不可见"——《庄子》 / 29

008　"天行有常,不为尧存,不为桀亡。应之以治则吉,
应之以乱则凶"——《荀子》 / 33

009　古代劳动人民之哲学——《墨子》 / 37

010　法家理论之集大成者——《韩非子》 / 41

011　"天不变道亦不变"——《春秋繁露》 / 45

012　中世纪神学、伦理学之法典——《白虎通义》 / 49

013　"疾虚妄古之实论,讥世俗汉之异书"——《论衡》 / 53

014　"融贯群言,包罗古义"——《五经正义》 / 57

015　"推极吾之知识""穷致事物之理"——《四书章句集注》 / 61

016　"求理于吾心,此圣门知行合一之教"——《传习录》 / 65

017　"手辟洪蒙破混茫,浪翻古今是非场"——《焚书》《续焚书》 / 69

018	明末清初的"人权宣言"——《明夷待访录》 / 73
019	"但开风气不为师"——《定庵文集》《续集》 / 77
020	"农业社会主义的空想"——《天朝田亩制度》 / 81
021	康有为的乌托邦空想——《大同书》 / 84
022	"国民教育之第一教科书"——《革命军》 / 88
023	"长梦千年何日醒,睡乡谁遣警钟鸣"——《警世钟》 / 92
024	"以行而求知,因知以进行"——《孙文学说》 / 96
025	最早的史书——《尚书》 / 100
026	最早的编年体史书——《春秋》 / 103
027	"其言简而要,其事详而博"——《春秋》三传 / 107
028	最早的国别史——《国语》 / 110
029	"长短纵横之术"——《战国策》 / 113
030	最早最完整的官制记录——《周礼》 / 116
031	最早的封建礼制教科书——《礼记》 / 119
032	"史家之绝唱,无韵之《离骚》"——《史记》 / 121
033	第一部纪传体断代史——《汉书》 / 125
034	第一部编年体缩写史书——《前汉纪》 / 129
035	"简而且周,疏而不漏"——《后汉书》《续汉书》 / 132
036	"略举义教所归,庶以弘敷王道"——《后汉纪》 / 136
037	"辞多劝诫,明乎得失,有益风化"——《三国志》 / 140

038	"铨次旧文，裁成义类"——《晋书》 / 144
039	"式规万叶，作鉴于后"——《宋书》 / 148
040	"类叙得法，有补益于世"——《南齐书》 / 151
041	"曲折明畅，一洗六朝芜冗之习"——《梁书》 / 155
042	"凭其旧稿，加以新录"——《陈书》 / 159
043	"包举一代始终，颇为详悉"——《魏书》 / 162
044	"下笔不苟，以史为鉴"——《北齐书》 / 166
045	"旁征简牍，意在摭实"——《周书》 / 170
046	修史与求治的结合——《隋书》 / 174
047	最早最完整的法典——《唐律疏议》 / 178
048	"编次别代，共为部秩"——《南史》《北史》 / 182
049	"参详旧史，撮其指要；举其宏纲，义在惩劝"——《贞观政要》 / 186
050	"随时立制，遇弊则变""征诸人事，将施有政"——《通典》 / 190
051	"新旧合璧，备一代之典"——《旧唐书》《新唐书》 / 194
052	"综事迹之备，追《史记》之文"——《旧五代史》《新五代史》 / 198
053	"鉴前世之兴衰，考当今之得失"——《资治通鉴》 / 202
054	第一部纪事本末体史书——《通鉴纪事本末》 / 206
055	"总天下之大学术而条其纲目"——《通志》 / 210

056	"有志于经邦稽古者，或有考焉"——《文献通考》	/ 213
057	"天水一朝的辉煌"——《宋史》	/ 216
058	穹庐里的春秋——《辽史》	/ 219
059	草原与田园的交响诗——《金史》	/ 222
060	因以往之兴废，作将来之法戒——《元史》	/ 226
061	"一代贤奸托布衣"——《明史》	/ 229
062	"推本得失之原，立一成之型"——《读通鉴论》	/ 233
063	"为师夷长技以制夷而作"——《海国图志》	/ 236
064	第一部女性名人传记——《列女传》	/ 240
065	第一部系统性的史论专著——《史通》	/ 243
066	"史所贵者义也，而所具者事也，所凭者文也" ——《文史通义》	/ 247
067	"历史者，叙述进化之现象也"——《新史学》	/ 251
068	先秦百工技艺之书——《考工记》	/ 255
069	"算经之首"——《九章算术》	/ 260
070	"惠民之政，训农裕国之术"——《齐民要术》	/ 265
071	中国科技史上的里程碑——《梦溪笔谈》	/ 269
072	古典建筑之规范——《营造法式》	/ 273
073	元代三大农书之冠——《王祯农书》	/ 276
074	农业手工业技术的百科全书——《天工开物》	/ 280
075	杂采众家，兼出独见——《农政全书》	/ 284

076	中国医学发展的理论源泉——**《黄帝内经》**	/ 288
077	中国临床医学之祖——**《伤寒杂病论》**	/ 292
078	"洞明医术,遂成其妙"——**《针灸甲乙经》**	/ 296
079	中国最早的临床百科全书——**《备急千金要方》**	/ 300
080	"明代最伟大的科学成就"——**《本草纲目》**	/ 305
081	早期百科全书——**《山海经》**	/ 310
082	宇宙未有之奇书——**《水经注》**	/ 314
083	古代印度旅行记中的金字塔——**《大唐西域记》**	/ 319
084	"扼天下之吭,制群生之命"——**《元和郡县图志》**	/ 323
085	中外交通史必读之书——**《岛夷志略》**	/ 327
086	"世间真文字,大文字,奇文字"——**《徐霞客游记》**	/ 331
087	"造端宏大,未为定稿"——**《天下郡国利病书》**	/ 335
088	"千古绝作""海内奇书"——**《读史方舆纪要》**	/ 339
089	内容最丰富最完善的地理总志——**《大清一统志》**	/ 343
090	"武学之圣典,兵家之绝唱"——**《孙子兵法》**	/ 347
091	"仁道礼义,机权法制;克敌制胜,立国之道" ——**《吴子》**	/ 351
092	"议兼儒、墨,合名、法;论诛暴乱,禁不义" ——**《尉缭子》**	/ 355
093	"武学必读之书"——**《六韬》**	/ 359
094	"兵家之楷模,用兵之典范"——**《唐李问对》**	/ 363

095	第一部词典——《尔雅》 / 367
096	第一部词典的续篇——《广雅》 / 371
097	最早、影响最大的字典——《说文解字》 / 375
098	最完整、最古老、最重要的韵书——《广韵》 / 379
099	"悬诸日月不刊之书"——《方言》 / 384
100	"晰名物之殊,辨典礼之异"——《释名》 / 388

序

在人类发展的历史上，曾经创造出了什么样的精神产品；这些精神产品，又在何种程度上以怎样的特点影响着人类历史的进程？人们为了认识自己的历史，尤其是为了认识这些精神产品过去所产生的作用，以至于现今仍在产生的作用，曾力图从浩瀚无涯的文献海洋中，列举出十几种、几十种及至上百种著作，以表明它们在广袤的空间和漫长的时间中所具有的特殊的影响，从而增益智慧，明确抉择，启迪新的创造。尽管这种以有限的列举比之于无限的存在，可谓沧海一粟，具有难以避免的局限性，但它毕竟是人们渴求了解精神的历史、智慧的积累之愿望的一种形式。历史证明，人们对于这种愿望的追求，是始终存在、持续不断的，可以说它本身也是精神的历史的一部分。

本书的编撰，也是这种努力的一个尝试，它所列举和评介的100种书，上起先秦，下迄清末，包含哲学、历史学、科学技术、医学、地理学、军事学、语言文字学等方面。按照传统的文献分类，其中清初以前的著作，多出于经、史、子三部类。中国历史悠久，而其文明之发展又具有连续性的特点；史书作为这一文明之连续性发展的记录，在100种著作中占了将近半数的位置，恰恰是上述特点的最有力的明证。综观其他各类著作，则不独反映了中国文明发展的连续性，而且也显示了中国文明内涵的丰富性，尽管它们还没有包含文学、艺术等方面的作品和灿烂的文物文明在内，但也足以证明这一点。从分类学的观点和历史传承的观点来看，这里所列举的100种著作，要完全避免重复与交叉，显然是困难的。经文与注疏之间有这种情况，经与史之间有这种情况，独立的著作与合辑的著作之间也有这种情况。它们或是产生于不同的时代，因而反映着各个时代的精神面貌，并影响着历史的进程；或是各从不同的方面对历史、文化的发展产生着影响。从这个意义上说，这种重复与交叉，却也反映出悠久历史发展的连续性和丰富的文明内涵中的联系性。

这里所列举和评介的100种书，究竟在多大的程度上如何影响着中国历史的进程？对于这个问题作总体性的综合考察与阐述，远非本书所能胜任的。退而言之，即便是就其中某一类著作来说明它们对中国历史发展产生的影响，也是困难的。本书编撰的目的，是在对它们作简要评介的基础上，试图提出作综合评论的价值取向。尽管本书是一本通俗性和知识性读物，但它或许有利于读者增强这种评论和思考的兴趣，从而丰富和提高对于中国历史上之精神产品及其历史作用的认识。诚然，当我们说到这些书在很大程度上反映了悠久的中国历史的连续性和文明发展内涵的丰富性时，事实上已经包含了这种综合评论的价值取向。但是，归根结底，这种综合价值的具体体现，却又不在评论而在于这些著作本身及其在历史上的实际影响。举例来说，从《五经》《九经》《十一经》《十三经》及有关的注疏不断被确立为国学的过程中，从《三史》《十七史》《二十四史》一再被确认为正史的过程中，从历代皇朝屡屡颁发各种农书、医书的敕令中，从封建王朝的不断发展和全国性地理书的反复编纂过程中，从思想家们对于天与人、义与利、物与我、道与器、有与无、名教与自然、形与神、天理与人欲、心与物、理与势等哲学范畴的长期论辩中，人们便有可能逐步估量到它们本身及其对于历史影响的综合价值，并有可能从长阶段的历史发展上全面评论这个综合价值的得失。

自秦汉以后，中国作为一个统一的多民族国家，迄今已有两千多年的历史。这是人类历史上的一个奇迹，但也确有其自身的必然性。本书所列举和评介的100种著作，尤其是哲学著作和历史著作，曾经产生了何等巨大的作用，这是值得每一位读者思考和研究的。以史书为例，我们可以从《尚书》《春秋》《左传》《国语》中，看到它们都记述了先秦时期中国古代多民族活动的史实；从《史记》《汉书》以下，历代统一皇朝的正史，是如何反映了多民族统一国家的历史面貌。我们还可以从《魏书》《周书》《辽史》《金史》中，看到分裂时期少数民族统治者所建皇朝的历史，同样被庄严地列入正史；可以从《辽史》《金史》《元史》的记载中，看到《贞观政要》《资治通鉴》等汉文史书和经书，是如何受到重视而被译成契丹文、女真文、蒙古文以广为流传、诵习的事实,等等。这表明,中国丰富的史学遗产,对中华民族发展中的历史认同产生了巨大的影响。经书,作为思想和伦理的集中反映,对中华民族共同的文化心理的形成和发展,也产生了巨大的影响。《金史·世宗纪下》载:大定二十三年(1183年),"译经所进所译《易》《书》《论语》《孟子》《老子》《扬子》《文中子》《刘子》《新唐书》。上谓宰臣曰:'朕所以令译《五经》者,正欲女直(真)人知仁义道德所在耳。'命颁行之。"金世宗的认识和做法,足以表明这种影响的深刻程度。字书,即所谓小学之书,主要是关于汉语言文字研究的专门著作。这门学问的延续和发展,对于保证中华民族文明发展的连续性和汉文化的扩散、传播,有非常巨大的作用。《隋书·经籍志》小学类著录《鲜卑语》字书多种,《宋史·艺文志》小学类著录《蕃汉语》一种,说明古代史家在文献著录上也并不仅限于汉语言文字的专书,同样反映出多民族国家的历史意识。《辽史》所附《国语解》和《金史》所附《金国语解》,也是这种历史意识的具体表现。

以上所举的这些问题,都是值得我们认真思考、深入研究的。本书所列举和评价的100种著作,是从不同的方面提出了带有共同性的问题,这也可以说是言在书中、意在书外吧。这100种书中,于1840年至1911年期间问世的只有为数不多的几种,但也约略反映了它们对于中华民族救亡图强、寻求改革和革命之路所起的振聋发聩的呐喊作用。

中国文化不是封闭的,至少可以说在绝大多数的世纪里不是封闭的。自汉唐以下,它不断吸收外来文化,也不断向外扩散;这种扩散的积极后果之一,是推动了欧洲历史走向近代化的历程,这是已经有了定论的。中国文化在许多方面影响着世界,不独是日本,也包括被黑格尔一再赞颂的欧洲沿海国家。20世纪初,当中西文化交流浪潮兴起之际,德国人利奇温于1923年出版了《18世纪中国与欧洲文化的接触》一书(朱杰勤译,商务印书馆1962年版),指出早在18世纪,中国文化已深深地影响着欧洲的年轻一代。他认为20世纪初的中西文化交流,"无论如何,这是欧洲史上东亚第二次在精神上与西方的接触"了。作者的历史观点固有不少可议之处,但他是一个切切实实认识到中国文化对欧洲文化有重大影响的人。如果联系到当今在世界范围内的"中国学"的兴起,我们或许会进一步加深对于我们本民族文化即中华民族文化的认识和理解。这些话,似已超出了本书主旨的范围,但确也是顺理成章,不得不写下来的。

——瞿林东

001
玄妙的阴阳八卦
——《周易》

讲阴阳八卦学说的《周易》，究竟是一部什么书呢？有人说它是一部迷信的书，有人说从哲学思想来看，它具有朴素的辩证法；还有人说，从史籍来看，它是我国最早的经典之一，也是具有世界影响的一部古代典籍。

早在原始社会，由于生产力的低下，人们对自然和社会现象的客观情况和规律性缺乏认识，因而产生宗教迷信。这正如恩格斯所说的："宗教是在最原始的时代从人们关于自己本身的自然和周围的外部自然的错误的、最原始的观念中产生的。"（《费尔巴哈和德国古典哲学的终结》）当时人们是根据神灵的启示来判断吉凶的，而传达神灵启示的手段是占卜。

进入阶级社会之后，占卜逐渐成为一门专业，从事这门专业的人叫作"卜人"或"筮者"。这些卜人把他们积累的经验编辑成书，以便翻检和传授。相传在夏朝时已有《连山》，在商朝时已有《归藏》，在周朝时已有《周易》。从这方面来说，《周易》具有一定迷信色彩。

但是，在《周易》这部书中，它吸收了当时自然科学上的成就，以及在社会生活中经常接触的复杂现象，并对这些现象作出解释和说明。因此，《周易》不仅仅是一部宗教迷信书，还是包含着丰富哲学思想的智慧之书。其内容涉及天文历算、地理、生物、伦理、道德、哲学、政治、历史等诸多方面。它还有许多有价值的方法论思想（如简单性原则、相似性原则、循环原则似与前三类原则无关，且不是《周易》典型思想理论等等）。

在哲学上，《周易》把人们在自然中经常接触的天、地、雷、风、水、火、山、泽的八种物质，作为产生世界万物的根本，其中又以天、地为最根本，其他六种是天地产生的。所以说，《周易》是以八卦构成的。所谓八卦，即是象征构成物质世界的八种成分：天（乾 ☰）地（坤 ☷）雷（震 ☳）风（巽 ☴）水（坎 ☵）火（离 ☲）山（艮 ☶）泽（兑 ☱）。其本源是所谓"太极"，"太极"是阴阳的根本，阴阳二气相互作用产生"四象""八卦"所代表的物像，宇宙万物由此产生。从卦象上看，太极"一变"生"阴阳"，"二变"生"四象"，"三变"成"八卦"，"八卦"相重为六十四卦，六十四卦又发展为三百八十四爻。用物质性的东西来说明万物生成，这是朴素的唯物主义观点。它用变化来观察不同事物之间的相反相成，并认为某一事物发展到一定程度，又会过渡到"物极必反"的对立中去，这具有朴素的辩证法思想。对于《周易》的辩证法，郭沫若给予高度的评价，他在《周易时代的社会生活》中说："《易》的出发点原是一种辩证观。"在《周易之制作时代》中指出："从《易》的纯粹的思想上来说，它之强调着变化而透辟地采取着辩证的思维方式，在中国的思想史上的确是一大进步。"

"八卦"哲学是一种朴素的辩证唯物论，它比神学进步，但是，它还披着神学的外衣。所以，一提起阴阳八卦，人们常产生玄妙神秘之感。

《周易》是以六十四卦构成的，每卦有卦辞，每爻有爻辞。卦辞与爻辞是经文，称为《易经》，后人对卦辞和爻辞进行说明、解释，甚至加以发挥，这些文字叫作传文，称为《易传》。现存的《周易》，包括《易经》和《易传》两个部分。《易》卦产生于何时？《易传》为何人所作？至今仍众说纷纭。《史记·周本纪》说：周文王被囚羑里，"盖益《易》之八卦为六十四卦"。《史记正义》解释说：《乾凿度》云：'垂黄策者羲，益卦演德者文，成命者孔也。'《易正义》云：'伏羲制卦，文王卦辞，周公爻辞，孔《十翼》也。'据司马迁所说，文王益卦是一种较早的记载。古今学者一般都认为八卦哲学为周人哲学是无可置疑。但是，对于《周易》的写作时代，仍然有不同看法。有西周初年说，也有西周末年说，还有战国说。

《易传》(又叫《十翼》,意思是《易传》十篇文字是"经"的羽翼)相传是孔子所作。后人有的认为,不可能是孔子一人所作,有的认为,是战国时代儒家后学所作。不论作者是谁,在《易传》的作者看来,"有天地然后有万物,有万物然后有男女"(《序卦》),人直接地是自然的产物,所以,人与自然之间的关系也应是统一的。《说卦》曰:"乾,天也,故称乎父;坤,地也,故称乎母;震一索而得男,故谓之长男,巽一索而得女,故谓之长女;坎再索而得男,故谓之中男;离再索而得女,故谓之中女;艮三索而得男,故谓之少男;兑三索而得女,故谓之少女。"这就是说,在大自然中,天(乾)、地(坤)与雷(震)、风(巽)、水(坎)、火(离)、山(艮)、泽(兑)诸事物之间的关系,也就是人伦的社会关系中父母与自己子女之间的关系。《易传》在对客观世界的变化作出解释时,使用了"乾坤""阴阳""刚柔"等范畴和命题。《易传》中《系辞》认为,天地间一切事物都是变化的,"穷则变,变则通,通则久"。所谓"穷",就是事物发展到顶点,"变"就是由顶点向反面变化,"通"就是变为反面之后又开始新的发展,"久"就是说明有这些变化过程之后才能长期存在下去。这是发展了《易经》里朴素的辩证法思想。

据说孔子晚年很喜欢研究《周易》,由于他多次翻阅竹简,把串联着书简的皮带子弄坏了多次("韦编三绝")。孔子自己说过:"加我数年,五十以学《易》,可以无大过矣。"(《论语·述而》)就是说,让我多活几年,如果50岁时就学习《周易》,便可以没有大过错了。司马迁也说过:"孔子晚而喜《易》,序《彖》《系》《象》《说卦》《文言》。"(《史记·孔子世家》)孔子还把《易》作为教授学生的内容,"孔子传《易》于瞿"(《史记·仲尼弟子列传》),商瞿(字子木,鲁人)是孔子的高才生之一。

在《易传》作者看来,有一种本质不变的东西存在,那就是天(乾)一定在上,地(坤)一定在下,在上者必尊,在下者必卑。这种上下有序,尊卑有别的思想,便形成了儒家政治思想的基础。

《周易》提出了"道",但没有把"道"作为宇宙的本体,如履卦九二爻辞:有"履道坦坦,幽人贞吉。"随卦九四爻辞:"有孚在,道以明,何咎。"这里所讲的"道",就是作为宇宙本体的"道"。《易传》对于作为宇宙本体的"道",可以说是理解得很深刻,发挥得很透彻的。《系辞》第五章:"一阴一阳之谓道。"第十一章:"易有太极,是生两仪。"这是说,"道"可以产生出阴和阳来。第二章:"刚柔相推而生变化。"这是说,由阳和阴自己配合和相互配合,就进一步产生出以乾象征天,以坤象征地等八种物体来。从而人事的是非得失,吉凶祸福,也都相伴随而发生,相伴随而发展,以至于天地之间的一切无不具备。

《周易》提出了"道",但没有展开对"道"的阐述,老子在《道德经》中加以阐明,并发挥了自己的看法。《易传》又对《老子》的"道"论多有吸收和阐发所以《周易》和老子的《道德经》是中国古代乃至世界古代谈辩证法的经典,至今仍有它的生命力。目前世界各国有不少人在谈《易》论《老》,还有人认为,《周易》开创了世界数理哲学的先河;有人认为它是开创世界数学史上二进位制的始祖。

可见,玄妙而神秘的《周易》,是中国以及世界一份十分珍贵的文化遗产。它的宝藏,还有待于人们继续求索、挖掘,使它放发出更加耀眼的光芒。

002 "天道之数，人心之变"——《管子》

现存《管子》一书是西汉人刘向校定的，但史学界对《管子》一书中哪些是稷下先生宋钘、尹文的遗著，哪些是管仲学派的言论还有争论，但有一点可以肯定的是，其绝大部分的思想资料是属于管仲学派的，它所体现的政治、经济和哲学思想是我国古代杰出的思想成就。

关于《管子》版本，今天我们所能见到的最古版本，是宋代的杨忱本，再后的有明吴郡赵用贤本。郭沫若搜集古本和近人的校注本，系统地写下了《管子集校》，计86篇（有的篇已亡佚），可供研究。

管仲，名夷吾，字仲。春秋时颍上（今安徽境内）人，是春秋时著名的政治家。管仲相齐时，"作内政而寄军令"（《国语·齐语》），通货积财，富国强兵，改革行政，编练军队，使齐国强盛起来，他帮助齐桓公以"尊王攘夷"为号召，"九合诸侯，一匡天下"，成为春秋第一位霸主。

管仲学派的哲学思想有两个基本范畴——天道与人情。《管子》在谈到王天下时指出，如果具备地大国富，人众兵强这些称王称霸的条件时，若不掌握自然发展和人心变化的规律，国家也就接近于危亡的边缘。因此只有根据"天道之数，人心之变"（《重令》）办事，才能防止事物向反面转化。遵循天道并得人心，战争一旦爆发，"战可以必胜，而守可以必固"，"此正天下之道也"。（《重令》）天道与人情是《管子》哲学思想的两个基本范畴，也是管仲学派政治思想的基本哲学原则，他们由此提出了一系列具有朴素唯物主义和辩证法的哲学思想。

《管子》的哲学思想，还体现在"予之为取"的策略思想。《牧民》篇说："故知予之为取者，政之宝也。"这种"予之为取"的思想贯穿于管仲学派的政治、经济和军事思想中，它包含着对立面相互依存和转化的辩证法思想。《形势》篇中还谈到必须按天道办事的道理，它指出，只有掌握了天道，事情才会自然而然地成功。管仲学派还十分重视研究处理矛盾的方法，《管子》一书中提到了掌握时机是第一要素，在实践中必须避免主观主义，努力使已把握的条件向有利的方面转化，等等。

《管子》的社会经济政治思想，突出在它的"作内政而寄军令"的社会编制思想上，这一思想是管仲辅佐齐桓公创立霸业时首先提出来的。其基本精神就是寓兵于农，把百姓的乡里组织和军队的编制结合起来。到战国时，管仲学派继承和发展了管仲的这一思想，并结合当时齐国的具体情况，构思出一种具有特色的社会结构，它一方面利用乡里组织中的宗法制成分作为加强团结的纽带，另一方面又通过军队的编制实行由上而下的集权。这样，它既不同于儒家照搬周宗法制的那种模式，又与法家的那种全是军队编制的社会结构区别开来。在《管子》一书的《立政》《乘马》《小匡》等篇中，都谈论过这种社会编制。

《管子》的政治思想还体现在它主张"礼法并用"的统治术。管仲学派设想出一种不同于儒、法两家的统治方法，而是把中央集权与宗法制有机结合起来的封建体制，这就是"礼法并用"的统治术。在《互辅》篇中，谈论了礼对维护封建等级制度的重大意义。在《牧民》篇中把礼义廉耻看成是"国之四维"，指出："守国之度，在饰四维""四维张则君令行"。《管子》把维护国家统治的"四维"看成是四条绳索，其中一根绳索断了，国家就要倾斜。与此同时，管仲学派也极力强调法的作用。在《法禁》《重令》《任法》等篇中，都强调法的重要性。它指出，立法的是君上，执法的是臣下，遵守法令的是老百姓。为了达到天下大治，必须"君臣上下贵贱皆发焉"（《任法》）。意思是，君臣上下不分贵贱都要遵从法令。管仲学派认为，礼与法二者并不是对立的，而是相辅相成的。法是指国君掌握刑赏大权以维护封建等级制度的统治术，礼则是指依赖于人们的宗法道德自觉地维护封建等级制度的统治术。

我们应当看到，《管子》一书中的这种政治理想只是一种幻想而已，是很难达到的。但是管仲学派作为顺应当时社会背景的制度设计者，确是颇费一番苦心而提出了一种不同于儒、法两家的封建制图式。这种图式在战国时期虽然是不现实的，但这种礼法并用的主张却被汉以后的封建统治者所采纳了。

《管子》的政治及经济思想，还体现在它的争取民心和注重耕战的主张上。齐国的兴起，原是靠收买民心起家的。这样，齐国的封建统治者与靠宗室贵族势力起家的鲁国和靠君权势力起家的秦国不同，比较深刻地认识到民心的向背对于维护封建统治的重要意义。《管子》一书中所讲的争取民心和注重耕战的思想，就是适应于齐国封建统治的这一需要发展起来的。在管仲学派看来，只有争取民心才能得到民众的拥护，这种辩证关系，就是上面提到的"予之为取"，就是说，给予就是取得，统治者推行的政策越是能符合人民的心愿，就越是能从人民那里获得支持。应当指出，这是具有民主性的政治思想，是民本思想的体现和发挥。

从争取民心出发，管仲学派很注重耕战的功利主义思想。他们认为"治国""富民"的根本途径在于实行重农抑商政策，发展农业，粮食产量提高，才能国富兵强。同时，他们认为战争对人力和物力的消耗太大，因而主张不轻易发动战争。这种思想在中国历史上产生了深远的影响。

《管子》一书在经济思想方面，还体现出富有宏观经济管理理论色彩的轻重论。轻重论是管仲首创的，后来的管商学派又丰富和发展了这一宏观经济管理理论。他们主张国家积极干预社会经济，把握左右经济形势的主动权。主张实行重征商、官山海和禁榷制度等，使封建国家直接掌握大量资财，以散敛方式控制物价和调节经济，并实行利出一孔，使每个人都根据其为国家所作贡献大小而得到利益。西汉武帝时桑弘羊等人所推行的各项经济政策基本上是轻重理论的具体体现。此后历史上许多著名的理财家如刘晏、王安石等人所提出和推行的经济政策也都受了轻重理论的影响。因此，轻重论学派是我国宏观经济管理理论史上最重要的思想派别之一。

总之，《管子》是我们研究先秦哲学、政治和经济思想的一部重要书籍，其内容是丰富多彩的。

003

"祸兮福之所倚，福兮祸之所伏"
——《老子》

"祸兮福之所倚，福兮祸之所伏。"(《老子》第五十八章)意思是，祸事中有福气相伴而来，好事中有祸端潜伏其中。也就是说，好事和坏事是可以互相转化的，在一定的条件下，福就会变成祸，祸也能变成福。老子说的这句名言，是很有道理的。

老子是中国，也是全世界最早具有辩证法思想的哲学家之一。关于老子其人、其书及其"道论"历来有争论。根据司马迁在《史记》一书中给他写的一个简单的传记来看，他是春秋时著名的思想家、道家学派的创始人。老子，姓李名耳，字聃，楚国苦县（今河南鹿邑县）厉乡曲仁里人。"老子"是人们对他的称呼，"老"是年高德重的意思，"子"是古代对男子的美称。他的生卒年月不详。

老子做过周朝的"守藏室史"（相当于现在的国家图书馆馆长或历史博物馆馆长），所以他谙于掌故，熟于礼制，不仅有丰富的历史知识，并有广泛的自然科学知识。

公元前520年，周王室发生争夺王位的内战，这年4月，周景王卒，大夫刘耿立王子猛为悼王。王子朝杀悼王自立。晋人攻王子朝，立王子匄为敬王。这次内战达5年之久，公元前516年，王子朝失败，席卷周室典籍逃奔楚国，老子所掌握的图书亦被带走，老子遂被罢免而归居。

老子面临时局变化选择"自隐无名"，后来，他西行去秦国，经过函谷关（今河南灵宝市西南）时，关令尹喜知道老子将远走隐去，便请老子留言。于是老子写下了5000余字的《老子》。相传老子出关时，骑着青牛飘然而去。

老子的思想主张，大都保存在《老子》一书中。《老子》共81章，分上下两篇，共5000多字。因为它所讲的是道与德的问题，后来人们又称它为《道德经》或《老子道德经》。现在我们所见到的《老子》一书，并不是老子的原著，而是有战国时人增益的文字，但其中的主要思想可以说是属于老子的。

《老子》一书，文辞简短，艰深难懂，因此后人作了许多注解。最通行的有西汉隐士河上公（姓名不详）注，三国时魏国哲学家王弼注，还有清朝学者魏源的《老子本义》，等等。下面我们就通过《老子》这本书，来了解老子的哲学和政治思想。

"道"是天地万物的本源。老子是我国第一个力图从自然本身来解释世界，而不求助于超自然的主宰——天帝的意志的哲学家。在老子之前，人们以为宇宙间的万物都有神在统治着，最高的神就是天，又称天帝。这种观念，到了社会大变革的春秋时期才开始了变化。老子就是较早地从哲学方面有意识地、明确地否认天帝的思想家。他的"道"是天地万物的本源。老子"道论"的中心思想是：道法自然，自然即道。他说，"道"是万物之母："道可道，非常道。名可名，非常名。无，名天地之始。有，名万物之母。"（《第一章》）这就是说，作为宇宙的本源就是道，它是永远存在的。道按其自身的规律而运行。天地万物都是由它产生的，它是宇宙的母体。

老子认为，道产生了天地，德是道的性能，天地生养着万物，万物各成其形，各备其用。所以万物没有不尊道而贵德的。道的尊崇，德的贵重，不是有谁给它爵位，而是自然而然的。所以道产生天地，德畜养万物，长育万物，成熟万物，覆盖万物。他说："道生之，德畜之，物形之，势成之。是以万物莫不尊道而贵德。道之尊，德之贵，夫莫之命，而常自然。故道生之，德言之，长之育之，亭之毒之，养之覆之。"（《第五十一章》）这样，老子遂把自然创造的根源归于自然本身，从而摧毁了一切超自然的主宰，一切宗教和唯心论的基础。因此，老子的天道自然观，在当时有很大的进步意义，它打倒了神秘的"天帝"，否认了鬼神的成灵。当然，老子的"道论"刚从传统的宗教解放出来，还未能完全摆脱宗教的影响；

他的自然决定论，使人完全听命于自然，轻视了人对自然界的反作用。后来有的哲学家把它发展为命定论，为害颇大。

"无为而治"。老子的"道论"，基本上可概括为"天道自然观"。所以老子的人生哲学和政治哲学基本上是人当法道，顺其自然。至于如何治理国家呢？他认为最好是采取"无为而治"的办法，让人民去过自由自在的生活，用无所作为听其自然发展的办法，来达到治理好国家的目的。在老子看来，无为正是有所作为，"无为而无不为"，就是这个意思。老子反对用刑、礼、智来治理国家，他反对加重人民税收，反对拥有强大的兵力，他说过："乐杀人者，则不可以得志于天下。"（《第三十一章》）他同时也反对工商业，反对知识和文化。他说："绝圣弃智，民利百倍。绝仁弃义，民复孝慈。绝巧弃利，盗贼无有。此三者以为文不足。故令有所属。见素抱朴，少私寡欲。"（《第十九章》）在老子看来，人类社会不要"圣智""仁义""巧利"，国家就大治了。这三种东西不足以治国，最好的办法是，使人们着意于"朴素"，少有"私欲"，不求知识，就可以没有忧患了。

老子的社会历史观是不现实的，他为了反对当时的剥削制度，从而反对一切社会制度。为了反对剥削阶级的文化，从而反对一切文化。为了反对欺诈，从而反对一切知识。这是他消极的一面。他以为只有抛弃了智慧，人民才有百倍的利益，只有抛弃了文化学问，才能免于忧虑，这种愚民政策，也被后世的统治阶级所利用。

那么，老子所向往的理想世界是什么呢？是小国寡民的原始社会。他说："小国寡民，使有什伯之器而不用，使民重死而不远徙。虽有舟舆，无所乘之。虽有甲兵，无所陈之。使人复结绳而用之。甘其食，美其服，安其居，乐其俗，邻国相望，鸡犬之声相闻，民至老死不相往来。"（《第八十章》）老子这一设想，在一定程度上反映了当时人民迫切要求休养生息和减轻剥削的愿望。老子说过，人民为什么过着饥寒的生活呢？是因为他们的君主取赋税多的缘故。"民之饥，以其上食税之多"（《第七十五章》）。又说："民不畏死，奈何以死惧之？"（《第七十四章》）这反映了老子政治思想中的进步因素。但是，小国寡民的理想，却是幻想，它是违反社会历史发展规律的。但我们应当看到，老子的这一举动是抨击奴隶社会制度的不合理，它对后世的进步思想家、空想的社会改革家却有着深远的影响。

相反相成。老子学说的精髓，是他光辉的辩证法思想。老子观察了自然界的变化，生与死、新与旧的相互关系，观察了社会历史与政治的成与败、福与祸等对立的双方的相互关系，发现了事物内部所具有的一些辩证规律。《老子》一书中，还深刻地论证了相反相成和物极必反的道理。老子说过，有和无是彼此相生的，难和易是彼此相成的，长和短只有彼此比较才能显现出来，不同的声音产生谐和，前后互相对立而有了顺序。总之，老子承认事物是在矛盾中发展的。

物极必反，是说事物在变化中向它相反的方面过渡，到了一定的时候就完全成为相反的东西。因此，老子一再告诫统治者，必须去掉那些极端的、过分的措施，否则，就会使事物走向另一个极端，结果就会丧失天下。他认为，高明的统治者必须懂得以柔弱胜刚强的道理。为了证明以弱胜强，以柔胜刚的道理，他举了许多的例子。他经常用水来比喻自然力量的伟大，比喻人类高尚的品质。他说："天下莫柔弱于水，而攻坚强者莫之能胜。以其无以易之。弱之胜强，柔之胜刚，天下莫不知，莫能行。"(《第七十八章》)意思是说，天下万物没有比水更柔弱的了，而攻击坚强的力量没有能胜过水的，这个事实是无法改变的。柔的战胜刚的，弱的战胜强的，天下没有人不懂的，可是没有人能做到。老子又举军队强大了就会破灭，树木强大就会摧折的例子。但他把弱能胜强，柔能胜刚，当作绝对的规律，没能认识到这种互相转化不是无条件的，而是有条件的。尽管如此，老子认为在发展过程中柔弱的是不可战胜的，这对于促使人们认识新生的力量是不可战胜的道理是有着积极意义的。老子所处的时代，是动荡不安、战争频繁的春秋末期，正是由奴隶社会向封建社会过渡的时代，他提出这一观点，也具有积极的现实意义。

老子还初步意识到量的积累可以引起质的变化。他说过，大树是由细小的萌芽产生的；九层的高台，是由一堆泥土筑起的；千里的远行，必须从脚下的第一步开始。(见《第六十四章》)

当然，老子的自然辩证观是直观的、原始的、朴素的、缺乏科学的论证。同时，他的辩证观还缺乏不可调和的斗争精神。这是他受了时代和阶级的限制。尽管如此，《老子》一书中上述的这些光辉的思想火花，是很值得我们珍视的一份历史遗产。

004
儒家的经典，道德的规范
——《论语》

《论语》是一部语录体散文，全书总共20篇，计有《学而》《为政》《八佾》《里仁》《公冶长》《雍也》《述而》《泰伯》《子罕》《乡党》《先进》《颜渊》《子路》《宪问》《卫灵公》《季氏》《阳货》《微子》《子张》《尧曰》。

《论语》是孔子去世后，弟子们把他平日的言行记录收集起来，整理编成的。其中有孔子的言论，也有弟子们的自相问答，它是儒家思想所依据的经典。

孔子（公元前551—前479），名丘，字仲尼。他父亲孔纥，又名叔梁纥，曾做过陬邑（今山东曲阜东南）宰，本身属于贵族阶级下层的"士"。他的母亲姓颜，名叫征在。孔子3岁时，父亲就死了，17岁时母亲也死了。孔子青年时，曾做过管理仓库（委吏）和管理牛羊（乘田）的小吏。后来孔子精通"六艺"（礼、乐、射、御、书、数）。

孔子的政治主张是"礼"和"仁"的学说。他生活于春秋大变革时代，他反对以政、刑来强迫人民服从。他所说的"礼"，是一种政治秩序，他所说的"仁"，是最高的道德规范，当然，这种仁和礼是有上下、尊卑、贵贱、等级之分的。动荡不安的春秋时代，诸侯为了争霸，是讲究实力，着眼于利的，所以未能采纳孔子"仁"的政治主张，孔子也没有被重用。孔子师徒颠沛流离14年周游列国，于公元前484年（鲁哀公十一年）返回鲁国，这时孔子已是白发苍苍的68岁的老人了。但孔子用他晚年的精力，集中整理古籍——"六经"。

公元前479年，孔子去世，享年72岁。他的弟子和再传弟子辑录其言论，编成《论语》一书，共20篇。《论语》记到孔子晚年的学生曾参去世为止,其中保留着孔子生平、思想学说的重要材料,尤其是教育思想和教学活动的重要材料。它是我国一份十分重要的文化遗产,也可以说,它可作为中国历史上最早的一部教育书。

孔子从他的政治、哲学和心理学观点出发,认为德育的主要内容是仁和礼。所以他主张"为政以德",这反映了当时人的价值的提高和奴隶要求解放的时代特征。因此,孔子的道德观是适应时代潮流的,具有进步意义的。

孔子所谓"礼",其核心是"正名"。在孔子看来,周礼最重要的原则是尊尊与亲亲。为了贯彻亲亲和尊尊的原则,孔子提出"正名"的主张,他说:"名不正,则言不顺;言不顺,则事不成;事不成,则礼乐不兴;礼乐不兴,则刑罚不中;刑罚不中,则民无所措手足。"(《论语·子路》)所以,孔子提出"君君,臣臣,父父,子子"(《论语·颜渊》)作为"正名"的具体内容。就是说,为君者要使自己符合于君道,为臣者要符合于臣道,为父者要符合于父道,为子者要符合于子道。在等级森严的奴隶制社会里,上下尊卑的关系是靠"礼"来维持的。因此,孔子对于不按自己名分行事的人和事进行批评。如他批评鲁国大夫季氏"八佾舞于庭,是可忍也,孰不可忍也?"(《论语·八佾》)鲁国的三桓在祭祖时,唱起天子祭祀"相维辟公,天子穆穆"的《雍》诗,也受到孔子的指责。

孔子道德思想的范畴,主要是"仁"。孔子主张"仁",在《论语》中有多重含义。有"仁者爱人""克己复礼为仁""仁者人也"等表述。郭沫若在《十批判书》中说过:孔子"这种所谓仁道,很显然的是顺应着奴隶解放的潮流的。这也就是人的发现"。孔子主张"仁",孟子重视"义",所以,孔子的"杀身成仁"(《论语·卫灵公》)与他的继承人孟子的"舍生取义"(《孟子·告子上》),对后世志士仁人的影响极为深远。

孔子是我国第一个主张"因材施教"的教育家。他对子路、冉有的不同教育就可以说明:

子路问:"闻斯行诸?"子曰:"有父兄在,如之何其闻斯行之?"
冉有问:"闻斯行诸?"子曰:"闻斯行之。"

公西华曰:"由也问闻斯行诸,子曰,'有父兄在';求也问闻斯行诸,子曰'闻斯行之'。赤也惑,敢问。"子曰:"求也退,故进之;由也兼人,故退之。"

子路和冉有向孔子请教的是同一个问题:听到一个很好的主张,是不是应该马上去做呢?孔子却对不同的人作出不同的回答。他对子路说:家里父兄在,你应该先向他们请教再说,哪能马上去做呢?而对冉有却是加以肯定:应该马上就去做。站在一旁的公西华想不通,便问孔子这是为什么呢?孔子开导说:冉有遇事畏缩,所以要鼓励他;子路遇事轻率,所以加以抑制。

孔子因材施教的教学思想,在中国教育史上有较大的影响。他认为一个教师,必须掌握学生在学习中常犯的四种心理表现,即广泛而不精、知识面过窄、把学习看得太容易和有畏难情绪。只有了解学生的心理特点,才能给予帮助、补救。就是说,学生心理的差异性,决定了因材施教的必然性。

在教学上,孔子还提倡师生之间相互切磋,共同讨论,互相启发,以收到教学相长的良好效果。一部《论语》,实际上就是记载他们师生间互相问对、讨论的情况。如子路、颜回、子贡和子夏就是这样做的。

性情率直而鲁莽的子路,出于对孔子的爱护,常常向孔子提出批评性的意见,孔子也很关心、爱护子路,对他的批评也能接受,当有的学生对子路不太尊重时,孔子对他们说:子路的学问是不错的,只是还不够精深罢了。颜回是孔子最得意的学生,但由于颜回从未对孔子提出过疑问和批评,孔子曾不满意地说过:颜回不是对我有所帮助的人,他对我的话没有不喜欢的。子贡是孔子言语科的高才生,他经常向孔子请教《诗》。有一次,子贡引《诗经·卫风·淇奥》篇上的话说:"《诗》云:'如切如磋,如琢如磨',其斯之谓与?"(《论语·学而》)意思是,《诗经》上说:要像对待骨、角、象牙、玉石一样,切磋它,琢磨它,精益求精。孔子听了高兴地说:赐呀,现在可以同你讨论《诗经》了。子夏是孔门晚辈中的高足,长于文学。有一次,子夏引《诗经·卫风》上的诗句,向孔子请教:"'巧笑倩兮,美目盼兮,素以为绚兮。'何谓也?"(《论语·八佾》)意思是,《诗经》上说:有酒窝的脸笑得真美呀,黑白分明的眼睛流转得真叫人喜爱呀,洁白的底子上画着花卉呀。这几句诗是什么意思呢?孔子回答说:先有白色底子,然后画花。子夏接着进一步阐明说:那么,是不是礼乐的产生在仁义之后呢?孔子高兴地说:卜商呀,你真是能启发我的人。现在可以同你进一步讨论《诗》了。孔子敢于承认比他小40多岁的子夏在学问上对自己有启发,说明孔子能向被教育者学习的勇气,其精神可敬佩!

儒家学说,后来成为封建地主阶级的正统学说,《论语》就成为儒家学说的主要经典。到南宋时,理学家朱熹把《论语》《孟子》《大学》《中庸》合在一起,称为四书。到了明清两朝,规定科举考试中,八股文的题目,必须从四书中选取,而且要"代圣人立言"。《论语》地位进一步得到提高和巩固。

005
"民为贵，社稷次之，君为轻"
——《孟子》

关于《孟子》一书的作者，历来有三种不同的看法：一种意见认为，是孟子本人自己著述的。最早持这种观点的，是东汉赵岐，他在《孟子题辞》中说："此书，孟子之所作也，故总谓之《孟子》。"后来，宋代的理学家朱熹从文章风格前后的一致性来论证《孟子》为孟轲自己写成的。他说："熟读七篇，观其笔势，如熔铸而成，非缀缉可就。"（《晦庵文集·答吴伯丰》）但他也不否认在著作过程中有弟子参加。清代的阎若璩也认为是孟子本人手著。第二种意见认为，是孟子去世后他的门徒万章、公孙丑共同记述的。最初发表这种议论的，是唐代的韩愈和张籍。韩愈说："孟轲之书，非轲自著，轲既殁，其徒万章、公孙丑相与记轲所言焉耳。"（《昌黎文集·答张籍书》）后来，宋人苏辙、晁公武也附和这种观点，但是，他们都没有举出有力的佐证。清代的崔述也持这一观点。第三种意见认为，是孟子与万章、公孙丑师徒一起记述的，而主要作者是孟子本人。最早阐明这一观点的，是太史公司马迁。我们认为，司马迁的话是可信的。他是西汉人，他所处的时代较早，当时所见到的史料，所听到的传闻，比后人丰富而且确实。从时间上来考察，也可以进一步说明《孟子》一书不是孟子去世后，其门徒的共同记述。孟子从62岁结束周游生活，一直到84岁去世，还有20年左右的闲居生活。他除继续讲学外，没有像孔子那样花大量的精力去搜集和整理古籍。而且《孟子》一书是写他自己和学生的言论和活动的，类似于现代人写回忆录那样，是力所能及的。所以说，孟子生前与学生万章、公孙丑一起完成《孟子》一书的理由，是可以成立的。

孟子名轲，字子舆，邹国（今山东邹县一带）人。孟子生于何时，众说纷纭。一般认为他生于周烈王四年（公元前372年）的说法，较为合理。孟子是战国中期著名的思想家、政治家和教育家。他的思想主张，对于发展和巩固新兴的封建制度，实现全国的统一是起了进步推动作用的。他的仁政思想，"民为贵，社稷次之，君为轻"的思想，提倡"省刑罚、薄税敛""不违农时"等主张，在后来封建社会历史上，对于反对暴政，反对横征暴敛，要重视人民的穿衣吃饭问题，有好的影响。他主张尚贤，重视修养，提倡为臣的要以仁义规劝君主，反对阿谀奉承，这有益于培养士大夫知识分子的骨气，有益于澄清吏治、限制朝廷的胡作非为。他提出的"人皆可以为尧舜"，被人们发展为不迷信任何权威的主张。他的"井田制"理想，为后来进步思想家作为限制土地兼并，缓和阶级矛盾的依据。他的仁战思想，启发人们反对非正义战争。他的教育思想和教育方法也为后人留下一份珍贵的遗产。

孟子从30岁到44岁这段时间，主要的活动是收徒讲学，宣扬儒家学说。44岁时，孟子便带领着学生开始周游列国，宣扬他的"仁政""王道"学说。他先后到了齐、宋、滕、魏、鲁等国。孟子所处的时代，是各地诸侯互相兼并的战国时代，各国统治者只讲争霸争利，怎么会相信孟子的"性善"论和"仁政"学说呢？孟子在实践中不断碰壁之后，"退而与万章之徒序《诗》《书》，述仲尼之意，作《孟子》七篇"。（《史记·孟荀列传》）

司马迁说"作《孟子》七篇"，但班固在《汉书·艺文志》中却说："《孟子》十一篇。"那么，《孟子》到底是几篇呢？东汉赵岐为了弄清这个问题，便给十一篇分列真伪，他在《孟子题辞》中认为，十一篇中的《性善辩》《文说》《孝经》和《为政》，这四篇《外书》是赝品，因而不给它作注解。《孟子》的七篇是《梁惠王》上下篇，《公孙丑》上下篇，《滕文公》上下篇，《离娄》上下篇，《万章》上下篇，《告子》上下篇，《尽心》上下篇。《孟子》一书的篇名和《论语》一样，不过是摘取每篇开头的几个重要字眼来命名，并没有别的意义。本来《孟子》七篇并没有分上下两篇，到东汉赵岐所著《孟子章句》，才把七篇各分为上下两卷，后来加以沿用。

《孟子》一书以问对、答辩方式展开，以驳论为主要的论证方法。它翔实地记载了孟子的思想、言论和事迹，保存了丰富的史料，是研究孟子思想和先秦文学、历史、经济和哲学的重要著作。全书35000余字，说理精辟，文字流畅，语言形象，不仅是一部儒家的经典著作，也是一部优秀的古代散文集。

儒家经典。《孟子》一书是"拟圣而作"，它既吸收《论语》中的精华，也接受了《大学》《中庸》的一些特点。在《孟子》一书中，反映最突出的是仁义思想。仁是儒家学说的中心，孔子常讲仁很少讲义，孟子则仁义并重，他有句名言，即"舍生取义"。汉文帝时把《论语》《孝经》《尔雅》和《孟子》各置博士之官，叫"传记博士"；《孟子》被视为辅翼经书的传记。两汉时，《孟子》已和《论语》并列。到五代时，后蜀主孟昶命毋昭裔楷书《易》《书》《诗》《仪礼》《周礼》《礼记》《公羊》《穀梁》《左传》《论语》《孟子》十一经刻石；宋太宗又加以翻刻，这是《孟子》被列入"经书"的开始。到南宋孝宗时，理学家朱熹在《礼记》中取出《大学》和《中庸》两篇，认为是曾子和子思的作品，与《论语》《孟子》合在一起，称为四书，于是孟子的地位更加提高了。

后世研究和注释《孟子》的著作很多，其中重要的有三部书，即赵岐的《孟子章句》，朱熹的《孟子集注》和清代焦循的《孟子正义》。以上三部书各有特色，都是研究《孟子》一书必不可少的参考资料。

优秀散文。孟子为人耿直豪爽、泼辣大胆，这一性格在《孟子》一书中，得到了充分的反映。例如，他教导学生说："说大人则藐之，勿视其巍巍然。"（《尽心下》）他见了梁襄王之后，对人说："望之不似人君，就之而不见所畏焉。"（《梁惠王上》）以上这些语言，"如闻其声，如见其人"。书中塑造了一个栩栩如生的抒情主人公孟子的形象，这是《孟子》散文的一个重要艺术特征。

语言的高度形象化，是构成《孟子》散文形象性的极其重要手段。孟子不愧是我国古代的语言巨匠之一，《孟子》首先给人的印象是，明白晓畅，深入浅出。例如，孟子劝说梁惠王施行仁政的一段话：

> 王如施仁政于民，省刑罚，薄税敛，深耕易耨，壮者以暇日修其

孝弟忠信，入以事其父兄，出以事其长上，可使制梃以挞秦楚之坚甲利兵矣。（《梁惠王上》）

精炼准确是《孟子》语言的另一特色。例如，孟子劝说梁惠王不要好战时，描述了当时社会的阶级关系，说了这样的一段话：

庖有肥肉，厩有肥马，民有饥色，野有饿莩，此率兽而食人也。
兽相食，且人恶之；为民父母，行政不免于率兽而食人，恶在其为民父母也？（《梁惠王上》）

这好像是一幅画卷，把2000多年前社会阶级对立的情景再现于我们眼前。《孟子》还特别注意细节的精工镂刻。有一次，孟子和齐宣王谈论管理国家时，他问齐宣王："假如一个国家的政治搞不好，做国君的该怎么办呢？"宣王被逼得无话可说，《孟子》一书对这种窘境，只好用了"王顾左右而言他"七个字，既不写脸色，也不记言语，只用了一个"顾"字，真是画龙点睛。这一描绘，把宣王理屈词穷，只好回过头来左右张望，把话题扯到别处去了的心理活动，暴露无遗。

孟子在文学上的成就，主要是他的散文创作，并且对后世影响很大，唐宋时的散文大师，几乎都以孟子的文章为典范。所以《孟子》一书，是一部优秀的古代散文集。

孟子思想是中华民族文化遗产的一部分，其中既有精华也有糟粕，我们同样应该批判地继承这份遗产。

006
先秦法治理论的宣言
——《商君书》

战国末年,秦国所以能统一六国,建立了我国历史上第一个中央集权制的国家,这个历史功绩不能不归功于商鞅在秦国进行的两次革新变法。商鞅变法的指导思想是什么?政策措施是什么?这些答案都反映在《商君书》中,《商君书》是记载商鞅及其后学思想言论的资料汇编,又称《商君》《商子》。

《汉书·艺文志》著录"《商君》二十九篇",班固注曰:"名鞅,姬姓,卫后也,相秦孝公。"《隋书》《旧唐书》《新唐书》《宋史》或著录《商君书》,或著录《商子》,皆曰5卷。宋代郑樵《通志·艺文略》、晁公武《郡斋读书志》都说"今亡三篇",陈振孙《直斋书录解题》则说"今亡其一",可能是他们所见的版本不同,因而所记的散佚篇数也不一样。今本《商君书》共有26篇,其中两篇只有篇目而无内容,加上《群书治要》卷36引《商君书·六法》中一段,实际只有24篇半。

关于《商君书》的作者,学术界颇有争论。一种意见认为《商君书》基本是伪书,持这种看法的有郭沫若、黄云眉、顾实、刘汝霖等。另一种意见是基本肯定《商君书》的作者是商鞅,持这种看法的除史志的编著者外,还有吕思勉、谭献等人。第三种意见认为,《商君书》是商鞅遗著与其他法家遗著的合编,此书非作于一人,也非写于一时,持这种看法的有高亨等人。我们的看法是,前两种意见有些牵强,第三种意见有一定道理。《韩非子·五蠹》篇说:"今境内之民皆言治,藏商、管之法者家有之。"这说明商鞅确著有此书。《韩非子·内储说上七术》引公孙鞅曰:"行刑重其轻者,轻者不至,重者不来。是谓以刑去刑也。'"这与《商君书》中《说民》《勒令》篇文字大致相同。司马迁在《史记·商君列传》最后说："余尝读商君开塞耕战书，与其人行事相类。"《商君书》正好有《开塞》《农战》篇，这说明韩非、司马迁所见到的商鞅的著作，基本都在现存《商君书》中。此书在后人编纂或流传过程中，掺入一些其他法家的言论，这是不可避免的。

《商君书》侧重记载了法家革新变法、重农重战、重刑少赏、排斥儒术等言论，主要反映了法家的政治思想。

首先是革新变法思想，这是法家思想的精髓。《更法》篇详细记述了商鞅与甘龙、杜挚在秦孝公面前争论变法的问题。针对秦孝公怕变更法度、改革礼制受天下人非议的想法，商鞅说："行动迟疑就不会有名，做事犹豫就不会成功。我劝君王还是赶快下决心变更法度吧，不要怕别人的批评议论。法度是爱护人民的，礼制是利于国事的。所以圣人治国，只要能使国家强盛，就不必沿用旧的法度；只要有利于人民，就不必遵守旧的礼制。"针对甘龙"因袭人民的旧礼俗去施行教化，不费什么事就能成功。依据旧法度治理国家，官吏既很熟悉，人民也能相安"的说法，商鞅说："这都是俗人的言论。夏、商、周三代的礼制不同，而都成就了王业；春秋时五霸的法度也不同，而都成就了霸业。所以聪明的人创造法度，而愚昧的人受法度的制裁；贤人改革礼制，而庸人受礼制的约束。我们不能和受礼制约束的人商讨大事，不能和受法度制裁的人计议变法。"针对杜挚"效法古人就没有错误，遵守旧礼就没有奸邪"的说法，商鞅说："古代的政教不同，我们效法哪个古人？帝王不相因袭，我们拘守谁的礼制？礼制、法度要随着时代而制定，命令要符合实际的需要。所以我说，治理人民，并非一个方法；为国家谋利益，不必效法古人。""三代不同礼而王，五霸不同法而霸""治世不必一道，便国不必法古"成为商鞅倡导变法的名言。《开塞》篇从考察人类社会发展的不同阶段入手，论证了战国末年只有实行法治才是唯一可行的治国道路的看法。"圣人不法古，不修今。法古则后于时，修今则塞于势"从而说明只有变法革新，才能使国家富强兴盛。

其次是重农重战思想，这是法家思想的重要内容。《商君书》中有关重农重战的论述最多。如《农战》说:"国之所以兴者,农战也。""善为国者,仓廪(lǐn)虽满,不偷于农。""国待农战而安,主待农战而尊。"《靳令》说:"民有余粮,使民以粟出官爵,官爵必以其力,则农不怠。"朝廷让人民拿剩余的粮食捐取官爵,农民就会卖力耕作。《算地》说:"故圣人之为国也,入令民以属农,出令民以计战。……胜敌而草不荒,富强之功,可坐而致也。"国家富强的功效就在农战两项。《去强》说:"兴兵而伐,则武爵武任,必胜。按兵而农,粟爵粟任,则国富。兵起而胜敌,按兵而国富者王。"《垦令》篇还提出了20种督促人民耕垦土地的办法。如国家按统一标准征收地税,农民负担的地税就公平了,国君讲求信用,百官不敢作弊,农民就会积极耕种土地。可见,重农重战,是法家治国的根本大计。

其三是重刑少赏的思想。加重刑罚,轻微奖赏(有时也说厚赏),是法家的重要思想。《错法》篇说:"明君之使其臣也,用必出于其劳,赏必加于其功。功赏明,则民竞于功。为国而能使其民尽力以竞以功,则兵必强矣。"《去强》篇说:"重罚轻赏,则上爱民,民死上;重赏轻罚,则上不爱民,民不死上。兴国行罚,民利且畏;行赏,民利且爱。"加重刑罚,减轻赏赐,就是君上爱护人民,人民就肯为君上死。加重赏赐,减轻刑罚,就是君上不爱护人民,人民就不肯为君上而死。《去强》又说:"以刑去刑,国治;以刑致刑,国乱。故曰:行刑重轻,刑去事成,国强;重重而轻轻,刑至事生,国削。"也就是说,用刑罚来免除刑罚,国家就治;用刑罚来招致刑罚,国家就乱。《开塞》说:"治国刑多而赏少,故王者刑九而赏一,削国赏九而刑一。"可见法家是重刑而轻赏的。对如何执行刑罚时,法家主张要统一刑罚。《赏刑》说:"所壹刑者,刑无等级,自卿相、将军以至大夫、庶人,有不从王令、犯国禁、乱上制者,罪死不赦。有功于前,有败于后,不为损刑。有善于前,有过于后,不为亏法。"这就是说,执行刑赏对谁都一样。

其四是重本抑末,反对儒术。这也是法家思想的重要组成部分。《壹言》篇说:"能事本而禁末者富。"所谓"末"就是指的商业和手工业。《农战》篇说:"农战之民千人,而有《诗》《书》辩慧者一人焉,千人者皆怠于农战矣。农战之民百人，而有技艺者一人焉，百人者皆怠于农战矣。"豪杰务学《诗》《书》，随从外权，要靡事商贾，为技艺，皆以避农战。民以此为教，则粟焉得无少，而兵焉得无弱也。"可见，法家对儒家的儒术是排斥的。

　　法家是先秦诸子百家中的重要一家，法家著作是民族传统文化遗产的重要部分，批判地吸收民族文化遗产的精华，对于建设社会主义的文化事业具有重要的意义。

007

"夫道有情有信，无为无形；可传而不可受，可得而不可见"
——《庄子》

《庄子》一书，内容丰富、博大精深，它涉及伦理、哲学、人生、政治、科学、艺术诸多方面，而这些方面又是有机地结合成一个系统结构的，用庄子的观点说，都是统属于"道"的。也就是说，一部《庄子》不外为了说明一个"道"字。

庄子（约公元前369—前286），名周，字子休，战国时宋国蒙（今河南商丘东北）人。他和梁惠王、齐宣王是同时代的人，而较孟子稍晚。他一生视仕途为草芥，除做过看管漆树园的小吏外，不追逐官禄，因而一生穷困潦倒，除讲学、著述之外，有时还靠钓鱼、打草鞋维持生活。住在"穷闾陋巷"，人瘦得"槁项黄馘"。

庄子是一位蔑视权贵、鄙视利禄，而追求个人自由的思想家。他尖刻、猛烈地抨击当时罪恶的社会。什么圣人、王公大人、圣王之法、仁义礼乐，都给他骂得痛快淋漓。他在文章中大声疾呼："圣人生而大盗起。"他认为"圣人不死，大盗不止"（《胠箧》），直接把矛头指向暴君。他生活的宋国，当时宋王偃"射天笞地"，荒淫无道，不得人心，庄子是深有体会的，所以他奋笔疾书，直抒胸怀。司马迁也说过，庄周"作《渔父》《盗跖》《胠箧》，以诋訛孔子之徒，以明老子之术"。（《史记·老子韩非列传》）

《秋水》篇中，记述了庄子拒绝去楚国做官的事。楚威王派使者北上邀请庄子，答应给庄子高官厚禄。庄子在濮水边上钓鱼，他对使者说：

我听说楚国有个神龟，死了3000年了，楚王把它珍藏在庙堂之上。就这个神龟来说，是愿意死后使它的骨甲得到重用，还是宁愿活着拖着尾巴在泥土中爬着呢？我看它是愿意活着拖着尾巴在泥土中爬行。庄子婉言谢绝邀请，使者只好南归。庄子用久已死去的神龟被供奉比喻官爵受吹捧，在他看来，这不过是虚名而已，他宁可像活龟拖着尾巴在泥里爬，也不进入官场以示显赫，宁肯生活贫寒，钓鱼为生，也不追逐官禄，这是他对现实不满的超然态度。因此他愤世嫉俗，"终生不仕"。庄子一面鞭笞现实，一面同情劳苦人民。他在《达生》篇中，还记述了庄公为满足私欲，让东野稷拼命地表演赶车技术，而累坏了良马的故事，表达了对东野稷的同情。庄子还赞美过杀牛技术纯熟的庖丁、斫轮工匠、运斤成风的石匠、制锯的梓庆，这些说明庄子和下层劳动人民思想感情的接近。

《庄子》一书，汉代流传的古本，为10余万言，52篇，内篇7，外篇28，杂篇14，解说3。到晋时，经郭象删定并加以注释的33篇，其中内篇7篇，外篇15篇，杂篇11篇。这些是不是都是庄子的著作，历来有争论。大多数论者认为，《庄子》一书是庄子及其学派的论文汇编。后人注解《庄子》很多，通行本有晋郭象注、清末王先谦《庄子集解》、郭庆藩《庄子集释》等。

《庄子》既是一个学派的著作汇编，那么其思想内容便是较为复杂的，但其主体思想，毕竟是庄子的思想，其理论主要是庄子的理论。庄子的哲学，庄子思想的核心，都在一个"道"字上。庄子继承和发展老子"道法自然"的观点，强调事物的自生自灭，否认有神的主宰。所谓"道"，是天地阴阳得以存在的根本。"道"字在《庄子》中出现过362次，作为道家之道在《庄子》中是什么意思呢？《大宗师》篇描述说："夫道有情有信，无为无形；可传而不可受，可得而不可见；自本自根，未有天地，自古以固存；神鬼神帝，生天生地……"在庄子看来，道是客观存在的，但其本质是虚无的。他承认物质是运动变化的，如一年的春夏秋冬，"春夏先，秋冬后，四时之序也"。（《天道》）他也认为事物可以向相反的方面转化，他说："安危相易，祸福相生。""穷则反"（《则阳》）。可见，庄子具有朴素的辩证法。他还承认事物矛盾的特殊性。他在《至乐》篇中，讲了一个用待人的方法去养鸟的故事：鲁国国君十分喜欢养鸟，有一次，他得到一只羽毛十分美丽的小鸟，不敢把鸟放在露天的花园里，而把它迎进庙堂，派人献酒送肉，又命令乐工奏乐曲，搞得鸟儿晕头转向，不吃不喝，第三天就死在笼里。

但是，庄子却过分抬高了无形的道，贬低了现实的感性世界，他认为生命不过是暂时的存在，是无足轻重的。他认为道是"先天地生"的，是无界限差别的，而后来发展到主张齐物我、齐是非、齐大小。齐生死、齐贵贱，幻想一种"天地与我并生，万物与我为一"的主观精神境界，安时处顺，逍遥自得。这使庄子原先包含着朴素辩证法因素的思想，走向了相对主义和宿命论。

庄子在政治上是主张"无为而治"的，他认为，帝王要"以无为常"，"帝王无为而天下功"（《天道》）。在庄子看来，为人处世应是不偏不倚的，不去伤害别人，也不施舍，不与人争财物，自食其力。因此他主张遵循"中道"，这样可以保身，可以舍生，可以养亲，可以终年。他劝人们"顺其自然"，不要以好恶损伤天性，应听任自然变化。"顺其自然"反映了庄子自我解脱的内心世界。他从厌世思想出发，发展到"以死为至乐"，在庄子看来，人类的产生是道的物化，而每个人的生老病死也是道的物化。所以，他妻子死的时候，认为妻子的死是安然睡在天地这个大房子里，得到了宁静，他不但没有痛哭流涕，竟"鼓盆而歌"（《至乐》）。他自己临终前，也反对弟子厚葬，他说，要与天地为棺椁，以日月为连璧，以星辰为珠玑。总之，以万物为赍送。

道是自然之道，人性是人自然之性，无为而治是任民之自然而治，艺术是主观自然与客观自然相结合的产物。可以这样说，一部《庄子》基本可用"自然"二字概括。《庄子》一书中的作者，用以表述"自然"这一概念的，大都是个"天"字，或者"天地之道"等。

《庄子》，自古以来就是文人学士感兴趣的一本书，它不但涉及哲学、人伦、政治，而且谈论美学、艺术、语言、生物、养生等方面。闻一多和郭沫若都认为中国的艺术导源于庄子，一部中国文学史几乎都是在它的影响下产生的。在美学家眼里，多以为庄子开辟了有别于儒家的美学

"夫道有情有信，无为无形；可传而不可受，可得而不可见"——《庄子》

境界,对中国的艺术影响深远。在语言学者看来,庄子是一位语言大师。《庄子》语言之丰富生动,在先秦诸子著作中是无与伦比的,他第一次提出了寓言、小说的概念,创造了近200个寓言故事,开创了以虚构的手法反映现实和表现理想的文学作品,被称为"诙谐小说之祖"。

在今天,《庄子》不仅在国内,而且在国际文化界亦引起了普遍的关注,这是值得我们中华民族自豪的!当然我们在阅读研究《庄子》时,必需看到他思想中有积极和消极的两个方面。如它破坏偶像,要求个性解放,这是进步的要求,是积极的一面;它的虚无主义倾向则是消极的一面。

008

"天行有常，不为尧存，不为桀亡。应之以治则吉，应之以乱则凶"
——《荀子》

《荀子》是战国末年著名唯物主义思想家荀况的著作。《汉书·艺文志》著录"《孙卿子》三十三篇"。班固注曰：荀子"名况，赵人，为齐稷下祭酒"。颜师古注曰："本曰荀卿，避宣帝讳，故曰孙。"也有的说"荀""孙"古代同音，两种说法都能成立。"三十三篇"可能是"三十二篇"之误。刘向的《荀卿新书叙录》载孙卿书322篇，除去重复的290篇，定为32篇，这与现在通行的《荀子》32篇基本相符。《隋书·经籍志》《旧唐书·经籍志》《新唐书·艺文志》都著录12卷，这大概是刘向编订的32篇本。《宋史·艺文志》著录20卷，这是唐代杨倞又重新编定的32篇本，也就是现在的通行本。杨倞本与刘向本的区别只是篇目次序略有不同。杨倞改书名为《荀卿子》，简称《荀子》。

根据《史记·孟子荀卿列传》记载，《荀子》这部书是荀况晚年为总结当时学术界的百家争鸣和自己的学术思想而编写的。关于《荀子》一书的作者问题，在学术界也有争论：一种看法认为《荀子》32篇全是伪书，其代表是吕思勉、杨筠如。另一种看法是《荀子》32篇全是荀况所作，其代表是杜国庠。第三种看法是《大略》以下6篇，是荀子弟子的作品，其代表是郭沫若、梁启超、余德建等。其中余德建认为，这几篇是汉武帝、汉宣帝时的儒生伪撰，根据是书中引用了晚出的《公羊传》《穀梁传》《大戴礼记》的文字。我们认为，前两种看法过于偏激，第三种看法有一定道理。

在《荀子》一书中，反映荀子唯物主义自然观的，主要是《天论》《非相》等篇。荀子在《天论》篇开头便说："天行有常，不为尧存，不为桀亡。应之以治则吉，应之以乱则凶。强本而节用，则天不能贫；养备而动时，则天不能病；循道而不贰，则天不能祸。"这就彻底否定了天有意志的说法，把自然界的客观规律与人类社会的发展状况区分开来。这就是荀子"天人相分"的观点。他说："天不为人之恶寒也辍冬，地不为人之恶辽远也辍广，君子不为小人之匈匈也辍行。天有常道矣，地有常数矣，君子有常体矣。"(《天论》)在天人相分的基础上，荀子大胆地提出了"制天命而用之"的光辉思想。他说：如其把天看得非常伟大而仰慕它，怎么不把天当作一种物来畜养它，控制它？如其顺从天而颂扬它，怎么不掌握和控制天的变化规律来利用它？如其抑望天时坐等它的恩赐，怎不因时制宜，使天时为生产服务？荀子这种"人定胜天"的思想，把先秦唯物主义思想发展到最高峰，成为中国唯物主义思想史上的一颗灿烂明珠。

在《非相》篇中，荀子坚持朴素的唯物主义思想，用大量的历史事实，彻底否定和批判了唯心主义相术。他说：观看人们的相貌，不如研究人们的思想；研究人们的思想，不如选择正确的思想方法。相貌不能决定人们的思想，而思想却受一定方法的支配。方法正确，而且思想能遵循它，虽然相貌丑陋，只要思想方法对头，也不妨碍成为君子。虽然相貌好，但思想方法不对头，也免不了成为小人。人们的祸福与人的相貌无关，而是由人们后天选择什么道路决定的。这就揭穿了唯心主义相术的骗人把戏。

反映荀子唯物主义认识论思想，主要表现在《解蔽》《正名》《劝学》等篇中。在《解蔽》篇中，荀子首先肯定了人具有认识事物的能力和事物是可以被认识的这一唯物主义认识论的基本前提。他说："凡以知，人之性也；可以知，物之理也。以可以知人之性，求可以知物之理，而无所疑止之，则没世穷年不能遍也。"他认为，人们认识上的通病，是被事物的一个片面所局限，而不明白全面的道理。人们纠正了片面认识，才能使认识符合正道，对正道三心二意则必然迷惑。这就强调了认识要有正确的方法和途径。在《正名》篇中，荀子强调了感性认识的作用，他说：人都有对感觉印象进行分析辨别的能力，然而只有依靠听觉器官才能辨别声音的不同，依靠视觉器官才能辨别形状的不同，所以心的验证能力一定要等到感觉器官接触所感觉的对象以后才能发挥作用。如果感觉器官接触了外界事物而不能认识它，心对它考察了而说不出道理来，那么人们没有不把这种情况说成是没有知识的，这就是根据感官接触外物而确定名称同和异的情况。在"名""实"关系问题上，荀子主张"实"决定"名"，"名"一定要符合"实"的唯物主义认识路线。在《劝学》篇中，荀子谈了知识的来源问题，他认为人的知识才能不是天生的，而是后天学习教育的结果，从而驳斥了"生而知之"的先验论。他特别强调后天学习的重要性，并用"青出于蓝而胜于蓝"的形象比喻，说明学习没有止境和后来居上的道理，劝导人们要进行广博地学习，要发扬"锲而不舍""用心一也"的精神，反对死记硬背、不求甚解和杂而不专，成为激励后人学习的名篇佳句。

荀子的伦理思想，主要反映在《性恶》《修身》《礼论》等篇中。针对孟子提出的"性善论"，荀子针锋相对地提出了"性恶论"。他认为，人的本性就是"目好色、耳好声、口好味、心好利"和"饥而欲饱""寒而欲暖""劳而欲休"的自然属性，这些自然属性只有通过封建伦理道德来严格加以限制，才能变成性善的，才符合封建礼仪。因此，荀子特别注重后天学习教育的作用，从而批判了孟子宣扬的"天赋道德论"。荀子谈论人性，虽然只注重人的自然属性，而忽视了人们的社会性，但他能从人对物质生活的基本要求作为研究人性的出发点，反对孔孟空谈仁义道德，无疑具有唯物主义的性质。

荀子的政治思想和经济思想，主要反映在《王制》《富国》《王霸》《君道》《臣道》《强国》等篇中。为了加强封建统治，巩固地主阶级政权，荀子提出了"隆礼敬士""尚贤使能"的用人原则。他在《王制》篇开头便说："贤能不待次而举，罢不能不待须而废，元恶不待教而诛，中庸民不待政而化。""虽王公士大夫之子孙也，不能属于礼义，则归之庶人。虽庶人之子孙也，积文学，正身行，能属于礼义，则归之卿相士大夫"。这就

> "天行有常，不为尧存，不为桀亡。应之以治则吉，应之以乱则凶。"——《荀子》

彻底否定了孔孟赞扬的封建世袭制。

在如何治理国家问题上，荀子提出了"重法爱民""赏罚严明"的政治纲领。他认为，统治阶级治理国家和统治人民，一定要有一套严密的政治法令和赏罚措施。对人民，在没有给他们利益之前就从他们身上谋取利益，不如先给人民利益然后再从人民中索取利益更为有利；不爱护他们就重用他们，不如先爱护他们然后再重用他们更为有效。荀子认为，只有赏罚严明，才能治理好国家。他说："赏行罚威，则贤者可得而进也，不肖者可得而退也，能不能可得而官也。"（《富国》）"王者之论，无德不贵，无能不官，无功不赏，无罪不罚。朝无幸位。民无幸生。"（《王制》）这样国家的政治才能清明，人民才能安居乐业。

在经济思想方面，荀子主张一方面用赏罚严明的制度来鼓励人民发展生产，增加财富；另一方面他又提出了"强本抑末""节用裕民""开源节流"的经济措施，加强发展农业生产，抑制商品流通，不断开拓新的财源，限制统治阶级的费用，以此达到国家富强、人民富足的目的。荀子这种经济思想，集中代表了中小地主阶级的利益，同时也符合人民的愿望。

《非十二子》《儒效》两篇，主要是荀子对思孟学派的批判。《乐论》主要阐发了荀子的音乐理论及其社会的作用。《议兵》主要阐述了荀子的军事理论。《赋》运用诗歌文学语言，阐述了荀子学派的政治主张。《大略》以下 6 篇，都是荀子学派的作品，内容比较庞杂，有些思想与荀子思想不尽一致。总之，《荀子》一书是我们研究荀子思想和荀子学派的主要参考资料。

009
古代劳动人民之哲学
——《墨子》

在先秦诸子百家中，儒、墨两家号称"显学"，墨子在当时的声望与孔子差不多。由于墨子倡导尚贤、尚同、兼爱、非攻、节用、节葬等主张，基本反映了广大劳动阶层的呼声，因此，墨子又被誉为劳动人民的哲学家。《墨子》就是记载墨翟言论和墨家学派思想资料的总集。

《汉书·艺文志》著录"《墨子》七十一篇"，班固注曰："(墨子)名翟，为宋大夫，在孔子后。"《隋书·经籍志》著录"《墨子》十五卷，目一卷，宋大夫墨翟撰"。《旧唐书·经籍志》《新唐书·艺文志》《宋史·艺文志》都著录"《墨子》十五卷，墨翟撰"。现在通行本《墨子》只有53篇，佚失了18篇，其中8篇只有篇目而无原文。关于《墨子》的佚失情况，一种说法是从汉代开始的，另一种说法是南宋时佚失10篇，其余8篇是南宋以后佚失的。

有关《墨子》一书的作者和真伪问题，在学术界颇有不同看法：一种是三项分类法，把《墨子》全书分为《墨经》《墨论》《杂篇》三类，《墨经》类有《亲士》、《修身》、《非儒》、《经》上下、《经说》上下、《大取》、《小取》，因为这些篇没有"子墨子曰"字样，所以认为是墨子自著。《墨论》从《所染》到《非命》共28篇，认为是墨子弟子所记。《杂篇》从《耕柱》到《杂守》共16篇，记载了墨子的言行，与前两类体例不同，当是后期墨家学派的东西。

另一种是五组分类法，第一组是《亲士》《修身》《所染》《法仪》《七患》《辞过》《三辩》共7篇，有的认为是墨家著作，有的认为是儒家作品，还有的认为前3篇是伪作，后4篇是墨家记述的墨学概要。第二组是《尚贤》《尚同》《兼爱》《非攻》《节用》《节葬》《天志》《明鬼》《非乐》《非命》共23篇,这是墨学大纲,是墨子弟子所记。墨子死后,墨家分成三派,有相里氏之墨、相夫氏之墨、邓陵氏之墨,因三派所传的学说不同,后人在汇编此书时,便把三派所传之学分上、中、下三篇并列,这种说法有一定的道理。《非儒》篇,有的认为不是墨家学派的作品,有的认为是墨家学派的著作,成书年代较晚。第三组是《经》上下、《经说》上下、《大取》、《小取》共6篇,又称《墨经》或《墨辩》,有的认为是墨子所作,多数学者认为是后期墨家的作品。第四组是《耕柱》《贵义》《公孟》《鲁问》《公输》共5篇,记载了墨子的言行,是墨子弟子所记,成书年代较早,是研究墨子的可靠资料。第五组是从《备城门》到《杂守》共11篇,讲的是守城兵法。有的认为是墨子弟子记载墨家的军事思想史料,有的认为是汉人作品。

《墨子》一书思想非常丰富,其中政治思想、伦理思想、哲学思想、逻辑思想和军事思想都比较突出,尤其是它的逻辑思想,是先秦逻辑思想史的奠基之作。

《墨子》的政治思想,主要反映在《尚贤》《尚同》《非攻》《节用》《节费》《非乐》诸篇中。墨家主张任人唯贤的用人原则,反对任人唯亲,它说,做官的不能永远都是高贵的,老百姓也不能永远都是卑贱的。它主张从天子到下面的各级官吏,都要选择天下的贤人来充当。墨子反对统治者发动的侵略战争,声援被侵略的国家,并为此而奔走呼号,勇敢地主持正义。墨子对统治者过的骄奢淫逸的糜烂生活极为反感,主张对统治者要进行限制。对丧葬之事,墨子主张节俭,反对铺张浪费。这些客观上反映了广大劳动人民的愿望和要求。

《墨子》的伦理思想,主要反映在《兼爱》《亲士》《修身》等篇中。墨子主张"兼相爱,交相利",人们不分贵贱,都要互爱互利,这样社会上就不会出现以强凌弱、以贵欺贱、以智诈愚的现象。国君要爱护有功的贤臣,慈父要爱护孝顺的儿子。人们处在贫困的时候不要怨恨,处在富有的时候要讲究仁义。对活着的人要仁爱,对死去的人要哀痛,这样社会就会走向大同。墨子的伦理思想虽然抹杀了阶级性,带有空想的色彩,但它却是广大劳动人民要求平等、反抗压迫、呼唤自由的心声。

《墨子》的哲学思想，主要反映在《非命》《贵义》《尚同》《天志》《明鬼》《墨经》诸篇中。墨家哲学思想的最大贡献是认识论。墨子主张把知识分为"闻知""说知""亲知"三类，"闻知"是传授的知识，"说知"是推理的知识，"亲知"是实践经验的知识。这就否定了唯心主义的先验论。为此，墨子在认识论方面提出了著名的"三表法"，他说："有本之者，有原之者，有用之者。于何本之？上本之于古者圣王之事。于何原之？下原察百姓耳目之实。于何用之？废以为刑政，观其中国家百姓人民之利。此所谓言有三表也。"（《墨子·非命上》）墨子还反对儒家鼓吹的"天命论"，他不相信"天命"的存在，他提倡"尚力"。在"名""实"关系上，墨家认为"名"必须服从"实"，没有"实"作基础，"名"就是虚假的。这些思想都具有唯物主义的性质。但是，墨子又相信"天志"，他认为天有意志，天能赏善罚恶，爱人憎人。他还论证了鬼神的客观存在，这就不免陷入了唯心主义的泥坑。这说明墨家的唯物论思想还有缺陷，还不彻底。

《墨子》的逻辑思想，主要反映在《经》上下《经说》上下《大取》《小取》6篇中，这主要是后期墨家的思想。在《墨经》中，后期墨家提出了"辩""类""故"等一套完备的逻辑概念。在《小取》篇中论述了辩论的作用，即辩论是要分析是非的区别，审查治乱的规律，弄清同异的所在，考察名实的道理，判别利害，解决疑似。还阐述了辩论的几种方式，对推理的研究也甚为精细。后期墨学建立了相当严谨完整的逻辑理论，在中国逻辑思想发展史上起了开创作用，具有较高的学术地位。直到今天，它仍是人们学习中国逻辑思想史的重要材料，给人以智慧的启迪。

《墨子》的军事思想，主要反映在《备城门》《备高临》《备梯》《备水》等篇中。由于墨家学派主张"兼爱""非攻"，反对侵略战争，所以它的军事理论主要是积极的防御战术，这虽然不及兵家的军事思想全面深刻，但它却反映了广大劳动人民厌恶战争、渴望和平的心理愿望。

《墨子》一书所蕴含的思想极其丰富，在中国思想发展史上具有重要的学术地位。《墨子》思想代表了广大劳动人民的利益和要求，是劳动人民智慧的结晶。正因为如此,它不被统治阶级所赏识,到了秦汉,墨学已没有多大影响,墨子的事迹已知之甚少,连史学家司马迁为墨子作传,也寥寥数语。今天,我们运用马克思主义观点来分析研究《墨子》,进一步发掘其思想学说的蕴涵,批判地吸取其精华,剔除其糟粕,对建设高度发达的社会主义文化事业,具有十分深远的意义。

010 法家理论之集大成者 ——《韩非子》

《韩非子》是先秦法家集大成者韩非的著作。司马迁在《史记·老子韩非列传》中说："韩非者，韩之诸公子也，喜刑名法术之学。……悲廉直不容于邪枉之臣，观往者得失之变，故作《孤愤》《五蠹》《内外储》《说林》《说难》十余万言。"这说明《韩非子》确系韩非所著。《汉书·艺文志》著录"《韩子》五十五篇"与今本《韩非子》55篇相同。《隋书·经籍志》《旧唐书·经籍志》《新唐书·艺文志》《宋史·艺文志》《四库全书总目·子部·法家类》皆著录《韩子》20卷，这说明《韩非子》从先秦流传到现在，流传有序，这在先秦哲学典籍中，是不多见的。《韩非子》本名《韩子》，后因唐代韩愈的名气越来越大，后人为了加以区别，故改名《韩非子》。

有关《韩非子》各篇的真伪问题，学术界也曾有过争论，有的认为书中多数篇不可信，有的认为书中只有少数篇不可信。如容肇祖从考察思想入手，断定只有《五蠹》《显学》《难势》《问辩》《诡使》《六反》《心度》《难一》8篇为韩非所作，18篇为别家之言，24篇不能断定。梁启雄从考察思想和文字入手，断定只有《十过》《用人》《安危》《功名》《忠孝》《大体》《守道》《观行》《制分》是伪作。刘汝霖认为《初见秦》《存韩》《难言》《有度》《十过》《饰邪》6篇是伪作。我们认为，《韩非子》一书基本是韩非的作品，也不排除个别篇掺入了别人的东西，这在古书的流传过程中，是不可避免的现象。

《韩非子》一书，重点宣扬了韩非法、术、势相结合的法治理论，主要反映在《难势》《难三》《定法》《扬权》《有度》等篇中。在韩非看来，商鞅治秦只讲"法",不讲"术";申不害只讲"术",不擅"法";慎到片面强调"势",这都是不全面的,"皆未尽善也"。只有把"法""术""势"三者有机地结合起来,才是切实可行的。他说:"君无术则弊于上,臣无法则乱于下,此不可一无,皆帝王之具也。"(《定法》)"抱法处势则治,背法去势则乱。"(《难势》)在"法""术""势"三者之间,"法"是根本,"势"是基本前提,"术"是执行"法"的必要方法。他列举"千钧得船则浮,锱铢失船则沉"说明"势"的重要,又列举"弃隐栝之法,去度量之数,使奚仲为车,不能成一轮","无庆赏之功,刑罚之威,释势委法,尧舜户说而人辨之,不能治三家"作例子,说明"法"的重要,"法""术""势"三者缺一不可,相辅为用。韩非"法""术""势"相结合的理论,达到了先秦法家理论的最高峰,为秦统一六国提供了理论武器,同时,也为以后的封建专制制度提供了理论根据。

韩非的哲学思想,主要反映在《解老》《喻老》两篇中。韩非借解释道家《老子》一书,对《老子》哲学体系的核心"道",进行了唯物主义的改造,赋予了客观物质性的内容。他说:"道者,万物之所然也,万理之所稽也。"(《解老》)在这里,韩非又第一次提出了"理"的概念范畴。"理者,成物之文也。……物有理,不可以相薄,故理之为物之制。万物各异理,而道尽稽万物之理,故不得不化。""凡理者,方圆、短长、粗靡、坚脆之分也。故理定而后可得道也。故定理有存亡,有死生,有盛衰。"(《解老》)这就是说,"道"是万物的总规律,"理"是区别各种事物的特殊规律。"道"是"理"的依据,"理"是"道"的体现。各种事物所以客观存在,都是由它的特殊规律即"理"决定的,而各种事物的特殊规律即"理"又必然受总规律即"道"的支配。各种特殊规律即"理"的总和,就构成了总规律的"道"

韩非对《老子》的"德"也作了唯物主义的改造。他说:"德者,内也;得者,外也。上德不德,言其神不淫于外也。神不淫于外则身全,身全之谓德。德者,得身也。"(《解老》)德是事物内在的本质,事物内在的本质决定了事物的性质。所以韩非又说:"身以积精为德,家以资财为德,乡国天下皆以民为德。"(《解老》)在"道"和"德"的关系问题上,韩非主张"德"是"道"的功效。他说:"道有积而德有功,德者道之功"。(同上)道是根本的,德是道的功效,两者不能割裂。韩非对道和德的解释,涉及了一般和特殊这对哲学范畴,它标志着人们的抽象思维水平又有了飞跃,对客观规律性的认识更加深刻了。

在认识论方面,韩非受荀子的影响最大。他认为,人们的认识都必须依赖于感觉器官,人的眼睛能看东西,耳朵能听声音,心能思考问题,这都是人具有的自然属性,所以他称之为"天明""天聪""天智"。他说:"目不明则不能决黑白之分,耳不聪则不能别清浊之声,智识乱则不能审得失之地。目不能决黑白之色则谓之盲,耳不能别清浊之声则谓之聋,心不能审得失之地则谓之狂。盲则不能避昼日之险,聋则不能知雷霆之害,狂则不能免人间法令之祸。"(《解老》)这就清楚地说明了人的感觉和思维器官与认识对象的关系,坚持了唯物主义的认识路线。在认识方法上,韩非主张"去喜去恶",切忌主观偏见和先入为主的成见来左右人们的认识。他说:"喜之则多事,恶之则生怨。故去喜去恶,虚心以为道舍。"(《扬权》)在检验认识标准上,韩非提出了"参验"的方法。他说:"循名实而定是非,因参验而审言辞。"(《奸劫弑臣》)韩非所说的"参验",就是对各种情况在进行排列分类的基础上,进行比较分析,然后检查验证认识的正确与否。他认为只有按认识的规律办事,才能"得事理则必成功"。反之,就是主观的妄想和臆测,他称之为"前识"。他说:"先物行先理动之谓前识。前识者,无缘而忘意度也。"(《喻老》)妄意度就必然失败。韩非的认识论,虽然还属于朴素唯物论的范畴,但它的理论思维水平,无疑是先秦思想家最高的。

韩非的朴素辩证法思想也比较突出,他首先提出了矛盾学说,用矛和盾的寓言故事,说明"不可陷之盾与无不陷之矛不可同世而立"的道理。虽然韩非的主观意图是说明法治与礼治的根本对立,着意批判儒家宣扬的礼治思想,为法治战胜礼治制造理论根据,但它确实客观地揭示了当时儒法两种思想根本对立的现实。当然,韩非的矛盾学说,也有过分强调对立,把斗争绝对化的倾向,这也是不能忽视的。韩非对矛盾的转化条件,也作了辩证的解释。如国家的强弱,他认为关键是实行不实行法治。"国无常强,无常弱。奉法者强则国强,奉法者弱则国弱"。(《有度》)又如祸福的转化条件,他认为关键是"行端直"和"骄心生"这两个条件。"行端直",则祸能转化为福;"骄心生",则福能转化为祸。他还以水火为例,说明矛盾转化的条件性。水本来是能够克火的,但若把水盛在锅里,火就可以反过来克水,把水烧干,这是因为条件不同的缘故。韩非又用他的朴素辩证法思想解释历史现象,形成了他的进步历史观。他认为时代在变迁,社会在发展,因循守旧、复古倒退是没有出路的。他用"守株待兔"这个寓言故事,猛烈抨击顽固守旧的陈腐思想,为推行他的革新变法主张寻找理论根据。当时,韩非的历史观还有不少缺陷,本质上还是唯心主义的。

《初见秦》《存韩》是韩非的上秦王书。《难言》《说难》《孤愤》是韩非被囚禁秦国时写的,借以抒发自己的孤独郁闷心情。《五蠹》《八奸》《奸劫弑臣》《六反》,重点揭露奸臣、儒生、侠客、纵横家和商人对国家的危害,必须对他们依法加以治理。以上都反映了韩非的政治思想。《显学》篇,是韩非对儒、墨两大学派的学术批判,重点是批判儒家学派,为推行法治理论扫清障碍。

值得一提的是,《韩非子》书中记载了大量脍炙人口的寓言故事,最著名的有"自相矛盾""守株待兔""讳疾忌医""滥竽充数""老马识途""画鬼最易"等等。这些生动的寓言故事,蕴含着深隽的哲理,凭着它们思想性和艺术性的完美结合,给人们以智慧的启迪,具有较高的文学价值。

"天不变道亦不变"
——《春秋繁露》

西汉中期，战乱频仍的诸侯王国割据局面基本结束，生产得到恢复与发展，中央集权得到巩固与加强，出现了经济繁荣和政治大一统的局面。适应统一的中央集权的需要，董仲舒的神学唯心哲学思想便应运而生。他的哲学思想主要反映在所著的《春秋繁露》中。

《春秋繁露》有17卷，82篇。由于书中篇名和《汉书·艺文志》及本传所载不尽相同，后人疑其不尽出自董仲舒一人之手。《春秋繁露》系后人辑录董仲舒遗文而成书，书名为辑录者所加，隋唐以后才有此书名出现。我国现存最早的《春秋繁露》版本，是南宋嘉定四年（1211年）江右计台刻本，现藏于北京图书馆。注本很多，最详尽的是苏舆的《春秋繁露义证》。

董仲舒潜心钻研《公羊春秋》，学识渊博，故时人称其为"汉代孔子"，《春秋繁露》也是一部推崇公羊学的著作。

《春秋繁露》宣扬"天人合一""天人感应"的神学目的论。认为天是有意志的，是宇宙万物的主宰，是至高无上的神。《春秋繁露》把自然现象和社会现象进行神秘化的比附，认为天按照自己的形体制造了人，人类社会的运转与天道运行的规律是一致的，这就是"天人合一"的思想。天通过阴阳、五行之气的变化而体现其意志，主宰社会与自然。草木随着季节变化而生长凋零，都是天的仁德、刑杀的表现；社会中的尊卑贵贱制度，都是天"阳贵而阴贱"意志的体现。君、父、夫为阳，臣、子、妇为阴，所以君臣、父子、夫妇的关系就是主从关系。"天子"是代替天在人间实行统治的，君主之权是天所授予的，并按天的意志来统治人民，这就是神化君权的"君权神授"思想。《春秋繁露》还用五行相生相胜的关系来附会社会人事，如将木生火，火生土，土生金，金生水，水生木比为父子；木居左，金居右，火居前，水居后，土居中央，比为父子之序；等等。这样就把古代朴素唯物主义的概念——阴阳和五行变成了体现天的意志和目的，神化封建制度的工具。

《春秋繁露》还大力宣扬"天人感应"说。认为"天"不但为人世安排了正常秩序，还密切注视人间的活动，监督正常秩序的实现。如果人间违背了封建道德即天的意志，君主有了过失而不省悟，天便会降下灾异警告，这就是所谓"谴告"说。反之，如果君主治理天下太平，天就会出现符瑞。可见，封建统治者与天是相通、相感应的。如果能按照天的意志行事，维持正常的统治秩序，就可长治久安。

根据天人感应的神学目的论，《春秋繁露》提出了性三品说。董仲舒把人性分为三个品级：圣人之性，中民之性，斗筲之性。圣人之性为纯粹的仁和善，圣人不用教化，是可以教化万民的；斗筲之性是只有贪和恶的广大劳动人民，这些人即使经过圣人的教化也不会成为性善者，对他们只能加以严格防范；中民之性具有善的素质，经过君主的教化便可以达到善。这三个品级的人性，都是天所赋予的。这一套性三品的人性论，是孔子"惟上智与下愚不移"（《论语·阳货》）人性论的发展。

《春秋繁露》全面论证了"天不变道亦不变"的形而上学思想。所谓"道"，是根据天意建立起来的统治制度和方法，《春秋繁露》用形而上学的观点加以分析判断，认为这个道是永恒的、绝对的。它说："凡物必有合。合必有上，必有下；必有左，必有右；必有前，必有后；必有表，必有里；有美必有恶……此皆其合也。阴者阳之合，妻者夫之合，子者父之合，臣者君之合。物莫无合，而合各有阴阳。"（《基义》）这里，它承认对立面的普遍存在，具有一些辩证法的因素。但它认为这些对立面之间的关系，主要是协调服从的关系，否定矛盾双方的斗争。虽然它承认矛盾的两个方面的性质、地位不同，但阳和阴双方，一主一从，一尊一卑的地位是永不可改变的，更不能转化，这是"天之常道"。然而，历史的发展并非一成不变的，王朝更替时有发生，为了解释这一现象，董仲舒提出了"三统""三正"的历史发展观。我国农历的十一月、十二月、正月可以作为正月（岁首），每月初一日为朔日，朔日有从平旦（天刚亮的时刻）、鸡鸣、夜半为开头的三种算法。每一个新王朝上台后，都要改变前一个王朝的正、朔时间，这叫改正朔。如果新王朝选择农历正月为岁首，则尚黑色；如选择十二月为岁首，则尚白；如选择十一月为岁首，则尚赤色，这就是所谓"正三统"。每个王朝都应按照自己的选择改换新的服色，这叫"易服色"。不管如何循环变化，维护封建统治的道和天一样，是永远不变的。"王者有改制之名，无改道之实"（《楚庄王》）。所以，"三统""三正"也是董仲舒借天意之名宣扬"天不变道亦不变"的理论武器，目的是长期维护封建统治。

《春秋繁露》所反映的董仲舒的认识论，是建立在神学唯心主义哲学体系上的，是为天人感应的神学目的论服务的。人类、宇宙万物及其变化都是天意的安排，所以，人的认识也就是对天意的认识，只要认真考察自然现象，或通过内心自省，就不难体会到天意。董仲舒认为"名"反映的不是事物，而是天意，它是由圣人发现的，并赋予事物以名，"事各顺于名，名各顺于天"（《深察名号》），即天的意志决定人的认识，人的认识决定万事万物，完全颠倒了名与实、主观与客观的关系，是一条唯心主义的认识路线。

《春秋繁露》大力宣扬"三纲""五常"的封建道德观，为封建等级制度和伦常关系的合法性制造舆论。早在春秋时期，孔子便提出了"君君、臣臣、父父、子子"（《论语·颜渊》）的思想，后来韩非发展了这一思想，并为"三纲"划出了一个明晰的轮廓："臣事君，子事父，妻事夫，三者顺则天下治，三者逆则天下乱，此天下之常道也。"（《韩非子·忠孝》）董仲舒对此加以继承和神化，第一次提出："王道之三纲，可求于天。"（《基义》）他说："天为君而覆露之，地为臣而持载之，阳为夫而生之，阴为妇而助之，春为父而生之，夏为子而养之。"（《基义》）虽然尚未提出"君为臣纲，父为子纲，夫为妻纲"的正式条文，但其意思已很明确了，至两汉之际《礼纬》诸篇便把"三纲"的条文具体化了。"三纲"以君为臣纲为主，父为子纲、夫为妻纲是从属于君为臣纲的，最根本的是要维护君权的统治。

董仲舒在答汉武帝的策问时曾提出"仁义礼智信"五常之道，在《春秋繁露》中又加以详尽论证。"仁者，爱人之名也。"（《仁义法》）"立义以明尊卑之分。"（《盟会要》）"礼者……序尊卑贵贱大小之位，而差外内、远近、新故之级者也。"（《奉本》）"不智而辨慧狷给，则迷而乘良马也。"（《必仁且智》）"竭愚写情，不饰其过，所以为信也。"（《天地之行》）

三纲五常的伦理观是汉王朝封建大一统政治的需要，也是中央专制集权制的反映，它在当时维护国家统一和封建制度方面，起过积极的作用。但随着整个地主阶级的历史地位日益向保守、反动转化，它便成了反对革命，麻痹和奴役劳动人民的精神枷锁。由于它高度集中地反映了整个地主阶级的根本利益，所以成了延续几千年的封建社会的道德伦理规范，在我国影响深远。

《春秋繁露》以"天人感应"的思想为核心，政治上的封建专制主义为基础，提出了一套较为完备的思想体系，尽管以后各个王朝的主流学术思想形态有所改变，但其内核仍然是对董仲舒"天人感应"思想的继承和发展。

012

中世纪神学、伦理学之法典
——《白虎通义》

东汉章帝建初四年（79年），皇帝亲自主持和召集当时著名的博士、儒生在白虎观讨论五经之同异。这场大讨论的由来，一是由于古文经学出现之后，在文字、思想、师说各方面都同今文经学派发生分歧，双方展开了激烈的斗争，自西汉武帝时占统治地位的今文经学派，为保住自己的地位，急需利用皇帝的权威制成定论，以压倒对方。二是自董仲舒的《春秋繁露》提出一整套"天人感应"的神学目的论的唯心主义哲学体系后，用神学解释经学之风便愈刮愈烈，到西汉末年，封建神学和庸俗经学的混合物谶纬迷信盛行起来，由于封建统治者的支持和提倡，迅速弥漫于学术思想领域。为了巩固封建统治的需要，皇帝也乐于出面，组织一场大讨论，以便使谶纬迷信和经学典籍更好地结合起来，使神学经学化，经学神学化。在白虎观，博士、儒生纷纷陈述见解，章帝亲自裁决其经义奏议，后由班固等人整理编撰成《白虎通义》一书。《白虎通义》又称《白虎通》《白虎通德论》。这部书是今文经学的政治学说提要，广泛解释了封建社会一切政治制度和道德观念，成为当时封建统治阶级的神学、伦理学法典。

《白虎通义》继承了《春秋繁露》"天人合一""天人感应"的神学目的论，并加以发挥，把自然秩序和封建社会秩序紧密结合起来，提出了完整的神学世界观。

关于天地万物的起源问题。《白虎通义》的解释是："始起先有太初，然后有太始，形兆既成，名曰太素。混浊相连，视之不见，听之不闻。然后判清浊，既分，精曜出布，庶物施生。……故《乾凿度》云：'太初者，气之始也；太始者，形之始也；太素者，质之始也。'"(《天地》)简言之，世界的起源是由太初（气）到太始（形），再到太素（质），经过这三个阶段才形成天地。单看此段文字，天与地都是物质的实体，但纵观《白虎通义》的整个思想，这种自然物质之天又是从属于道德之天的，如天地运行的规律，日月星辰的运行及关系，都不由其自身规律所决定，而是由伦理道德关系和目的决定的，最终它是从属于一种神灵之天的。因而其宇宙观是一种唯心主义观点。

《白虎通义》发扬《春秋繁露》无类比附的手法，将封建制度下君臣、父子、夫妇之义与天地星辰、阴阳五行等各种自然现象相比附，用以神化封建秩序和等级制度。它认为："子顺父，妻顺夫，臣顺君，何法？法地顺天。"(《天地》)照它看来，君臣、父子、夫妇之间的关系，犹如天在上，地在下一样，是永远不能改变的。天之地位高，地之地位卑，犹如君臣、父子、夫妇之间的尊卑等级关系。它还将太阳比做君主，月亮星辰比做臣民，用日月星辰的自然现象来论证和神化君主的权威。"三纲之义，日为君，月为臣也。"(《日月》)"君有众民，何法？法天有众星也。"(《五行》)君主之于臣民，犹如天上月亮星辰所拱卫的太阳。《春秋繁露·阳尊阴卑》曾说："君不名恶，臣不名善，善皆归于君，恶皆归于臣。"《白虎通义》进一步阐述此理论："臣有功归于君，何法？法归明于日也。"(《五行》)月亮本身不发光，它的光源于太阳的照耀，照此而推论，"臣有功归于君"则是合情合理的。

古代朴素的唯物主义概念阴阳五行说，曾被董仲舒利用为其"天人感应"的神学目的论服务，《白虎通义》进一步发展和引申了董仲舒的思想，用阴阳五行说为皇权至上的中央专制集权制服务。它特别突出和发挥了"土居中央"的观点，把土列为五行之首，其他的金木水火都依赖土而存在。"土在中央，中央者土，土主吐含万物，土之为言'吐'也。""木非土不生，火非土不荣，金非土不成，水非土不高。"(《五行》)这一解释完全超出了《春秋繁露》中关于五行"土居中央"的观点，它将金木水火土明确划分出等级尊卑贵贱，并以此来比附社会，将封建等级制度自然化，从而神化君权，巩固封建统治。

《白虎通义》的认识论是依附于宗教神学的唯心主义之上的。它所要认识的,不是客观事物及其规律,而是由"天"所决定的"道"。所谓"玉不琢,不成器,人不学,不知道。"(《礼记·学记》)"道"由谁来发现和传授呢?是通天地鬼神的圣人——"圣者,通也,道也,声也。道无所不通,明无所不照,闻声知情,与天地合德、日月合明、四时合序、鬼神合吉凶。"(《白虎通义·圣人》)由圣人发现,与天有密切联系的道,就是"天不变,道亦不变"中的道,即封建统治秩序、伦理纲常。

宣扬维护封建统治的"三纲""五常""六纪"是《白虎通义》的主要内容。它说:"三纲者,何谓也?谓君臣、父子、夫妇也。……故《含文嘉》曰:'君为臣纲,父为子纲,夫为妻纲。'……人皆怀五常之性,有亲爱之心,是以纲纪为化,若罗网之有纪纲而万目张也。"(《三纲六纪》)从三纲出发,它进一步提出三纲之纪,即六纪:诸父,兄弟,族人,诸舅,师长,朋友。三纲六纪与自然法则是相通的:"三纲法天地人,六纪法六合。"具体而言:"君臣法天,取象日月屈信(伸),归功天也。父子法地,取象五行转相生也。夫妇法人,取象人合阴阳,有施化端也。"(《三纲六纪》)由于封建伦理关系取诸阴阳和天道,因而它就是普遍而绝对的。君权、族权、夫权、神权束缚人民的四条绳索亦以皇帝钦定的形式而成为"法典",成为完整的束缚人民的精神枷锁。在强调臣绝对服从君主的主调之下,《白虎通义》还在《五行》中提出臣对"无道之君"可以推翻的思想。当然,这一思想并未超出董仲舒的改制思想。

《白虎通义》有一定的学术价值。全书共汇集43条名词解释,内容涉及社会、礼仪、风习、国家制度、伦理道德等各个方面。其中有很多条目汇集了不同的学术观点,有些条目还并列了不同甚至相反的观点,如"王者不臣"条、"王霸"条等,对有关解释都存而不决,以供人们参考。

《白虎通义》问世以来,产生了很大的影响。由于它是由皇帝钦定的,内容又包罗万象,在政治、思想、伦理等各个方面,都为人们规定了行为规范。《白虎通义》用阴阳五行间的关系来解释世界的一切事物,大者如"三纲五常",小者如婚丧嫁娶、日常生活现象,都可以用阴阳五行说去说明,不管如何牵强附会,如何荒唐,说者言之凿凿,听者深信不疑，阴阳五行成了人们认识与解释世界的万能"金钥匙"，成为一种思维模式和定式，这对学术的更新、思想的解放无疑是一种桎梏。

《白虎通义》融合今文经学、古文经学与谶纬迷信于一体，企图统一经学，神化经学，并将其奉为永恒的真理，要人们世代相沿，习之、诵之，不许怀疑和批判，这只是统治者一厢情愿的梦想，历史发展的事实告诉我们，经学一旦发展为神学，它的生命力也就接近枯竭了，这是《白虎通义》给我们的启示。从这个意义讲，《白虎通义》宣告了经学的衰落，是经学走向没落与衰败的标志。

013 "疾虚妄古之实论，讥世俗汉之异书"
——《论衡》

《论衡》一书为东汉王充（27—97年）所作，大约作成于汉章帝元和三年（86年），现存文章有85篇。

东汉时代，儒家思想在意识形态领域里占支配地位，但与春秋战国时期所不同的是，儒家学说蒙上了神秘主义的色彩，掺进了谶纬学说，儒学变成了"儒术"。而其集大成者并作为"国宪"和经典的是皇帝钦定的《白虎通义》。王充写作《论衡》一书，就是针对这种现象和神秘主义的谶纬说进行批判。《论衡》"细说微论，解释世俗之疑，辨照是非之理"（《对作》），即以"实"为根据，疾虚妄之言。"衡"字本义是天平，《论衡》就是评定当时言论价值的天平。它的目的是"冀悟迷惑之心，使知虚实之分"（《论衡·对作》）。因此，它是古代一部不朽的唯物主义的哲学文献。

正因为《论衡》一书"诋訾孔子""厚辱其先"，反叛于汉代的儒家正统思想，故遭到当时以及后来的历代封建统治阶级的冷遇、攻击和禁锢，将它视之为"异书"。

汉儒思想体系是董仲舒提出的唯心主义哲学思想，其核心是"天人感应"说，由此生发出对其他一切事物的神秘主义的解释和看法。"天人感应"的要旨就是"天帝"有意识的创造了人，并为人创造出"五谷万物"；"天帝"有意识地生下帝王来统治万民，并立下统治的"秩序"。

《论衡》从宇宙观上反对这种见解，针锋相对地提出：天地万物（包括人在内）都是由"气"构成，"气"是一种统一的物质元素。"气"有

"阴气"和"阳气",有有形和无形,人、物的生都是"元气"的凝结,死灭则复归元气,这是个自然发生的过程。由"气"这个物质性的元素出发,《论衡》指出:"天乃玉石之类"的无知的东西,万物的生长是"自然之化"。天地、万物和人,都是由同一的充塞于宇宙中的气形成,而且是在运动的过程中形成,所以,"外若有为,内实自然"。而人与天地、万物不同的是"知饥知寒""见五谷可食,取而食之;见丝麻可衣,取而衣之"。所以,人和五谷不是上天有意创造出来的,而是"气"的"自然之化"。《论衡》首先从宇宙观上否定了"天人感应"的"天",还世界的物质性面貌。不过,《论衡》书中所描述的宇宙观,是一种自然主义的宇宙观:"天地合气,物偶自生也""及其成与不熟,偶自然也"(《论衡·物势》)。所以,这种宇宙观只能是人能利用自然,辅助"自然之化",但终究不得不听命于自然力的支配。这是古代唯物主义的最大缺陷。

"天人感应"的"天"既造出了人,那么第二点就要降下帝王来统治人,因此就要把君权神化。他们提出了一种"符瑞"说,即把一些想象的和自然的事物,如龙、麒麟、凤凰、雨露、嘉禾、芝草等等,称之为帝王的"受命之符"。如:夏的祖先是其母吃了一种叫作"薏苡"的草生下的,殷的祖先是其母吞吃了燕子的蛋而生的,汉高帝刘邦是其母在野地里和龙交合而生,东汉光武帝刘秀是生而室内有光等等。《论衡》书针对这种荒唐之言指出:"薏苡""燕卵"根本不能生人,龙与人也不是同类,"不相与合者,异类故也"。"天地之间,异类之物相与交接,未之有也","何则?异类殊性,情欲不相得也"(《论衡·奇怪》)。所以,要同类的东西才能交合。人都是由父母生的,帝王亦不例外,所谓"圣人更禀气于天",乃是"虚妄之言",不足相信。既然天、人、物三者不是同类,不能相合,那么与"符瑞"也就毫不相干了。《论衡》书中关于物种交合和生产的说法虽然谈不上是科学的知识,只是一种直观的自然描述,但这种直观的观察都是很真切的。而且,这种见解需要极大的理论胆识,因为他把帝王赤裸裸地搬到了地上,这是"非圣无法""诽谤圣朝"之罪,是要遭杀身灭门之祸的。所以,王充及其《论衡》书的伟大之处也在这里。

汉儒的"天人感应"说在社会历史观上就是"天人合一"的"道统"观。

如果统治者取得了这个"道统",即奉天受命,并有足够的"德教"力量维护这个"道统",社会就太平。如果统治者没有足够的"德教"力量维护这个"道统",社会就变乱,新的统治者就取而代之,并把这个"道统"重新延续下去。这样,"天不变、道亦不变"的社会观和"一治一乱"的历史循环论独特地结合到了一起。这种社会历史观的实质就在于"同姓不再王",世界上没有万世一系的帝王,但统治阶级对万民的统治却是万古不变的。《论衡》书对这种社会历史观持批判的态度。它认为社会治乱的原因是寓于其本身之中,而不在于"人君"的"德""道";相反地,"人君"的贤不肖是由社会历史所决定的。"世之治乱,在时不在政;国之安危,在数不在教。贤不贤之君,明不明之政,无能损益"(《论衡·治期》)。而自古而然的"一治一乱"同样是自然的现象,不是取决于"上天"或人的意志。

《论衡》是从自然主义的唯物论出发来论述社会历史发展的。从其承认客观物质的力量来说明社会历史是个不依人的意志为转移的客观发展过程,否定"天"和"人君"是历史发展的力量,否定"德"和"道"及"天不变、道亦不变"这一点上来说是正确的。但其把社会历史的发展过程归结到"时"和"数"上,认为是一种盲目的自然力量在起作用,否定了一定社会的阶级、集团和个人在社会历史发展过程中的作用,这显然是不正确的。因之,《论衡》中的社会历史论述是带有唯物主义因素的自然宿命论的社会历史观。

《论衡》不仅对汉儒思想进行了尖锐而猛烈的抨击(但它并不完全否定儒学),而且它还批判地吸取了先秦以来各家各派的思想,特别是道家黄老学派的思想,对先秦诸子百家的"天道""礼法""鬼神""薄葬""命""性善""性恶"等等,都进行了系统的评述。因此,后人称《论衡》是"博通众流百家之言"的古代小百科全书。

尽管《论衡》不可能摆脱时代的局限,用自然主义和直观的观察来描述世界,特别是在社会历史观上基本是唯心论的,但它产生在中国历史上的一个重要历史时期,即封建国家处于统一和强大、儒学与谶纬神学相结合,成为统治阶级的正统思想的时期,它敢于宣布世界是由物质构成的,敢于不承认鬼神的存在,敢于向孔孟的权威挑战,并确立了一个比较完整的古代唯物主义体系,这在历史上是起了划时代的作用的。它对今后的唯物主义者、无神论者,诸如魏晋时期的哲学家杨泉、南朝宋时的天文学家何承天、南朝齐梁时的无神论者范缜、唐朝文学家刘禹锡和柳宗元、明清之际的思想家王夫之等等,都产生了不同程度的影响。

"融贯群言，包罗古义"
——《五经正义》

《五经正义》是唐代颁布的一部官书。五经指五部儒家经典著作，即(《易》(《周易》)、《书》(《尚书》)、《诗》(《诗经》)、《礼》(《礼记》)、《春秋》。汉武帝时，设"五经博士"，"五经"之名形成。

自东汉末年以后，战乱四起，儒家经典散佚，文理乖错。魏晋南北朝时期，国家长期分裂，经学也逐渐形成了"南学""北学"之争。再加上儒学内部宗派林立，各承师说，互诘不休，经学研究出现一派混乱局面。隋唐以来，为了大一统政权政治、思想、文化建设的需要，亟须由朝廷出面撰修、颁布统一经义的经书。唐太宗下令召集当时一些著名的儒士共同撰修《五经正义》，因国子祭酒孔颖达年辈在先，名位独重，故由他负责此事。《五经正义》撰成于贞观十六年（642年），后又经马嘉运校定，长孙无忌、于志宁等再加增损，于唐高宗永徽四年（653年）颁行。《五经正义》的卷数，因版本不同，说法亦各异。目前流行的说法是180卷，其中《毛诗正义》40卷，《尚书正义》20卷，《周易正义》14卷，《礼记正义》70卷，《春秋左传正义》36卷。另据《四库全书总目》：《毛诗正义》40卷，《周易正义》10卷，《尚书正义》20卷，《礼记正义》63卷，《春秋左传正义》60卷，共193卷。据《十三经注疏表》（宋绍熙年间黄唐合刊）：《毛诗正义》70卷，《周易正义》10卷，《尚书正义》20卷，《礼记正义》63卷，《春秋左传正义》60卷，共223卷。现在由中华书局排印的清嘉庆二十年南昌府学重刊宋本《十三经注疏》，其卷数与此表同，此书附有清阮元撰的校勘，易于读者理解掌握，为目前最佳版本。

《五经正义》为经学义疏的结集。由于经书成书年代早，文字多晦涩难懂，记事又简略不详，给后人学习带来不少困难。于是为经书作传、注之风便盛行起来，常常一部经书就有各执一说的多家传、注。《五经正义》就是要从中选出比较好的注本，摒弃其余杂说，对前代繁杂的经学解释进行一番统一整理。又因前代注本也有难解之处，所以《五经正义》便依据传、注又加以疏通解释。可以说，《五经正义》是一部典型的以疏解经的著作。

《周易》本是卜筮之书，充满迷信色彩，汉代象数易学兴盛，后逐渐浸流于谶纬。三国时魏国的著名玄学家王弼乘其极敝而攻之，作《周易注》。书中革除汉儒利用"五行"比附人事，以"互体""卦变"来牵强附会、"按文责卦"的弊端，注重领会和把握《周易》中所包含的义理。他还用《老》解《易》，以玄理统易理，利用注《周易》而阐发玄学思想，使《周易》面貌为之一新，与汉儒解《易》的风格形成了鲜明对比。故唐代撰《五经正义》时，认为王弼的注"独冠古今"，选用其作《周易》的官定注本。王弼的《周易注》中包括《经》的部分，即六十四卦的卦爻辞，另有《传》的《文言》《彖辞》《象辞》三部分。其余《系辞》《说卦》《序卦》《杂卦》四部分由晋人韩康伯继承王弼思想而续注，这一部分韩注被合于王弼注中，收入《周易正义》中。

《五经正义》为《尚书》选取伪孔安国传为正统注本，遭到后代学者非议。汉初，社会上通行伏生传《尚书》29篇，为《今文尚书》。汉武帝时，又从孔子故宅壁中发现《尚书》，由孔安国整理献出，为《古文尚书》。魏晋之际，《古文尚书》亡佚。东晋元帝时，豫章内史梅赜奉上孔安国的《尚书传》及《古文尚书》58篇，其中有33篇与《今文尚书》大致相同，另多出25篇。在当时无人怀疑其真实性，至唐代修《五经正义》时也自然选其为正统。至清代，学者已考定《尚书传》与多余的25篇《尚书》均为伪造。《尚书正义》中经的部分即包括与《今文尚书》相符的33篇和伪造的25篇，传文即是伪造的孔安国《尚书传》。故经学家多认为据伪传疏解的《尚书正义》不足取。

《诗经》是中国最早的一部诗歌总集。汉初传《诗》的有齐、鲁、韩、毛四家。齐、鲁、韩三家为今文经学，被朝廷立于学官，设博士。《毛诗》

出现较晚，是古文经学，至东汉章帝时才得立于学官，其主要著作为《毛诗故训传》30卷，此书为历代古文经学家所推重。东汉兼通今古文经学的经学大师郑玄撰有《毛诗传笺》，为《毛传》作注。《郑笺》以宗毛为主，但也并非全部申毛说。其时，郑玄已完成《礼记注》，故为《毛传》作笺时，常用《礼》注《诗》，还用自己的观点注《诗》，阐明《毛传》中不明确之处，或用三家说申毛说，或用三家说难毛说。书成之后，影响颇大，《毛诗》地位日益稳固，"三家诗"逐渐走向衰微。由于《郑笺》与《毛传》多有异同，经学界或申郑难毛，或申毛难郑，展开了激烈的争论。南北朝时，北朝兼崇毛、郑；南朝崇毛，但郑、毛之异同也是争论的热点。孔颖达等撰《五经正义》时，调和毛、郑两家之说，又用刘焯《毛诗义疏》、刘炫《毛诗述义》为底本，再加疏解，撰成《毛诗注疏》，即《毛诗正义》。

《礼记正义》选用东汉郑玄的《礼记注》。《礼记注》内容翔实，素为儒士所重，许多人为其疏义。至唐初，尚存有皇侃、熊安生二家。唐修《礼记正义》，以皇侃的义疏为主要底本，以熊安生的本子补其不足之处。

西晋杜预在刘歆、贾逵等前人解释的基础上，撰《春秋经传集解》30卷。他将《春秋》经文按纪年配于《左传》前，并为之作注，是现存最古的《左传》注本。至唐修《五经正义》，以《集解》之注再加疏解，成《春秋左传正义》。

《五经正义》本着"疏不破注"的原则，疏解时一般不突破原书的范围。如《毛诗正义》对《毛传》与《郑笺》之异同不加评说，对二者的分歧也不判断其是非。《礼记正义》以皇侃、熊安生的疏为底本，每遇与郑注相违之处，《正义》便务申郑说，这就难免有牵强附会、曲从注文之嫌。《春秋左传正义》也是如此，刘炫曾著文批判杜预注的一些错误，对刘炫的驳正，《正义》一概加以否定。这样，承袭原书的某些错误，以讹传讹，或自相矛盾之处就在所难免了。

《五经正义》引用大量史料诠释典章制度、名器物色，又详于文字训诂，为后人研读经书提供了方便。书中包含有政治、经济、思想、文化、社会习俗等方面的丰富内容，是研究者的宝贵资料。《五经正义》的撰著过程中，采撷旧文，取材广泛，汇集了汉魏两晋南北朝时期学者的研究成果，故能"融贯群言，包罗古义"，在唐代具有很高的权威性。

由于《五经正义》具有很高的学术权威性，又是朝廷颁布的官书，故士子相传习诵，不易亡佚。被它选用的注本地位大大提高，得以流传至今。更由于它收录了大量重要古籍的内容，很多在后世亡佚的内容也全赖此书才得以略存原貌。虽然不少人批评《五经正义》在疏解上颇多烦言赘语，但它对于古籍史料的保存可谓功不可没。

《五经正义》经官方颁定后，便成为士子习经和科举考试的统一标准。自唐代至宋初，明经取士，以此为准。以科举取士取代九品中正制，是社会的一大进步，《五经正义》顺应科举考试的需要，革除"儒学多门、章句繁杂"（《旧唐书·儒学传上》）之弊，又折衷南学、北学（偏重南学），形成经义统一的经学，在当时确有不可否认的进步作用和积极影响。《五经正义》的颁行标志着经学史上一统局面的形成，为古代经学发展的重要阶段。从此以后，士子诵习儒经及应试，必须严格以《正义》的训诂和义理为依据，不得另立新论，否则便被视为异端邪说。在思想、文化、学术领域实行如此专制的一统，其结果是不可避免地窒息了学术空气，阻碍了经学的发展。

"推极吾之知识" "穷致事物之理"
——《四书章句集注》

《四书章句集注》简称《四书集注》，作者是南宋著名思想家、教育家朱熹。

《四书集注》是朱熹为《大学》《中庸》《论语》《孟子》所作的注。有《大学章句》1卷、《中庸章句》1卷，《论语集注》10卷、《孟子集注》14卷。

朱熹是一位学问渊博的经学家，一生为编撰《四书集注》倾注了大量心血。他自称从30岁起便开始对《论语集注》《孟子集注》下功夫。隆兴元年（1163年），他曾取二程及其门人朋友数家之说撰成《论语要义》。后又作《论语训蒙口义》，以便于童子习学。乾道八年（1172年），朱熹又取二程、张载、范祖禹、吕希哲、吕大临等几家之说，加工荟萃，条疏整理，编成《论语精义》和《孟子精义》，后改名为《集义》。在以上两书的基础上，又进一步修改加工，于淳熙四年（1177年）完成了《论语集注》和《孟子集注》。因在注释《论语》《孟子》时，大量引用了二程及他人的说法，故以《集注》命名。

《大学》与《中庸》原是《礼记》中的篇章，至宋代时被单独抽出。朱熹对二书加以注释，并都加了"序""序引"，每章之后都进行总括。尤其是《大学》一书，朱熹以程颐的《改正大学》为底本，将《大学》分为"经"1章，传10章，重新编排了章节。为了阐释理学思想，还按照自己的意思编撰了一篇"格物传"补入《大学》中。朱熹对《大学》《中庸》的注释以直抒己见为主，故名之为《大学章句》和《中庸章句》，完成时间是淳熙十六年（1189年）。

朱熹用毕生精力撰写和反复修改《四书集注》，前后凡40年。直至临死前仍在修改《大学章句》中"诚意"章的注。真可谓孜孜矻矻，死而后已。

《四书集注》充分反映了朱熹的"道统"学说。朱熹继承二程的观点和做法，非常尊崇《孟子》和《礼记》中的《大学》《中庸》，让三者与《论语》并列。他在《大学章句》中推论说，《大学》中经的部分，是"孔子之言而曾子述之"；而10章传，是"曾子之意而门人记之"。又在《中庸章句》中认为，《中庸》是"孔门传授心法，子思恐其久而差也，故笔之于书，以授孟子"。总之，儒家之道是由孔子创立，再经过曾参、子思传至孟子，形成了这样一个儒家道统。但再往后，这个道统就中断了。直至宋代，才出现了河南程氏二夫子程颢、程颐，再加上朱熹自己，儒家道统才得以继续。这就将程朱理学与儒家经典紧密联系起来，抬高了程朱理学的地位。

《四书集注》的编排次序，也颇具深意，将《大学》排在首位，《中庸》次之，而后才是《论语》《孟子》。在朱熹看来，《大学》是"初学入德之门"，初学者应先学《大学》，然后再学其他。《大学章句》内容丰富，有格物、致知、诚意、正心、修身、齐家、治国、平天下等"八条目"，是理学之伦理、政治、哲学的基本纲领，包含了理学之主要内容，所以朱熹特别看重它。《中庸》是"孔门传授心法"的重要著作，是儒家相传的思想原则，"中庸"是道德行为的最高标准，《中庸》所提出的"博学之，审问之，慎思之，明辨之"的学习过程和认识方法亦为朱熹所推重。所以，《大学》和《中庸》在朱熹的思想体系中，就占有很高的地位，可谓"至比六经"，这一点对后世产生了很大的影响。

《四书集注》也反映了朱熹的治学风格。在文字训诂方面，他字斟句酌，反复修改，力求通达和洗练。当然，由于时代的局限，也难免会有错误，后经清代学者加以指出改正。朱熹注释《四书集注》，不局限于烦琐的考据，更多的是从整体上探求与把握原书的思想体系，因而，他对古代儒学思想的理解往往比较深入。《四书集注》很重视义理的阐发，是以义理解经的代表作。书中的注解对我们理解原书的意思有一定的帮助。但朱熹并不是只作诠释文字和解释阐发原文义理的工作，他还把自己的观点巧妙地贯穿其中，有时甚至不惜增加原书内容或改变原书的顺序。当然，在作改动的地方，他都加了说明，由此可见他的治学态度是比较严肃的。

《四书集注》发挥了儒家学说，论述了道、理、性、命、心、诚、格物、致知、仁义礼智等哲学范畴，并加以阐释发挥，提出了以理为最高范畴的哲学体系。书中还特别重视认识方法、修养方法和道德实践等。

如对"天命之谓性"的解释为："命，犹令也。性，即理也。天以阴阳五行化生万物，气以成形，而理亦赋焉，犹命令也。于是人物之生，因各得其所赋之理，以为健顺五常之德，所谓性也。"（《中庸章句》）这是说，一切事物的属性都是最高的天理所赋予的。同样，对《中庸》所提出的"诚"这一概念，朱熹也将其解释为天理的属性，"诚者，真实无妄之谓，天理之本然也"，达到诚，则为"人事之当然"（同上），这就把"诚"纳入了自己的思想体系。

在解释《孟子》"万物皆备于我"这一命题时，《孟子集注》解释为："此言理之本然也，大则君臣父子，小则事物细微，其当然之理，无一不具于性分之内也。"这一解释，轻而易举地把原先主观唯心主义的命题阐发为理学的客观唯心主义了。

关于"格物致知"，朱熹在《大学章句》中挥挥洒洒写了143字的"传文"，以补原书之"缺"，集中、明确地提出了他的认识论。"所谓致知在格物者，言欲致吾之知，在即物而穷其理也。盖人心之灵，莫不有知；而天下之物，莫不有理。唯于理有未穷，故其知有不尽也，是以大学始教，必使学者即凡天下之物，莫不因其已知之理而益穷之，以求至乎其极。至于用力之久，而一旦豁然贯通焉，则众物之表里精粗无不到，而吾心之全体大用无不明矣。此谓物格，此谓知之至也。"在注解中，他又对"格物致知"作了解释："致，推极也；知，犹识也。推尽吾之知识，欲其所知无不尽也。格，至也；物，犹事也。穷至事物之理，欲其极处无不到也。"在这里，朱熹把认识的过程分为两个阶段，第一阶段就是"格物穷理"，或"格物明理"；第二阶段就是"致知"，推极心中固有的知识，从而达到无所不知。就认识论来看,朱熹所论是有一定道理的,但由于他要穷知的并非客观物质世界及其规律,而是"天理",这就把认识论纳入了客观唯心主义的哲学体系之中了。

《四书集注》还着重阐发了"仁政"思想。如对"百姓足,君孰与不足"的解释为:"民富,则君不致独贫;民贫,则君不能独富。有若深言君民一体之意,以止公之厚敛也。为人上者,所宜深念也。"(《论语集注》)朱熹所论民与君之关系,完全继承孔孟之仁政思想,与他做官时的为政之道也是相符的。反对横征暴敛、竭泽而渔,正是为了统治阶级的长远利益。可见,朱熹是地主阶级中较有远见的一分子。

《四书集注》对后世产生了深远的影响。由于它的刊行,《大学》《中庸》《论语》《孟子》始被称为"四书",与"五经"一起成为封建社会最重要的经典著作。

朱熹一生著述丰厚,流传于世者也颇多,但最重要的还是《四书集注》,故《四书集注》为历代学者所重视。注释儒家之书者不下成百上千家,独《四书集注》能长期流传,历久不衰。朱熹的学术思想在日本、朝鲜曾一度十分盛行,被称为"朱子学",在东南亚和欧美也受到重视,足见其在世界文化史上的影响。

《四书集注》还被历代封建统治者所推崇。南宋宁宗嘉定五年(1212年),《论语集注》和《孟子集注》被列入学官,作为法定的教科书。理宗于宝庆三年(1227年)下诏盛赞《四书集注》"有补治道"。宋以后,元、明、清三朝都以《四书集注》为学官教科书和科举考试的标准答案。理学成为官方哲学,占据着封建思想的统治地位,而《四书集注》作为理学的重要著作,也被统治者捧到了一句一字皆为真理的高度,对中国封建社会后期思想产生了深远、巨大的影响。

016 "求理于吾心，此圣门知行合一之教"
——《传习录》

《传习录》是明代哲学家、宋明道学中心学一派的代表人物王守仁（字阳明）的语录和论学书信。"传习"一词源出自《论语》中的"传不习乎"一语。

《传习录》包含了王阳明的主要哲学思想，是研究王阳明思想及心学发展的重要资料。上卷经王阳明本人审阅，中卷里的书信出自王阳明亲笔，是他晚年的著述，下卷虽未经本人审阅，但较为具体地解说了他晚年的思想，并记载了王阳明提出的"四句教"。

王阳明继承了程颢和陆九渊的心学传统，并在陆九渊的基础上进一步批判了朱熹的理学。《传习录》中的思想明显地表现了这些立场和观点。

"心即理"本来是陆九渊的命题，《传习录》对此作了发挥。王阳明批评朱熹的修养方法是去心外求理、求外事外物之合天理与至善。王阳明认为"至善是心之本体"，"心即理也，此心无私欲之蔽，即是天理，不须外面添一分"（《传习录·徐爱录》）。他这样说是强调社会上的伦理规范之基础在于人心之至善。从这个原则出发，他对《大学》的解释与朱熹迥异。朱子认为《大学》之"格物致知"是要求学子通过认识外物最终明了人心之"全体大用"。王阳明认为"格物"之"格"是"去其心之不正，以全其本体之正"。"意之本体便是知，意之所在便是物"。"知"是人心本有的，不是认识了外物才有的。这个知是"良知"。他说："所谓致知格物者，致吾心之良知于事事物物也。吾心之良知即所谓天理也。致吾心良知之天理于事事物物，则事事物物皆得其理矣。致吾心之良知者，致知也。事事物物皆得其理者，格物也；是合心与理而为一者也。"（《传习录·答顾东桥书》）在他看来，朱子的格物穷理说恰恰是析心与理为二的。由此可见，王阳明的"心即理"的命题主要是为其修养论服务的。致良知说是对陆九渊心即理思想的发展。王阳明的心即理的思想也有我们一般意义上的本体论的含义。然而，如果偏重从本体论研究它，就会忽视它在王阳明修养论中的基础意义。

知行问题是《传习录》中讨论的重要问题，也反映了王阳明对朱熹以来宋明道学关于这个问题讨论的进一步研究。朱子主张知先行后、行重知轻。王阳明提出的"知行合一"虽然继续了朱子重行的传统，但是批判了朱子割裂知行。王阳明主张知行合一乃是由心即理立基，批评朱子也是指出他根本上是析心与理为二。他说："外心以求理，此知行之所以二也。求理于吾心，此圣门知行合一之教。""知行合一"的含意是说知行是一件事的两个方面。知是心之本体的良知；良知充塞流行、发而为客观具体的行动或事物，就是行。由这个认识出发，如果知而不行那只是不知。知是行的主意，行是知的功夫。知行本是紧密相连的，因此有知行合一之说。在当时社会上、在理学发展中的确有知而不行的情况存在。王阳明的知行合一对时弊有纠偏的意义。但是他强调知行合一说不是仅仅针对时弊提出的，它首先是要说明"知行之本体"。知行合一说强调道德意识本来就存在于人心中，这是道德的自觉性。它也强调道德的实践性，认为道德方面的知不是关于对象的知识，而是道德的实现。知行合一也有一般认识论方面的意义，但它首先讲的是道德修养，对于后者长期以来学术界一直没有深入研究。

王阳明的"心即理""致良知""知行合一"都是要强调道德的自觉和主宰性。他说："知是理之灵处，就其主宰处说，便谓之心，就其禀赋处说，便谓之性。"（《传习录·薛侃录》）人心能够知晓行为的善恶，也能自觉地去为善，这就是本心的"明觉"，这是对程颢思想的发展。《传习录》中对人心的"虚灵明觉"有很多讨论。若要全面正确地把握王阳明"心外无理"及其他学说，深入地研究他的这些讨论是十分必要的。

正因为人心的本质是理，并且人能自觉到这种道德意识，所以人不需通过外物去认识本心之理，外物之理只是人心的表现。格致的功夫不是去认识外物，而是去掉本心的私欲之蔽。人心的明觉在程颢和朱熹处都有论述。读者在读《传习录》时应明了王阳明和他们的联系的区别。

应该承认王阳明以上的这些思想的确为人性善作了本体论的说明，有其历史意义。但也一定要看到，他的学说对人性恶的原因研究不够。虽然他的学说在明代下层人民中亦有影响，但仍不能说它有较大的普泛性。王阳明也注意到过"利根"和"钝根"之人要区别对待，但他的思想只适于利根之人。后人批评他"近禅"正在于此。这也是他不如朱学的所在，王阳明的这一偏失开始受到现代学者的注意，但是在当代新儒学的大家中，除梁漱溟以外，其他人对此尚注意不够。

在《传习录》中，王阳明也讨论了程颢提出的"仁者与天地万物为一体"的境界。他指出，圣人有这个境界，因此他们看天下的人没有内外远近之分，均施之以仁爱之心。他进一步提出，天下之人的心和圣人之心是相同的，只因为有了私欲，所以反爱为仇。在王阳明看来，仁不仅是修养要达到的境界，也是人心之本体。王阳明对仁的解释偏重在道德修养方面。程颢所谈的仁和张载的"合内外之道"一样，兼有知识论的意义。

《传习录》中记载了为王学继承人争论不休的"四句教"。这四句话是："无善无恶是心之体，有善有恶是意之动，知善知恶是良知，为善去恶是格物。"王阳明的本意是说，作为人心本体的至善是超经验界的，它不是具体的善的行为。有所为而为的善是手段，无所为而为的善才是至善。人心的至善超越世间具体的善恶。具体的善行只是无善而至善之心的自然发用流行。王阳明说人心之无善恶是要人们不要去执着具体的善行而认识本心。王阳明的学生钱德洪说，王阳明这样说是针对那些"先有乎善者"的。王阳明本人也说过："仁人者，正其谊不谋其利，明其道不计其功。一有谋计之心，则虽正谊明道，亦功利耳。"（《与黄诚甫书》）四句教对人心本体的界说和心学开创人程颢的思想是一致的。程颢说："圣人之常，以其情顺万物而无情。故君子之学，莫若廓然大公，物来顺应。"（《定性书》）王阳明说的无善无恶就是无心无情，没有先入之见。

有了这种心,见父自然知孝,见兄自然知悌。"四句教"显然是针对才质高的人说的,一般的学生是摸不着头脑的。

《传习录》的版本情况大体如下:

王阳明的学生徐爱自正德七年(1512年)开始,陆续记录下王阳明论学的谈话,取名《传习录》。正德十三年(1518年),另一学生薛侃将徐爱所录残稿及陆澄与他新录的部分一起出版,仍名为《传习录》。嘉靖三年(1524年),南大吉增收王阳明论学书信若干篇,以原名出版。嘉靖三十三年(1554年),王阳明的学生钱德洪将陈九川等人所录的《遗言录》加以删削,与他和王畿所录编成《传习续录》出版。嘉靖三十五年(1556年),钱德洪又增收黄直所录。隆庆六年(1572年),谢廷杰在浙江出版《王文成公全书》,以薛侃所编《传习录》为上卷,以钱德洪增删南大吉所编书信部分的8篇为中卷,以《传习续录》为下卷,附入王阳明所编《朱子晚年定论》。这就是《王文成公全书》本的《传习录》。上海商务印书馆曾影印隆庆六年《王文成公全书》作为四部丛刊本,上海商务印书馆1927年出版了叶绍钧的校注本。

《传习录》集中反映了王阳明的心性之学,在中国古代哲学史上有着重要的地位。直到今天,王阳明的思想在当代新儒家中仍有其深刻的影响。20世纪的许多思想家和学者一直致力于对它作现代解释并力图克服其偏失。《传习录》是一部较为纯粹的哲学著作,对它的研究几十年一直未有重大突破。近年来邓艾民、陈来、方尔加、杨国荣等人在史料考证、诠解和评价方面作出了一些有意义的尝试,可供阅读《传习录》时参考。

017 "手辟洪蒙破混茫，浪翻古今是非场"
——《焚书》《续焚书》

明代晚期，社会动荡不安。农民起义此起彼伏，阶级矛盾日益尖锐。艰难生长的资本主义萌芽遭受腐败政治与封建经济的摧残，发展极其缓慢。在历史的发展面临重大抉择的关头，地主阶级内部改革派与保守派之间在政治上、思想上都展开了激烈的较量，因循守旧反对改革的传统思想孔孟之道、程朱理学等遭到了猛烈的冲击。被封建卫道士们视为"狂人"的"异端"思想家李贽，就是抨击时局，揭露假道学和封建礼教的勇敢斗士。

李贽于万历十八年（1590年）64岁高龄时著《焚书》，又称《李氏焚书》，6卷。他死后由门人汪本轲编辑成集，刻于万历四十六年（1618年）的《续焚书》，5卷。两书收录了这位著名思想家、文学家生前所写的书信、杂著、史评、诗文、读史短文等，表明了他的政治思想和哲学思想，是我们研究李贽生平和思想的重要著作。

李贽最痛恨维护封建礼教的假道学和那些满口仁义道德的卫道士、伪君子。他指斥那些所谓的道学家们：名心太重，回护太多。"实多恶也，而专谈志仁无恶；实偏私所好也，而专谈泛爱博爱；实执定己见也，而专谈不可自是。""及乎开口谈学，便说尔为自己，我为他人；尔为自私，我欲利他"，实际上都是"读书而求高第，居官而求尊显"，全是为自己打算，"无一厘为人谋者"（《焚书·答耿司寇》）。如此口是心非，言行不一的伪君子，反倒不如"市井小夫"与"力田作者"实实在在（同上）。

他还进一步指斥道学家们是一群道貌岸然的假道学，"阳为道学，阴为富贵，被服儒雅，行若狗彘"（《续焚书·三教归儒说》）。道学家满口仁义道德，实际上是借道学这块敲门砖，"以欺世获利"，为自己谋取高官利禄，他们"口谈道德而心存高官，志在巨富"（《焚书·又与焦弱候》）。李贽对程朱理学及卫道士们的揭露真可谓一针见血，句句中的。

李贽对统治阶级所极力推崇的孔孟之学也大加鞭挞。在《焚书·赞刘谐》及《续焚书》的《圣教小引》《题孔子像于芝佛院》等文中，他以戏谑嘲讽的笔调贬低孔子，这在尊孔子为至圣先师的古代，真是一种大胆的举动。他认为孔子并非圣人，"虽孔夫子亦庸众人类也"（《焚书·答周柳塘》）。孔子没什么了不起的，"耕稼陶渔之人即无不可取，则千圣万贤之善，独不可取乎？又何必专门学孔子而后为正脉也"（《焚书·答耿司寇》）。人人都是圣人，又何必一定要去学孔子呢？这就把孔子从至高无上的圣人地位上拉下来了。如果一定要将孔子奉为偶像，言行举动都学孔子，那就是"丑妇之贱态"（《焚书·何心隐论》）了。李贽否认儒家的正统地位，否定孔孟学说是"道冠古今"的"万世至论"，认为不能将其当作教条而随便套用。《六经》《论语》《孟子》"乃道学之口实，假人之渊薮"（《焚书·童心说》）。李贽对孔子及孔孟之道的批判确已达到了"非圣无法"的地步，难怪统治阶级对他要恨之入骨了。

对封建礼教压迫下的妇女，李贽给以深深的同情，他大声疾呼，为妇女鸣不平。在《焚书·答以女人学道为见短书》中，李贽批判了男子之见尽长，女子之见尽短的说法。他说："不可止以妇人之见为见短也。故谓人有男女则可，谓见有男女岂可乎？谓见有长短则可，谓男子之见尽长，女人之见尽短，又岂可乎？设使女人其身而男子其见，乐闻正论而知俗语之不足听，乐学出世而知浮世之不足恋，则恐当世男子视之，皆当羞愧流汗，不敢出声矣。"这是对传统封建礼教的尖锐挑战。

对封建统治者残酷压榨、鱼肉人民的暴行，李贽加以无情揭露。他借汉宣城郡守封邵化虎食民的神话传说，指斥当权的官吏是"冠裳而吃人"的虎狼，"昔时虎伏草，今日虎坐衙。大则吞人畜，小不遗鱼虾"（《焚书·封使君》）。在《焚书》中，他还借评点《水浒》，发泄对现实政治的强烈不满。

如何拯救黎民于水火，探求一条益国利民的道路呢？李贽将目光投向了封建统治阶级上层，希望"有一个半个怜才者"出现，使"大力大贤"的有才之士"得以效用，彼必杀身图报，不肯忘恩"（《焚书·寒灯小话》）。这说明李贽并非要推翻封建统治，而是要维护它，表明了他的政治思想没有超出地主阶级思想与时代的限制，也不可能违背地主阶级的根本利益。

李贽哲学思想的形成经历了从唯物主义到主观唯心主义转化的过程。李贽主张宇宙的万物是由天地（最终是阴阳二气）所生，否定程朱理学理能生气、一能生二的客观唯心主义论断。李贽还认为，人们的道德、精神等现象存在于人们的物质生活中，"穿衣吃饭，即人伦物理"（《焚书·答邓石阳》)，就是他提出的著名理论，这是带有朴素唯物主义的思想。李贽信奉佛教和王阳明的心学，所以，他的整个哲学体系的中心是主观唯心主义的。他认为"真心""童心"是最根本的概念，是万物的本源。自然界是"我妙明真心的一点物相"（《焚书·解经文》），没有"理"，没有物，世上一切物质和精神皆是只存在于"真心"之中。什么是真心呢？就是童心、初心，最初一念之本心，即不受外界影响的"我"的心。它们是主宰一切，产生诸相的本源，可称作"清净本源"，万事万物、山河大地就在一念之中，只是真心的显现物，是真心的因素和成分，如同水泡和大海中的海水的关系。这种观点，与陆王学派的"吾心便是宇宙，宇宙便是吾心"、禅宗的"万法尽在自心"是一脉相承的。李贽用主观唯心主义作为反对以客观唯心主义为基础的程朱理学的理论武器，势必削弱自身的战斗力。

李贽的认识论是建立在主观唯心主义之上的先验论，主张渊源于佛性的"生知"说。《焚书·答周西岩》一文指出，"天下无一人不生知，无一物不生知，亦无一刻不生知"。人人有生知，人人有佛性。"人皆可以为圣"（《焚书·答耿司寇》）。李贽以"生知"说反对神化孔子，从认识能力、认识来源的角度来否定认识正确与否要以孔子为标准的传统思想，具有解放思想的进步作用，但以"人人生知"反对"圣人生知"说，其认识论方面的局限和缺陷是不可忽视的。

李贽的哲学思想中有不少朴素辩证法的思想。《续焚书·与陶石篑》中说："善与恶对,犹阴与阳对,柔与刚对,男与女对,盖有两则有对。"他承认事物皆有两个方面,在一定程度上揭示了事物内部的矛盾对立和相互转化。受朴素辩证法思想的影响,《焚书》中表现的政治思想为"世无定时,我无定术"(《晁错》),"不蹈故袭,不践往迹"(《与耿司寇告别》)等发展变化的思想。

《焚书》卷6和《续焚书》卷5收集了李贽的很多诗歌,其中不乏精彩的篇章。我们可从中看出他义无反顾的斗争精神,又可察觉出他沉湎于佛经而产生的苦闷彷徨。

《焚书》《续焚书》是李贽反对封建传统思想的力作。书中对儒家和程朱理学的大胆批判所表现的反传统、反权威、反教条精神,启迪与鼓舞了当时及后来的进步学者,对人们解放思想,摆脱封建传统思想的束缚,产生了极大的影响,因而被统治阶级视为洪水猛兽。李贽也深知其见解为世所不容,故将著作名之为《焚书》,以后也果然多次遭焚,但却是屡焚屡刻,在民间广为流传。李贽不屈不挠的斗争精神也成为后世之楷模,"五四"时期进步的思想家把他当作反孔的先驱。"手辟洪蒙破混茫,浪翻古今是非场。通身是胆通身识,死后名多道益彰"(冯元仲《吊李卓吾先生墓诗》),正是对李贽与其思想影响的真实写照。

018

明末清初的"人权宣言"
——《明夷待访录》

明末清初,有位大思想家宣布皇帝是"天下之大害者",主张"无君"。他就是近代民主主义思想的启蒙者、爱国者黄宗羲。他的代表作《明夷待访录》,比卢梭的《社会契约论》还要早100年光景,有人称它为"人权宣言"。黄宗羲同时代的思想家顾炎武说:"读《待访录》,知百王之弊可以复振。"《明夷待访录》反对君主专制,主张民权,对清末的维新变法运动影响很大。梁启超在《清代学术概论》一文中说过:"梁启超、谭嗣同辈倡民权共和之说,则将其书节抄,印数万本,秘密散布,于晚清思想之骤变,极有力焉。"黄氏的民权思想,一直影响到辛亥革命时期的孙中山、邹容和陈天华等爱国志士。

黄宗羲(1610—1695),字太冲,号南雷,浙江余姚人。他父亲黄尊素,是有名的"东林党人"。黄宗羲14岁时考中秀才,就到北京和父亲住在一起。

1645年,当清兵大举南下时,黄宗羲愤而毁家纾难,和浙东人民团结在一起,展开轰轰烈烈的抗清运动。他组织起一支抗清的"世忠营",有3000多人。后来他又联合了太湖一带的豪杰,抗拒清兵达半年之久。当他扼守的四明山寨被攻破后,黄宗羲渡海到舟山,和张煌言等继续进行复明活动。1664年,张煌言殉难后,黄宗羲遂改名换姓回到故乡,聚众讲学,著书立说。

黄宗羲学识广博,研究过天文、地理、算学、音乐、历史和哲学等。他留下了许多著作,有《南雷文案》《南雷诗历》《明夷待访录》《明儒学案》《宋元学案》等。在他54岁时,写下了划时代的反帝制的光辉著作——《明夷待访录》。《明夷待访录》计有《原君》《原臣》《原法》《置相》《学校》《取士上》《取士下》《建都》《方镇》《田制一》《田制二》《田制三》《兵制一》《兵制二》《兵制三》《财计一》《财计二》《财计三》《胥吏》《奄宦上》《奄宦下》，共21篇。

黄氏在《原君》篇中，无情地揭露了封建帝王的罪恶，指出帝王是唯一的害民之贼。他说："凡天下之无地而得安宁者，为君也。是以其未得之也，屠毒天下之肝脑，离散天下之子女，以博我一人之产业，曾不惨然，曰：我固为子孙创业也。其既得之也，敲剥天下之骨髓，离散天下之子女，以奉我一人之淫乐，视为当然，曰：此我产业之花息也。然则为天下之大害者，君而已矣，向使无君，人各得自私也，人各得自利也，呜呼！岂设君之道固如是乎！"这些话在300年前，是没有人敢说的，黄宗羲却大声疾呼：皇帝是"天下之大害者""敲剥者"。因此有人称赞《明夷待访录》是"人权宣言"。

他对封建专制进行猛烈的批评，说它是公私不分，权利义务不平，没有公法可言。因此他反对"一家之法"，主张"天下之法""有治法而后有治人"(《原法》)。他为了求得人权平等，主张非废除秦汉以来的"非法之法"不可；要求得天下太平，非废除专制的君本制度，而改为民本制度不可。他理直气壮地呼吁，现今应当是"天下（人民）为主，君为客"(《原君》)。他同时也提醒封建时代的臣僚，不要再是皇帝"敲剥"百姓的服役者，而应该是"为天下，非为君也；为万民，非为一姓也"。"天下之治乱，不在一姓之兴亡，而在万民之忧乐"。他得出这样的结论：做官的人如果"不以天下为事，则君之仆妾也；以天下为事，则君之师友也。"(《原臣》)

黄宗羲的思想意识中已有责任内阁制的因素，他认为宰相，一是贤人，二是有职有权的人；而君主的职位不过是虚名罢了。他在《置相》篇中阐述了这一观点，他认为宰相既当责任内阁之权，"四方上书言利弊者……皆集焉，凡事无不得达"。

黄氏也有近代代议制的意识，他在《学校》篇中，已流露出议会政治的萌芽思想。他把东汉的太学清议的历史意义理解为近代的议会政治，这是托古改制。黄宗羲的理想是，在中央政府，天子以至公卿都要在太学祭酒的面前就弟子之列，祭酒（类似议长）有权批评政治的得失。在地方政府，郡县官都要在地方学官的面前就弟子之列，学官对于地方政事缺失，"小则纠绳，大则伐鼓号于众"。

明清之际，随着都市经济的成长，出现了资本主义的工场手工业，反映到意识形态上，产生了黄宗羲具有资本主义萌芽思想的市民政治学说。我国封建社会，一向是"重农抑商"的。而黄宗羲鉴于社会的变动，面对现实，却提出"工商皆本"的学说。他说："今夫通都之市肆，十室而九……世儒不察，以工商为末，妄议抑之。夫工固圣王之所欲来，商又使其愿出于途者，盖皆本也。"（《财计三》）

在经济学说上，黄氏也反映市民的要求，主张废止金银货币，使用"宝钞"，而以金银作为宝钞的基金。他这种经济思想，有利于商品流通，有利于工商业的发展，并启发了近代的经济政策。在黄氏看来，明朝末年是封建制度崩溃的前夜，此时，"土力日竭"了，市场停顿了，人民生活的条件被皇帝夺去了，加税加饷永没有限制了。他站在市民的立场，还呼吁减轻军费负担，主张实行征兵制度，反对募兵制。

当时农民无地可耕，而土地都被皇室、外戚、阉宦和地方的豪强所霸占，赋税苛役特重，就拿江南一带来说，"一困于赋，再困于役，盖已皮尽而骨存矣"（《复社纪略》）。黄氏为了减轻农民的负担，主张减赋税。为了使人民能生活下去，他又提出"天下大公"的制度。在黄宗羲看来，土地制度的改革，其理想是恢复井田制度。所以他主张"齐之均之"，认为土地应收回为国家所有，然后再平均分配给农民耕种。他还主张"授田于民，以什一为则。未授之田，以二十一为则。其户口则以为出兵养兵之赋，国用自无不足"。（《田制》）黄宗羲"齐之"而"均之"的改革论，是在土地制度上的民主主义。他所憧憬的前途是"富民"的世界。他认为，如果按他的想法去做，这就可以取消封建土地的占有，给农民以土地，使之成为自由人。

《明夷待访录》文字的特点是，他对于封建皇权统治的现状，批判很尖锐，指出他们多是披着夏、商、周三代外衣的理想托古改制，并非真正为百姓谋求福祉。黄宗羲以勇敢的"异端"精神,批判旧权威,设计新世界,是值得称赞颂扬的。他不愧是中国近代民主主义思想的启蒙者、思想家。

019 "但开风气不为师"
——《定庵文集》《续集》

  《定庵文集》及《续集》的作者是清代的龚自珍。龚自珍（1792—1841）原名巩祚，字璱人，号定庵，浙江仁和（今杭州）人。他自幼学习乾嘉汉学，曾跟从外祖父、著名汉学家段玉裁学习文字学，后转而研究经世学问和今文经学，擅长诗词文章。1829年中进士，历官内阁中书、礼部主事、宗人府主事等。1839年辞官南下。1841年暴病逝于丹阳云阳书院。

  龚自珍一生著述丰富。他在22岁时就自编了一部文集，题名《伫泣亭文集》，后又编成《定庵古文》两卷，均是稿本。1828年编刻《定庵文集》，世称自刻本。1839年编刻《己亥杂诗》，世称羽玲别墅本。以上各本，今或已不存，或不易觅得。

  龚自珍死后，魏源根据其子龚橙的存稿，选编《定庵文录》13卷，并为之序，但未刊刻。龚自珍的另一好友曹籀也获得龚氏遗文抄本，请吴煦出资，于1868年刊刻《定庵文集》上中下3卷和《续集》4卷。1886年汤伯述从龚橙处得到一批残稿，编成《定庵文集补编》4卷，请朱之榛出资刊刻。吴煦和朱之榛的两种刻本收录了龚自珍大部分学术著作，政论、散文、诗、词，流传广远。此后各种刊本，如"时中版""世界版""扶轮社本"等，都是以这两种刻本为根据增补而成。1959年中华书局出版《龚自珍全集》上下卷，是根据以往各种刻本、稿本、抄本、各书引载和公私诸家旧藏佚文等整理编辑而成，是一个比较完备的本子。

  龚自珍生活在清嘉庆、道光年间，他的诗文在当时就很有名气。他曾在一首小诗中颇有几分自诩地写道："一事平生无龁龁，但开风气不为师。"(《己亥杂诗》)他的确在思想文化领域中开创了一代新风。而在他死后刊刻的《定庵文集》《续编》和《补编》使他的诗文得以广泛流传，对于近代思想、学术、文学的发展产生了深远的影响。

嘉庆、道光年间，清朝统治急速衰败，社会问题丛生，士林风气转变，开始挣脱烦琐考据的汉学和空谈性理的宋学，转向经世政用。龚自珍是经世派的代表人物，他发表了大量的联系现实的政论文字，开一代政论之风。

他以形象、生动、尖锐的文字描画和揭露了嘉道时一派衰世景象和腐败风气，严厉抨击封建专制制度。他曾这样形容衰世景象："日之将夕，悲风骤至，人思灯烛，惨惨目光，吸饮暮气，与梦为邻。"(《尊隐》)他这样来描述腐败的社会风气：自乾隆末年以来，官吏士民，狼艰狈蹶，十人中有五、六个人不读书、不务农、不做工、不经商，他们或者吸食鸦片，加入"邪教"，自取杀戮，或者冻馁而死，却始终不肯"治一寸之丝、一粒之饭"以有益于世人。结果从京师到各地，富户变贫户，贫户变饿者，作为四民之首的读书人也奔走下贱，弄得各省大局岌岌可危（《西域置行省议》）。他尤其痛恨吏治的腐败，他指斥三公六卿以及士大夫都是一些醉心利禄之徒，他们毫无责任感，官当得越长久，就越苟且，名望越崇高，就越谄谀，离皇帝越近，就越善于阿媚（《明良论二》）。他对于社会上弥漫的庸俗气氛感到痛心疾首，指出：朝廷中没有富于才干的将相，书院中没有富于才气的读书人，农、工、商，甚至小偷、强盗也都是庸庸碌碌之辈；而一旦出现有才能的人，就要想方设法地束缚他，扼杀他(《乙丙之际著议第九》)。他并且分析了造成社会衰败和腐败的经济原因和政治原因。他认为经济上的贫富不均是世道衰败的根本原因，他写道：贫者越来越穷困，富者越来越富有，结果就导致兵乱、疫疠，致使"生民噍类，靡有孑遗，人畜悲痛，鬼神思变置"（《平均篇》）。他认为皇权专制主义是造成平庸、腐败风气的根本原因，他指出：以霸道立国者"未尝不仇天下之士；去人之廉，以快号令；去人之耻，以嵩高其身；一人为刚，万夫为柔，以大便其有力强武"（《古史沉论》二）。在这样的高压政策之下，社会风气不能不趋于平庸、腐败。

面对这样衰败、腐朽、沉闷、窒息的社会，龚自珍大声疾呼进行社会改革。他写道："一祖之法无不敝，千夫之议无不靡，与其赠来者以劲改革，孰若自改革？"（《乙丙之际著议第七》）警告清统治当局，如果不主动进行改革，将来就会有人起来"劲改革"即推翻其统治。

龚自珍这些大胆而尖锐的政论文字，震动了"万马齐喑"的思想界，起到了思想解放的作用。梁启超说："晚清思想之解放，自珍确与有功焉。光绪间所谓新学家者，大率人人皆经过崇拜龚氏之一时期。初读《定庵文集》，若受电然……"（梁启超《清代学术概论》）

龚自珍借以发表议论的重要理论基础是今文经学的社会历史观——《公羊》"三统"说、"三世"说等。他是一位今文经学家，认为《左氏春秋》经刘歆窜饰（《左氏决疣》），认为《周官》晚出，至刘歆始立（《六经正名》）。这些观点直接影响了后来的资产阶级改良派思想家康有为（康有为《新学伪经考·重刻伪经考后序》）。但是龚自珍在今文经学方面的影响主要不在于他的今文经著作和观点，而在于他援引《公羊》义例，议论时政。康有为继承了龚自珍以经言政的传统，更以经言变法，从而掀起波涛汹涌的戊戌变法运动。在清朝覆亡以后，一个当年反对戊戌变法的顽固分子叶德辉在总结清朝覆亡的学术思想原因时，曾说："曩者光绪中叶，海内风尚《公羊》之学，后生晚进，莫不手先生文一编（按指《定庵文集》）。其始发端于湖、湘，浸淫及于西蜀、东粤，挟其非常可怪之论，推波助澜，极于新旧党争，而清社遂屋。论者追原祸始，颇咎先生（按指龚自珍）及邵阳魏默深（源）二人。"（叶德辉《郎园北游文存·龚定庵年谱外纪序》）这也从一个方面说明龚自珍的学术思想对晚清思想发展和政局演变产生过深刻的影响。

龚自珍除了发表政论以外，还写过不少着眼解决各项具体社会问题的经世文章，他尤其长于西北舆地，而收录在《定庵文集》中的《西域置行省议》一文最为著名。这篇文章写于道光年间，大约过了半个世纪，清政府于光绪八年（1884年）正式在新疆建立行省，设置州县。对于龚自珍的远见卓识，后人十分钦佩。李鸿章曾写道："古今雄伟非常之端，往往创于书生忧患之所得。龚自珍议西域行省于道光朝，而卒大设施于

今日。"(李鸿章《黑龙江述略序》)

龚自珍的散文、随笔、诗、词也都很有成就,尤以诗歌突出。他的诗多为七言绝句,另有古诗、律诗、乐府歌行体。诗的内容大体可分为两类:一类是深刻反映社会危机、愤怒鞭挞统治阶层的作品,如《咏史》《逆旅题壁次周伯恬原韵》《行路易》《歌哭》等;另一类是一些蕴含丰富、内容复杂的抒情诗,如《杂诗·己卯自春徂夏在京师作》《又忏心一首》《漫感》《夜坐》《秋心》《西郊落花歌》等。他最有名的诗作是长篇组诗《己亥杂诗》,共315首。他的诗风格多样,以浪漫主义为主调,想象丰富奇特,形象生动有力,文辞瑰丽多姿。

他的政论、散文自成一脉,写得鲜活。有情感,有气势,有锋芒,富于形象感,文笔横恣,不拘一格。

当然龚自珍的影响也不都是积极的。他的某些诗文中流露和表现出了颓唐思想,以及他语求艰深,造成佶聱难读,等等,都产生了消极的影响。

020 "农业社会主义的空想"
——《天朝田亩制度》

中国近代，由于人民对幸福生活的渴望，曾出现过三次空想社会主义思潮，第一次思潮的出现，就是太平天国的农业社会主义空想——《天朝田亩制度》。

太平天国革命前夕，地主豪强兼并土地十分严重。全国土地大部分都集中在少数人手里，而80%的农民没有土地。在江淮流域、华北地区，就出现了有百顷、千顷的地主；形成"田主不知耕，耕者多无田"的局面。广大农民处于啼饥号寒之中，所以，他们都渴望着有自己的土地耕种。洪秀全为了要在人间建立一个从平等、天下一家、共享太平的"天国"，于1853年冬，颁布了《天朝田亩制度》。《天朝田亩制度》的中心内容是，要废除封建地主土地所有制。

土地是农民的命根子，所以洪秀全要废除封建地主土地所有制，均天下田给天下农民耕种，以实现"有田同耕，有饭同食，有衣同穿，有钱同使，无处不均匀，无人不饱暖"的人人平等的理想社会。这个天国理想的宏图，是它立国的纲领性文件。在中国农民战争史上，它是第一次提出了解决土地问题的方案。太平天国《天朝田亩制度》的出现，不仅标志着农民战争发展的历史高峰，而且是近代中国农民阶级摸索救国救民道路的一次伟大尝试。

《天朝田亩制度》以解决农民土地问题为中心，它涉及经济、政治、军事、文教和社会改革等多方面的政策和措施。它把土地分为九等，好坏平均搭配。然后以户为单位，不分男女按人口平均分配。16岁以上分全份，15岁以下分半份。

它还绘制了一幅新型社会的蓝图，这就是以25家为基层单位，称为"两"。两个"两"，设"两司马"主持。每5家设"伍长"一人。每家出1人当兵为伍卒，"有警则首领统之为兵，杀敌捕贼，无事则首领督之为农"。每个基层单位，建立一个"国库"，"凡当收成时，两司马督伍长，除足其二十五家每人所食可接新谷外，余则归国库，凡麦、豆、苎麻、布帛、鸡、犬各物及银钱亦然"。各家遇有婚丧嫁娶和生育等事，按规定费用到"国库"领取；鳏寡孤独残废等丧失劳动能力的人，也由"国库"开支抚养。农民除耕种外，还要利用农闲时间饲养猪、鸡、蚕，从事纺织、缝衣、制作陶器、木活、打石等家庭副业和手工业生产。

《天朝田亩制度》中的反封建精神，鼓舞着千百万农民群众，为推翻封建的土地制度而斗争。太平军所到之处，出现了没收地主、官僚的财产，焚毁田契、债券，限制地主收租的斗争场面。不少地主唉声叹气地说：丰收"于我无份"；有些地区的地主全年地租"籽粒无收"。有的地区甚至把地主的土地分掉，太平天国政权发给"田凭"。除此之外，太平天国把一些庙宇祠堂占有的土地、公田和逃亡地主的土地没收，分给没有土地的农民耕种。以上这些，都在一定程度上满足了农民群众的经济政治要求。这样一来，减轻了农民的负担，发挥了他们的生产积极性。有的地区出现了"谷物丰收""农安物阜"的繁荣景象。

但是，要在个体劳动、分散经营、农业和手工业相结合的小农经济的基础上废除私有制，并绝对平均分配所有财物，这是一种空想，加上连年征战，在当时的历史条件下是不能实现的。所以，太平天国在江西、安徽等地实行比较切合实际的"照旧交粮纳税"的办法。

在政治制度方面，实行乡官制度。在太平军的区域内摧毁了各级地方封建政权，建立起农民的革命政权。凡县一级以上的负责人，一般都由革命军将领担任。地方乡官由贫苦农民担任。《天朝田亩制度》规定，地方官吏由人民选举，"凡天下每岁一举，以补诸官之缺"。乡官如有贪污不法的，人民可以检举揭发，随时革退。太平天国地方政权的建立，有力地推进了革命的发展。

对于妇女政策，《天朝田亩制度》也有一些进步的规定。妇女和男子同样分配土地和生活资料；妇女可参与军政事务；设置女官，开科取士；在宗教上，妇女和男子都参加拜上帝活动。还提出禁止缠足和买卖婚姻。这样，妇女地位有了显著提高，妇女的积极性大大增强了。

太平天国在婚姻上，规定"天下婚姻不论财"，废除了把妇女当作商品的买卖婚姻。太平天国发给男女自由结合的结婚证书——"合挥"，上面登记着结婚人的姓名、年岁、籍贯等项目，还盖有龙凤图章，这是史无前例的创举。

轰轰烈烈的太平天国革命，在坚持长达18年斗争之后，终于覆灭了。农业社会主义的理想宏图——《天朝田亩制度》，由于受时代和阶级的限制，尽管它受到广大农民的欢迎，喊出了农民对土地渴望的呼声，但它只能成为一种乌托邦的空想。

021 康有为的乌托邦空想
——《大同书》

在中国近代史上出现过三次空想社会主义思潮，即太平天国的农业社会主义空想；康有为资产阶级维新派的大同社会主义空想；孙中山资产阶级革命派的民生主义空想。这三种空想都反映了中国人民对专制制度的厌恨和对幸福生活的渴望。尽管康有为和孙中山设计的方案不同，但康有为在《大同书》中提出的政治主张，和孙中山倡导的"天下为公"的思想不能说没有相通之处。

领导震惊中外的戊戌维新运动和撰写《大同书》，是康有为对中国近代历史和中国文化思想宝库最重要的贡献，是值得后人怀念的。

康有为生于1858年，原名祖诒，字广厦，号长素，广东南海人。他受老师朱次琦的影响，青年时便重视"经世致用"之学。他早年去过香港、上海等地，接触到一些西方资本主义的事物，还攻读了一些介绍西学的书，因而深感中国再也不能以"天朝上国"夜郎自大了，这使康有为的革新思想逐渐萌发，并把学习外国制度思想，进行政治改良当作救国救民的真理。

贯通中西思想的《大同书》，酝思较早，而正式成书较晚。康氏自称早在1884年就开始"演大同主义"，1885年就"手定大同之制，名曰《人类公理》"。1898年秋，康有为在日本时，已有稿本20余篇，1902年避居印度时，最后成书。《大同书》初名为《人类公理》它是康氏的主要代表作之一。当时除梁启超等少数门徒看到过外，很少人有机会目睹这部杰作。直到1913年才第一次把它的甲部和乙部发表在《不忍》杂志上。1919年由上海长兴书局将甲乙两部合刊印成单行本，书名为《大同书》。

一直到1927年康有为死后的第八年，才由他的弟子钱定安将全书交给中华书局出版。1956年，古籍出版社重印《大同书》。

康有为为什么要写《大同书》呢？他本人是这样说的："吾为天游，想象诸极乐之世界，想象诸极苦之世界，乐者吾乐之，苦者吾救亡，吾为诸天之物，吾宁舍世界天界绝类逃伦而独乐哉！"（《大同书》）可见，康氏的目的是为了救苦救难，救国救民。

戊戌变法失败后，血的教训使康有为看到国家民族的苦难更加深重，他流亡日本，游历欧、美等地，寻找医国治民的良药，西方资本主义进化论学说和空想社会主义的思想对他产生了影响。但是康氏《大同书》的思想仍基于儒学的"不忍人之心"的博爱观，"思有以拯救之"。他依据《春秋》公羊三世说和《礼运》中的"小康""大同"说，表述了人类历史的三个阶段，即由"据乱"进为"升平"（小康），由"升平"进为"太平"（大同），那时人们都成为快活无比的"神圣"。而这种大同极乐世界，正如《礼记·礼运》篇所说的："大道之行也，天下为公，选贤与能，讲信修睦。故人不独亲其亲，不独子其子，使老有所终，壮有所用，幼有所长，矜寡孤独废疾者皆有所养，男有分，女有归。货恶其弃于地也，不必藏于己；力恶其不出于身也，不必为己。是故谋闭而不兴，盗窃乱贼而不作。故外户而不闭，是谓大同。"康氏在《大同书》中追寻的理想社会，就是这样既有中国社会理想特色，又有西方空想社会主义色彩的世界。

《大同书》全书共30卷，约20万字，分为10部，甲部《入世界观众苦》，乙部《去国界合大地》，丙部《去级界平民族》，丁部《去种界同人类》，戊部《去形界保独立》，己部《去家界为天民》，庚部《去产界公生业》，辛部《去乱界治太平》，壬部《去类界爱众生》，癸部《去苦界至极乐》。

康氏以民主主义的平等精神和某些社会主义的空想，用他的彩笔，勾画出一幅人类未来社会的美景——大同世界的蓝图，它具有进步意义和深远的影响。梁启超在《清代学术概论》一书中将《大同书》的内容曾概括为如下几个方面：

1. 无国家，全世界置一总政府，分若干区域。

2. 总政府及区政府皆由民选。

3. 无家族，男女同栖不得逾一年，届期须易人。

4. 妇女有身者入胎教院，儿童出胎者入育婴院。

5. 儿童按年入蒙养院及各级学校。

6. 成年后由政府指派分任农工等生产事业。

7. 病则入养病院，老则入养老院。

8. 胎教、育婴、蒙养、养病、养老诸院，为各区最高之设备，入者得最高之享乐。

9. 成年男女，例须以若干年服役于此诸院，若今世之兵役然。

10. 设公共宿舍、公共食堂，有等差，各以其劳作所入自由享用。

11. 警惰为最严之刑罚。

12、学术上有新发明者及在胎教等五院有特别劳绩者，得殊奖。

13. 死则火葬，火葬场比邻为肥料工厂。

尽管《大同书》问世以来，学术界对其评价毁誉不一，智者见智，仁者见仁。但有几点是应该加以重视的。例如：

其一，他激烈反对"独尊"，诅咒专制皇帝为"民贼屠伯"。康氏指出，在太平之世，人人平等，没有什么臣妾奴隶，也没有什么君主统领，更没有什么教主教皇，人人和睦相处，过着平等而富裕的美好生活，差别虽有，可是并不悬殊。

其二，重视发展生产。康氏在《大同书》中描述了一个具有较高物质文明和精神文明的社会。它主张废除私有制，建立财产公有制，然后全部实行机械化、自动化和电气化，生产力高度发展。

其三，特别重视教育。在康氏看来，大力发展学校教育是大同世界进步的巨大推动力。他说："太平世以开人智为主，最重学校。自慈幼院之教至小学、中学、大学，人人皆自幼而学，人人皆学至二十岁，人人皆无家累，人人皆无恶习，图书器物既备，语言文字同一，日力既省，养生又备，道德一而教化同，其学人之进化过今不止千万倍矣。"（《大同书》）

其四，男女平等，婚姻自主。在《大同书》中所谓"去家界"，就是实行男女平等、婚姻自主，打破封建家族宗法关系和纲常名教的束缚，实现资产阶级的人权、自由、平等、独立和个性解放。

其五，康氏主张废除国家，走向"去国界合大地"的盛世。他向往桃花源之世界："大同无邦国故无有军法之重律，无君主则无有犯上作乱之悖事，无夫妇则无有色欲之争，奸淫之防……无宗亲兄弟则无有望养、责善、争分之狱，无爵位则无有恃威、怙力……佞谄之事，无私产则无有田宅、工商、产业之讼……"（《大同书》）

其六，在《大同书》中康氏把"人"摆在"天理"之上，充分肯定了人的价值。在中国封建社会末期，哲学上有所谓"理""欲"之争，其实质是人本主义和禁欲主义的争论。康氏在《大同书》中揭露了封建道德的虚伪性和残忍性，继承和发展了孔子"泛爱众"思想和佛家"慈悲"观念，举起了朴素的人本主义的旗帜。儒家"仁"的思想渗透在《大同书》的全部内容之中，康氏把"仁"与"人"糅合为一体，指出"人之所以为人者，仁也"。"舍仁不得为人。"康氏的仁道主义是从反程朱理学的角度提出命题的，在《大同书》中他把"人"摆在"天理"之上，充分肯定了人的价值，这是十分可贵的。

尽管康有为在《大同书》中，提出了许多独到的精辟的见解，在中国近代思想史上放出异彩，但由于当时社会条件及康氏在政治实践上坚持改良的限制，使他这一独特的见解只能成为一种乌托邦的空想。正如毛泽东指出的："康有为写了《大同书》，他没有也不可能找到一条到达大同的路。"（《论人民民主专政》）

022 "国民教育之第一教科书"
——《革命军》

1903年5月,《革命军》由上海的大同书局印行。《革命军》的作者邹容,当时署名为"革命军马前卒"。章太炎的名著——《驳康有为论革命书》同时出版,以后曾合在一起刊行,称《章邹合刊》。这两篇名著,是当时宣传辛亥革命最有力的姐妹篇。

邹容的《革命军》,则以西方资产阶级革命理论为主要武器,从正面阐述革命的正义性和必要性,宣传革命排满和民主共和是它的主旋律。章太炎的文章,以文笔典雅深沉,展现在读者面前。我们在阅读邹容的《革命军》时,可同时研究章氏的《驳康有为论革命书》。

邹容(1885—1905),原名绍陶,字蔚丹,四川巴县人。1901年夏天,邹容为了寻找救国救民的真理,决定自费去日本学习。1902年春,邹容东渡日本,进入东京同文书院学习。在这期间,邹容如饥似渴地阅读了大量的新书籍,如资产阶级启蒙思想家卢梭的《社会契约论》、孟德斯鸠的《万法精理》、约翰·穆勒的《论自由》,以及法国资产阶级革命和美国独立战争的历史书籍。这时邹容所憧憬的是欧美资产阶级的共和国。邹容一边学习,一边积极地参加留日学生的反清宣传,不久被迫离开日本,于1903年春回到上海。他回国后,加入蔡元培、章太炎等人主持的爱国学社,积极参加拒俄运动。

邹容在日本时,已着手撰写《革命军》,回到上海后,即把主要的精力放在《革命军》的最后定稿上。1903年5月正式出版,章太炎为之作序,章行严(即章士钊)为它题签。

上海的革命刊物《苏报》,刊登了邹容写的《〈革命军〉自序》和评论《革命军》的文章，这一来，人们争相阅读《革命军》，交口赞誉它应成为"国民教育之第一教科书"。这部被誉为中国近代《人权宣言》的公开问世，吓得清政府惶惶不安，勾结帝国主义查封了爱国学社和《苏报》，逮捕了章太炎和邹容等人，这就是1903年震惊中外的"苏报案"。邹容在狱中受尽凌辱，于1905年死于狱中，年仅20岁。

《革命军》，是中国近代思想史上第一部系统地、旗帜鲜明地宣传资产阶级民主共和国思想的名著。全书2万多字，共分七章叙述：一、绪论；二、革命之原因；三、革命之教育；四、革命必剖清人种；五、革命必先去奴隶之根性；六、革命独立之大义；七、结论。

《革命军》一开头就热烈地歌颂了革命事业的伟大："伟大绝伦之一目的，曰革命。巍巍哉！革命也。皇皇哉！革命也。"邹容从资产阶级进化论的观点出发，认识到资产阶级革命是历史发展的必然规律这一道理，明确地指出："革命者，天演之公例也。革命者，世界之公理也。革命者，争存争亡过渡时代之要义也。革命者，顺乎天而应乎人者也。革命者，去腐败而存良善者也。革命者，由野蛮而进文明者也。革命者，除奴隶而为主人者也。"邹容指出，中国自秦始皇统一天下，称皇帝，建立专制政体以后，这种视国家为一家一姓的私有财产的封建专制制度，就是中国兵连祸结，国病民穷以及一切罪恶的根源。因此，邹容得出结论说："革命！革命！得之则生，不得则死，毋退步，毋中立，毋徘徊。"

在中国面临封建主义的压制和列强驱迫的处境下，邹容得出一个与康有为、梁启超保皇派截然不同的结论："欲御外侮，先清内患。"《革命军》在揭露清政府贪酷无度和统治者的荒淫无耻时说："乾隆之圆明园，已化灰烬，不可凭借。如近日之崇楼杰阁，巍巍高大之颐和园，问其间一瓦一砾，何莫非刻括吾汉人之膏脂，以供一卖淫妇那拉氏之笑傲。夫暴秦无道，作阿房宫，天下后世，尚称其不仁，于圆明园何如？于颐和园何如？我同胞不敢道其恶者，是可知满洲政府专制之极点。"

邹容在《革命军》中，不仅无情揭露清王朝是国内被压迫民族的监牢，而且是帝国主义忠实的走狗。他说："'量中华之物力，结友邦之欢心'，是岂非煌煌上谕之言哉！中国者，中国人之中国也。割我同胞之土地，抢我同胞之财产，以买其一家一姓五百万家奴一日之安逸，此割台湾胶州之本心，所以感发五中矣！"因此，邹容主张用革命的手段，推翻清王朝的专制统治，他豪迈地说："磨吾刃，建吾旗"，同清王朝"驰骋于枪林弹雨中"，然后，扫除干涉中国主权的"外来之恶魔"。邹容坚决地宣布：与帝国主义血战到底，"忍令上国衣冠，沦于夷狄，相率中原豪杰，还我河山"。邹容吸取了戊戌变法和义和团的教训，在争取中华民族生存的斗争时，不再维护清王朝，而主张坚决地推翻清王朝这个"洋人朝廷"，这显然是一个历史的进步。

邹容在《革命军》中，还提出了建立资产阶级民主共和国的具体方案，共25条纲领。例如，"定名中华共和国"，"建立中央政府为全国办事之总机关"，"于各省中投票公举一总议员，由各省总议员中投票公举一人为暂时大总统，为全国之代表人，又举一人为副总统，各府州县又举议员若干"，"凡为国人，男女一律平等，无上下贵贱之分"，"不得侵人自由，如言论、思想、出版等事"，等等。由此可见，邹容已经具备了比较鲜明的资产阶级民主主义思想。

革命的根本问题是政权问题。邹容这个建立共和国的纲领，体现了中国资产阶级的政治要求。用资产阶级民主共和国去取代地主阶级的封建专制制度，用民主选举的总统去更换一家一姓的君主，这使中国社会发生一个巨大的进步。邹容在革命的根本问题上，提出了具有完整的民主主义的资产阶级共和国纲领，不但摆脱了千百年来农民的"皇权主义"，而且还摒弃了资产阶级改良派的君主立宪方案，具体回答了当时中国革命的关键问题，真不愧是"雷霆之声"，惊动中国，惊动全世界。

《革命军》以高昂的革命激情，把长期蕴蓄在人民群众心中的阶级仇、民族恨，无所顾忌地呼喊出来，它旗帜鲜明、大胆直白地"劝动天下造反"，犹如一声春雷，炸开了万马齐喑的中国大地，受到广泛的欢迎。自从《革命军》出版以后，反清革命运动的政治前途就是建立共和国，已成为定论了。

邹容由于受阶级和历史的局限性，在《革命军》中有大汉族主义思想和狭隘的民族复仇情绪，导致他写出"诛绝五百万有奇披毛戴角之满洲种"的错误词句。在愤怒指责帝国主义的侵华罪行时，他也说了某些过头话，如"我中国欲与世界列强并雄"等大国主义思想。我们不可苛求前人，何况邹容当时还只是一个 18 岁的年轻人。

《革命军》出版后，翻印流传极广，风行海内外。据估计，它在辛亥革命时期，共印了二十几版，总印数超过 110 万册，占清末革命书刊销售量的第一位。孙中山十分重视《革命军》的作用，他在《革命原起》一文中追述说：《革命军》一书，宣传革命，"华侨极为欢迎，其开导华侨风气，为力甚大，此则革命风潮初盛时代也"。

《革命军》一书的出版，启迪了一代爱国志士走上反清革命的道路。如刺杀清政府五大臣的著名烈士吴樾，得到《革命军》后"三读不置"。四川著名会党首领佘英，在家乡泸州读到邹容的《革命军》和陈天华的《警世钟》"大受感动"。

《革命军》充满着炽烈的革命热情，气势磅礴，振聋发聩，有如一声震撼大地的惊雷，把皇冠震落于地。它的巨大作用和影响，正如鲁迅所评价的："便是悲壮淋漓的诗文，也不过是纸片上的东西，于后来的武昌起义怕没有什么大关系。倘说影响，则别的千言万语，大概都抵不过浅近直截的'革命军马前卒邹容'所作的《革命军》。"（《鲁迅全集》第一卷《杂忆》）

023 "长梦千年何日醒，睡乡谁遣警钟鸣"
——《警世钟》

"我们要想拒洋人，只有讲革命独立。"这是陈天华在《警世钟》一书中提出的名言。在辛亥革命准备时期，陈天华写下了大量的宣传革命的作品，其中尤以《警世钟》《猛回头》《狮子吼》最为著名。陈天华的反帝爱国思想，给人们留下了不可磨灭的印象。毛泽东在1936年与美国友人埃德加·斯诺的谈话中，回忆少年时代读了一本讲革命的书对自己的影响时说："这本书谈到了日本占领朝鲜、中国台湾的经过……我读了以后，对国家的前途感到沮丧，开始意识到，国家兴亡，匹夫有责。"（《西行漫记》）毛泽东说的这本书，就是盛行一时的《警世钟》。

陈天华（1875—1905），字星台，号思黄，又号过庭，湖南新化县人。他父亲陈善，是个贫穷的村塾教师。1901年，当丧权辱国的《辛丑条约》签订的消息传来时，陈天华悲痛万分，决心东渡日本，寻找救国图存的道路。1903年3月，29岁的陈天华，由新化实业中学资助，作为官费留学生前往日本。到日本后，入东京弘文学院师范科学习。1903年秋，陈天华看到祖国"主权失矣，利权去矣"，便撰写了《警世钟》。是年年底，陈天华回到湖南长沙，与黄兴组织华兴会革命团体。1904年，策划长沙起义事败后，陈天华再度去日本，入东京法政大学学习。1905年，陈天华参加孙中山发起的同盟会，并参与制定《军政府宣言》《革命方略》等文件。

当时清政府暗中勾结日本政府，企图镇压革命活动，于1905年11月，由日本文部省颁布了一项"取缔清韩留学生规则"。这激起了8000

多留日学生罢课表示抗议。但由于当时抗议斗争未能取得团结一致，陈天华忧时感事，便决心以死来警醒国人。12月7日深夜，他留下了近3000字的《绝命辞》等文字之后，于第二天清晨，在东京大森海湾投海殉国，时年31岁。

1903年秋，陈天华蘸着革命激情挥笔写下《警世钟》时，鉴于当时的形势，他未签署真名，在题目之上标有"最新新闻白话演说"八个字，署"神州痛哭人著"。《警世钟》全书约2.3万字，分为30个自然段。它是用这样的七言诗句开头的：

长梦千年何日醒，睡乡谁遣警钟鸣？
腥风血雨难为我，好个江山忍送人！
万丈风潮大逼人，腥膻满地血如糜；
一腔无限同舟痛，献与同胞侧耳听。（《警世钟》引子二首）

在文言文风行的时代，陈天华大胆使用白话文，《警世钟》以说唱文艺形式出现，也是一种可贵的移风易俗的举动。文章开头，作者就惊呼国破家亡的惨景即将来临："嗳呀！嗳呀！来了！来了！甚么来了！洋人来了！不好了！不好了！大家都不好了！……从此以后，都是那洋人畜圈里的牛羊，锅子里的鱼肉，由他要杀就杀，要煮就煮，不能走动半分。唉！这是我们大家的死日到了！""苦呀！苦呀！苦呀！我们同胞辛苦所积的银钱产业，一齐要被洋人夺去；我们同胞恩爱的妻儿老小，活活要被洋人拆散……枪林炮雨，是我们同胞的送终场；黑牢暗狱，是我们同胞的安身所。大好江山，变做了犬羊的世界……唉！好不伤心呀！"这些令人心惊肉跳的文字，真是发人深省！那么，中国为什么会面临这样的民族危亡呢？作者明确指出，根子就在于清王朝的腐败。

作者又用大量的历史事实，指出中国这块肥肉，正被一群豺狼围住撕扯着、吞咽着，中国被豆剖瓜分了；满洲政府已是"洋人朝廷"了。清政府已成为"洋人朝廷"这个根本性的问题，这是陈天华最先公开指出的。真是"石破天惊"，这一观点的出现，在爱国人士中立即产生了巨大的影响，并形成一种新的觉悟——反封建必须反帝。

面对列强的侵略,该怎么办呢?作者以炽热的爱国感情,斩钉截铁地指出,必须万众一心,齐心杀敌:"洋兵不来便罢,洋兵若来,奉劝各人把胆子放大,全不要怕他。读书的放了笔,耕田的放了犁耙,做生意的放了职事,做手艺的放了器具,齐把刀子磨快,子药上足,同饮一杯血酒,呼的呼,喊的喊,万众直前,杀那洋鬼子,杀投降那洋鬼子的二毛子。满人若是帮助洋人杀我们,便先把满人杀尽;那些贼官若是帮助洋人杀我们,便先把贼官杀尽。'手执钢刀九十九,杀尽仇人方罢手!'我所最亲爱的同胞……杀!杀!杀!杀我累世的国仇,杀我新来的大敌,杀我媚外的汉奸。"陈天华还引用了古今中外一些以少胜多、以弱胜强的事例,来鼓舞全国人民的士气。他还疾呼,要去掉"东亚病夫"的称号,全体国民必须注意锻炼身体。因为抗敌必须有强壮的身体、高超的技能和勇于报国的精神。

　　为了救中国,陈天华恳切地告诫大家十个须知:第一,"须知这瓜分之祸,不但是亡国罢了,一定还要灭种。"第二,"须知各国就是瓜分了中国之后,必定仍旧留着满洲政府压制汉人。"第三,"须知事到今日,断不能再讲预备救国了,只有死死苦战,才能救得中国。"第四,"须知这时多死几人,以后方能多救几人。"第五,"须知种族二字,最要认得明白,分得清楚。"第六,"须知国家是人人有份的,万不可丝毫不管,随他怎样的。"第七,"须知要拒外人,须要先学外人的长处。"第八,"须知要想自强,当先去掉自己的短处。"第九,"须知必定用文明排外,不可用野蛮排外。"第十,"须知这排外事业,无有了时。"

　　作者又提出十条奉劝:第一,奉劝做官的人,要尽忠报国。第二,奉劝当兵的人,要舍生取义。第三,奉劝世家贵族,毁家纾难。第四,奉劝读书士子,明是会说,必要会行。第五,奉劝富裕的人,舍得出钱。第六,奉劝穷人,舍得出力,不怕丢失生命。第七,奉劝新、旧两党,各除意见,共抵外侮。第八,奉劝江湖朋友,互相联络。第九,奉劝教民当以爱国为主。第十,奉劝妇女必定也要想救国。

　　书的末尾,陈天华慷慨激昂地说:"醒来!醒来!快快醒来!快快醒来!不要睡得像死人一般。同胞!同胞!虽然我知道我所最亲爱的同胞,不过从前深处黑暗,没有闻过这等道理。一经闻过,这爱国的心,一定就要发达了,这救国的事,一定就要担任了。前死后继,百折不回,我汉种一定能够建立个极完全的国家,横绝五大洲。我敢为同胞祝曰:汉种万岁!中国万岁!"

陈天华是中国人昏睡未醒之际,奋起撞击警世洪钟的敲钟人。在他的著作中,他注意吸收并发扬了林则徐、龚自珍和魏源这些近代进步思想家的爱国思想,所以,在帝国主义面前,他敢于斗争,也善于斗争。陈天华在对待帝国主义问题上,比当时一般资产阶级革命党人高明之处在于:他对帝国主义的认识比较具体、深刻,因此他大声疾呼,要同帝国主义作坚决的斗争。中国同盟会并没有明确地提出反对帝国主义的纲领,而陈天华却高举反帝的旗帜,冲锋在前。这在当时来说,是难能可贵的。

在如何解决中国的前途问题上,是采取改良的手段还是用革命的手段呢?陈天华主张用革命的手段推翻腐朽的清王朝,因为清王朝已经成为"洋人朝廷",成为列强侵略中国的工具。可见,陈天华的反帝反清思想,在当时对于唤醒中华民族是起了很大作用的,他真不愧是中国资产阶级民主革命的一个先驱者、出色的宣传家;同时又是一位爱国的进步思想家。

当然,陈天华的思想及其活动,也和他同时代的先进人物一样,有其时代和阶级的局限性。如《警世钟》中的种族主义思想以及还没有也不可能把反帝和反封建全面地结合起来等不足和缺陷。

"以行而求知，因知以进行"
——《孙文学说》

辛亥革命推翻了清王朝的统治，结束了中国2000多年的封建帝制，但由于中国资产阶级本身的软弱和妥协，革命的果实被袁世凯所篡夺。辛亥革命失败后，为了反对帝国主义支持的军阀统治，以孙中山为首的民主革命力量，领导和发动反袁斗争和护法运动，但屡遭失败。为了总结中国长期民主革命的经验和失败的教训，探讨继续前进的道路和方法，寻找救国救民的真理，孙中山于1918年写成《孙文学说》，即巨著《建国方略》的第一部分。孙中山一生著述颇丰，而哲学专著只有《孙文学说》。

《孙文学说》前有自序，继分八章：第一章：以饮食为证；第二章：以用钱为证；第三章：以作文为证；第四章：以七事为证；第五章：知行总论；第六章：能知必能行；第七章：不知亦能行；第八章：有志竟成。

《孙文学说》吸取了西方机械唯物主义思想，宣传进化论的自然发展观，认为自然界和人类都是一个由低级到高级不断发展进化的过程。认为世界的进化分为三个时期：其一为物质进化时期，其二为物种进化时期，其三为人类进化时期。"物质进化"是指宇宙的形成和发展。孙中山以中国传统的作为宇宙本体的"太极"概念当作西方19世纪自然科学界提出的物质性的"以太"的译名，认为物质进化是由于以太运动而产生电子，而形成元素，而聚力物质，而形成地球的不断前进的过程。这种看法坚持了宇宙本源问题上的唯物主义，又超出了我国古代朴素唯物主义的水平。"物种进化"是指生物进化的阶段。孙中山把细胞理论和生物进化论结合起来，认为整个动植物有机体，以至于人类，都是由细胞即"生元"发展而来的，按其所固有的变化能力和进化规律，经过物种的生存斗争，自然选择，新陈代谢，不断由简而繁地发展。这种对生物发生和发展的解释是唯物主义的进化论的观点。

为解释精神意识的来源问题，孙中山提出"生元有知"，认为生元是有"知觉灵明"的，这一提法模糊了生物和人类的本质区别，把作为物质高度发展的神经系统和人脑才具有的知觉和思想归结为一切细胞都具有的属性，是机械的形而上学的观点。

"人类进化"是指人类从动物界脱离出来以后的发展过程。孙中山认为，人类进化的目的是解除世界上存在的各种痛苦，实现天下为公的"大同世界"。他反对把"物竞天择"的原则应用到人类社会，旗帜鲜明地反对社会沙文主义，有非常积极的现实作用。但他把人类进化的原则说成是"互助"，则是一种历史唯心主义的观点。

《孙文学说》最重要的是提出并系统论证了"知难行易"的认识论学说，这也是孙中山哲学思想的最精彩部分，即他的进化论的唯物主义知行学说。孙中山认为，辛亥革命失败的原因之一，是一些革命党人思想保守，意志衰颓，对资产阶级民主革命的道路、方略产生了严重的怀疑和动摇，因而引起革命队伍分化。这些人的理论依据便是"知之非艰，行之惟艰"的传统理论，他们认为孙中山的理想太高，在中国行不通，百般抵制孙中山提出的许多革命主张。保皇党人也是受了这种思想的影响，因而反对革命。可见这种学说在当时已经不同程度地成了反动派、资产阶级右派、改良派和革命队伍中的蜕化分子用以反对革命的理论基础。"知之非艰，行之惟艰"的原意是"知"并不难，问题的关键是把"知"见诸"行"，知之是为了行之，知而不行是最大的祸害，是在知先行后的前提下强调知行一致，反对知行分离，有一定的合理因素。但"知易行难"的思想却被封建统治阶级及其思想代表奉为永恒不变的绝对教条，成为保守、盲从、因循守旧的封建意识形态。孙中山认为他在革命实践中遇到的最大的思想理论上的祸害就是这种思想及其与之相近的王守仁的"知行合一"学说。他认为，这种思想的流弊是：因为"知易"，所以就想先求知而后行，但一遇困难，就不去求知了；因为"行难"，所以不知就固然不去行，而知之又不敢行，则天下事就无可为者了。结果是，既不能求得真理，又不能有所行动。因而当务之急是从认识论的高度搞好革命党的"心理建设"即思想建设问题。

为了论证"知难行易"说，《孙文学说》把"行"即实践提到认识论的突出地位，提出"行先知后"说，强调知来源于行，这是孙中山唯物主义反映论的一个显著特点。书中以饮食、用钱、作文、建屋、造船、筑城、开河、电学、化学等十事来证明行先知后的思想，证明获得真知需要一个艰难的行的历程，行是人类进步的最大动力，是促进人类文明的原动力。在行和知的关系上，行是占头等地位、起决定作用的方面，知是由行派生的。《孙文学说》中的知，是中国民族资产阶级所需要的社会科学知识、自然科学知识和资产阶级革命的理论；行则已初步包括人类的广泛的生产活动、科学试验和资产阶级的革命实践——虽然仍和马克思主义所讲的实践有原则区别。这种资产阶级革命派的知行学说较之古代的知行学说，有着崭新的内容和形态，在中国哲学史上是一种具有重要意义的进步。"行先知后"的思想是一种主观能动性质的反映论，是资产阶级民主革命的思想武器。

孙中山从超阶级的进化论出发，从认识的角度把人分为三类：先知先觉，后知后觉，不知不觉。先知先觉者是英雄豪杰，是支配者；后知后觉者是先知先觉的助手；不知不觉的广大人民群众则是"实行家"，只有在先知先觉者的指导下，才能奋起"竭力乐成"。这显然是资产阶级革命家所共有的唯心史观的表现，由于他们不承认人民群众是认识和改造社会的主体，所以必然无法在知行观中彻底贯彻唯物主义。

从行先知后的基点出发，《孙文学说》正确提出了"以行而求知，因知以进行"，"知"和"行""进行不息"的观点。认为人类在"行"中获得科学知识，再把"知"用诸"行"，推进"行"的发展。在"行"的基础上，人的知识随着宇宙的发展而发展，宇宙事物的发展没有止境，因而人的认识的进步也永无止境，知和行就是这样相生相长永不停息的。

《孙文学说》把人类的知行划分为三个时期：不知而行时期，行而后知时期，知而后行时期。这样就把知和行的辩证统一关系机械地割裂开来，含有机械形而上学的因素。但这三个时期是与人类进化三时期：

由蒙昧进文明，由文明再进文明，进而达到科学昌明时代紧密相连的。在具体论证这个命题时，也兼顾了各个时期知与行的关系，在每一个时期并非只有行而无知，或只有知而无行，而是知和行都进化到了一个较高的阶段，证明了人类的认识过程和人类文明进化的历史过程相一致。因此，这一理论中包含有合理的内核。

孙中山是中国哲学史上第一个出于革命需要而探讨知行问题的思想家。他为革命力辟传统的"知易行难"说之非，主张"知难行易"，要人们敢于行，积极投身革命实践，这对鼓舞革命党人的斗志，起了一定的积极作用。"知难行易"的知行观的提出，展开了中国近代认识论上的革命，把中国唯物主义的知行观推进到一个新阶段。同时也应指出，从纯粹的理论角度看，知和行的关系不是用难易所能衡量和说明的，因而用"知难行易"来解释知行关系是有一定局限的。

《孙文学说》奠定了三民主义的哲学理论基础，建立了中国资产阶级民主派的进化论的唯物主义世界观和认识论。由于时代的限制，孙中山当时所论证的仍然没有超出旧三民主义的范畴，但他的进化论的唯物主义思想，是新三民主义的哲学思想基础。

025 最早的史书
——《尚书》

《尚书》是我国最早的一部史书，也是古代世界著名的历史典籍之一。古人"尚"与"上"通用，"书"原来就是史，上古时，史为记事之官，书为史官所记之史，由于这部书所记载的是上古的史事，所以叫作《尚书》。《尚书》也就是上古史的意思，"尚书者，以为上古帝王之书，或以为上所为，下所书授事相实而为名，不依违作意以见奇。"（王充《论衡·正说篇》）

《尚书》也是我国最早的一部文件汇编，它的"典""谟""训""诰""誓""命"六体，有的是讲演辞，有的是命令、宣言，有的是谈话记录。《尚书》记事的内容，上起原始社会末期的唐尧，下至春秋时的秦穆公。《尚书》按时代先后，分为《虞书》《夏书》《商书》《周书》四个部分，共100篇。（除伪古文《尚书》。今存今文《尚书》二十八篇。）

《尚书》是由谁编纂的呢？历来有不同的说法，但司马迁和班固都肯定它是孔子编纂的。孔子是中国古代文化承上启下的集大成者，他生活的年代是礼、乐废，《诗》《书》缺的春秋末期。所以他周游列国之后回到鲁国，把晚年的精力都花在编订《诗》《书》《礼》《乐》《易》《春秋》六经上面，还为《尚书》写了序。司马迁说，孔子"追迹三代之礼，序《书传》，上纪唐虞之际，下至秦缪，编次其事"。（《史记·孔子世家》）因此，《尚书》被儒家列为经典之一。

孔子收徒讲学时，还选用了这些典籍作为教材。他认为这六种教材，可以使人"温柔敦厚，《诗》教也；疏通知远，《书》教也；广博易良，《乐》教也；洁静精微，《易》教也；恭俭庄敬，《礼》教也；属辞比事，《春秋》

教也"。(《礼记·经解》)这说明了"六经"的教育意义和教育价值。

秦始皇统一中国之后,把《尚书》列为禁书,规定民间所藏的《尚书》均需烧毁。此后,引起了今文《尚书》和古文《尚书》的争论。秦焚书时,济南有个名叫胜的博士伏生,他秘密地把《尚书》藏在宅中的墙壁间。汉初局势稳定之后,他从壁中取出藏书时,书已散乱不堪,只得28篇。伏生用这28篇的不全《尚书》,讲学于齐鲁之间。由于这些篇章是用当时的隶书写成的,故称为今文《尚书》。这部书被汉朝政府列于学官,据多数学者的考证,认为它是真的。

汉武帝时,鲁共王刘馀为了扩大自己的宫殿范围,拆毁了孔子的旧宅,并从孔宅墙壁中发现了许多用蝌蚪文字(汉以前的大篆或籀文)写成的竹简,为古文《尚书》。当时的学者孔安国(孔子的后代),把它和通行的今文《尚书》互相校读了一遍,多出了16篇。这部古文《尚书》一直没有被汉朝所重视,也没有列于学官,又没有人传授。到王莽时才把这部古文《尚书》列于学官。到东汉时,才逐渐盛行,当时的大学者马融、郑玄等人又为它作注释,于是才盛行于世。但它与今文《尚书》相比较,还是不如今文《尚书》被人重视。后来,它就逐渐散佚了。

东晋元帝(司马睿)时,豫章内史梅赜曾经向朝廷献上篇的古文《尚书》(它与汉代的古文《尚书》也不同),还有伪造的孔安国《尚书传》。东晋政府把它列于学官,影响较大,在社会上流传了很长的时间。到唐朝贞观五年(631年),唐太宗命令修撰群经正义,孔颖达作《尚书正义》和陆德明写《经典释文》时,都是根据梅赜所献的这个本子。于是它便成了官府的标准本,以后又收入《十三经注疏》中,广为流行。

到了南宋初年,朱熹等学者开始怀疑梅赜这部书,认为从文字看,不像周秦时的文辞。到明清时,有更多的学者继续指责梅赜这部书。明梅鷟作《尚书考异》,清阎若璩作《古文尚书疏证》,清惠栋作《古文尚书考》,都认为梅赜的《尚书》为伪书。这一来,梅赜的古文《尚书》其真伪,便成定论。

由于汉朝时从孔府壁中取出的蝌蚪文《尚书》早已散失,东晋梅赜的古文《尚书》虽被认为是伪书,但它仍被收入《十三经注疏》中,广为流行，也就弄假成真了。我们今天通行的《十三经注疏》本《尚书》，即今文《尚书》与梅氏所献的古文《尚书》的合编本，共58篇，即《虞书》5篇、《夏书》4篇、《商书》17篇、《周书》32篇。

《尚书》为我们研究我国原始社会末期和夏商周奴隶社会历史，留下了珍贵的资料。如《尧典》记载着尧、舜、禹的"禅让"故事，反映了原始公社制度权位继承情况。《禹贡》是我国最早的历史地理文献。《盘庚》记述商朝迁都情况。

《尚书》是难读的。司马迁写《史记》时，采用了《尚书》的材料，或录全文，或取部分文字，但他运用了"以训诂代经文"的原则，把《尚书》的原文翻译了一遍，使先秦的古书，变成为汉代通行的语言文字。例如《尚书·尧典》中有"钦若昊天"的话，《史记·五帝本纪》便写为"敬顺昊天"。又如《尧典》中的"瞽子"，《五帝本纪》中改作"盲者"。所以我们可以把《尚书》和《史记》中的《五帝本纪》《夏本纪》《殷本纪》《周本纪》等对照来读。

历代研究、注释《尚书》的著作很多，最通行的是《十三经注疏》本的《尚书正义》，由于它是今文《尚书》和古文《尚书》的合编，其中真伪参半，我们必须予以分辨。即使是伪造的那一部分，也是出于魏晋人之手，对于研究《尚书》来说，也是有参考价值的。清代学者孙星衍的《尚书今古文注疏》，是比较好的注本，它吸收了清代一些学者的研究成果。近人曾运乾的《尚书正读》和牟庭的《同文尚书》等，也可供我们参考。

026 最早的编年体史书——《春秋》

《春秋》是我国最早的编年体史书。所谓编年体，就是"系日月而为次，列时岁以相续"。它是按年、月、日有次序地记载史事的史书。如果说，《史记》《汉书》等二十四史纪传体史书，是横的叙述历史，那么，《春秋》《资治通鉴》这类的编年体史书，就是纵的叙述历史。

编年体这种体裁的史书，在世界上，我国起源最早。东周时，各诸侯国都设置史官撰写本国的编年史，但名称不统一，燕、齐、鲁、宋等国均称《春秋》，因商代和西周时，一年只有春、秋二时，而无冬、夏，因此古人称年为"春秋"。春秋时期，虽然已有四时划分，但是人们仍然习惯用旧称。所以各国史书大多以《春秋》命名。而晋称《乘》，楚称《梼杌》。

东周时诸侯国的史书后来均已散佚，只有孔子编订的鲁国史《春秋》留传下来，这是孔子的一大功劳。《春秋》是孔子晚年呕心沥血之作。孔子周游列国经历了14年之久，他在68岁返鲁后，以"国老"身份问政，因此有条件阅读鲁国档案。他为寓寄自己的政治理想和主张，以便留给后人效法，就用晚年的精力编纂《春秋》等"六经"。关于孔子删订《春秋》的意图，孟子说得很清楚："世衰道微，邪说暴行有作，臣弑其君者有之；子弑其父者有之。孔子惧，作《春秋》。《春秋》，天子之事也。是故孔子曰：'知我者，其惟《春秋》乎？罪我者，其惟《春秋》乎'。"（《孟子·滕文公下》）所谓"知我者"，是指那些理解他的苦心孤诣的人（理解他的治国平天下理想的人），所谓"罪我者"，是指那些指责他不该修订《春秋》的人。可见，孔子编订《春秋》的目的是为匡救时弊，因此，他的思想和主张便自然而然地渗透到《春秋》的字里行间，即所谓"微言大义"。

所谓"微言大义",诸如当时吴国、楚国的国君,都已自称为王,这对于维护宗法制的尊卑贵贱等级观念的孔子来说,是不能容忍的,孔子在"正名"的思想指导下,在《春秋》中把他们贬称为"子",以示对这些诸侯竟敢僭拟天子专用王号的谴责。对于这种"春秋"笔法,司马迁得出这样的结论:"《春秋》之义行,则天下乱臣贼子惧焉。"(《史记·孔子世家》)孔子本人把经他删订的《春秋》看成是他的第二生命。

《春秋》记载了上自公元前722年(鲁隐公元年),下至前481年(鲁哀公十四年),包括12个国君,合计242年的历史。它虽是鲁国史的一部分,但它把鲁国以外的其他国家,以及当时天下大势的演变情况,也作了广泛的记载。因此,史学家就把200多年的这段历史叫作"春秋"时期。

孔子是活到73岁才辞世的,那么,为什么孔子到71岁时就停止写《春秋》呢?鲁哀公十四年春天,管理山林的"虞人"和叔孙氏的仆从钼商,在曲阜西今巨野县一带打猎,捕获一只怪兽归来,叔孙氏看到此怪兽,以为不吉祥,便赐给管理山泽之事的专人。孔子看了说:"这是麒麟啊!它为什么来啊!为什么来啊!"边说边掩面大哭,涕泪沾襟。孔子这时正在写《春秋》,他认为麒麟是"仁兽",太平盛世才出现,现在不是太平盛世,出非其时而被猎获,因而伤感。于是写下"西狩获麟"这句之后,就不写了。这就是传说中孔子写《春秋》"绝笔于获麟"的故事。(《春秋》载鲁哀公"十有四年,春,西狩获麟"。)

《春秋》全书大约1.7万字,主要内容记载春秋时期统治阶级的政治活动,包括诸侯国之间的征伐、会盟、朝聘等;也记载一些自然现象,如日食、月食、地震、山崩、星变、水灾、虫灾等;经济文化方面,记载一些祭祀、婚丧、城筑、宫室、搜狩、土田等。

在对待人与神关系上,孔子的历史观是自相矛盾的。一方面,他认为王道的兴衰取决于"天命",表现了天命主宰历史的唯心史观;而另一方面,孔子又明确表示"敬鬼神而远之",这说明他对鬼神是抱怀疑和保留态度的。对于一些灾异现象与人事有什么关系,他没有明确表态。可见,他持保留态度。

孔子编订的《春秋》有明确的时间顺序,该特点对后世编年体史书的发展产生了很大的影响。如北宋时由司马光主编的历史巨著——《资治通鉴》，就是按年、月、日顺序写的编年体史书。《春秋》又是我国第一部私修的史书，它打破了西周以来奴隶主贵族对于史学的垄断和控制，因此，它在史学史上具有极为重要的意义。由于孔子开创了私人著书的学术风气，开辟研究近现代史的风气，成为后来诸子百家竞相著书立说的中国历史上的"百家争鸣"的先声。

孔子的"春秋"笔法，还表现在敢于揭露统治者淫秽纳贿、仇杀助乱的黑暗面。如隐公元年，记载了周平王向鲁惠公的妾仲子赠送葬礼的东西。在孔子看来，这是为君者不守君道的表现，不成体统，记上这一笔，让后来的统治者有所警惕。

《春秋》也记载自然现状。如它精辟地记叙了公元前611年彗星（哈雷彗星）入紫微境的事："秋七月，有星孛入于北斗。"（这是我国，也是世界史上彗星运行的最早记录。）又如，它记录了公元前687年3月16日"夜中，星陨如雨"的陨石雨情况。孔子保留了这些记录，是一份珍贵的历史资料。

《春秋》的文字过于简洁，有的只记结果，没有写它的原委，要读懂它，确实不容易。如隐公八年（前715年），在一条记事中，只记了一个"螟"字，它仅是告诉人们，这年发生了螟虫灾害，但具体在什么地方，灾情多大？却没有记清楚。所以，后世的学者，对《春秋》作了许多的引申和解释。由于《春秋》是孔子编订的"六经"之一，它被儒家各派尊为"经"，对它的解释称为"传"。到汉代时，这种传已有《左氏传》《公羊传》《穀梁传》《夹氏传》《邹氏传》5种，后来，《夹氏传》和《邹氏传》亡佚了，流传下来的只有《左氏传》《公羊传》《穀梁传》，被称为"春秋三传"，是我们读《春秋》时可对照参考的。

《春秋》有些材料的来源也有些问题，对材料又未剪裁，尤其是记别国的事，人云亦云。至于鲁国，"事无大小，苟涉嫌疑，动称耻讳"。《史记·孔子世家》称："至于为《春秋》，笔则笔，削则削，子夏之徒不能赞一辞。"实际上这是夸大之词。王安石称《春秋》为"断烂朝报"，也有点过分。而梁启超称《春秋》为"流水账簿"，却是有点道理的。

编年体史书的优点,在于它以年月为经,以事实为纬,容易使人看清事件之间发生的联系。它的缺点,主要是同一事件发生和延续的时间过长,记载时就难免犯前后割裂的毛病;还有记人物活动时,更难详其来龙去脉。因此,后来才有纪传体和纪事本末体史书的出现。

027

"其言简而要，其事详而博"
——《春秋》三传

由于《春秋》言辞隐晦，表述过于简约，给后人学习带来诸多不便。为了更好地表现《春秋》经文的内容大义，很多学者为其著文诠释，以补原书之不足。据《汉书·艺文志》记载，汉代传注《春秋》的有5传。后来《邹氏传》11卷，《夹氏传》11卷亡佚，只有《左氏传》《公羊传》《穀梁传》流传至今，被称为"《春秋》三传"。

《左传》又称《春秋左氏传》或《左氏春秋》，30卷。《左传》的作者是谁，历来颇有争议。汉代时司马迁、班固皆认为是与孔子同时代的鲁国史官左丘明。左丘明在口授《春秋》以教弟子时，怕弟子"各安其意，以失其真"（《汉书·艺文志》），故用事实来补订《春秋》，作《左氏传》。清代今文经学家们则认为《左传》是刘歆托名改编。近人认为根据传文和结束年代等方面分析，《左传》是战国初年人根据各国史料编成的，可能并非出于同一作者之手。

《左传》的体例是编年纪事体，内容大部分是传注史事，叙述《春秋》经文重要史事的过程。起于鲁隐公元年（前722年），终于鲁悼公四年（前464年），比《春秋》多出17年。若按叙事时间论，则到鲁悼公十四年（公元前454年）为止，下限比《春秋》多27年。所记鲁国君主也比《春秋》多1位，为13位。文字增加更多，共计约18余万字，内容大大丰富了。

《左传》与《春秋》相比，传文内容与经文内容并非十分密切配合，或经文有而传文缺，或传文有而经文无。故后人认为《左传》虽因《春秋》而作，但在编年体例上比《春秋》完备，在史料和文字价值上也远远超过《春秋》，完全可以独立称为史书，所以称其为《左氏春秋》。

《左传》补充并丰富了《春秋》的内容，不但记鲁国一国的史实，而且还兼记各国历史；不但记政治大事，还广泛涉及社会各个领域的"小事"；一改《春秋》流水账式的记史方法，代之以有系统、有组织的史书编纂方法；不但记载了春秋时史实，而且引证了许多前代故事。这就大大提高了《左传》的史料价值。如春秋时的几次大战役：齐楚召陵（郾城）之役（鲁僖公四年）、晋楚城濮（濮县）之役（鲁僖公二十八年）、秦晋殽（陕县）之役（鲁僖公三十三年）、楚晋邲（郑县）之役（鲁宣公十二年）、齐晋鄢陵之役（鲁成公十六年）等等，《左传》皆有生动翔实的记载，为我们研究春秋时大国争霸的历史提供了史料。又如鲁昭公二十六年王子朝告诸侯之事，是西周王室兴衰的生动写照。因此，《左传》是研究春秋史的宝贵参考书籍。《左传》注本主要是西晋杜预作《春秋经传集解》，唐时孔颖达作《春秋左传正义》，陆德明撰《经典释文》，均采用杜注。

　　《公羊传》又称《春秋公羊传》《公羊春秋》，儒家经典之一。上起鲁隐公元年，止于鲁哀公十四年，与《春秋》起讫时间相同。相传其作者为子夏的弟子，战国时齐人公羊高。起初只是口说流传，西汉景帝时，传至玄孙公羊寿，由公羊寿与胡毋生（子都）一起将《春秋公羊传》"著于竹帛"。《公羊传》有东汉何休撰《春秋公羊解诂》、唐朝徐彦作《公羊传疏》、清朝陈立撰《公羊义疏》。

　　《穀梁传》亦称《春秋穀梁传》《穀梁春秋》，为儒家经典之一。起于鲁隐公元年，终于鲁哀公十四年。体裁与《公羊传》相似。其作者相传是子夏的弟子，战国时鲁人穀梁赤（赤或作喜、嘉、俶、寘）。起初也为口头传授，至西汉时才成书。晋人范宁撰《春秋穀梁传集解》，唐朝杨士勋作《春秋穀梁传疏》，清朝钟文烝所撰《穀梁补注》为清代学者注解《穀梁传》的较好注本。

　　《公羊传》与《穀梁传》的内容和特点在今人看来大同小异，二者都重视阐释《春秋》之"大义"或"宗旨"，不重历史事实的记载，因而史料价值远远低于《左传》。从经学的角度看，二者则各有所侧重。《公羊传》的主要精神是宣扬儒家思想中拨乱反正、大义灭亲，对乱臣贼子要无情镇压的一面，为强化中央专制集权和"大一统"服务。《公羊传》

尤为今文经学派所推崇，是今文经学的重要典籍，历代今文经学家都时常用它作为议论政治的工具。它也是研究战国、秦、汉间儒家思想的重要资料。《穀梁传》则着重宣扬儒家思想的另一方面：重礼义教化和宗法情谊，为缓和统治集团的内部矛盾，稳定封建统治的长远利益服务，因而也受到统治阶级的极大重视。它是我们研究秦汉间及西汉初年儒家思想的重要资料。

《春秋》及三传作为儒家经典，备受历代统治者的推崇，长期成为封建统治阶级的教科书和科举取士的考试内容。《左传》在唐宋两代被定为"大经"；《穀梁传》和《公羊传》在唐代被定为"小经"，在宋代被定为"中经"。三传与《春秋》合刊，均被列入十三经中。

《春秋》与三传文字洗练，记事简洁明了，遣词井然有序，对后世文学家、史学家影响颇大。尤其是《左传》，刘知几在《史通》中称赞说："其言简而要，其事详而博。"语言之精要已成为后代楷模。《左传》文字优美生动，在文学性方面较之《春秋》有很大增强，从"大事记"式的记录发展为富有戏剧性的情节展示，塑造了丰满的人物形象，堪称文史并茂的历史、文学名著。司马迁发扬《左传》的传统，为世人留下了亦史亦文的巨著《史记》，司马光著《资治通鉴》，体裁、手法均深受《左传》影响。

028 最早的国别史
——《国语》

　　《国语》是我国古代最早的一部国别史。关于它的作者，历史上多有争议。唐宋以前，人们都认为是与孔子同时代的左丘明所著。如西汉的司马迁、东汉的班固、三国时吴国的韦昭、唐朝的刘知几等都持此说。按照他们的说法，我们可以得知《国语》的成书经过为：孔子作《春秋》后，左丘明为之作传，即《春秋左氏传》。后来，左丘明不幸失明，但他"雅思未尽"，根据传注《春秋》时所剩材料，又"稽其逸文，纂其别说"，编著了一本《国语》。故《国语》又被称为《春秋外传》，《春秋左氏传》被称为《春秋内传》。然而，唐宋以后很多学者对左丘明是《国语》的作者一事提出异议，现代学者中也有人认为《国语》是在战国初年编辑而成，作者有待进一步考证。

　　《汉书·艺文志》与《隋书·经籍志》都记载《国语》为21卷，与今本相同。其体例是分国记载，有《周语》3卷、《鲁语》2卷、《齐语》1卷、《晋书》9卷、《郑语》1卷、《楚语》2卷、《吴语》1卷、《越语》2卷。

　　《国语》记载史实的时间，上起西周周穆王征犬戎（约公元前976年），下至韩、赵、魏灭智伯，共约500年间的历史，但《国语》不是编年体，它是以国分类。《国语》中《周语》排在最前面，内容也很丰富，它又和鲁、齐、晋、郑、楚、吴、越并列，所以又不像严格意义上的分国史体例。《国语》记载晋国史最多，内容最丰富，其卷数占整书的近一半，相比之下，其他国的记载就很简略了，如《郑语》，仅记载了桓公与史伯的对话。因此，有人将《国语》称为《晋史》，也是有一定道理的。《国语》与《左传》之间的关系，有继承，又有发展。《国语》记事与《左传》相同者有60

余事，而史实中的细节，又有 8 事与《左传》不同，可见所依据的材料并不完全相同。《左传》记周王室事迹很简略，《国语》则记有穆、恭、厉、幽、宣、襄、定、灵、景、敬 10 王的大事，为后代保留了研究周王室的宝贵资料。《左传》对齐桓公成霸业的历史记载简略，《国语》的《齐语》则专记管仲相齐的业绩，对后人详细了解齐桓公霸业形成之经过大有裨益。《左传》对越灭吴的记载略而不详，《国语》的《越语》则用很大的篇幅，生动详细地记载了越王勾践如何忍辱负重，发愤图强，最终灭吴的历史。《左传》记事，偏重于事件之原委，而《国语》则很注重各国贵族的言论。二者可相互参证，相互补充。总之，《国语》作为《春秋外传》，确实可补《春秋内传》——《左传》之不足，具有很高的史料价值，所以，司马迁修《史记》时，将《国语》列为重要的参考书目。

《国语》开创了以国分类的国别史体例，对后世产生了很大影响，陈寿的《三国志》、常璩的《华阳国志》、崔鸿的《十六国春秋》、吴任臣的《十国春秋》，都是《国语》体例的发展。

《国语》的写作风格以纪实为主，注重客观描写，它不像《左传》《史记》那样，在文中加"君子曰""太史公曰"以表明作者立场之类的评语，而是通过客观具体的描述，让读者自己去细细品味，揣摩作者的写作意图。《国语》的原始资料来源不同，所以其文风也不很统一，通过文风我们可以感觉到多姿多彩的各地民风："周鲁多平衍，晋楚多尖颖，吴越多恣放。"（崔述《洙泗考信录·余录》）

《国语》以记述西周末年至春秋时期各国贵族言论为主，通过各有风格、各有特色的语言来塑造人物性格，表述不同人物的思想及命运，记载波澜壮阔的历史大事。用语言记史，生动、精练，为历代所称道。《吴语》《越语》记载吴越两国斗争始末，从吴败越，越王勾践卑事吴王夫差，最后终于灭吴，如此大事，包括两国最高层的谋略，大臣的劝谏，两国外交、内政、战争以及人心向背等，大都是通过对话来表现的。除表现重大历史事件外，作者还善于选取一些精彩的言论，用以反映重大社会问题。如《周语》"召公谏弭谤"一节，提出了统治者如何对待民间舆论的问题，对那些专制霸道，妄图用高压手段压制来自人民的批评的统治者提出了严正的警告：“防民之口，甚于防川。”这一著名论断也反映了当时统治阶级中开明之士的重民思想。《国语》中的《鲁语》，记载孔子的言论，含有儒家的思想；《齐语》记管仲谈霸术，含有法家思想；《越语》记范蠡尚阴柔，功成身退，带有浓厚的道家思想。因此，《国语》又是古代思想史研究的资料来源。

《国语》具有较高的文学价值，以其缜密、生动、精练、真切的笔法，在历史散文中占有比较重要的地位。

现存最早的《国语》注本，是三国时吴国韦昭的《国语解》，有天圣明道本（宋明道二年取天圣七年印本重刊）和公序本（宋代宋庠《国语补音》本，因宋庠字公序，故称）。另有清代洪亮吉《国语韦昭注疏》、汪远孙《国语校注本三种》、董增龄《国语正义》及近人徐元诰《国语集解》。

029 "长短纵横之术"
——《战国策》

西汉时，宫廷的密室中藏有很多战国时的史料，但这些珍贵的史料却错乱残破不全，一些残简上的字只剩下一半，如"赵"字只剩下了"肖"，此类错误屡见不鲜。朝廷便将编校整理这些史料的任务交给了著名的经学家、目录学家、文学家刘向。宫廷密室所藏战国史料，分别名为《国策》《国事》《短长》《事语》《长书》《修书》，刘向以国别划分，把6种书的资料，分别编入12国中。因这些材料大多是记述战国时游说之士的策谋和言论，所以，刘向将其定名为《战国策》。然而，《战国策》里并非尽是策士的说辞，还有诸如"豫让刺襄子""荆轲刺秦王"之类记载，所以，不能仅视为战国时游说之士的策谋和游说之辞的汇编，它还是一部上接《春秋左氏传》，下接陆贾《楚汉春秋》的战国杂史。

《战国策》，33篇，记载了继《春秋》以后，讫楚、汉之起，共245年间的历史。因此书思想活跃，有许多纵横阴谋之术，不合乎儒家的思想，故被儒家所排斥，未得在世广泛传播，后来便逐渐残缺不全。如刘向所编订的《战国策》有《蒯通说韩信自立》一篇，曾被司马贞的《史记索隐·淮阴侯列传注》所引，但后来《战国策》中此篇佚失。据《崇文总目》称，共散失11篇。北宋著名文学家曾巩从士大夫的私人藏书中访求书籍，并加以校订，正其谬误，又重新凑足了33篇。然而，由于历史的原因，曾巩所校订的《战国策》与刘向所编订的《战国策》在篇目上已有出入。所以，历史上就存有两种文本的《战国策》，刘向所编为古本，曾巩所校补的为新本。

今本《战国策》的篇目如下：

《西周策》1篇，分为17章；《东周策》1篇，分为22章；《秦策》5篇，分为64章；《齐策》6篇，分为57章；《楚策》4篇，分为52章；《赵策》4篇，分为66章；《魏策》4篇，分为81章；《韩策》3篇，分为69章；《燕策》3篇，分为34章；《宋卫策》1篇，分为14章；《中山策》1篇，分为10章。以上共33篇，486章。这是元朝泰定二年（1325年），由东阳人吴师道依据曾巩校补本而订定的。吴师道所著《战国策校注》通行至今，另有宋人鲍彪改变原书次序作新注，近人金正炜有《战国策补释》。东汉高诱曾为旧本《战国策》作注，今残缺。1973年，湖南长沙马王堆出土西汉帛书，记述战国时事，定名《战国纵横家书》，与《战国策》内容相似，可补今本《战国策》之讹误与不足。

《战国策》的作者是谁？对此历来众说纷纭，莫衷一是。它是由多种书编订而成，显然不会是一人所作。人们对作者所处时代作了大量考证，主要有以下几种：一是战国时人作。书中有许多人和事都是战国时代的，如长平之战、荆轲刺秦王等，故可断定其中大部分是战国时人著的；二是秦末楚汉之际人所著，如古本有《蒯通说韩信自立》，大概就是楚汉时人的著作；三是一部分出自西汉时人之手。西汉时有许多人如蒯通、边通、主父偃等都好"长短纵横之术"，蒯通还撰有《隽永》凡81首，通论战国时游说之士的权变和自己关于纵横之术的理论，故有些学者考证推论刘向所依据的《短长》《长书》《修书》，可能就是西汉人所学之长短纵横术，或者直接就是蒯通的《隽永》，而蒯通可能就是《战国策》一书的作者之一。但很多人对此持怀疑态度，认为还缺乏确实的根据，如果说《战国策》的一部分是出自西汉时人之手，还有一定的道理。

《战国策》有很高的史学价值，尤其是刘向编校成书的古本，在中国古代史上曾占有很重要的史料地位。《战国策》是继《春秋》之后，讫楚汉之起，共245年的历史记载。如果从楚汉起事之年算起，即从秦二世元年（前209年）上推245年，正好是周贞定王十六年（前453年），韩、赵、魏三家分晋为其始。在《左传》《国语》之后，《楚汉春秋》《秦楚之际》之前，这中间245年的史料空白，主要靠《战国策》来填补。《战国策》保存了许多珍贵史料，如西周君、东周君二国的情况，楚幽王为春申君之后，郭开谗李牧，吕不韦立子楚，嫪毐乱秦宫等，都是独家占有之史料。

《战国策》很多篇是战国时人或稍后时人所著，其底本又是各国史策，故其中史实比较可信，真实性亦高。故司马迁修《史记》，采用《战国策》的史料。在战国诸子所著书中，相关史料也屡被征引。例如《楚策四·客说春申君》，见于《韩非子·奸劫弑臣》篇；《魏策一·文侯与虞人期猎》，见于《韩非子·说林》篇；《秦策一·张仪说秦》，见于《韩非子·初见秦》篇；《中山策·主父欲伐中山》，见于《韩非子·外储说左上》篇；《齐策一·靖郭君善齐貌辨》，见于《吕氏春秋·知士》篇；《齐策三·孟尝君在薛》，见于《吕氏春秋·报更》篇；《魏策一·魏公叔痤病》，见于《吕氏春秋·长见》篇；《魏策二·魏惠王死》，见于《吕氏春秋·开春》篇。司马光著《资治通鉴》，战国时史料亦取自《战国策》。

《战国策》中所收游说之士的纵横之论，反映了战国时的社会风貌和各国政治、经济、军事、外交的重大活动，生动记载了纵横家们的机智善辩、聪明智慧，使人如临其境，如闻其声。纵横家们在当时的社会大舞台演出了一幕幕生动感人、有声有色的活剧，《战国策》为后人留下了那段历史的宝贵材料。

《战国策》语言流畅犀利，笔调辛辣，善于将寓言故事巧妙地穿插于文中，用以说明抽象的道理，阐述自己的论点，是论辩文的典范。其中很多寓言和比喻后来成了著名的典故，如画蛇添足、狐假虎威、惊弓之鸟、南辕北辙、鹬蚌相争等。《战国策》文笔优美，叙事生动形象，刻画人物栩栩如生，对后世文学产生了深远的影响。《战国策》中运用的工整的对偶和排比句法及主客对答、抑客申主的写法，亦为汉赋所继承。

刘向为《战国策》一书命名，也同时为那段纷纭复杂、多姿多彩的历史命了名——"战国"的名称由此而来，这也可看做是刘向编校《战国策》的额外收获吧。

030 最早最完整的官制记录——《周礼》

中国是一个历史悠久、有着光辉灿烂文化的文明古国。也是世界上历史记载和历史典籍最丰富、最完整、最系统的国家。

《周礼》亦称《周官》或《周官经》,它是儒家的经典之一。儒家把《诗》《书》《礼》《易》《乐》《春秋》作为六经。孔子收徒讲学时,选用了这些典籍作为教材。不过,孔子所讲授的礼、乐和旧的富有鬼神色彩的礼、乐已有很大的区别。他认为,《乐》教,可以使人"广博易良";《礼》教,可以使人"恭俭庄敬"(见《礼记·经解》)。孔子还说过:"不学礼,无以立。"(《论语·季氏》)在孔子看来,不学礼,便没有立足社会的依据。因此,必须"立于礼"(《论语·泰伯》)。礼所包括的范围很广,从国家的典章制度,直至个人的行为准则。

现在我们所能见到的礼书,有《周礼》《仪礼》和《礼记》。《周礼》是讲周朝官制的,《仪礼》是讲各种典礼节仪的(如冠、婚、丧、祭等具体仪式),《礼记》是孔子学生以及后人传习《礼经》的记录,内容有关礼的性质、意义和作用。东汉学者郑玄分别给《周礼》《仪礼》《礼记》作了注解之后,才有了"三礼"这一名称。"三礼"都与孔子礼的思想有关,但只有《仪礼》(17篇)是由孔子整理编订的。

《周礼》是搜集周王室官制和战国时代各国制度,添附儒家政治理想,增减排比而成的汇编。由于我国早在夏、商、周时就进入了奴隶社会,而周为奴隶社会的鼎盛时代,所以《周礼》是中国最早和最完整的官制记录。全书6篇,即《天官冢宰》《地官司徒》《春官宗伯》《夏官司马》《秋官司寇》《冬官司空》,各篇分为上下卷,共12卷。这6篇中的《冬官司空》

早佚，到汉时补以《考工记》。

《周礼》为何人何时所作？历来也是有争论的。古文经学家认为，它是周公旦所作。今文经学家认为，它出于战国，也有人认为是西汉末刘歆所伪造。近人从周秦铜器铭文所载官制，参证该书中的政治、经济制度和学术思想，多数人认为是战国时的作品。也有人认为，《周礼》成于汉初。《周礼》一书，东汉郑玄撰有《周礼注》，唐朝贾公彦作《周礼正义》，清代孙诒让也撰有《周礼正义》，这些注释对后人研究《周礼》提供了参考资料。

周朝的最高统治者是周天子。辅助周天子的大官，相传有太师、太傅和太保三公。成王时，周公为师，召公为保。"相王室以尹天下"。周公的儿子明报，也当过周王的师保。在令尊、令彝铭文中，周王命他"尹三事四方，受卿事寮"。"三事"是三种官职的总称，即政务官、事务官和地方官。"四方"是指四方诸侯和方国部落。"卿事寮"是指周朝政府中的大小官僚。

在周王及其师保之下，朝廷中最高的官职是卿士，即太宰、太宗、太史、太祝、太士、太卜，合称六卿。六卿经常在周王的左右。三左是太史、太祝、太卜；三右是太宰、太宗、太士。他们在朝廷中分立于周王的两侧，协助周王处理政务。

周王朝"国之大事，在祀与戎"，所以六卿大多和祭祀事务有密切的关系。太祝就是最大的祭祀官，周公儿子伯禽也曾任过太祝。太卜是管卜筮的，处于人神之间的媒介地位。太士也是神职官吏。太史这一职位，就是商代以来的作册，周初毕公高曾任过太史，称为"作册毕公"。太宰可能是朝廷中的政务总管。太宗是管周朝的宗族和谱系，也是重要的职务。六卿还有许多僚属，各有专职，所以总称为卿事寮。除六卿之外，周朝还设有五官：司徒、司马、司空、司土、司寇。司徒是管理土地和农业生产的。司空在铭文中写作"司工"，是管理百工职事的。司马则是管理军赋的职官。司徒、司马和司空的职权相当，合称"三有司"。司土管版籍爵禄，司寇管刑罚，其地位仅次于以上的三有司，也是十分重要的官职。这五司下面也有很多僚属，如属于司马的有师氏、虎臣和专管马的走马（趣马）

等等，构成专门的官僚系统和集团。

除此之外，还有其他的官吏，如管理山林川泽的，管理市场货贿的，管理贵族吃、穿、用以及娱乐的，都有"官司之守"，也就是专门的官吏。这些各种各样的官吏，大都是世袭的，世代享有特殊的、神圣不可侵犯的地位。

周王朝实行分封制度，在周王直接统治区的四面八方，分布着许多封国，所以称为"四方"，具体地指侯、甸、男等诸侯，这些是周朝的地方政权。有的大国诸侯经周王授予特权，可以调动附近的中小诸侯，从事征伐，捍卫周天子，成为方伯，方伯是一方诸侯之长，不是诸侯的封号。有些诸侯兼作王室大官，因而具有公卿的头衔，如周公和召公就是这样。

所谓"公、侯、伯、子、男"的五等爵制，无论是商代或西周，都是不存在的，是后人加工的结果。

周朝的官僚机构和制度，总的说来，它是从商代"内服"和"外服"两套官职发展而来的，不过周朝的机构更加庞大了，体制也越系统化了。周王朝的官吏是贵族，又是宗亲，三位一体，就是这种以血缘为纽带的宗法制，构成了以周王为首的统治体系。《周礼》还包含着古代信仰、经济政策、哲学与伦理等诸多方面的历史资料，是一部以儒家思想为主，兼及法家和阴阳五行思想的重要文化典籍。

031 最早的封建礼制教科书
——《礼记》

《礼记》是中国古代一部重要的典章制度书籍,其成书年代及作者历来说法不一。据《汉书·艺文志》说是七十子后学者所记的,由汉人戴圣传述,故又称《小戴礼记》,以区别于戴德所传的《大戴礼记》。《礼记》也是一篇重要的仁义道德教科书,其第一篇就开宗明义,指出:"道德仁义,非礼不成。教训正俗,非礼不备。分争辨讼,非礼不决。君臣、上下、父子、兄弟,非礼不定。宦学事师,非礼不亲。班朝治军,莅官行法,非礼威严不行。祷祠祭祀,供给鬼神,非礼不诚不庄。"(《礼记·曲礼上》)这就是儒家重视礼的主要原因。

《礼记》共20卷49篇,全书保存了大量的先秦时代的社会史料。

首先,该书49篇中,仅关于婚丧祭礼的就有17篇之多,它对于研究先秦以至秦汉时代的婚丧嫁娶制度、家族制度、社会风俗等具有重要的史料价值。

其次,《礼运篇》中记叙了儒家学派闪光的政治理想——大同世界。儒家认为:"大道之行也,天下为公。选贤与能,讲信修睦。故人不独亲其亲,不独子其子。使老有所终,壮有所用,幼有所长,矜寡孤独废疾者,皆有所养。男有分,女有归。货恶其弃于地也,不必藏于己。力恶其不出于身也,不必为己。是故谋闭而不兴,盗窃乱贼而不作,故户外而不闭,是谓大同。今大道既隐,天下为家。各亲其亲,各子其子,货力为己。大人世及以为礼,城郭沟池以为固,礼义以为纪。以正君臣,以笃父子,以睦兄弟,以和夫妇,以设制度,以立田里,以贤勇知,以功为己。故谋用是作,而兵由此起。禹、汤、文、武、成王、周公,由此其选也。此六君子者,未有不谨于礼者也。以著其义,以考其信。著有过,刑仁讲让,示民有常。如有不由此者,在势者去,众以为殃。是谓小康。"这种小康大同的政治理想产生于中国的2000多年前,是极为可贵的历史资料。

再次,《大学》和《中庸》《学记》3篇分别载有许多重要的儒家思想。《大学》和《中庸》原属《礼记》的两篇,南宋时期,理学家朱熹将二篇单独抽出来,与《论语》《孟子》合称"四书"。自宋至清的六七百年间,成为青年学子入仕应考的必读书。《大学》云:"生财有大道,生之者众,食之者寡,为之者疾,用之者舒,则财恒足矣。仁者以财发身,不仁者以身发财。未有上好仁,而下不好义者也,未有好义其事不终者也,未有府库财非其财者也。"这是儒家理财的经典论述。《中庸》则载孔子语云:"博学之,审问之,慎思之,明辨之,笃行之。"这是科学的治学方法。《学记》云:"君子如欲化民成俗,其必由学乎。玉不琢,不成器。人不学,不知道。是故古之王者,建国君民,教学为先。"这些语言闪现着中国古代教育思想的精粹,至今仍有参考价值。

又次,《内则》中记载的家庭规制和敬老制度,《大传》中尊祖敬宗和大宗小宗的区别,《大学》中有关诚意、正心、修身、齐家、治国、平天下的思想等等,对于研究古代中国的家庭结构、政治结构和社会结构,探索2000年封建社会长期延续的原因,具有重大参考价值。

当然,《礼记》中也有许多糟粕,需要在研究时批判吸收。又由于它成书较晚,又经汉儒的整理,除了有残缺篇章外,还有可能混入了秦汉时代的东西,阅读时需要谨慎,认真参阅后人的研究成果。

032

"史家之绝唱，无韵之《离骚》" ——《史记》

司马迁的史学巨著——《史记》，不但在中国史学史上有着极其重要的地位，而且开创我国传记文学的先河，为我国古代文化建立了不朽的丰碑。近人梁启超称赞这部巨著是"千古之绝作"（《论中国学术思想变迁之大势》）。鲁迅誉之为"史家之绝唱，无韵之《离骚》"（《汉文学史纲》）。

司马迁，字子长，冯翊夏阳人（今陕西韩城市西南），生于汉景帝中元五年（公元前145年）。他父亲司马谈，为汉武帝的太史令。司马谈崇尚道家，曾以黄老学说为主，写成《论六家要旨》，对儒、墨、名、法、阴阳、道等各家学说，进行过批判和总结。这种家学传统，对司马迁影响很大。

司马迁青少年时，向当时的古文学家孔安国学过《古文尚书》，向今文学家董仲舒学过《春秋》公羊学。他涉猎的范围很广，使他积累了丰富的文化知识，终于精通天文历法、史学、儒学等各家学说。

司马迁在他父亲死后的第三年（汉武帝元封三年），正式继任父职，成为汉武帝的太史令，时年38岁。这样，使他有机会阅读宫廷图书馆中大量的文献典籍。与此同时，在司马迁的主持下，于元鼎元年（前116年）冬制成新历——《太初历》。同年，司马迁开始撰写巨著——《史记》。天汉二年（前99年），因司马迁为李陵投降匈奴事进行辩护，触怒了汉武帝，被下狱受了腐（宫）刑。

大约在征和二年（前91年），司马迁忍受宫刑这一奇耻大辱，以坚韧不拔的精神，最后完成他所期望的"究天人之际，通古今之变，成一家之言"的《史记》。这部不朽的巨著，司马迁前后用了大约18年的时间。但当时并未刊行。直至汉宣帝时，司马迁的外孙杨恽才把它整理刊布。司马迁出狱后任中书令。司马迁死于何时？很难确知，有人认为大约死于汉武帝末年，一生只活了50多岁。这部巨著问世之后，当时人称为《太史公书》，或称《太史公记》，甚至叫《太史公》。"史记"一词，本是古代史籍的泛称，并不是司马迁的原名。《史记》名称的出现，大概是到了魏晋之际。

司马迁的伟大历史功绩之一，在于他开创了一种新的历史学的编纂方法，它就是后世史学家所称誉的"纪传体"。它由"本纪""表""书""世家""列传"5种体例组成。"本纪"按编年记载历代帝王的兴衰和重大历史事件；"表"以年表形式，按年月先后的顺序，记载重要的历史大事；"书"记载各种典章制度的演变，以及天文历法等；"世家"记载自周以来开国传世的诸侯，以及有特殊地位的人物事迹；"列传"记载社会各阶层的代表人物事迹，其中有著名的思想家、政治家、军事家、文学家等及循吏、儒林、酷吏、游侠、刺客、名医、日者、龟策、商人的传记。《史记》中还记载了朝鲜、大宛、乌孙、康居、奄蔡、大月氏、安息、匈奴的历史，这些记载是研究亚洲这些地区和国家初期历史极重要的材料。

《史记》全书130篇，由本纪12篇、表10篇、书8篇、世家30篇、列传70篇组成，计526500字。它记载上起黄帝轩辕氏，下迄汉武帝天汉年间，共记述了近3000年的历史。包括政治、经济、军事、文化、少数民族和外国历史等丰富的内容。可见，它是百科全书式的通史。

自从司马迁创立纪传体之后，这种体例被历代史家所沿用，总体不变，只是例目有所增减，或例目的名称稍有不同而已。这样，纪传体便成为我国古代主要的史学体例之一。郑樵在其《通志》中称赞《史记》的影响时指出："百代而下，史官不能易其法，学者不能舍其书，六经之后，惟有此作。"

司马迁伟大的历史功绩之二，在于他具有进步的历史观。《史记》中，歌颂什么，反对什么，态度是十分明朗的。他痛恨封建专制的残暴统治，歌颂人民的反抗斗争，同情人民所受的痛苦。比如，对于我国历史上第一次农民起义，司马迁是歌颂的，因此在《史记》中，把陈胜、吴广两人的事迹列入"世家"，而且将陈胜比作汤、武，肯定他推翻暴秦的历史功绩。

又如，他也尽力描写推翻暴秦的项羽的英雄气概来和狡诈的刘邦作鲜明的对比，而且把项羽的事迹列入"本纪"，不因项羽失败而抹煞他的历史地位。除此，司马迁还表彰了为国捐躯的刺客，敢于和暴力对抗的侠客。相反，对于汉武帝的封建专制统治，司马迁则予以揭露。揭露汉武帝的残暴虚伪，奢侈纵欲。《封禅书》所记汉武帝大搞"鬼神之事"，《酷吏列传》所记酷吏，则绝大部分是汉武帝时的官吏。如司马迁用讽刺的文辞，揭露了武帝的爪牙张汤等酷吏的凶残和奸诈，活灵活现。

司马迁不但承认历史是发展变化的，而且还试图从历史生活现象中，去寻求历史变化的原因。如他写《平准书》时曾说过："作《平准书》，以观事变。"这篇《平准书》先记汉初生产恢复和发展的情况，后述由于汉武帝拥有汉初积累的雄厚经济实力，引起了他的内外政策的变化，尤其是连年用兵的问题，其结果使财政困难，经济破坏，由此而引起了汉武帝时期政治上的变化，等等。《史记》中充分体现司马迁重视经济的篇章《八书》中有两篇：《河渠书》记载夏禹以来的水利工作；《平准书》记载各地区的经济情况。除此之外，《货殖列传》还记载一些发财致富的布衣匹夫之辈。可以这样说，司马迁为中国史学树立了重视经济活动的优良传统。

司马迁不但是中国史学家，也是全世界古代最伟大的历史学家之一。《史记》和希腊史学名著相比，它的特点在于全面性，尤其是对于生产活动、学术思想和普通人在历史上的地位的重视。而与司马迁同时代的希腊历史学家的著作，往往只集中到战争上面，或重视政治军事。即使最著名的希腊思想家科学家如亚里士多德，也没有在他的著作中提到经济生活的问题。我国正史中多数有《食货志》、政书中的《通典》《通考》，都以食货部分列为全书的首部，提供了大量的经济史料，这也是中国史学的优良传统，而这个传统是司马迁创立的。

《史记》既是一部纪传史，又是一部传记文学集，其影响所及，已经远远超出中国的范围。《史记》的部分篇章已译成俄文、法文、英文、德文、日文等文字。《史记》，成为古今中外一部不朽的杰作。

由于司马迁受时代的限制，《史记》也存在某些缺点与不足之处。例如，存在"天命"、灾异和历史循环论的神秘思想的影响。在《六国年表序》论述秦并天下的原因时，指出这是"天所助"的结果。《高祖本纪》带有"三统循环论"的色彩，以为"三五之道若循环，终而复始"。在《天官书》中，记述各种特殊的自然天象时，常常与人事联系在一起，更多地表现了灾异的神秘思想。这些说明《史记》在"究天人之际"时，仍然没有摆脱"天人感应"神学思想的影响，等等。

《史记》成书后，由于它"是非颇谬于圣人，论大道则先黄老而后六经"（《汉书·司马迁传》），被指责为对抗汉代正统思想的异端代表。因此，在两汉时，《史记》一直被视为离经叛道的"谤书"，不但得不到应有的公正评价，而且当时学者也不敢为之作注释。到南北朝时，南朝刘宋的裴骃才开始为《史记》作《集解》。隋唐时，又有司马贞为之作《索隐》，张守节为之作《正义》。北宋以后，在《史记》的正文之下，都附有以上三家的注文。自宋以后，研究《史记》的著述增多了，较有代表性的如梁玉绳的《史记志疑》、崔述的《史记探源》、张森楷的《史记新校注》、日本学者泷川资言的《史记会注考证》，以及赵翼的《廿二史札记》和王鸣盛《十七史商榷》的有关部分，都是重要的参考书籍。

033
第一部纪传体断代史
——《汉书》

《汉书》，又名《前汉书》，它是我国第一部纪传体断代史。它沿用《史记》的体例而略有变更，改书为志，改世家为传，由纪、表、志、传四个部分组成。自《汉书》以后，历代仿照它的体例，相继纂修了纪传体的断代史。

《汉书》为东汉史学家班固所撰。班固（32—92），字孟坚，扶风安陵（今陕西咸阳）人，出身于豪富兼外戚的家庭。父亲班彪，东汉光武帝时，官至望都长。班彪博学多才，专攻史籍，是著名的儒学大师。他不满意当时许多《史记》的续作，便"采前史遗事，旁贯异闻"（《后汉书·班彪传》），作《史记后传》65篇，以续《史记》。班固生在这个家学渊博的家庭中，9岁便能作诗文，16岁入洛阳太学就读。他博览群书，穷究诸子百家学说，熟悉掌故。汉光武帝建武三十年（54年），班固因父丧回故里，并整理班彪的《史记后传》。

汉明帝永平元年（58年），班固开始编纂《汉书》。5年后有人上书明帝，告发班固私改国史，因此被捕入狱。他的弟弟班超赶到洛阳，为兄申辩。当明帝审阅地方官送来班固的书稿时，十分赏识班固的才华，便任他为兰台令史，负责掌管图籍，校定文书。后又升为郎官，典校秘书。在此期间，明帝让他继续完成《汉书》的编纂。班固与陈宗、尹敏、孟异等人撰成《世祖本纪》，后又写成功臣、平林、公孙述等列传、载记28篇。

汉章帝建初四年（79年），章帝会诸儒于白虎观，讲《五经》异同，裁定正宗经学，班固受命"撰集其事"，写成《白虎通德论》（又称《白虎通义》）。和帝永元初年（89年），班固以中护军随大将军窦宪出征北匈奴。永元四年（92年），窦宪以外戚谋叛而畏罪自杀，班固受株连，先被免官；后又因洛阳令种竞，曾受班固家奴侮辱，便借机收捕班固入狱。不久，班固死于狱中。

班固纂述《汉书》，始于永平初年，至建初七年（82年）才告完成，历时25年之久。全书记载起自汉高祖刘邦起义反秦，终于新朝王莽败亡，共230年西汉的历史。它包括本纪12篇，表8篇，志10篇，列传70篇，共计100篇。其中，表8篇和《天文志》没有完成，后来由他的妹妹班昭和扶风人马续相继补撰而成。因此《汉书》撰成，共经四人之手，即班彪、班固、班昭和马续。

《汉书》沿袭《史记》的体例，但作了一些改动，也有一些创新。在纪的部分，《汉书》不称"本纪"，而改称为"纪"（如《高帝纪》），在《史记》的基础上，《汉书》增立《惠帝纪》，以补《史记》的缺略；在《武帝纪》之后，又续写了昭、宣、元、成、哀、平6篇帝纪。《汉书》取消了《史记》中的《项羽本纪》，将项羽的事迹移入列传，立了《陈胜项籍传》。而王莽称帝十余年，《汉书》并未立纪，而将他归入列传，立了《王莽传》。在表的部分，《汉书》立了8种表，其中6种王侯表是根据《史记》有关各表制成的，主要记载汉代的人物事迹。只有《古今人表》和《百官公卿表》，是《汉书》新增设的两种表。《古今人表》名为"古今"，却只记载古代至楚汉之际的历史人物，共分为九等，后人因此而指责它不合断代之体。八表之中，最受后人推崇的是《百官公卿表》。此表分为两部分，第一部分以文字记述秦汉职官设置年代、职权范围、俸禄数量和官职演变等内容；第二部分列出各种职官的表格，记录职官的升降迁免。较完整地介绍汉代的官制情况。在志部分，《汉书》改《史记》的"书"为"志"，而又丰富和发展了八书，形成我国史学上的书志体。《汉书》的志，包括律历、礼乐、刑法、食货、郊祀、天文、五行、地理、沟洫、艺文10种。其中，改变或合并八书名称的有律历、礼乐、食货、郊祀、天文、沟洫6种，但它们的内容或者不同，或者有所增损。如《食货志》在承袭《平准书》部分材料的同时，又增加新的内容，分为上、下两卷。上卷记"食"，叙述农业经济情况；下卷载"货"，介绍工商及货币情况。《郊祀志》《天文志》

和《沟洫志》，也在《封禅书》《天官书》《河渠书》的基础上，分别增加一些新的内容。除此之外，刑法、五行、地理、艺文四志，都是《汉书》新创立的。其中的《艺文志》记载我国古代学术思想不同学派的源流和得失，也记录汉代官府藏书的情况，是我国现存的第一部目录学的著作。在传部分，《汉书》继承《史记》的传统。但它不设"世家"一目，凡属《史记》世家类的汉代历史人物，《汉书》都移入传部分。原属《史记》的一些附传，《汉书》则扩充其内容，写成专传或合传，如张骞、董仲舒、李陵等人的传记。

《汉书》因袭《史记》，又不同于《史记》，其特点有三。

其一，《汉书》具有浓厚的封建正宗思想。班固时，神学代的儒家思想已发展成为当时的统治思想，而班氏父子又是"唯圣人之道，然后尽心焉"的史学家，他们自然以维护儒家思想为己任，将"圣人之道"作为自己著作的指导思想。这样，他们一面承袭《史记》的内容，一面又指责它的"是非颇谬于圣人"，因而篡改《史记》的观点，使《汉书》更加符合于封建正宗思想。《汉书》神化西汉皇权、拥汉为正统的思想，其目的是为论证东汉王朝的正统性和神化东汉皇权服务的。因此，以阴阳五行学说为理论根据的"五德终始说"和王权神授的封建神学说教，便成为《汉书》的主导思想。为了宣扬"天人感应"、灾异祥瑞的封建神学思想，《汉书》首创《五行志》，专门记述五行灾异的神秘学说，还创立《眭两夏侯京翼李传》，专门记载五行家的事迹。

其二，《汉书》开创断代为史和整齐纪传史的编纂体例。班固之所以断代为史，并不是偶然的，而是适应时代的要求。他总结汉武帝到东汉初年，约一个半世纪的历史，加以创造性的发展，其目的是为当时政治服务。班固认为，《史记》的通史体例，将西汉一代"编于百王之末，厕于秦、项之列"，既不利于宣扬"汉德"，又难以突出汉代的历史地位。这是《汉书》断代为史的根据。于是，《汉书》"包举一代"，断限起自西汉建立，终于新朝的灭亡，为了突出刘邦，就将《高帝纪》置于首篇。这种断代为史的体例，受到后来封建史家的赞誉，并成为历代"正史"编纂的依据。

在编纂体例方面，《汉书》继承而又发展《史记》的编纂形式，使纪传体成为一种更加完备的编纂体例。例如，《史记》虽然立了《吕后本纪》，但却用惠帝纪年，《汉书》补立《惠帝纪》，解决《史记》在体例上的混乱；对于年月的记载也比《史记》详细和明确。再者，《汉书》新创立的四种志，对于西汉的政治、经济制度和社会文化的记载，比《史记》更加完备，从而提高了《汉书》的史料价值。对于传记的编排，《汉书》基本上按时间先后为序，体例上也比《史记》整齐划一。

其三，资料丰富，保存许多重要的历史文献。现存《汉书》约80万字，卷帙比《史记》繁富。它增载不少重要的诏令，主要集中在帝纪部分。在许多人物传记中，《汉书》又收入大量有关政治、经济、军事和文化方面的奏疏、对策、著述和书信。在《汉书》的10志中，也有类似的重要历史文献的收载，如《食货志》收入晁错的《论贵粟疏》等。

《汉书》还增补《史记》对于国内外各民族史的资料。例如，在《史记·匈奴列传》的基础上，《汉书》大量增补汉武帝以后的史实，比较完整地记述了自远古至西汉末年匈奴民族的历史。《汉书》又合并《史记》的南越、东越、朝鲜、西南夷诸传，在补充大量史实的基础上，以合传形式写成较为详细的《西南夷两粤朝鲜传》。同时，《汉书》改《史记·大宛列传》为《西域传》，记述今新疆境内我国各民族历史，以及中亚和西南亚诸国史。

《汉书》多用古字古义，文字艰深难懂，以至班固同时代的人，竟必须为《汉书》作音义的注解方可读懂。据《隋书·经籍志》记载，自东汉至南北朝期间，为《汉书》作注的大约就有近20家，而其中以注释音义居多。关于《汉书》的注本，唐以前诸家所注都已失传。现存《汉书》的注本，是唐代颜师古兼采诸家而成的，属于较完备的注本。另外，清王先谦的《汉书补注》和近人杨树达的《汉书管窥》及《汉书补注补正》，都可以参考阅读。

第一部编年体缩写史书
——《前汉纪》

《前汉纪》本名《汉纪》，后世人为了与袁宏所作的《后汉纪》相区别，故称之为《前汉纪》。

《汉纪》的编撰者是东汉末年著名学者荀悦（148—209）。荀悦字仲豫，颍阳（今河南许昌）人，早年丧父。年12岁，能讲《春秋》。家贫无书，然刻苦为学，博闻强记，所见篇牍，一览多能诵记。性格沉静，尤好著述。汉灵帝时，宦官专权，士人多退身穷处，不与宦者合污，荀悦也趁此托病隐居，后被辟举为镇东将军曹操府供事，不久又迁黄门侍郎，与荀彧和少府孔融侍讲宫中，为献帝所赏识，累迁秘书监、侍中等职。

东汉末年，政归曹操，汉帝形同虚设。荀悦志在献替，而谋无所用，乃作《申鉴》，其所辩论，通见政体，所谓"致政之术，先屏四患，再崇五政"的议论，为献帝所深喜。

汉献帝喜好读历史书，可每读班固《汉书》，即为其文繁难省所烦。就命荀悦按《左传》体例，将《汉书》加以缩编。荀悦受命，自建安三年（198年）开始，用了3年时间，至建安五年（200年）成书。他在"序"中指出："立典有五志焉：一曰达道义，二曰彰法式，三曰通古今，四曰著功勋，五曰表贤能。"于是"天人之际，事物之宜，粲然显著，罔不备矣。世济其轨，不隕其业。"今以此五原则作《汉纪》，"中兴以前，明主贤臣得失之轨，亦足以观矣"。很明显，荀悦希望以《汉纪》启发献帝重振朝政。

《汉纪》是以《汉书》为基本材料缩编而成的，故其与《汉书》一样，起始于秦二世元年（公元前209年），止于公元23年王莽灭亡，共记前后231年的历史。全书共30卷：《高祖纪》4卷，《惠帝纪》1卷，《高后纪》

1卷,《文帝纪》1卷,《景帝纪》1卷,《武帝纪》6卷,《昭帝纪》1卷,《宣帝纪》4卷,《元帝纪》3卷,《成帝纪》4卷,《哀帝纪》2卷,《平帝纪》1卷,而以王莽当政时事附于《平帝纪》之后。

荀悦作《汉纪》,取材范围不超出《汉书》,只是把班固书中的志、传、表等资料,按时间先后顺序加以适当地剪裁排列,融于各卷帝纪之中。全书18万字左右,约为《汉书》四分之一的篇幅。所以后人有戏称其为简本《汉书》者。

但是,《汉纪》并非是泛泛地抄录《汉书》而成,它蕴含着编撰者的思想、史识及驾驭史料的能力和文笔才华。《汉纪》向有"词约事详"之称,甚至"历代褒之,有逾本传"。梁启超称赞《汉纪》是"善钞书者"。

就思想与史识来说,"序"中已提到荀悦著书五原则。他编撰这部书,主要是给汉献帝看的,同时也是给一般统治者看的,目的是要他们了解所谓"天人之际,事物之宜",从历史的现实中,学会对自然现象和人类社会的明确认识,以及应付一切事物发展变化的办法。为了体现这个原则要求,在序文中他自己分析其书内容共有16个方面,即所谓:"凡《汉纪》有法式焉,有监戒焉,有废乱焉,有持平焉,有兵略焉,有政化焉,有休祥焉,有灾异焉,有华夏之事焉,有四夷之事焉,有常道焉,有权变焉,有策谋焉,有诡说焉,有术艺焉,有文章焉。斯皆明主贤臣,命世立业,群后之盛勋,髦俊之遗事。"所以,《汉纪》的第一个特点就是从目的到内容,明显都是为统治者服务的。

就其驾驭能力来说,荀悦并不是简单地、机械地去"抄"《汉书》,而是在运用编年体方法的同时,又成功地加入了一些纪传体的记叙方法,这是《汉纪》不同于前些编年史书的特点。他记叙人物活动或重要事件,能突破时间界限,根据需要或补叙前因,或备述后果,或兼及相关人等事物。如记人物事迹,采用纪传史书的"人经事纬"叙述方法,以人物为本位去编排史事,从而克服了过去编年史记人不完整的缺点。所以,尽管《汉纪》仅有《汉书》四分之一的篇幅,但西汉一朝所有重要人物、重大事件以及典章制度等,却都有条不紊地被记载下来。

再者,《汉纪》在缩编《汉书》的同时,还加进了一些《汉书》没有,或虽有但简而不详的史料。如西汉末年农民起义铜马军的事迹，就比《汉书》记载更为详细。

注重史论是《汉纪》又一特点。荀悦与班固眼光并非完全相同，所以在编撰过程中，常以"荀悦曰"的形式加以申述自己的政治和史学思想。如文帝十三年六月诏"除民田租"一事，班固等多只以惠政而加称颂；而荀悦则尖锐指出当时"豪强富人占田逾侈，输其赋太半，官收百一之税，民收太半之赋，官家之惠优于三代，豪强之暴酷于亡秦"，客观地反映出当时社会的实际情况。又指出："今不正其本，而务除租税，适足以资富强。"真是精辟之论。又如批评汉武帝修陵墓，也颇为可取。另外，《汉纪》还可校补《汉书》脱文。如孔安国献古文经书，因巫蛊之祸未立学官之事。《史记·孔子世家》载：孔安国"蚤卒"，可知孔安国在经历巫蛊之祸前已经去世，但《汉书》中《艺文志》和《刘歆传》（附《楚元王传》）都载孔安国献《古文尚书》。而《汉纪》的材料说"孔安国家献之"，多一个"家"字，显示是孔家人所献，解决了这个矛盾。

最为重要的是，自《史记》《汉书》行世后，纪传体成为撰写史书的主要形式，兴起较早的编年体反而无人过问。自荀悦《汉纪》成书起，编年体形式的著作才又稍见通行。而且经荀悦之手，更加完备，成为与纪传体共行的一种史书体裁，为我国史学发展开拓了广阔道路。其后晋人袁宏的《后汉纪》、孙盛的《晋阳秋》、南朝沈约的《齐纪》以及北宋司马光的巨著《资治通鉴》，皆深受《汉纪》影响。所以，《汉纪》在中国史学史上有着重要的地位。

《汉纪》自北宋天圣年间后，已无善本，今可见者，以《四部丛刊》影印的明嘉靖年间刊本为较佳。

035

"简而且周，疏而不漏"
——《后汉书》《续汉书》

《后汉书》与《史记》《汉书》《三国志》并称"前四史"，是纪传体史书的代表作之一。全书包括帝后纪10卷，列传80卷，记载了王莽末年到汉献帝逊位其间200余年的史事。

《后汉书》的作者范晔（398—445），字蔚宗，南朝宋顺阳（今河南淅川）人。他是世家大族的庶子，少年时代即表现出过人的才华，但也深深体味了世态炎凉。在刘宋政权中，他虽担任过很多官职，但一直受到权贵们的打击排挤。他一生愤世嫉俗，性格鲜明。他曾写作《和香方序》，影射攻击当朝权贵，因此受到权贵嫉恨。48岁时，他牵连进刘义康谋反案，被朝廷处死。他还著有《汉书缵》《百官阶次》等书，现已散佚。

范晔著《后汉书》，着力探讨东汉社会问题，贯彻了"正一代得失"（《后汉书》附《狱中与诸甥侄书》）的宗旨。书中的《王充王符仲长统传》，载王符《潜夫论》5篇、仲长统《昌言》3篇，都是探讨东汉为政得失的名作。他又于传末写了一篇长约600字的总论，对王符等人的言论作出评判，由他们的得失之议，引向更高层次的历史变化之论。范晔论史往往能抓住历史矛盾进行具体分析。一般论史的人大都对光武帝建国后不任用功臣表示不满，范晔则在《中兴二十八将论》中指出这正是刘秀的深谋远虑。他说光武帝对功臣崇以爵禄，而将政事委之吏职，既避免了像西汉初年那样的分裂动乱、诛杀功臣之弊，又为一般士人广开入仕之途，满足了封建国家对人才的需要，是"至公均被"之举。此论深合秦汉政治实际，颇具史家识见。其他如《宦官列传》的序、论，言东汉"衅起宦夫"的原因和"阉尹倾国"的过程，《党锢列传》序，言两汉风俗之变，都合情入理，切中时弊。

《后汉书》对统治阶级的丑恶行为及封建政治的黑暗有所揭露和批判。在《逸民传》中，他借汉阴老农之口，指责汉桓帝"劳人自纵，逸游无度"。在《张纲传》中借张纲之口言"豺狼当路，安问狐狸"，一语勾勒出当时政治的黑暗。书中还往往将统治阶级的暴虐与农民的受苦受难联系起来记述，对农民阶级的痛苦遭遇表示出一定程度的同情。

范晔非常重视节义。他对东汉士子在同外戚、宦官腐朽势力斗争中表现出来的视死如归的高尚情操作了大力颂扬，也对全节守志，不入流俗的高士表示赞赏。他通过陈蕃的事迹说明："桓灵之世，若陈蕃之徒，咸能树立风声，抗论悟俗，而驱驰险阨之中，与刑人腐夫同朝争衡，终取灭亡之祸者，彼非不能絜情志，违埃雾也。憨夫世士以离俗为高，而人伦莫相恤也。以遁世为非义，故屡退而不去；以仁心为己任，虽道远而弥厉。……功虽不终，然其信义足以携持民心。汉世乱而不亡，百余年间，数公之力也。"（《后汉书·陈王列传》）对于那些隐者，则写他们"志意修则骄富贵，道义重则轻王公"（《后汉书·逸民列传》）。李固、陈蕃等党人与逸民相比，或以入世为义，或以遁世为义，他们节义的内容是不相同的。但是在死亡的威胁和诱惑下，屹然无所动摇，始终表现出对邪恶与权势倔强高抗的风范，在节义的精神上，他们却是一致的。范晔热情讴歌他们抗节不屈的精神，对于当时只知保全禄位的世族来说，是个不小的讽刺。对于中华民族高尚民族精神与民族气节的形成，也有一定促进作用。

范晔有无神论思想。他反对当时盛行的佛教，曾想著《无鬼论》来反驳佛教转世说。临死之前，他还向政敌宣称："天下决无佛鬼。"在《后汉书·西域传》中，他批评佛教教义"好大不经，奇谲无已"，指出智者不应相信精灵起灭，因报相寻的说教。对于天人感应，图谶符命等神学迷信，他也进行了一定程度的批判。当时流行着光武时的中兴28将就是天上的28星宿的说法。范晔指出：这个说法是没有根据的，28将只是能顺时立功的志能之士而已。他慨叹东汉帝王迷信图谶，把学术引上了歧途："桓谭以不善谶流亡，郑兴以逊辞仅免，贾逵附会文致，最差贵显。

世主以此论学,悲矣哉。"(《后汉书·郑范陈贾张列传》)

《后汉书》所以成为不朽的史学名著,也因为它在编撰上取得了很大成功。

纪传体是一种综合体裁,在这种体裁中如何统筹全局,详略得当地再现史实,是个很棘手的问题。范晔对全书作了细致的整体规划,对史实进行了认真的剪裁。书中所述史实规避得法,彼此间既有照应,又不重复烦冗,表现出高超的史学技巧。通过他的妙手剪裁,《后汉书》井井有条地叙述了东汉一代的历史兴亡大势,错落有致地描画出东汉一代的社会、民情与人物百态。刘知几称赞《后汉书》"简而且周,疏而不漏"(《史通·补注》),王鸣盛则说:"史裁如范,千古能有几人?"(《十七史商榷·后汉书》)都充分肯定了他这方面的成就。

为再现东汉历史面貌,范晔在著述体例上下了一番功夫。他特立《皇后纪》以反映东汉时期皇统屡绝,权归女主的政治状况。他在书中新立了一些类传,从不同角度反映东汉的政治、学术、文化和社会风气。《宦者》与《党锢》记宦官与党人两股势力的对立与消长;《文苑传》记擅长辞章之士;《独行传》记特立卓行之人;《逸民传》记隐居不仕的高士;《方术传》记科学技术和谶纬神学;《列女传》记才行优秀的妇女。这些类传的增设,不仅使东汉 200 年间的历史得到比较完整的反映,也进一步扩大了纪传体史书记述史事的范围。

《后汉书》的文字优美流畅、热情奔放,具有相当高的文学成就。书中的论赞是范晔用力最多之处,一般都具有精湛思想理论、深刻历史见解与高超文学技巧相结合的特点。范晔自己对此也很自负,他说:"吾杂传论,皆有精意深旨,既有裁味,故约其词句。至于《循吏》以下及六夷诸序、论,笔势纵放,实天下之奇作。其中合者,往往不减《过秦》篇。尝共比方班氏所作,非但不愧之而已。"(《狱中与诸甥侄求》)他特别欣赏自己在史论之后所加的赞语:"赞自是吾文之杰思,殆无一字空设。奇变不穷,同含异体,乃自不知所以称之。"(《狱中与诸甥侄书》)细阅全书,可知他这些话大体是不错的。

在范晔之前,曾有数人写过记述东汉历史的著作。范晔《后汉书》

因为有诸多优点，所以它行世以后，其他各书就相继亡佚了。范晔本打算写一部由纪、志、传三部分组成的百卷《后汉书》，以踵续班固的《汉书》。可惜志的部分还未来得及撰写，他就遭到了杀身之祸。南朝梁人刘昭为《后汉书》作注时，取晋司马彪《续汉书》中的八志，补入范书。因此，现在通行的《后汉书》是范晔所撰纪、传及司马彪所撰志的集合品。

司马彪字绍统，是西晋宗室，高阳王司马睦的长子。他专精学习，博览群书，不事交游。公元306年死去，时年60余。所著《续汉书》，纪、志、传凡80篇。其书是以谯周所删削的《后汉史》为蓝本，又补入安帝、顺帝以下之缺而成，在诸家后汉史中是较好的一部。现在除志被并入范著《后汉书》外，其余部分大都亡佚。《续汉书》的八志有《律历志》《礼仪志》《祭祀志》《天文志》《五行志》《郡国志》《百官志》《舆服志》。其中《郡国志》记录东汉以来地理情况，《百官志》记录东汉官制，它们对地理历史和官制沿革提供了重要的研究资料，可以上接《汉书》的《地理志》和《百官公卿表》。《舆服志》是新创志目，记载车仗、服饰制度，是典章制度中的一项重要内容。八志中这三个志的价值更突出一些。遗憾的是，与社会经济、政治、思想文化关系都相当大的《刑法》《食货》《沟洫》《艺文》四志，《续汉书》中都付诸阙如，影响了八志的总体成就。

036

"略举义教所归，庶以弘敷王道"
——《后汉纪》

《后汉纪》是编年体的东汉史。记事溯自新莽元凤四年（17年）绿林起义，止于汉献帝延康元年（220年）曹魏代汉。全书30卷，21万余字。

《后汉纪》的作者袁宏（328—376），字彦伯，东晋阳夏（今河南太康）人。他幼年丧父，家中生活比较清苦。在艰苦的环境下，他刻苦力学，终有所成，少年时代就以文思敏捷、文章华美而闻名于世。他曾作过桓温等人的幕僚，后来任东阳郡太守，49岁时死于任所。袁宏也是个著名的文学家，他一生著述宏富，所著《后汉纪》《三国名臣赞》现仍存世，《东征赋》《咏史诗》《竹林名士传》等都已失传。

《后汉纪》的撰写，经历了近十年的时间。袁宏所以采取编年体裁记录东汉史事，是受了荀悦《汉纪》编写成功的影响。《后汉纪》继《汉纪》而作，但袁宏面临的写作条件却比荀悦困难一些。当年荀悦撰写《汉纪》的时候，只有《汉书》这一部已确立了权威地位的纪传体西汉史，他运用较高的史学识见和编撰技术，对《汉书》加以剪裁，就写成了卓有成就的新著作。袁宏著《后汉纪》的前后，关于东汉史的著作有好多种，它们各有短长，袁宏所依据的资料要比荀悦繁富，遇到的困难和付出的功力要比荀悦多一些。另外，在同类著作上，他有不少竞争对手，他必须在水平上超过他们，才能让自己的著作站住脚。经过历史的选择，现在关于东汉史的著作，只有范晔所著《后汉书》和袁宏所著编年体《后汉纪》保存下来，说明这两部书确有过人之处。

袁宏在《后汉纪》里表现了综合史事的才能。他发挥编年体的长处，以时间为经，理出了东汉一代历史的发展线索；以人物、事件为纬，展示了同时期各事件间的联系，及各人各事在历史发展过程中的作用，容易使人们建立起对东汉史的整体印象。他以8卷的篇幅写光武时期约40年的历史。以光武帝事业的发展为基本线索，综述吕母、赤眉、新市、平林诸起义军的始末，以及王莽的覆灭、群雄的兴败，又叙述了东汉开国功臣们的生平及战绩，头绪繁多而有条不紊，人物众多而各有特色，关系错综而无纷乱之感，清楚地交代了东汉兴国这一历史事件。他以后6卷写黄巾起义以来，董卓当权、群雄混战、曹操得势、赤壁之战，以致曹魏代汉，也是铨综得当，脉络清楚，堪称全书最详细、精彩的部分。

袁宏用他的实践，丰富了编年史体的表现手段。他在书中使用"言行趣舍，各以类书"（《后汉纪序》）的编撰方法，这比荀悦的连类列举有些发展。袁宏往往把时代略近的同类人物放在一起加以记述，如卷五写了闵仲叔，又写了王丹、严先、周党、王霸、逢萌，这都是以隐士终身或度过长期隐居生活的人物。卷十一写章帝礼遇江革，因写江革的生平，并写毛义、薛苞，这都是以孝著称的人物。这种写法，吸收了纪传体的长处，扩大了编年史可能容纳的范围。

袁宏在书中还为自己提出了"观其名迹，想见其人"（《后汉纪序》）的要求，力图以某种类型的人物去感染读者。这个要求为《后汉纪》带来了笔下传神的气氛。如卷二十三写郭泰轶事："巨鹿孟敏，字叔达，客居太原，未有知名，叔达曾至市买甑，荷担堕地，径去不顾。时适遇林宗（郭泰）。林宗异而问之：'甑破可惜，何以不顾'？叔达曰：'甑既已破，视之无益。'林宗以为有分决，与之言，知其德性。谓必为善士，劝使读书，游学十年，知名当世。""初汝南袁闳盛名盖世。泰见之，不宿而退，汝南黄宪邦邑有声，天下未重，泰见之，数日乃去。薛祖恭曰：'闻足下见袁奉高，车不停轨，鸾不辍轭。从黄叔度，乃弥日信宿。非其望也'。林宗答曰：'奉高之器，譬诸泛滥，虽清易挹。叔度汪汪如万顷之波，澄之而不清，桡之而不浊。其器深广，难测量也。虽住稽留，不亦可乎？'由是，宪名重于海内"。这里所写郭泰的鉴识和风度，可以说达到了"观其名迹，想见其人"的要求。

袁宏表现了更多的文章家的才华，却缺少一点历史家的审慎态度。

他更喜欢品藻人物，重视对人物才情风貌的描写，有更多的清淡趣味，这与体现在他身上的世族名士风尚是不可分割的。

《后汉纪》成书于范晔《后汉书》之前。它给《后汉书》供应了丰富的历史材料。由于编年与纪传两种体裁有不同的撰写要求，因此《后汉纪》与《后汉书》在东汉史的记述上，此简彼繁，此详彼略的情况是大量存在的，《后汉纪》的史料价值并没有因《后汉书》的问世而有所降低。

袁宏比过去的历史家都更强调历史记述的政治意义。他在《后汉纪序》里系统阐述了自己的撰史观点："夫史传之兴，所以通古今而笃名教也。丘明之作，广大悉备。史迁剖判六家，建立十书，非徒记事而已，信足扶明义教，网罗治体，然未尽之。班固源流周赡，近乎通人之作，然因藉史迁，无所甄明。荀悦才智经纶，足为嘉史。所述当世，大得治功已矣。然名教之本，帝王高义，韫而未叙。今因前代遗事，略举义教所归，庶以弘敷王道。"按他的思想，历史著述应包括两个功能：一是网罗治体，大得治功，是指政治上的成败得失说的。另一个就是扶明义教，是指封建伦理上的是非说的。他认为对第一个作用，前人很注意并作了些工作。而后一个作用，则发挥得相当不够，所以他要在书中弥补前人的不足，"略举义教所归，庶以弘敷王道"。

袁宏认为，名教就是维护封建秩序的法宝，而名教的根本，又在于君臣之道。因此他论述的重点是君臣关系。君臣关系是封建等级制度的最集中表现，他拿天地高下的自然现象和父子相继的血缘关系套在君臣关系上，把封建君臣关系说成自然的规律和永恒不变的准则。从这一点出发，他对刘秀背叛更始政权，另起炉灶有所非议。对于曹魏篡夺汉家天下的行为，也作了批评。他指出汉朝还未灭亡，曹魏不该取而代之，既已取而代之，就不该再用禅让之类骗局来美化自己，已经夺取了人家的天下，还要吹嘘自己可以与尧、舜比德，这不是太欺罔天下了吗？他对汉魏替兴的看法与陈寿截然不同。他以名教观点看历史事变，对后来的封建史家有很大影响。袁宏强调君臣之义，在当时是有现实意义的。当时桓温大权在握，时刻准备重演汉魏禅让的把戏。袁宏攻击曹操，实际上是在讽刺桓温。

名教的另一个方面是规定一般人之间的社会关系。袁宏在书中反复阐述了人们应遵守封建秩序,遵守三纲五常等人伦准则的思想,摆出了一副说教的面孔。

袁宏也看到历史上的一些变化,主张礼制上的改革。他指出了三代历史上传贤和授予的变化、刑赏的变化、婚制的变化等。他强调天下形势就如同下棋一样,是变化多端的,因此不可拘泥于一定之规,而应随时随地改变礼制、政策等。这样的看法,还是很难得的。

袁宏还主张百家并存,不同学术流派自由发展;反对皇帝奢侈,反对酷刑和滥刑,主张德刑并用,以德教为先,继承和发挥了某些儒家的传统思想。

《后汉纪》卷十,专有一段记述佛教,对佛教教义作了宣扬。在史书中以正式记载的形式称颂佛教这是首例。袁宏宣扬名教,又颂扬佛教,这正是当时学者的特点,反映佛教势力已经浸润入了史学领域。

037

"辞多劝诫，明乎得失，有益风化"
——《三国志》

《三国志》的作者陈寿，字承祚，巴西安汉（今四川南充）人。生于三国蜀后主建兴十一年（233年），去世于晋惠帝元康七年（297年），享年65岁。他少年时就有志于史学事业，对于《尚书》、《春秋》三传、《史记》、《汉书》等史书进行过深入的研究。蜀汉时，陈寿曾任卫将军主簿、东观秘书郎、散骑黄门侍郎等职，后受权贵排挤去职。蜀汉灭亡后，他在西晋政权中任过著作郎、长平太守、治书侍御史等官职。陈寿还著有《益部耆旧传》《古国志》等书，整理编辑过《诸葛亮集》，可惜这些书后来都亡佚了。

《三国志》写作于西晋统一全国后不久。全书共65卷，分为《魏书》30卷，《蜀书》15卷，《吴书》20卷，记载了黄巾起义之后到晋灭吴将近100年的历史。其中《魏书》1-4卷是帝纪，《魏书》其他部分和《蜀书》《吴书》全部都是列传。

《三国志》成书后就受到时人推重，人们赞誉它"善叙事，有良史之才"，"辞多劝诫，明乎得失，有益风化"。（《晋书》卷82《陈寿传》）这确实道出了《三国志》的特点。

陈寿对三国历史有个总揽全局的看法和处理方式。三国时期历史复杂，三个政权并存，在史书上如何恰当地反映这种情况，是颇费斟酌的，陈寿对此处理得比较得当。《三国志》以魏为中心，为其帝王立纪，这是符合历史实际的。同时陈寿又为蜀和吴单独写书，与《魏书》实际上并无统属关系。三书分开各自是国别史，合起来则是三国史，用三国并叙的方法，反映了三国鼎立的历史局面。这个做法，对于后世史书编写有一定影响。唐初李延寿撰《北史》《南史》，实仿其体例而稍加变革；元修宋、辽、金三史，也是受其启发才确定了撰写体例。

《三国志》篇幅较少，却很全面地介绍了三国时期的政治、军事形势，以及历史变化情况。陈寿以《魏志》诸纪提挈起历史大事，作为全书的总纲。又分别以魏、蜀、吴三书记述三国鼎立的开端、发展及结束。他记述了黄巾的兴亡、董卓和群雄的四起；官渡战后曹操势力的迅速增长，赤壁战后三国鼎立，夷陵战后蜀吴长期合作和蜀魏长期对立；魏明帝传位婴儿以至曹爽的失败是魏晋替兴的转折，诸葛亮之死是蜀政变化的标志；孙权晚年嫌忌好杀已肇败亡的危机，等等，清晰地描画了三国兴亡的脉络。当代史学家白寿彝先生说："《三国志》外表上有类于传记汇编，实际上却自有一个密针缝制的局度"（《中国史学史教本》上册，第51页）。这话是很确实的。

陈寿还能在叙事中做到隐讳而不失实录，扬善而不隐蔽缺点。陈寿所处时代，各种政治关系复杂，历史与现实问题纠缠在一起，陈寿在用曲折方式反映历史真实方面下了很大功夫。《三国志》对汉魏关系有所隐讳，但措辞微而不诬，并于别处透露出来一些真实情况。如建安元年（196年）汉献帝迁都许昌，本是曹操企图挟天子以令诸侯之举。陈寿在这里不用明文写曹操的政治企图，这是隐讳。但写迁都而不称天子，却说董昭等劝太祖都许，这就是微词了。另外，他在《荀彧传》《董昭传》和《周瑜鲁肃吕蒙传》中都揭露了当时的真实情况。陈寿对蜀汉虽怀故国之情，却不隐讳刘备、诸葛亮的过失，记下了刘备以私怨杀张裕和诸葛亮错用马谡等事。这也是良史之才的一个表现。

《三国志》取材精审。裴松之《三国志注》记汉魏交替之际的表奏册诏有20篇之多，陈寿在《三国志·文帝纪》中，只用一篇173字的册命就把这件大事写出来。对孙策之死，舍弃《搜神记》等书上的荒诞传说，只记孙策为许贡的刺客所击杀。这些都反映了他对史实认真考订，慎重选择的态度。

《三国志》行文简明、干净。它常用简洁的笔墨，写出传神的人物。《先主传》记曹操与刘备论英雄，当曹操说出："今天下英雄，唯使君与操耳。

本初之徒不足数也"之时,"先主方食,失匕箸"的记载,使刘备韬晦的心情,跃然纸上。《周瑜鲁肃吕蒙传》记载的曹操听到刘备占据了荆州之时,"方作书,落笔于地"的情态,生动烘托出刘备在曹操心目中和当时局势中的地位。书中写名士的风雅、谋士的方略、武将的威猛,大多着墨不多,却栩栩如生。

陈寿在书中表现出品题人物的兴趣。他说刘备是英雄,曹操是人杰,孙策、孙权是英杰,诸葛亮、周瑜、鲁肃是奇才,庞统是高俊,程昱、郭嘉、董昭是奇士,董和、刘巴是令士,和洽、常林是美士,徐邈、胡质是彦士,王粲、秦宓是才士,关羽、张飞、程普、黄盖是虎臣,陈震、董允、薛综是良臣,张辽、乐进是良将,这都反映了当时的时代风气。

"明乎得失,有益风化",揭示了《三国志》的思想特点。明乎得失是指总结历史经验教训,有利于治军理政,同时也指门阀世族如何在纷杂的政局中看清得失利害,保全身家。有益风化则指有利于维护封建纲常礼教,有利于维护世族利益。

陈寿在书中宣扬了君权神授思想。在《武帝纪》中记曹操破袁绍后,交代50年前就有黄星出现,预示代表土德的曹魏政权的兴起。记曹丕称帝时,又讲有黄龙出现在曹操的故乡。对于蜀吴的称帝,陈寿也点明是天意所在。从这种天命论出发,他赞成前朝旧臣变为当今新贵,却指责失败的政治家不识时务。按陈寿的看法,朝代的兴替由天意决定,谁建立了政权,谁就是天命攸归。服从新朝也就是顺从天意,这是符合当时世族的政治利益的。当朝代变化频仍的时候,只有这样,世族才可进退裕如,尽量免遭损失。

书中很重视杰出人才的历史作用,对于诸葛亮、曹操、刘备、孙权诸人的能力与历史作用都作了充分的描写与叙述。对于人事、人谋对历史事件、历史进程的影响,书中也作了大量记述,给人们提供了丰富的历史经验。重人事与重天命思想复杂地交织在一起,构成了《三国志》的矛盾特性。

陈寿还通过历史人物宣扬了忠贞节义的封建伦理观念。书中记臧洪率东郡军民抵抗袁绍,最后全城战死的事迹很有代表性。当城中内无粮草、外无救兵时，臧洪让手下吏士各自带领家小逃走，手下之人都坚决要求战死到底。可食之物全部吃光后，主簿从内厨中取出珍藏的三斗米，臧洪盼咐作成薄粥，分给全体将士，又"杀其爱妾，以食将士"，感动得"将士咸流涕，无仰视者"。最后"男女七八千人相枕而死，莫有离叛"（《三国志·吕布臧洪传》）。陈寿在这里表示了他对节义的向往，也写出了书中较为生动的片断。他宣扬忠贞节义与宣扬顺天达命，勉为新朝臣僚的作法，好像是互不相容，其实都可以在世族的根本利益上统一起来。顺天达命，袍笏登场，世族中的头面人物要随波逐流，以保其荣禄富贵；忠贞节义，死而无悔，世族的部属们却要全忠仗义，为主慷慨赴死。他们维护了封建伦理，也维护了世族的根本利益。《三国志》深深地打着时代的印记，准确反映了这一时期世族门阀政治的特点和时代的需要。

《三国志》只有纪传，没有表、志，缺少典章制度方面的内容，这是它的一个缺点。记事过于简略，提供的历史资料不够丰富，是它的又一缺点。

裴松之的《三国志注》弥补了《三国志》记事简略的缺点。裴松之（372—451），字世期，南朝宋河东闻喜（今山西省闻喜县）人。他的《三国志注》引书200余种，补益了大量史实，人称"《三国志》功臣"。清代的《四库全书总目》归纳他作注的体例有六："一曰引诸家之论，以辨是非。一曰参诸书之说，以核讹异。一曰传所有之事，详其委曲。一曰传所无之事，补其阙佚。一曰传所有之人，详其生平。一曰传所无之人，附以同类。"这个归纳是准确的。裴注为史书注释开辟了新的广阔道路。

038

"铨次旧文，裁成义类"
——《晋书》

在五代纪传修成10年之后的贞观二十年（646年），李世民决定重修晋史。他组织了一个人员众多、人才济济的修史班子，从当年开始工作，经过不到3年的时间，于贞观二十二年（648年）修成了130卷的《晋书》。唐太宗亲自为书中的《宣帝纪》《武帝纪》《陆机陆云传》《王羲之传》写了论赞，所以《晋书》旧题"唐太宗文皇帝御撰"。

《晋书》是真正成于众手的官修纪传体正史，参加修撰的人员如果算上唐太宗，则有22人之多。这个写作班子组织严密，分工明确。房玄龄等3位监修负责全面领导，来济等14位撰稿人分别撰写各部分稿件，令狐德棻等4人则负责全书的发凡起例和审正定稿工作，其实就是全书的主编。这样的分工组织，保证了全书的顺利修成，也为后世分工合作写作史书树立了一个样板。

两晋南北朝期间，有多人撰写过晋代历史。唐太宗下诏修《晋书》之时，还有十八家晋史传世，这十八家中有纪传体八家、编年体十家。唐太宗认为这些史书有的烦杂寡要，有的空洞鄙陋，有的记载不全，都不能使人满意，这是重修《晋书》的外在原因。借修晋史之机宣扬囊括华夷的大一统思想，为自己以至后来的统治者提供历史经验教训，则是更重要的思想动因。唐修《晋书》问世，十八家晋史全部亡佚，说明新书确有胜于旧作之处。

《晋书》有帝纪10卷、志20卷、列传70卷、载记30卷，记述西晋武帝泰始元年（265年）到东晋恭帝元熙二年（420年）两朝共156年的历史。书中还追述晋的先世司马懿等自汉末以来的事迹，旁及十六国的君主和名臣，包罗的范围是很广泛的。

《晋书》体例比较完备，使它能容纳较多的历史内容，而无烦杂纷乱之感。《晋书》的帝纪按时间顺序排列史事，交代历史发展的基本线索，是全书的总纲。在帝纪中首先列宣、景、文三纪，追述晋武帝祖父司马懿、伯父司马师、父亲司马昭开创晋国基业的过程，使晋史的历史渊源清晰明了，是很得史法的。书志部分记载典章制度，编排得类别清楚，叙事详明，可以给人以较完备的历史知识。列传记载人物，编次以时代为序，以类别为辅，所立类传或合传眉目清楚，各类人员大都分配合理，使两晋近800历史人物分门别类地展现在读者面前，构成晋代历史活动的图卷。书中的载记专写与晋对峙的十六国历史，在史书写法上是善于出新的。载记之体略同于《史记》中的世家。但世家记诸侯国历史，反映的是先秦贵族社会国家紧密联系的特点。载记的名目来自《东观汉记》，可《东观汉记》用载记记载平林、新市及公孙述的事迹，不过是作为列传的补充。《晋书》采用世家之体而取载记之名，用高于列传的规格完整记述了各族政权在中原割据兴灭的始末，给各割据政权以适当的历史地位，较好解决了中原皇朝与各族政权并载一史的难题，这一作法大得历代史家赞赏。载记中对十六国政权只称"僭伪"，不辨华夷，体现了唐朝统治者华夷一体，天下一家的大一统思想，这更是我们今天阅读《晋书》时要特别注意的。晋代史事错综复杂，比两汉史都要难写一些，《晋书》用四种体裁相互配合，较好解决了这一难题。

《晋书》还有内容充实，文字简练的长处。晋代的社会矛盾尖锐复杂，有地主阶级与农民的矛盾，有胡、汉的民族矛盾，有儒、道、释的矛盾，还有君臣矛盾等等。《晋书》中，提供了很多这些矛盾斗争的情况及文献材料。如孙恩、卢循、张昌、王如等传，反映了当时的农民起义情况；《江统传》载《徙戎论》，《温峤传》载《奏军国要务七条》，提供了胡汉斗争的材料；《郭璞传》载《刑狱疏》，《李重传》载《论九品中正制》，《傅玄传》载兴学校、劝农功诸疏，提供了研究当时社会政治经济情况的材料；《裴頠传》载《崇有论》，《阮瞻传》载《无鬼论》等都是重要的思想文献。此外如《束晳传》记载《汲冢书》的发现经过，《裴秀传》记载《禹贡地域图》的制图六法，《卫恒传》记载论书法源流的《书势》一篇，都是极珍贵的史料。唐修《晋书》距离晋亡已 200 多年，在记事上有条件改变以往史书诬罔不实的缺点。书中除因袭旧文外，很少有撰者曲意回护的内容。书中在很多纪传中揭露了统治阶级贪婪、腐朽、骄奢淫逸的本性和残害民众的罪行，具有鉴戒意味。《晋书》作者，多是文学大家，因而《晋书》叙事往往能做到简明扼要，有时还有生动、精彩之笔。书中的载记写得疏密相间，首尾照应，颇有些章法。如《苻坚载记》两卷绘声绘色，颇见功力。列传中也往往能表达出历史人物的情态。

《晋书》的十志有：《天文志》《地理志》《律历志》《礼志》《乐志》《职官志》《舆服志》《食货志》《五行志》《刑法志》。从名目上看与《五代史志》大同小异，相差的只是加上了《舆服志》而去掉了《经籍志》。因为《隋志》与《晋书》多出于相同作者之手，修撰时间又很接近，所以在内容上有一些重复的地方。但《晋书》十志上承两汉、下启南北朝，还是具有相当高的价值的。它的类目比较齐全，反映的社会典章制度内容比较全面。《食货志》和《刑法志》叙事包罗东汉，可补《后汉书》之不足。《地理志》对研究魏晋之际行政区划变更，州县制的变迁，都很有作用。《晋书》十志，多出于学有所长的专家之手，内容比较精当。《天文志》《律历志》《五行志》为著名科学家李淳风所修，一直为世所称，其中《天文》《律历》二志尤为精审。《天文志》记载了汉魏以来天文学的三大流派：盖天说、宣夜说和浑天说，并对浑天说作了肯定；《律历志》记载魏晋时期几种历法，保存了科技史的重要材料，具有重要价值。

《晋书》的缺点主要有三条：

其一是宣扬了君权神授的神学思想和封建纲常伦理观念。书中对晋朝的开国，作了神意论证，大谈兴亡有运，不可以力争等陈词滥调。书中又大讲孝亲尊君等封建伦理，详述王祥卧冰求鲤等等孝亲的事迹。天命有常与孝亲忠君相配合，为封建统治者服务的意图是明显的。

其二是成于众手，疏漏抵牾之处甚多。《晋书》在这一点上，一直受到讥评，清人张熷在《读史举正》中，揭出《晋书》谬误多达 450 余条，可见问题的严重。

其三是对琐事异闻表现出浓厚的兴趣。书中采摭了大量鬼神妖异、因果报应等荒诞迷信的材料；也记载了很多无关大体的琐碎小事，如记述苻朗如何善于识味，卫玠如何美仪容等。《旧唐书·房玄龄传》中说这部书"好采诡谬碎事以广异闻"，是一针见血的。

039 "式规万叶，作鉴于后"
——《宋书》

《宋书》是列入"二十四史"之中的一部纪传体史书。全书共百卷，包括本纪 10 卷，列传 60 卷，志 30 卷。记事始于宋武帝永初元年（420 年），迄于宋顺帝升明三年（479 年），记载了南朝刘宋政权 60 年的史事。

《宋书》的作者沈约（441—513），字休文，吴兴郡武康县（今浙江德清）人。他历经宋、齐、梁三朝，是南朝著名的史学家和文坛领袖。沈约出身于江东世族，家族父祖辈有多人在政治斗争中丧生。梁武帝代齐时，他参与谋议，立下了大功，被拜为尚书仆射，并得到封侯。后来与武帝关系恶化，忧惧而死，得谥曰"隐"，后世因此称他为沈隐侯。

沈约学术渊博，才华出众。他 20 岁左右开始史学工作，在几十年的撰史生涯中，写作了《晋书》110 卷，《宋书》100 卷，《齐纪》20 卷及《梁武纪》和《新定官品》等史书。他的文学著作主要有：《四声谱》《文章志》和自己的文集等。现在他的著作大多亡佚，只有《宋书》和文集现仍存世。

齐武帝永明五年（487 年）春，沈约奉命修撰《宋书》，次年二月完成纪、传部分，梁初写成 30 卷的志，全书告成。他以凝聚了何承天、山谦之、苏宝生、徐爰诸人心血的 65 卷本《宋书》为基础，进行增删、订补工作，所以才在短时间内修完了这部卷帙浩繁的历史著作。

《宋书》写刘宋历史，有一些独到之处。它概述南朝著名的"元嘉之治"的盛况："自义熙十一年司马休之外奔，至于元嘉末，三十有九载，兵车勿用，民不外劳，役宽务简，氓庶繁息，至余粮栖亩，户不夜扃，盖东西之极盛也。"（《宋书》卷 54《孔季恭 羊玄保 沈昙庆传》）这个概括是很能抓住要害的。对于这一时期江南地区繁荣富饶的经济状况，沈约也做了比较准确的记述。《宋书·谢灵运传》叙述了自屈原以后文学的发展和演变，以及沈约的评论和他关于诗文用声律的主张，这是研究六朝文学史的珍贵材料。《宋书》在《蛮夷传》中记录了宋朝与亚洲邻国的交往，是对我国与这些国家关系史的珍贵记录。在《天竺迦毗黎国传》中，记述佛教传入中国后在当时南方的传播情况，以及佛教与政治和儒家的关系，反映了佛教被中国封建统治者接受和初步改造的过程，是研究我国佛教史的重要材料。

《宋书》的志有八个门类，包括《律历志》《礼志》《乐志》《天文志》《符瑞志》《五行志》《州郡志》《百官志》，号称《宋书》八书，分量几乎占全书的一半，是书中的精华所在。《律历志》详录杨伟《景初历》何承天《元嘉历》和祖冲之《大明历》原文。它和《天文志》颇能反映当时自然科学水平，是难得的科学史文献。《乐志》记载乐器演变情况，汇集了汉魏晋宋的乐章、歌词、舞曲，在各史乐志中有独特的风格。《州郡志》记晋宋间州郡分合、户口消长及侨置州郡县的分布情况，对于考察这一时期的地理沿革，具有珍贵的价值，等等。记事能超出刘宋历史范围，进行通贯古今的历史考察，这是沈约有历史见识的体现。八志上包魏晋，弥补了《三国志》无志的不足，使它们的价值更为突出。但《宋书》缺少食货、刑法、艺文三志不无遗憾之处。

《宋书》列传多为合传或类传，传目大都因袭前史。在写法上，它大量使用了带叙法。带叙法就是在一些列传中，将相关人物的简历、事迹，在传主行事的记叙中夹带写出。在《庐陵孝献王义真传》中，写刘义真镇守关中时，怀疑僚佐王脩欲反而杀掉王脩，顺便介绍王脩的生平。写刘义真逃离关中途中，遇见段宏单骑来寻，又插入关于段宏身世的一段文字，接着再叙刘义真事迹。这是使用带叙法的典型例子。使用带叙法，"既省多立传，又不没其人，此诚作史良法"。（赵翼《廿二史札记》卷9《宋齐书带叙法》）这是沈约叙事得宜之处。

《宋书》纪传中，多载诏策奏疏和时人辞赋文章，保存了不少文献材料。《武帝纪》载《禁淫祠诏》，《何承天传》载《谏北伐表》，《王徽传》载《与江敩辞官书》，《顾觊之传》载《定命论》等，都是当时重要的思想、政治文献。《宋书》收录时人文章，虽使篇幅冗长了一些，却为人们了解当时历史情况提供了大量第一手材料，对此是不应轻易否定的。沈约是当时的大文学家，行文比较优美流畅，也是《宋书》的优点之一。

《宋书》的思想体系，基本属于正宗儒家系统。书中宣传了君权神授、天人感应的神学思想。沈约声称"圣帝哲王，咸有瑞命之纪，盖所以神明宝位，幽赞祯符，欲使逐鹿弭谋，窥觎不作"，把符命、祥瑞当成了麻痹民众、维护皇权的工具。

沈约既提倡忠君，又主张机变，反映了当时朝代更迭频繁特有政治状况下的社会伦理观念。他说："辟运创基，非机变无以通其务；世及继体，非忠贞无以守其业。辟运之君，千载一有，世及之主，无乏于时，须机变之用短，资忠贞之路长也。"（《宋书》卷89《袁粲传》）他认为天下已定，须强调忠贞以守其业；改朝换代，则运用机变以通其务。他把忠贞与机变这两种互为矛盾的观念调和在一起，随时而用，各得其所，这是一种实用主义的伦理观念。

书中还提出一些诸如广开言路，听纳谏言；持法公平，不徇私情；选用良吏，久居其任；宽刑缓政，减免役税；亲近贤臣，斥远小人等等改善政治的主张，并用历史实例论证了实施这些措施的利处和暴政虐民的严重后果，这对于改善劳动人民生活状况也是有利的。

《宋书》中的民族思想比较复杂。它一方面存在着大汉族主义的偏见；另一方面又承认民族区域划分的现实，反对民族间的征伐战争，认为处理民族关系应以羁縻和防御为主。这反映了当时民族大融合的历史趋势已经被人们所认可，也反映了当时南方士族的衰落，无所作为。

《宋书》的缺点除思想倾向比较保守落后以外，最突出的是对政权鼎革之际史实的记载多所回护，歪曲和掩盖了很多历史事件的真相。

《宋书》到北宋时已有很多缺失。后人杂取《高氏小史》《南史》等书作了增补。现在的《宋书》虽仍为百卷，但有些篇章已非原帙。

"类叙得法，有补益于世"
——《南齐书》

《南齐书》原称《齐书》，后人为了与《北齐书》区别，才在书名前冠一"南"字。它记载南朝齐政权 23 年的历史，起于齐高帝萧道成立国（479 年），终于齐和帝萧宝融被废（502 年）。全书原为 60 卷，《自序》一卷早已亡佚，今存 59 卷，有本纪 8 卷、志 11 卷、列传 40 卷。作者是南朝梁人萧子显。

萧子显，字景阳，南兰陵（今江苏武进）人。他是南齐的宗室，是齐高帝萧道成的孙子。齐亡时，他 14 岁。在梁朝，他因好学多才，而得梁武帝的器重，历任记室参军、司徒主簿、太尉录事、国子祭酒、吏部尚书、仁威将军、吴兴太守等职。他出生于齐武帝永明六年（488 年），病故于梁武帝大同三年（537 年），享年 60 岁，因其恃才傲物，得谥曰"骄"。萧子显才思敏捷，勤于著述，一生撰有《后汉书》100 卷，《齐书》60 卷，《普通北伐记》5 卷，《贵俭传》30 卷，《孝经义疏》1 卷，《孝经敬爱义》1 卷和文集 20 卷等。可惜，现存之作只有《南齐书》了。

在萧子显撰《南齐书》之前，江淹曾受齐明帝诏撰史，他写成了《齐史》十志。另外沈约有《齐纪》20 卷，吴均有《齐春秋》30 卷，王逸有《齐典》5 卷，熊襄有《齐典》10 卷。这些都给萧子显撰史提供了丰富的材料和可取的撰述经验。梁武帝天监年间吴均要求撰写齐史，未获准许，萧子显自告奋勇承担了这个任务。经过几年的努力，书成上奏，武帝下诏付秘阁收藏。

《南齐书》的史料比较真实可靠。书中的许多史事为作者所亲历目睹，是亲见亲闻的第一手材料。齐梁嬗代，未经剧烈战乱，原始档案材料保存完好，萧子显撰史又得到政府许可，所以他的文字材料是完整而又具权威性的。《南齐书》成书之时，南齐的遗臣大多数都还健在，就是梁武帝萧衍本人，也是身历宋、齐、梁三朝的人物，这些人既可以为撰史提供活的材料，又可以对《南齐书》的历史记载进行检验、鉴别。《南齐书》经时人认可，才被作为国家典籍收存，可见它的历史记载是大致可靠的。

书中对于生产斗争、阶级矛盾和民族矛盾有所反映。如《沈文季传》记载唐寓之领导人民起义，揭示人民在残酷的压迫下，奋起反抗斗争，资料珍贵。《竟陵文宣王子良传》叙述追通租、征赋役、兴水利、垦荒田等情况，反映农业生产、阶级剥削等状况，提供了可贵的材料，可在一定程度上弥补书中无《食货志》的缺憾。《张敬儿传》言及镇压蛮人的情况，列传中有《蛮》《芮芮虏》《河南氐羌》等传，记载各民族事务，虽很简略，仍能反映民族状况、民族问题和民族矛盾。

《南齐书》中的一些文化史记载颇有价值。萧子显为科学家祖冲之立传，在传中记录了他创造指南车、千里船、水碓磨的过程和机械特点。又在传中全文引用祖冲之的《上大明历表》，详细向世人介绍了创大明历的指导思想和大明历的具体特点，为人们研究科技史留下了珍贵资料。萧子显用很多篇幅对佛教进行宣传，对佛教传入中国及与中国传统思想融合的过程作了介绍，对于研究传统文化和外来文化的融合与发展，是有一些用处的。

《南齐书》在写作上受到沈约《宋书》很大影响。萧子显在书中也设立了八个志，它们是《礼志》2卷，《乐志》1卷，《天文志》2卷，《州郡志》2卷，《百官志》2卷，《舆服志》1卷，《祥瑞志》1卷，《五行志》1卷。其中与《宋书》不同的只是去掉《律历志》另立《舆服志》和把《符瑞志》改名为《祥瑞志》而已。《南齐书》的八志总体上看比《宋书》八志要单薄一些，但在本书中占有重要地位，它们提供了南齐一代典章制度史的重要材料。八志之中，《州郡志》与《百官志》内容较为充实。《百官志》对于重要官职的职守、设置及变迁作了系统详细的记载，还详记了各职官的人数，它的记载较《宋书·百官志》为详，对于研究南朝官制有重要价值。《州郡志》记载郡县设置、沿革的历史情况，为研究当时的社会制度、行政区划，以及古代的历史地理情况，提供了翔实的材料。其他六志内容各异，其中《祥瑞志》《天文志》《五行志》多记载一些祥瑞符命、阴阳灾异学说，是书中的芜累。

《南齐书》的列传在写法上有些可取之处。书中较多使用类叙法来记述各类人物，是颇得史法的。赵翼在《廿二史札记》卷9《齐书类叙法最善》条中，对此作了分析："《孝义传》用类叙法，尤为得法。盖人各一传，则不胜传，而不立传，则竟遗之，故每一传辄类叙数人，如《褚澄传》叙其精于医，而因叙徐嗣医术，更精于澄。《韩灵敏传》叙其兄之妻卓氏守节，而因及吴康之妻赵氏、蒋隽之妻黄氏、倪翼之母丁氏，传不多而人自备载。"《南齐书》行文比较简洁，这也是它的一个特点。

《南齐书》的论赞在形式上模仿范晔的《后汉书》，在思想见识上，则相差甚远。当然萧子显作为一个史学家，对于历史和现实问题，还是有一些独到看法的，这在《南齐书》的论赞中有所反映。他对东昏侯萧宝卷推行暴政、恣意杀戮和奢侈淫欲，导致南齐政权灭亡的历史教训，在《东昏侯本纪》的论赞中做了很好的总结："史臣曰：'……东昏侯亡德横流，道归拯乱，躬当薠戮，实启太平。……'赞曰：'东昏慢道，匹癸方辛。乃隳典则，乃弃彝伦，玩习兵火，终用焚身。'"对于帝王之子从小养尊处优、脱离社会，造成孤陋寡闻、无德无能的严重后果，他也有很清楚的认识，并在书中作了较好的分析，这些对于统治阶层应是有所教益的。

萧子显在宣传神学迷信方面，与沈约是一脉相承的。齐梁之际佛教兴盛，萧子显迎合当时统治者的口味，在书中极力鼓吹佛法的力量。《南齐书·高逸传》的论赞是一篇颂扬佛法的专论。他把佛教与儒家、阴阳家、法家、墨家、纵横家、杂家、农家、道家相比，论证佛家是最优胜的。他论述佛法胜过儒家学说："佛法者，理寂乎万古，迹兆乎中世，渊源浩博，无始无边，宇宙之所不知，数量之所不尽，盛乎哉！真大士之立言也。探机扣寂，有感必应，以大苞小，无细不容。若乃儒家之教，仁义礼乐，仁爱义宜，礼从乐和而已；今则慈悲为本，常乐为宗，施舍惟机，低举成敬。儒家之教，宪章祖述，引古证今，于学易悟；今树以前因，报以后果，业行交酬，连璅相袭。"从《后汉纪》《宋书》到《南齐书》对佛教宣传的不断升格，我们可以比较清楚地看出佛教势力从魏晋到南朝不断发展，并取得国教地位的历史过程。佛教势力的扩展，真切反映了统治者自身的腐朽和没落。

与《宋书》一样，《南齐书》中也存在着大量歪曲史实之处。萧子显是南齐宗室，他在为其祖父写的《高帝本纪》和为父亲萧嶷写的《豫章文献王传》中，都极力进行褒美虚夸，文中不惜使用上万字的篇幅，极尽铺陈夸张之能事，百般夸饰其功绩，而对篡权夺位之类丑行，则千方百计曲笔讳饰，淹没其迹。对于其他人物，书中也经常按当时的利害得失，决定对其的取舍与夺。史德的亏缺影响了《南齐书》的撰著质量，这对于史家来说是个值得吸取的教训。

041

"曲折明畅，一洗六朝芜冗之习"
——《梁书》

唐初史学堪称繁盛，唐政府集官私之力，撰成了纪传体正史八部，占去整个二十四史的三分之一。《梁书》和《陈书》是其中的两部，它们名为官修，实际却是姚察和姚思廉父子劳动的成果。

姚察（533—600），字伯审，吴兴武康（今浙江杭州西北）人。梁末任原乡令、著作佐郎，在陈历任散骑侍郎、中书侍郎、秘书监领著作郎、吏部尚书等职。入隋为秘书丞。他是个学问很渊博的史家，平生著有《汉书训纂》30卷，《说林》10卷，《西聘道里记》《玉玺记》《建康三锺记》各1卷，文集20卷。姚察在当世以精于史学著称，陈亡入隋后，受诏撰写梁、陈两代史书。隋炀帝大业二年（606年），姚察未及完成二史就因病去世。临终时，他嘱咐儿子姚思廉继承他的事业，完成修撰梁、陈二史的任务。

姚思廉继承了父亲遗志，为父亲守丧期满，即上表陈述父亲遗愿，请求继续修撰二史。隋炀帝下诏准许后，他一直在为此努力工作。唐太宗贞观三年（629年），他又受诏同秘书监魏征同撰梁、陈二史。在父亲遗稿的基础上，他进一步采择谢昊、顾野王诸家旧作，经编纂校注，于贞观九年（635年）修成《梁书》《陈书》。这两部史书的总论为监修魏征所作，其余部分都是姚氏父子几十年心血的结晶。

姚思廉（557—637），名简，以字行。幼时随父姚察攻读《汉书》，扎下了深厚的史学功底。姚思廉在陈为扬州主簿，入隋历任汉王府参军，河间郡司法书佐，代王侍读。唐高祖定京师，代邸僚属皆作鸟兽散，只有50开外的姚思廉护卫在代王左右。兵士拥上殿来，他厉声喝止，引得唐高祖十分感动,"许其扶(代王)侑至顺阳阁下,泣拜而去"。(《旧唐书·姚思廉传》)唐朝建国,他为秦王府文学,从此成为唐太宗的文臣,历任文学馆学士、太子洗马、著作郎、弘文馆学士。《梁书》《陈书》修成,加通直散骑常侍,又拜散骑常侍,赐爵丰城县男。姚思廉的节义、文才深得唐太宗赏识,太宗即位后,他得以绘像列入十八学士,褚亮为撰赞语云:"志苦精勤,记言实录,临危殉义,余风励俗。"(同上)对他的去世,太宗深悼惜之,为之废朝一日,赠太常卿,谥曰"康",赐葬地于昭陵。

《梁书》有本纪6卷,列传50卷,合56卷。记事起于公元502年梁武帝萧衍称帝,止于557年陈霸先灭梁。《梁书》的纪传论赞,多有"陈吏部尚书姚察曰"字样,可知全书的编撰多出于姚察之手,思廉所作可能多是笔削加工的工作。

《梁书》所依据的材料是很丰富的。在梁朝除史官所撰国史外,还有沈约的《武帝本纪》14卷,周兴嗣的《梁皇帝实录》5卷,鲍行卿的《乘舆飞龙记》2卷,萧子显的《普通北伐记》5卷,萧韶的《梁太清记》10卷,谢昊的《梁书》49卷。在陈朝有许亨的《梁史》53卷,刘璠的《梁典》30卷,阴僧仁的《梁撮要》30卷,在周朝有萧欣的《梁史》100卷。在隋朝有姚最的《梁后略》10卷。这些编纂整齐的历史书籍,为姚氏父子撰写《梁书》奠定了较好的基础。《梁书》在史料的丰富、完备方面是很有特长的。梁朝只有55年的历史,《梁书》的列传则达50卷之多。书中对于各类历史人物的活动,叙述得很详细,很多文人和史家都在《梁书》中得到反映。如对史学作出过贡献的沈约、江淹、任昉、王亮、殷钧、裴子野、王僧孺、刘昭、萧子显、萧子云、周兴嗣、吴均等,都有很详细的列传,为后人研究这一时期的史学,提供很多可贵的史料。书中一些学者的传记,更有特殊的价值。《梁书》为唯物主义思想家范缜立传,保存了辉耀千古的《神灭论》和《无因果论》;为处士阮孝绪立传,反映了他著《七录》及在古代文献学上的地位;为修道的陶弘景立传,可以了解他对于医学及科学的贡献;为文学批评家钟嵘和刘勰立传,介绍了《诗品》和《文心雕龙》这两部在文学史上产生了重大影响的著作。

《梁书》的谋篇布局颇有章法,显示出姚氏父子的史学技巧。书中承《汉书》类叙之法，撰作列传，能以此法省去烦冗，又不遗漏人物事实。如《滕昙恭传》叙其孝行，附录徐普济被火伏棺、宛陵女子搏虎救母，不但文笔精简，而且给人以深刻印象。《文学传》中的《何逊传》，由叙何逊工诗而及虞骞、孔翁等人，这又很像《三国志·魏书·王粲传》附记一时文人之法，这种编撰方法，很值得提倡。《四库全书总目提要》说它："排整次第，犹具《汉书》以来相传之史法，要异乎取成众手、编次失伦者矣。"这话是很恰当的。《梁书》的行文，颇具简洁洗练的特色，用赵翼的话说就是："直欲远追班马……皆劲气锐笔，典折明畅，一洗六朝芜冗之习。"（《廿二史札记》卷9《古文自姚察始》）《梁书·韦睿传》写邵阳之役，有这样一段："魏人先于邵阳洲两岸为两桥，树栅数百步，跨淮通道。睿装大舰，使梁郡太守冯道根、庐江太守裴邃、秦郡太守李文钊等为水军。值淮水暴长，睿即遣之。斗舰竞发，皆临敌垒。以小船载草，灌之以膏，从而焚其桥，风怒火盛，烟尘晦冥。敢死之士，拔栅斫桥，水又漂疾，倏忽之间，桥栅尽坏。而道根等皆身自搏战。军人奋勇，呼声动天地，无不一当百。魏人大溃。"这个描写有声有色，颇为精彩，较之《史记》《汉书》也是不逊色的。

《梁书》在思想上值得称道之处不多。但它在对历史变化的看法上，阐发了一些可取的观点。姚氏父子都是历经数朝的史学家，梁、陈以至隋、唐之际历史的盛衰兴替、风云变化，促使他们进行认真的思考。书中阐述出的人事对于历史变化起着重要作用的观点，当是他们思考的结果。书中对于政权兴起的解释，虽然使用了一些天意、历数等陈腐的词汇，但把落脚点还是放在了人事与人谋上。对萧衍建立梁政权和梁朝早期的治绩，书中作了充分肯定："高祖英武睿哲，义起樊、邓，仗旗建号。……兴文学，修郊祀，治五礼，定六律，四聪既达，万机斯理，治定功成，远安迩肃。"（《梁书》卷3《武帝纪》）在此，人们看到的是杰出人物的历史活动，而不是天意、天命在支配人间治乱。对于辅佐新朝的文臣武将，书中也注重称道他们个人的才华谋略。《梁书》强调英雄创造历史，同科学唯物史观不可同日而语，但在当时，同神意史观相比还是有进步意义的。

书中的思想糟粕也有不少。充斥书中的大量阴阳灾异、图谶祥瑞，乃至望气相面、因果报应、神怪异闻等，给人以陈腐、庸俗之感。宣传佛、道等宗教迷信，也是书中存在的问题。《梁书》中的《处士传》，全不同于《后汉书》的《逸民传》，传中所记除了有名的道士，就是奉持佛法的居士。这一方面反映了正宗史学的时代特色，另一方面也反映了姚氏父子的思想情趣。

《梁书》在记事记人方面，常常有一些时间差误、前后矛盾的地方。如《江苹传》称何敬容掌选，序用多非其人，而《何敬容传》则称其铨序明审，号为称职。这些互相抵牾的记载，使人莫衷一是，无所适从。《梁书》在笔法上也存在着曲笔增美讳恶的毛病。对于篡代之际大动干戈的血淋淋事实，书中很少如实反映。对于一些权贵，歪曲史实大加吹捧的地方也相当多，与同时撰写的《南史》比较，《梁书》的这个缺点显得更突出一些。

042 "凭其旧稿，加以新录"
——《陈书》

《陈书》是唐代姚思廉在父亲姚察旧稿基础上修成的。姚察去世后，姚思廉一直未能忘怀父亲让他续写梁、陈二史的遗愿，唐太宗贞观三年（629年）姚思廉奉诏撰写《陈书》，贞观十年（636年）书成上奏。关于《陈书》撰写的经过，宋代曾巩所述颇详："思廉父察，梁、陈之史官也，录二代（梁、陈）之事未就而陈亡。隋文帝见察，甚重之，每就察访梁、陈故事，因以所论载，每一篇成，辄奏之。而文帝亦遣虞世基就察求其书，文未就而察死。察之将死，属思廉以继其业。唐兴，武德五年，高祖以自魏以来二百余岁，世统数更，史事放逸，乃诏论次，而思廉遂受诏为《陈书》，久之，犹不就。贞观三年，遂诏论撰于秘书内省，十年正月壬子，始上之。观察等之为此事，历三世，传父子，更数十岁，而后乃成，盖其难如此。"（《曾巩集》卷11《陈书目录序》）可知《陈书》正式撰写时间虽不足10年，实际上却是姚察父子经数十年努力才修成的。在《陈书》中，仅本纪中有姚察史论两篇。看来思廉写《陈书》因袭父亲的成果较少，自己创作的居多。

《陈书》36卷，有本纪6卷，列传30卷。记事起于557年陈霸先称帝，终于589年隋灭陈，包括陈朝一代33年的历史。

《陈书》的史料来源除陈朝的国史和姚氏父子所编旧稿外，还有陈《永定起居注》8卷，《天嘉起居注》23卷，《天康光大起居注》10卷，《太建起居注》56卷，《至德起居注》4卷等历史材料和他人撰写的史书，如顾野王的《陈书》3卷，傅縡的《陈书》3卷，陆琼的《陈书》42卷等。

《陈书》与《梁书》都出自姚氏父子，特别是姚思廉之手，因此在撰述的特点上，二书多相同之处。陈朝历史仅33年时间，书中的列传却达30卷之多。《陈书》记述了陈朝创建之初恭俭爱民、政策得宜的成功经验，交代了陈朝末代统治者忘患纵欲，偏听偏信造成国破家亡的历史教训。大量陈朝历史人物事迹在书中得到反映，其中争夺诈伪，蝇营狗苟，势利小人的行径，足为世人取戒；安贫乐义，不为祸患势利所动的高风亮节，又足为世人楷模。陈朝一代之史虽然短暂，但留给后人的教益启示却很多。《陈书》交代了陈朝的历史兴亡之迹，描画了陈朝社会历史全图，现在人们研究陈朝的历史，《陈书》是最主要、最基本的材料，这是它的根本价值。

《陈书》因为姚思廉一个人编次的工夫较多，所以列传的体例比《梁书》要整齐规范一些。在文风上，《陈书》与《梁书》是一致的。这两部史书，尤其是《梁书》中多用古文，一反六朝以来争尚骈俪对偶的颓靡文风，给人以清新健康的感觉。《梁书》总论为魏征所撰，行文还采用骈四俪六的方式，两相比较，更显示出姚氏父子这方面的卓见。清代史家赵翼评论："世但知六朝之后，古文自唐韩昌黎（韩愈）始，而岂知姚察父子已振于陈末唐初也哉？"（《廿二史札记》卷9《古文自姚察始》）对于姚察、姚思廉改变六朝文风的历史功绩作了充分的肯定。

《陈书》与当时问世的其他史书一样，撰写中看重士族门第、履历身世和家族兴亡。书中侧重记录皇族事迹，全书总共36卷，而本纪和皇后、王子、宗室列传就占去11卷，叙述王子55人，几乎占了其他列传的一半。把一代史书写成了陈氏家谱，这是令人不能满意的。《陈书》也比较典型地反映了当时史书内容的空泛和乏味、呆板。它的列传在写法上有个固定的程式，一般都是先列姓名、地望、祖、父官职，次及传主幼年生活、性格相貌、次及历任官阶、次及行事文章，有时最后还有饰终诏书、封赠、子孙官职、著述名称等。

《陈书》和《梁书》中，都贯彻着为地主阶级政权服务的思想。它们对臣僚、百姓宣扬忠贞节义的封建伦理观念，对封建帝王则极力吹捧、赞颂。在书中统治者的面目被添加了很多油彩，他们的丑行则被尽量加以掩饰。《南史·刘师知传》记载：陈霸先为篡夺皇权，命令刘师知去杀害梁敬帝，敬帝绕床躲避，刘师知抓住敬帝的衣服，手下人上去杀了敬帝。在《陈书·刘师知传》中却只字未提杀敬帝这样一件大事。为个人恩怨而上下其手的事情，在《陈书》《梁书》中也有一些表现。虞寄、虞荔兄弟在陈朝，虞荔的儿子世基、世南在隋朝都曾同姚氏父子共事。姚思廉在撰史中，就为虞寄兄弟尽力浮词溢美，撰写佳传。对于史家来说，这是严重的失德，可惜的是，从南北朝到唐初的史书中，这样的事例屡见不鲜，严重影响了史学的健康发展。

043

"包举一代始终，颇为详悉"
——《魏书》

在"二十四史"中，名声最差的就该算是《魏书》了。这部书刚刚修成，就引得当时朝野大哗，攻之者蜂起，很多人把它说成是"秽史"，几经修改，方颁行于世，它的作者魏收甚至在死后被掘墓抛尸。这固然与当时的政治状况有关，更重要的还是它和它的作者可议之处实在不少。平心而论，《魏书》取得了一定的史学成就，说它是"秽史"有点过甚其词，但是指出它存在着严重的曲笔讳饰缺点，则是十分必要的。

《魏书》是北齐政权设立史馆修撰的一部史书。它的撰写工作开始于北齐天保二年（551年），完成于天保五年（554年）。它的监修人高隆之只是署名而已，其他撰修者如房延祐、辛元植、睦仲让等人由于缺乏史才，也没有做多少实际工作。整个这部书从体例的制定，史实的选择到史论的撰写，基本上出于魏收一人之手，因此一般都称它的作者是魏收。

魏收，字伯起，巨鹿下曲阳（今河北晋州市西）人。生于北魏宣武帝正始四年（507年），卒于北齐后主武平三年（572年）。魏收出身于世代仕宦之家。他在魏、齐两朝先后任过太学博士、散骑侍郎、著作郎、秘书监、中书令、太子少仆与尚书右仆射等官职。在魏、齐之际，魏收是最有名气的学者。他所作的《南狩赋》《庭竹赋》等都得到时人好评。在一次应诏赋诗时，他在诗作中写出"尺书征建邺，折简召长安"之句，意谓不动干戈，就可招降南方的萧梁和北方的西魏，一时传为名句。他的文才得到北齐统治者的赏识，当时朝廷的重要文告、册命、诏书等，大多由他执笔。魏收才华出众，人品却很不好，是个无德无行的封建文人。在政治上，他随时俯仰，唯权贵马首是瞻。在作风上，他贪财、好色、恃才傲物。史学是他一生的主要事业，可他缺少忠于历史的赤诚，却把撰史当成个人手中的工具。在承担了撰写国史的任务之后，他曾经宣称："何物小子，敢共魏收作色，举之则使上天，按之当使入地。"（《北史·魏收传》）出自他手中的《魏书》颇遭物议，这是一点也不奇怪的。

《魏书》主要记述自北魏道武帝登国元年（386年）到东魏孝静帝武定八年（550年），北魏和东魏两个政权共160余年的历史。《魏书》是一部纪传体史书，全书共130卷，80余万字，有十二本纪14卷，列传96卷，十志20卷。北宋初年，《魏书》已经残缺不全，纪缺2卷，传缺22卷，不全者3卷，志缺2卷。后人据魏澹《魏书》、张太素《后魏书》以及《高氏小史》《北史》等书作了订补工作。

北朝魏政权重视修史工作，从开国到灭亡，历史记录未尝中断。这一时期，南朝也有多部史书记述了北朝史实。因此《魏书》所依据的材料是丰富的。其中北朝的材料有邓渊受诏所撰编年纪事的《代纪》10卷，崔浩、高允等人陆续受诏写的编年体《国书》（又名《国纪》）30卷，李彪、崔光等人改编《国书》而成的纪传体《国纪》，邢峦、崔鸿等人修撰的孝文帝、宣武帝、孝明帝起居注，元晖业写的记载皇室人物事迹的《辨宗室录》30卷，崔鸿《十六国春秋》等。南朝的材料有诸家《晋书》、沈约《宋书》等。

利用丰富的现成史著和史料，魏收在短时期内修成了卷帙可观的《魏书》，对材料的广泛采择，也使《魏书》具备史料价值较高的特点。今天，记述北魏历史的史书大都亡佚，《魏书》已成为介绍北魏历史的最重要著作，对于研究北魏历史来说，它的参考价值是其他任何著作都不能比拟的。

《魏书》记述了鲜卑拓跋部早期的历史。书中特别设《序纪》一卷，追溯北魏建国前的情况。反映了拓跋部与魏晋皇朝发生联系，原始氏族公社逐渐瓦解，私有制得到发展，氏族成员发生分化，以及设置百官，建立国家的历史过程。《魏书》也记述了拓跋部封建化的漫长途程，记录了它在汉族封建文明影响下逐步改变社会制度的情况，对于冯太后和孝文帝为完成鲜卑族封建化而实行的各项社会改革，书中记述得尤其详尽。书中还记录了鲜卑贵族与汉族地主阶级在北魏政权中的合作和矛盾。《魏书》专门记载我国国内其他少数民族和外国的列传内容比较丰富。《高句丽传》《百济传》《勿吉传》《契丹传》《氐传》《吐谷浑传》《蛮传》《獠传》《西域传》《蠕蠕传》《高车传》等，分别记述了夫余、沃沮、勿吉、室韦、契丹、库莫奚、柔然、高车、突厥、伊吾、龟兹、于阗、疏勒、乌孙以及吐谷浑、蛮、獠等少数民族和朝鲜等外国的社会状况和他们与中原皇朝在政治、经济、文化等各方面的联系。书中的这些记载告诉人们，在这一时期，由于各族人民错居杂处和共同进行生产，民族融合日益加深，不仅南迁中原的鲜卑等少数民族逐渐与汉族融为一体，就是边远地区的许多少数民族也加速了民族融合的步伐。

《魏书》对于北魏社会历史的记述范围比较广泛。举凡政治、经济、文化、军事、社会生活各个领域的情况，书中都有较详尽的交代。书中介绍了魏政权的政治制度建立、发展情况。《魏书·官氏志》记录北魏官制，兼及拓跋部所属各部原有姓氏与所改的汉姓，针对北魏政权的特殊情况是别具匠心的。从东汉初班固修《汉书》到唐初修《五代史志》近600年间，《魏书》以外的各纪传体史书中或根本没有书志部分，或虽有书志，但缺少刑法、食货等重要内容。《魏书·刑罚志》记载北魏政权司法制度，对于封建社会治理有重要参考价值，为北魏社会史的研究提供了不可缺少的材料。书中对于北魏各族人民对统治者的反抗斗争做了如实报道。据不完全统计，见于《魏书》的各族人民起义达130余次之多。《魏书·食货志》对于北魏的均田制有详细记述，为后人研究北魏的土地制度，提供了可贵的材料。《释老志》是《魏书》首创，记载了佛道两教在中原地区的传播及其变革，对于佛教发展的记述尤详，可看作是一部中国佛教简史。宗教是社会意识形态的重要方面，史家有责任把它反映出来，《魏书》特辟专章，记录这方面内容，是有功劳的。

《魏书》在撰写上也有一些独到之处。魏收在本纪前立《序纪》追述北魏建国前的历史情况，把鲜卑拓跋部发展演化的历史原原本本地展现在读者面前，是很得体的。书中引文很多，引文与叙事相互配合，相得益彰，丰富了本书的表现能力。书中还详记了一些君臣对话和外交辞令，生动、得体地再现了当时的历史实况。另外书中描写人物，也有很见功力之处。

《魏书》的主要缺陷：

一是书中宣传了佛道等宗教迷信思想。《释老志》记崔浩劝太武帝毁佛，寇谦之对崔浩说："卿今促年受戮，灭门户矣。""后四年，浩诛，备五刑，时年七十。"不仅宣扬了非佛之报，还宣扬了道士寇谦之预见的灵验。

二是歪曲史实，为现政权服务。魏收为北魏、东魏、北齐争正统地位而贬低东晋及南方各朝和西魏、北周政权。在述及北魏先世时，书中千方百计掩盖拓跋部被前燕、后赵、前秦等国统治的真相。对于东晋南朝和十六国政权，取消其固有的国号，加以谩骂攻击，冠以"岛夷"等称号。对于西魏、北周政权，书中也尽量贬低，对它们进行丑化和攻击。对于历史人物的记述，魏收往往根据他们在世子孙的地位而决定对其的褒贬。书中为此而篡改史实的地方是很多的。它所以被人们称为"秽史"，主要的原因即在于此。

三是为了讨好当时权贵，不惜浓墨重彩地为高门大族立传。在很多传中对他们的谱系姻亲，加以胪列。如陇西李宝传中列举50人，赵郡李顺传中列举59人，简直把一部正史写成了士族地主的家谱。

"下笔不苟，以史为鉴"
——《北齐书》

《北齐书》与《梁书》《陈书》有两个相同点：其一，它们都是父子相承的世业；其二它们都诞生于唐太宗贞观年间，都由官府下令修撰，而成于私人之手。《北齐书》有50卷，包括帝纪8卷，列传42卷。记事起自高欢秉政于东魏政权，止于北齐政权灭亡，大致包括534—577年北齐政权（包括东魏）44年的历史。《北齐书》到宋朝时，原文已缺失33卷。现在我们见到的《北齐书》是后人根据《北史》和《高氏小史》等书陆续订补而成的。

《北齐书》的作者李百药，字重规，定州安平（今河北安平）人，出生于565年，去世于648年，享年84岁。李百药出身于仕宦家庭。父亲李德林，字公辅，北齐时官至中书侍郎，参与国史修撰，编成纪传体《齐史》27卷，入隋官至内史令，封安平公，任内又奉诏续修《齐史》，全书未成而卒。李百药自幼受到家庭影响，少年时就好学博闻，富于独立见解。李百药在隋开皇初年曾任东宫通事舍人、太子舍人、礼部员外郎等职，还承袭了父亲李德林的安平公爵位。他的才能得到隋文帝赏识，一时朝中奏议文告，多出自他的手笔。隋炀帝时他受到排挤，官运蹇滞。隋朝末年农民大起义时，他曾被胁裹到沈法兴、李子通、杜伏威等人的队伍中。入唐后，他受到唐太宗的重用，起用为中书舍人，赐爵安平县男，又任礼部侍郎，最后官至宗正卿，封安平县子。李百药在唐太宗时参加了制定《五礼》及律令的工作。在辅佐太子李承乾之时，对承乾漫游无度的行为数有匡正，对于朝中的其他政事，也不时提出自己的看法，在政治上有些作为。他除擅长文章外，还很善于写诗。现在他的传世之作有诗20余首，文章

13篇，以及被列入二十四史的《北齐书》。

唐朝初建之时，高祖就下令修撰前代缺略各史，可是由于组织不力，经数年竟无成果。太宗贞观三年（629年），李世民又下诏修前朝史书，李百药接受了撰修齐史的任务。在他父亲旧稿基础上，他几经删改、增补，于贞观十年（636年）修成了50卷的《齐书》（后人为与《南齐书》区别，改称《北齐书》）。

《北齐书》的撰修，吸收了前人修史的成果，北齐历史的撰修，从高齐政权到隋朝，一直未曾中断，修成了多部起居注、实录和国史。此外记录北齐历史的专著还有李德林《齐书》24卷，王劭《齐志》20卷，复为《齐书》100卷，崔子发《齐纪》30卷，杜台卿《齐纪》和姚最《北齐纪》20卷等。这些史书内容经李百药筛选，充实到了《北齐书》里。

《北齐书》贯彻了以史为鉴的宗旨。李百药自身经历过朝代更迭之时的盛衰变化，对于总结政治得失的经验教训是很有一些看法的。他在书中集中揭露了以高洋为代表的北齐统治者的淫逸残暴，总结了北齐灭亡的教训。如文宣帝高洋是开国之君，建国之初，还留心政务，注意兴利除弊以安定天下。过了六七年之后，他原形毕露，肆行淫暴。他征集妇女在宫中与从官淫乱，观之以取乐，又昼夜酗酒，酒后则以杀人为戏。为了满足奢欲，他不惜劳扰民众，使百役繁兴，民不聊生。对于臣下他肆行杀戮，结果把自己弄成了孤家寡人，把天下搅得不得安宁。高洋以后的政治状况也是"政塞道丧""主暗时艰"，结果等待高齐政权的就只能是败亡的命运了。《北齐书》详记了当时阶级斗争的情况，也有很突出的借鉴意味。在原书17卷中记载了杜洛周、葛荣、韩木兰、柴览、卢仲延、田龙、潘集、李延孙、张俭、路绍遵、刘盘陀、杜灵椿、陈暄、郑子饶等数次各族人民起义的事实。这些记载虽稍简略，却是研究东魏、北齐时期有关农民起义的重要史料。这些史料在《北史》中多被删除，更可见其价值的珍贵。

书中关于思想文化方面的记载也是丰富的。在科学技术方面，书中记载了信都芳和綦母怀文的事迹。从《北齐书》的记载中我们了解到：信都芳是个发明家，他明习算学，为发明之事常常废寝忘食。他著有《器准图》3卷，书中把古来浑天、地动、欹器、漏刻等发明汇编在一起，配上图样及文字说明，是一部可贵的古代科学发明史专著。綦母怀文是灌钢技术的发明者。他总结劳动人民的经验，发明了用生铁灌注熟铁之中的灌钢冶炼法，用这种材料制造的刀，能砍透三十层铠甲。通过《北齐书》，我们知道灌钢技术的发明在我国约有1500年的历史，比欧洲的炼钢法要早上1000多年。在学术思想方面，书中记载了佛、道二教在当时的流传情况，也反映了当时人们对此的一些看法。《樊逊传》记载樊逊评论二教："淮南成道，犬吠云中，子乔得仙，剑飞天上，皆是凭虚之说。……又末叶已来，大存佛教，写经西土，画像南宫。昆池地黑，以为劫烧之灰，春秋夜明，谓是降神之日。"这样的思想材料是很宝贵的。书中的《杜弼传》反映邢邵反对佛教唯心主义的论辩，具有理论性质。邢邵继承范缜的唯物主义思想，对佛教生死轮回、灵魂不死等教义进行了批判。他说"人死还生，恐为蛇足"，对生死轮回的说法加以否定。他继承东汉桓谭以来用烛与火来比喻形神关系的说法，指出"神之在人，犹光之在烛，烛尽则光穷，人死则神灭"，有力地回击了佛教灵魂不灭的谬说。邢邵的思想在中国哲学史上占有一定地位。《北齐书》对此加以记述的意义则不言自明。

　　《北齐书》在体例上也有可取之处。北齐朝建立于文宣帝高洋，但他的开国事业是由高欢和高澄奠定的。《北齐书》在本纪中首列《神武本纪》和《文襄本纪》，追叙北齐建国前的史事，既可交代清楚北齐建国的历史起源，又可补充北魏晚期的历史事实，是很得史学要领的。这种写法创始于陈寿的《三国志》，魏收写《魏书》改造运用了这一方法。李百药把它运用于《北齐书》的撰写之中，体现了他历史见解的卓越。

　　《北齐书》还具有叙事简要的特点。李百药修史态度认真，下笔不苟，对于琐言碎语及一些荒诞不经的史实，作了大量删削，这是本书的一个很大优点。但由于作者水平的缘故，捡起芝麻丢了西瓜的情况，在书中是存在的，这又成了书中的一个缺点。对此刘知几、王鸣盛、赵翼等史家都曾作过评论。其中赵翼的说法比较客观一些。赵翼在《陔余丛考》中把《北齐书》和《北史》作了比较，举出实例论证这两部书在记事的繁简方面互有得失。因此从史料价值上看，二书长期并存，互相补充还是比较适当的。

　　《北齐书》贯彻了封建正统思想。对于北齐政权的建立，书中作了一些神异的描写，如写高洋出生前有赤光照室，出生时"鳞身、重踝"，即位时"京师获赤雀"等等，以此证明封建政权的建立是天命所归，这是书中最主要的糟粕所在。《北齐书》的列传中，存在着叙事年代紊乱的毛病，对此刘知几在《史通》中作过分析。

"旁征简牍，意在抚实"
——《周书》

《周书》是唐初所修八史之一，它的成书与初唐著名史学家令狐德棻有着密切联系。

令狐德棻是宜州华原（今陕西铜川市耀州区）人。他于隋文帝开皇三年（583年）出生于名声显赫的士族之家。青年时代便以博学多才而知名当世。隋朝末年他被任命为药城长，因世道混乱没去就职。反隋义军兴起之时，他在李渊从弟手下任记室参军。李渊入关后，他提任大丞相府记室。高祖称帝，任他为起居舍人，又升为秘书丞。唐太宗贞观年间，他任过礼部侍郎，兼修国史，后转任太子右庶子，受废太子李承乾牵连，他被免职。后被召回参加修《晋书》工作。书成后升为秘书少监，以后又任过礼部侍郎兼弘文馆学士、太常卿、国子祭酒、崇贤馆学士等职，并被晋爵为公。年近80致仕之时，加金紫光禄大夫。高宗乾封元年（666年）逝世，年84岁。

令狐德棻的一生为史学事业作出了巨大贡献，他是初唐史学的第一要人。在唐朝初建时期，针对丧乱之后书籍严重缺乏的情况，他向高祖建议购求天下遗书，统一组织抄写。这一建议得到高祖批准，使数十年间，群书毕备，为唐代文化的繁荣，提供了良好条件。唐初史学堪称繁荣，这个繁荣局面，发端于令狐德棻修撰前代所缺各史的建议。武德五年（622年）令狐德棻向高祖进言，提出近代以来各朝正史大多缺略，现在应该趁周、隋等朝灭亡未久，材料还好收集，抓紧修出这些朝的史书，以备鉴戒。他的建议得到唐统治者的重视，高祖下达了著名的《命萧瑀等修六代史诏》，作出了由萧瑀等人修魏史，陈叔达、令狐德棻等人修周史，封德彝等人修隋史，崔善为等人修梁史，裴矩、魏征等人修齐史，窦琎、姚思廉等人修陈史的安排。可惜这次修史工作没有取得什么成果。贞观三年（629年）唐太宗重提修史之事，下诏由房玄龄和魏征任总监修，由诸大臣分别撰写梁、陈、齐、周、隋五代史，其中周史的修撰由令狐德棻和岑文本负责，令狐德棻还负责对五代史作总的协调工作。《周书》的修撰工作后来又加入了一个助手崔仁师，但是岑文本只是写了全书的史论，崔仁师也只是协助令狐德棻工作而已，全书的修撰工作基本上是令狐德棻一人完成的，贞观十年（637年），《周书》与其他各史全部完成。令狐德棻由于修史有功，得到了赐绢400匹的赏赐。贞观二十年（646年），唐太宗又作出重修《晋书》的决定，并组成了一个由20余人组成的写作班子，令狐德棻和敬播担任着实际主编之职，全书的体例均由他们二人裁定。令狐德棻参加编修的著作还有《艺文类聚》《氏族志》《五代史志》《新礼》《太宗实录》《高宗实录》《唐律令》等。此外《北史》和《南史》两部重要史著，也是经他之手推荐行世的。

《周书》有帝纪8卷，列传42卷，共50卷。记载北周（包括西魏）的历史，时间溯自534年东西魏分裂，止于581年隋文帝灭周立隋。

《周书》的修撰有一个很大困难是文献资料缺乏。除隋朝牛弘的18卷《周纪》之外，就没有什么现成的著作可供取材了。而《周书》却以材料丰富见长，可见令狐德棻搜罗材料的功夫下得相当大。《四库全书总目提要》列举"《元伟传》后，于元氏戚属，事迹湮没者，犹考其名位，连缀附书"的例子，评论"德棻旁征简牍，意在摭实"是有说服力的。

《周书》不仅史料丰富，而且继承了《汉书》《宋书》的优良方法，收录了很多当时的重要文献。在赵贵等传后，总叙八柱国、十二大将军，可以见到周代授勋之典。《苏绰传》中载录六条诏书和《大诰》全文，可以考见周代创制之事。《宇文护传》记其母子相寄的书信，今天读来，其母子的真情也催人泪下。《王褒传》记其《寄周宏让书》，《庾信传》记其《哀江南赋》都是文学史上的杰作。这些文献的采录可以使人们更真切地了解当时社会的实际情况，是很有意义的。

《周书》所记史事范围广阔。从纵的方面看，它的记事仰包西魏。对于西魏时期的政治、军事大事，书中都有详细的记述。在魏澹所撰记述西魏历史的《魏书》佚失之后，《周书》对魏史的记述，更加宝贵。从横的方面看，从宇文泰控制西魏到建立北周之时，北有东魏、高齐，南有梁、陈，在48年时间里，有6个政权先后或同时存在，史事错综复杂，头绪纷繁。但《周书》却能很好处理这些关系，把几国的大事都交代得清清楚楚，在一定程度上反映了这个时期全国范围的历史发展大势。赵翼对此最为赏识，他说："后周时区宇瓜分，列国鼎沸，北则有东魏、高齐，南则有梁、陈，迁革废兴，岁更月异，《周书》本纪一一书之，使阅者一览了然。……此书法之最得者也。"（《陔余丛考》卷7《周书》条）

《周书》所记史实详尽，还可以补充其他史书记载的不足。萧詧是梁武帝萧衍的孙子，初封岳阳郡王，因援助其兄湘州刺史萧誉，被梁元帝萧绎逼迫，遂在襄阳自立为梁王，后在江陵称帝，建立起后梁政权，成为西魏和北周的附庸，历三帝33年后灭于隋朝。后梁在当时是一个国家，可姚思廉的《梁书》不载其事，造成历史记载的缺失。《周书》特立《萧詧传》，补充了当时的重要史事，这是很妥当的。

《周书》和《魏书》《北齐书》在民族史和民族关系史上的价值是值得重视的。北魏、东魏、西魏是鲜卑拓跋部建立的政权，北周是鲜卑宇文部建立的政权，北齐则是鲜卑化的汉人建立的政权。这三部史书比较集中地记述了这五个皇朝的兴衰史。如果把这三部书中记述的鲜卑族在政治、经济、文化、习俗等方面的种种变化，与《三国志》《后汉书》里所记鲜卑族历史加以比较的话，就会看到这二三百年中，鲜卑族的历史取得了何等伟大的进步。这个记录是匈奴、鲜卑、羯、氐、羌等少数民族不断发展进步，和他们同汉族不断融合的历史过程的一个缩影，也是中华民族不断扩大、不断发展的伟大过程的一个缩影。

《周书》同当时修成的其他各史一样，对记述文人有特殊的兴趣。他不但详记了王褒、庾信等文学家的事迹，所记史学家的事迹也比较详细、具体。如对西魏史学家柳虬，记下了他提出的修史后即在朝廷公布，以杜绝曲笔现象，及时发挥劝诫功能的重要建议，也写出了柳虬直书宇文泰废黜西魏废帝的过错并当朝宣布的史实。这对于史家励节励行是有促进作用的。

《周书》在行文叙事上能够做到繁简得宜，文笔简劲，反映了令狐德棻深厚的史学功底。

《周书》在撰写中暴露出作者的阶级和历史局限性。它同许多正史一样，把农民起义诬为寇乱，对帝王将相却尽力粉饰、美化。书中还反映了作者较深的门阀观念，在讲到所谓"八柱国""十二大将军"时，作者津津乐道：他们当时的荣盛，没有人比得上，现在称道门阀，也首推八柱国家。可见门阀观念在作者身上是根深蒂固的。《周书》还有一个问题，就是为唐初不少功臣、显贵的先人都立了佳传。唐初宰相杜如晦的曾伯祖杜杲，在北周原无突出事迹，《周书》勉强为其立传。后梁傀儡皇帝萧詧被美化得"盖有英雄之志，霸王之略"，原因就在于他的孙子萧瑀是当朝宰相。令狐德棻还在书中对自己的先人加以吹捧。这类问题在唐修五代史中普遍存在，但《周书》表现得明显一些。另外，《周书》在材料考订和编排上也有一些值得商榷之处。

《周书》流传到北宋初年已经残缺，大约有 5 卷全缺，有 3 卷缺少大半。现经后人辑补，大致恢复了原书面目。

046 修史与求治的结合——《隋书》

《隋书》是唐代官修正史的代表作,是唐初所修诸史中较好的一部。它的纪传部分有本纪5卷,列传50卷,记载隋朝38年的历史,志的部分有十个门类30卷,记载的是整个南北朝时期的典章制度史,又称《五代史志》,由长孙无忌、于志宁等人修成于高宗显庆年间。

《隋书》纪传的修撰始末同于梁、陈、齐、周四朝之史。唐高祖武德五年曾责成封德彝、颜师古主修隋史,但无成果。唐太宗贞观三年,重申修撰五代史之议,房玄龄和魏征负责五代史的监修工作,魏征又任《隋书》的主编。到贞观十年(636年),《隋书》纪传与其他四史一同修好奏上。

魏征是初唐著名史学家和政治家,字玄成,巨鹿曲城(今河北馆陶)人。生于北周静帝大象二年(580年),去世于唐贞观十七年(643年),享年64岁。他幼年丧父,生活贫苦。在青少年时代,他就有兼济天下的大志。隋末农民起义爆发时,魏征加入了元宝藏的义军,又到李密手下掌管文书。瓦岗军失败,他和李密一起降唐。降唐后他成了李建成的亲信。玄武门之变后,他逐步取得了李世民的信任,在政治上发挥了越来越大的作用。他劝李世民接受隋亡的教训,对百姓采取休养生息的政策,结果很快出现了"贞观之治"的繁荣景象。在贞观时期,他以直言敢谏闻名当世,通过谏诤方式,前后共提出200多项施政建议,不但直接影响了此时的国家大政,也为后人树立了君臣相得,励精图治的榜样。

魏征在史学上也有很大建树。贞观年间所修的五代史,他负总的领导责任,对于各史多所损益订正。在五代史中他撰写了《梁书》《陈书》《北齐书》的总论,具体主持修撰了《隋书》。此外他还负责主编《群书治要》，主持修订《五礼》，亲自编注《类礼》。对于初唐史学和文化的繁盛，他作出了较大的贡献。

《隋书》的纪传在编次上注重以类相从的方法，体例比较严整。如列传分为16类，比以前的史书都要严密而妥当些。其中把少数民族史划成东夷、南蛮、西域、北狄四个方面，分别得更为清楚。因为参加写作的都是当时著名学者，所以《隋书》在笔法上也更简练，严整一些。在历史记载上，《隋书》纪传中保存了不少有用的材料。如《万宝常传》记录《乐谱》64种，《张玄胄传》记载其精密天文推算的结果，《琉球传》及《陈稜传》记载台湾地区居民社会组织、经济生活以及与大陆联系状况等等，都具有相当高的史料价值。至于注重传主的官阶履历，把个人传记写得如同案牍公文，缺少生动、活泼的历史活动内容，这样的毛病，在五代史中普遍存在，《隋书》也是如此。

《隋书》中值得重视的是它的史论，史论出自富于政治经验的魏征之手，它把论史与论政结合起来，以隋朝的兴亡为借鉴，阐发出不少深刻的政治思想和历史见解，给人们的教益是不小的。

《隋书》史论认真总结了隋朝兴亡的经验教训。认为隋炀帝骄横残暴的统治，是隋朝灭亡的根本原因。它比较了文帝与炀帝社会状况和统治政策的不同，指出文帝进行统一战争意在安定天下，虽然初起时国力不强，最后终于取得成功。炀帝穷兵黩武，骚动天下，就是再稳固的江山也会土崩瓦解。这样的历史结论是深刻的，对于唐初的施政方针来说，针对性也是相当强的。

魏征认为国家要想长治久安，建立一个稳固的统治秩序是十分必要的。建立理想的秩序，关键是对百姓进行教化。因此统治者应抚恤民众，休养民力，务使百姓安居乐业。在这个统治秩序中，封建官吏起着承上启下的重要作用，书中赞扬那些"内怀直道，至诚待物，故得所居而化，所去见思"(《隋书·循吏传》)的循吏，而鞭笞那些庸俗、贪婪、无能的官吏。抓住教化和用人两个环节，要求用适当人才来实施理想统治，应该说对于封建统治来说还是至关重要的。

《隋书》的史论还探讨了隋朝的君臣关系和朝政得失，评论了隋朝重要历史人物的功过是非及历史作用,阐发了作者的人才思想、法治思想等,对于封建社会的政治家、史学家都是很有启发的。

当时史馆所修的五代史都没有志,唐太宗乃于贞观十五年(641年)下诏让于志宁、李淳风、韦安仁、李延寿、敬播等人续撰《五代史志》,最初由令狐德棻监修,高宗永徽三年(652年)改由长孙无忌监修,显庆元年(656年)书成上奏。此书为配合梁、陈、齐、周、隋五代史而修,实际是上接《晋书》书志部分的南北朝典章制度专史。最初为单行本,因为其内容以隋为主,隋代又居五代最末,所以后来被编入《隋书》。现在被称为《隋书》十志。

《隋书》十志虽成于众手,但作者是学有所长的专家,因此它的内容丰富、充实。在正史书志中,一直享有较高的声誉。

《隋书》十志包括:《仪礼志》7卷,《音乐志》《律历志》《天文志》各3卷,《五行志》2卷,《百官志》《地理志》各3卷,《食货志》《刑法志》各1卷,《经籍志》4卷。《隋书》继承了《汉书》十志的传统,它记述典章制度的范围,实际上包括了已有史志的各个方面,较全面地展现了封建社会的政权结构、统治规模和学术文化的面貌。《隋志》写得一般都很有章法,每志都有绪论概述历史源流和本志要旨,然后按五个朝代分段记述史实,给人以清晰、严整的印象。《仪礼志》记载礼制方面的内容,贯彻着维护等级制度的宗旨。《音乐志》除记录祭天地、祀鬼神的乐章外,还记载当时杂技的各种表演和域外音乐的内流,是有价值的艺术史料。《律历志》《天文志》和《五行志》记载了不少神秘主义的东西,是统治者用天意来为现实服务的工具。但是其中记有不少科学的内容,反映了南北朝以来天文历算方面的成就。《食货志》和《刑法志》篇幅较小,内容却很重要。它们写出了南北朝时期土地、赋役、货币和刑法制度的变迁,反映了当时社会经济结构和封建统治的特点。《百官志》记载当时封建国家的政权结构,记述了各朝的官制、官职及其沿革情况。《地理志》反映当时国家的行政区划,它确记了隋大业年间全国的郡、县、户、口、垦田数字,记述了各朝所置郡县沿革和当时的自然山川状况。

《隋书·经籍志》在十志当中价值最为突出,它是《汉书·艺文志》

之后,最重要的一部史志目录专著。它考究了书籍的存亡,著录了各种书籍,为人们研究古籍流传情况和进行辑佚、辨伪等文献整理工作提供了重要的指导线索。在图书分类上,它采用经、史、子、集四部分类法,对于唐以后的图书分类法产生了很大影响。在写法上,它的大小序齐全,对于各门学术及其分支学科都能抓住要害,进行提纲挈领的评介,起到了辨章学术、考镜源流的作用。对于古代目录学的发展,《隋书·经籍志》起到了重要的促进作用。

《隋书》十志的编纂成功,对于《通典》有直接的影响。

047 最早最完整的法典
——《唐律疏议》

《唐律疏议》30卷，唐代长孙无忌等奉皇帝之命编撰。它是我国现存最早最完整的一部法典。

《唐律疏议》实际上由两部分组成，即唐律的律文部分及长孙无忌等人对律文的疏释部分。因为文中疏释部分以"议曰"二字开头，所以被人们称为《唐律疏议》，或者《唐律疏义》。

隋朝统治者的暴政和严苛的刑罚导致农民起义的历史给唐朝的建立者留下了深刻的印象。他们接受隋朝灭亡的历史教训，采取多方面的措施，建立和稳定专制统治体系。立法活动就是其中的一项重要内容。

唐代法典包括律、令、格、式四部分。其中律居首位，律即刑法典，是用于定罪的。"令"就是国家的制度和政令。"格"就是对文武百官的职责范围的规定，用作考核官员的依据。"式"是尚书各部和诸寺、监、十六卫的工作章程。

唐高祖时就命裴寂等人在隋朝《开皇律》的基础上编制了《武德律》。唐太宗贞观年间，又命长孙无忌、房玄龄等人对《武德律》加以修改和删定，用了十几年的时间，编成了《贞观律》。唐律自从贞观年间修改后，就没有再作过大的变动。唐高宗即位后，除了对律文做过一些个别的调整外，主要是解决律文在执行过程中存在的解释无凭的问题。永徽三年（652年），唐高宗委派长孙无忌等19人编写《律疏》，第二年完成，当时叫作《永徽律疏》，于是颁行全国。编写《唐律疏议》的目的是为了给唐律的条文提供一个权威的解释，因为唐律在实施过程中，没有一个统一的解释，对于怎样理解唐律的条文以及用哪条律文更合适都没有统一的标准，这就影响了唐律的实施效果。《唐律疏议》对解决这一问题是很有好处的。

《唐律疏议》按照唐律12篇的顺序，对502条律文逐条逐句进行了注解，并以问答的形式，辨异析疑。编撰者还根据战国秦汉魏晋南北朝至隋以来的封建法律理论，对于律文的内容叙述其源流，对其含义加以发挥，并对不完备的地方加以补充，使唐律的内容更加丰富。因为《唐律疏议》是官方编写又由皇帝命令颁行全国，所以具有极大的权威性，从此以后唐代官吏审理案件都要以它作为标准。注释部分实际上与律文部分具有同样的法律效力。因此，《唐律疏议》的实践结果远远超过了原来的编撰目的，它不仅仅是唐律的注释书，而是成为与律并行的唐代国家法典之一。

《唐律疏议》编定后，历经高宗、武后、中宗、玄宗等朝，又做过一些修改，但都属于个别内容的增改和个别文字上的修订。从唐律的发展和《唐律疏议》的沿革过程看，《唐律疏议》是唐朝的一代之典。

《唐律疏议》作为封建法典，有着浓厚的封建思想意识，体现着封建统治阶级的阶级意志。它反映了礼制、君主专制、等级制度和宗法制度等内容。《唐律疏议》的法律思想有以下两个特色：第一，"德礼为政教之本，刑罚为政教之用"，伦理道德和法律相结合，前者为主，后者为辅。第二，简化法律条文，减轻刑罚。如《贞观律》中的刑罚，与隋律相比，去掉了死刑92条，减流为徒者71条，其余变重为轻者也很多。唐律是秦汉以来封建专制时代较为宽简的法律。

《唐律疏议》首篇的《名例律》如同现代法律的总则，表达了唐律的基本精神和基本原则。其余17篇相当于现代刑法的分则，具体规定了什么行为构成犯罪以及犯罪后如何处罚的各种条款。

《唐律疏议》规定了笞、杖、徒、流、死五种刑罚，统称为五刑。

十恶被认为是最严重的罪行，所以列于首篇。所谓十恶都是指直接侵犯专制皇帝的统治基础和封建统治秩序的行为，十恶具体指：谋反、谋大逆、谋叛、恶逆、不道、大不敬、不孝、不睦、不义、内乱。犯十恶罪者皆处以重刑，不享有赎、免等特权，所谓"十恶不赦"就是这个意思。

八议，八议制度起源很早，唐律则规定得更为详备。八议的对象主要指以下几种人：亲、故、贤、能、功、贵、勤、宾。总之不外乎皇帝的亲戚故旧，或者封建王朝的官僚贵族。这些人只要不是犯了十恶罪，其他罪行都可以通过各种途径减轻或免于处罚。这种特权制度，反映了等级和阶级差别。

唐律《名例律》还规定了一些原则，对如何认定犯罪性质和确定刑罚方面具有指导意义。划分公罪与私罪，关于自首减免刑罚的规定，关于共同犯罪的处理原则，关于合并论罪的原则，关于累犯加重的规定，关于区分故意与过失，关于类推的一般原则，等等。关于老幼废疾减刑的规定，关于同居相瞒不为罪的规定，关于涉外案件的处理原则。这些基本原则的规定，充分证明唐朝的法律制度是相当完备和相当细密的。

卫禁律是关于警卫宫室和保卫关津要塞方面的法律。职制律是关于官吏职务及驿传方面的法律。户婚律是关于户籍、土地、赋税以及婚姻家庭方面的法律。厩库律是关于国有牲畜和仓库管理方面的法律。擅兴律是关于发兵和兴造方面的法律。贼盗律是关于保护生命财产不受侵犯的法律。斗讼律是关于斗殴和诉讼方面的法律。诈伪律是关于欺诈和伪造方面的法律。杂律是关于买卖、借贷、度量衡、商品价格规格、犯奸、国忌作乐、私铸货币、赌博、决失堤防、破坏桥梁、放火失火、医疗事故、阻碍交通等方面的法律。捕亡律是关于追捕罪犯和逃亡士兵及役丁的法律。

唐律是在隋朝《开皇律》基础上制定的，而隋律则继承了前代的法律。唐律根据秦汉以来封建立法和司法的经验，把一些行之有效的刑制及司法原则加以整理，对社会关系各主要方面都作出了明确的规定，所以它集唐以前我国封建法律之大成，成为宋元明清历代制定和解释封建法典的蓝本，并对古代日本、朝鲜、越南等国建立和完善封建法制产生过广泛而深刻的影响。被称为世界五大法系之一的中华法系的代表。

宋朝的《宋刑统》，就律文而言，只是唐律的翻版。元朝的《至元新格》的20篇，与唐律的9篇相同，其他八议、十恶、官当制度都沿用唐律。明代《大明律》、清代《大清律例》都受到唐律影响。

日本文武天皇大宝元年（761年）所制定的《大宝律令》，有律6卷，共分12篇，其篇名与次序都与唐律相同，而且律文的内容也很多相似。朝鲜的《高丽律》不仅在篇目体系上与唐律相同，在内容方面，如刑名种类和对特权阶级的优待条款等，也都与唐律极为相似。在越南，历代刑律也多仿照唐律。

《唐律疏议》不仅完整保存了唐律，还保存了大量唐代的令、格、式的内容。同时记载了大量有关唐代政治、社会经济的资料，是研究唐代阶级关系、等级关系以及官制、兵制、田制、赋役制的重要依据。所以，清代学者王鸣盛称《唐律疏议》为"稀世之宝"。

048

"编次别代，共为部秩"
——《南史》《北史》

《南史》和《北史》都是纪传体的通史，作者李延寿。《南史》共80卷，有本纪10卷，列传70卷。记载从南朝宋武帝永初元年（420年）到南朝陈后主祯明三年（589年）约170年间宋、齐、梁、陈四个政权兴亡的历史。《北史》有本纪12卷，列传88卷，共100卷。记事起于北魏道武帝登国元年（386年），止于隋恭帝义宁二年（618年），包括北朝魏、齐、周和隋四个封建政权230年间的史事。

李延寿字遐龄，世居相州（今河南安阳）。他撰写《南史》《北史》，是继承父亲李大师的事业。李大师（570—628）曾任窦建德的礼部侍郎。他有感于南北朝长期分裂、互相敌视，致使历史记载不能周悉完备，统一后南北思想隔阂不易消除的状况，决心写一部编年体的南北朝史，以适应全国统一的历史要求。他为此作了一些编纂工作，可惜过早辞世，使他的宏愿未能完成。李延寿是唐初一位很有作为的史学家。他的生卒年月史书失载，现在可知他的政治与学术活动基本是在唐太宗初年至唐高宗初年这30年间进行的。他任过东宫典膳丞、崇贤馆学士、御史台主簿、兼直国史、符玺郎、兼修国史等官职。他在政治上没有什么作为，修史是他一生的主要事业。他参加了唐代官修史书《隋书》《五代史志》《晋书》和唐朝当代国史的修撰工作。还独自撰写了30卷的《太宗政典》和《南史》《北史》3部历史著作。

李延寿撰写《南史》《北史》的工作，大致开始于唐太宗贞观十七年（643年）至高宗显庆四年（659年）书成上奏，前后共用去16年时间。如果加上李大师的修撰工作和李延寿的材料准备等工作，那么这部书就可以说是凝聚他们父子30余年心血而成的。

《南史》和《北史》是在记述南北朝至隋历史的《宋书》《南齐书》《梁书》《陈书》《魏书》《北齐书》《周书》《隋书》等8部纪传体断代史基础上修成的。它们是对八书的成功改编,也是李延寿在史学史上成功的再创造。与八书相比较,它显示出自己特有的价值。

李延寿对八书的改编,按照他自己的说法,主要是从三个方面进行的。

一是"编次别代,共为部秩"。李延寿打破朝代体系,把这一时期分成南北两个部分,分别撰写出通贯各朝代的通史,编成互相联系、互相配合的两部书。这两部书的体例都是先按时间顺序编排各朝的本纪,然后是按朝代顺序写成的人物列传,人物又按各种类传分别编排。这就把整个南北朝到隋统一的长阶段历史,完整地交代给读者。这个编排是很成功的。从编撰技术方面考虑,南北朝各个朝代的历史都比较短暂,跨朝代的人物相当多,相互递嬗的朝代之间历史联系也比较密切。把它们贯通起来加以记述,既能克服史实断裂、重复记载、难于剪裁、卷帙繁冗、不便阅读等诸多弊病,又能用简明方式记述具体事实,给读者提供全面系统的历史知识。从记述效果上看,把广阔时空下的历史发展变化,放在一起加以记载,有利于比较出各朝代、各历史时期的不同特点,有利于准确勾勒这一时期的历史形势和历史变化趋势,易于使读者把握历史发展的本质性特点。从思想价值上看,这有利于从中华民族历史的总体中,启发人们的历史思考,有利于消除南北长期分裂产生的隔阂,容易培植天下一家的统一意识。《南史》《北史》在上述方面都表现出一些优点。

二是"除其冗长,捃其菁华"。李延寿对八书的改造,主要是进行抄录工作,这其中有沿用、有勘究、有削烦繁。用二史贯通各朝,不像八书各自为书,必然会删除很多互相重复的记载,这是李延寿工作的重要部分。另外李延寿还有意识地进行了史实和文字记载的撮要删烦工作,最突出的是删掉了很多八书本纪中的诏令、策文和列传中的奏议、文章。这些文章有的史料价值极少,二史把它们完全删除。有的比较重要,李延寿则以数语概括出来。经过这个工作,史实被突出出来,篇幅却大量减少了。李延寿把537卷的八书，删入180卷的二史之中，卷数仅及原著的三分之一、文字仅占一半。由于其卷数不繁，头绪清楚，叙事突出，读者研习甚便，抄写易成，因而在长时期内，二史比八书流传得要广泛一些。在宋代以前，世人了解南北朝史事，主要是靠《南史》《北史》。宋代以后校勘八书，也多用二史来补其缺失。当然简略并不等于精当，李延寿的删削存在着一些不当之处，对此前代史家已有所批评。

三是"鸠集遗逸，以广异闻"。李延寿并非单纯节抄八书，他在撰史过程中，又补益进来大量的史实。八书中的《魏书》是北齐魏收所撰，北齐承东魏而来，因此魏收不承认西魏，在《魏书》中只记北朝、东魏历史，不包括西魏史事。李延寿据魏澹撰《魏书》（已佚），在《北史》本纪中补进西魏文帝、废帝、恭帝三帝纪，在列传中补入西魏人物传记，使北朝的历史得到完整记载。二史除补入一些八书所无的纪、传外，还对八书原有的一些纪传作了增补，如在对范缜的记述中，增加了范缜不肯卖论取官的一段对话和不祠神庙的一段史实，使这位无神论者的战斗性格更为突出。《北史·苏威传》补入江南人民反隋斗争的史实。《北史·李谐传》补充南北交往的记载，这些都是很有价值的史料。李延寿在《北史·序传》中自述："从此八代正史外，更勘杂史于正史所无者一千余卷，皆以编入。"这一方面反映了二史采摭增补材料的丰富，另一方面也反映了取材的驳杂。二史中对史实增益不当之处，也有很多，其中大多是琐言碎事，以至一味追求骇视听、资谈助的记事，包括一些荒诞不经、疑神见鬼的迷信内容，成为书中的芜累。李延寿在撰书时，也订正了八书中的一些史实。他距所记时代较远，这使他可以改正一些当时讳饰失实的史实，显示出一定的长处。

《南史》《北史》在思想上的价值，最突出的是宣扬天下一家的统一思想。它改变了一个多世纪以来一直袭用的南方与北方互称"岛夷"与"索虏"的陋习。李延寿认为南朝与北朝占有同样的历史地位。他反对把北魏以前北方一些少数政权的历史"编之四夷"。也指出东晋、宋、齐、梁、陈各朝，虽偏安江南，但前后相承300余年，不承认它们历史地位的作法是不可取的。李延寿在《南史》《北史》中不分正闰，给南北朝各政权以同样的地位。这种在历史撰述上不再强调南、北对立和华、夷界限的认识和作法，反映了民族融合的伟大成果，是历史的进步。在具体撰述中，李延寿也采取了一些适当的作法宣扬统一意识。他对南北之间的战争采取"两国交兵不详载"（赵翼《廿二史札记》卷13《南北史两国交兵不详载》条）的作法，就是有意削减对此的过分纠缠。

《南史》和《北史》在记述人物的历史活动时，通常都把所记述的人物和他的家族兴替得失、荣辱悲欢联系起来，而尤其注重说明人物的社会活动的因果同"家声""门风"的关系。二史也很注意家族兴替与皇朝盛衰的关系。这些都反映了南北朝时期的历史特点和社会风貌。

049 "参详旧史,撮其指要;举其宏纲,义在惩劝"
——《贞观政要》

《贞观政要》是一部政论性的史书。这部书以记言为主,所记基本上是贞观年间唐太宗李世民与臣下魏征、王珪、房玄龄、杜如晦等人关于施政问题的对话以及一些大臣的谏议和劝谏奏疏。此外也记载了一些政治、经济上的重大措施。《贞观政要》虽记载史实,但不按时间顺序组织全书,而是从总结唐太宗治国施政经验,告诫当今皇上的意图出发,将君臣问答、奏疏、方略等材料,按照为君之道、任贤纳谏、君臣鉴戒、教诫太子、道德伦理、正身修德、崇尚儒术、固本宽刑、征伐安边、善如慎终等一系列专题内容归类排列,使这部著作既有史实,又有很强的政论色彩;既是唐太宗贞观之治的历史记录,又蕴含着丰富的治国安民的政治观点和成功的施政经验。这部书是一部独具特色,对人富有启发的历史著作。

《贞观政要》全书10卷40篇,8万余言,作者是唐代史学家吴兢。

吴兢,唐汴州浚仪(今河南开封)人,出生于唐高宗总章三年(670年),病逝于唐玄宗天宝八年(749年)。吴兢年轻时就立志从事史学事业,武则天时,经友人推荐,开始担任史官。吴兢具有忠于历史的赤诚。当时武三思领导修撰国史,武三思等人以朋党为界限,记事不实。吴兢愤而私撰《唐书》《唐春秋》,意欲为后人留下信史。唐中宗时,他任右补阙,与刘知几等人共修《则天实录》。书成后,转任起居郎,又迁水部郎中。开元初,自请继续修史,得准与刘知几撰《睿宗实录》,并重修《则天实录》。

刘知几去世后，张说为相，见到书中记载张易之诱他诬陷魏元忠之事，感到不安。故意对吴兢说："刘五（知几）修实录，记齐魏公事，殊不相饶假，与说毒手。"吴兢从容回答说："是兢书之，非刘公修述，草本犹在。其人已亡，不可诬枉于幽魂，令相公有怪耳。"张说几次请求删改，他都断然拒绝，凛然回答："若取人情，何名为直笔。"（以上引文均见《唐会要·史馆杂录》）吴兢的高风亮节，得到时人赞叹，人们称誉他是当世董狐。他任史职30余年，编纂唐国史65卷。唐玄宗开元十七年（729年）以后他调离史职，先后任荆州司马，台、洪、饶、蕲四州刺史，相州长史、邺郡太守、恒王师傅等职。70岁以后，他有感于南北朝史烦杂，撰写梁、齐、周史各10卷，陈史5卷，隋史20卷。他的一生是为史学事业勤奋劳作的一生，他的高尚风范成为后世史家学习的榜样。

《贞观政要》写作于开元、天宝之际。当时的社会仍呈现着兴旺的景象，但社会危机已露端倪，政治上颇为敏感的吴兢已感受到衰颓的趋势。为了保证唐皇朝的长治久安，他深感有必要总结唐太宗君臣相得、励精图治的成功经验。为当时的帝王树立起施政的楷模。《贞观政要》正是基于这样一个政治目的而写成的，所以它一直以其具有治国安民的重大参考价值，而得到历代的珍视。

书中所记述的封建政治问题是全面而详备的。吴兢把君主作为封建政权的关键，他在开卷的第一篇《君道》中，首先探讨了为君之道。他列举唐太宗的言论说明：要想当好君主，必先安定百姓，要想安定天下，必须先正自身。把安民与修养自身当作为君的两个要素，对于封建政治来说，是抓到了点子上的。对于君主的个人修养，他以唐太宗为例，说明清心寡欲和虚心纳谏是相当重要的。做到这两点，是唐太宗成功的关键，从历代统治者的施政实践上看，这两条对于政权安危具有普遍意义。

在书中，吴兢还重点记述了人才使用问题。书中介绍了唐太宗知人善任、任人唯贤的事迹。唐太宗对用人有较深刻的认识，他一再强调"为政之要，唯在得人"（《贞观政要·崇儒》）。对于人才，他提出了必须具有高尚品德，能够克己恭俭，正直廉洁等要求。为此，他不但采取了一系列选拔人才的措施，而且非常重视对官员的考核和赏罚。通过唐太宗的努力，一批人才集中于初唐政坛，这是问题的一个方面。另一方面，大批人才的出现，也在巩固封建政权，组织民众生产，安定民众生活方面发挥了重大作用。正是君明臣贤，上下一心，才促成了贞观之治的出现。吴兢在此似乎同意魏征的观点："大厦云构，非一本之枝；帝王之功，非一士之略。"（《隋书》卷66《后论》）知贤用贤一直是古代政治家非常重视的问题，唐太宗君臣相得的实践，为此提供了一个成功的佐证。《贞观政要》对此的记述，则把这一问题的讨论引向了深入。

吴兢在书中还对太宗朝的大政方针进行了归纳和概述，其中做得成功的有偃武修文、崇尚儒学、加强礼治、执法宽弛、休养生息、安定民众，采取怀柔政策，安抚周边少数民族等等。农业是安定民心、治理国家的根本，这是历代有识统治者的共识，但真正能抓住这一环节不放，取得实际效果的，却不多见。唐太宗也非常重视农业生产。他说："凡事皆须务本。国以人为本，人以衣食为本，凡营衣食，以不失时为本。夫不失时者，唯在人君简静乃可致耳，若兵戈屡动，土木不息，而欲不夺农时，其可得乎？"（《贞观政要·务农》）这个说法比之前代政论家的言论，应该说没有太多新意。但作为一个执政者本身，有了这个认识，又能把它贯彻到自己的政策方针中去，其作用就难以估量了。唐太宗在兵戈扰攘之后，把自己的简静无为，推广为对天下民众实行轻徭薄赋、休养生息的政策，很快收到了良好的效果。贞观后期天下丰足，可以上比汉初的文景盛况。对此，历代统治者都心往神追，可通过努力把它变为现实，却是相当大的难题，《贞观政要》对此的记述，很有理论指导意义。

唐太宗是一位非常精明的政治家，对于如何保持长治久安，使李家天下稳如磐石是非常关心的。他看得非常明白："前代拨乱创业之主，生长人间，皆识达情伪，罕至于败亡。逮乎继世守文之君，生而富贵，不知疾苦，动至夷灭。"（《贞观政要·君臣鉴戒》）有鉴于此，他对于皇位继承人的选择、教育，颇费了一番苦心。虽然他的一番努力最后归于失败：他的皇太子李承乾因骄奢淫逸被废，另一位太子李治庸懦无能，没能很好继承他的事业。但他虑及身后，严教子弟的做法，显示出他的政治远见，对于封建帝王来说，他的做法值得学习。吴兢特立《太子诸王定分》

《教戒太子诸王》等篇，对此进行记述，说明他也认为这是关系国家安危的重大问题。

《贞观政要》中，也反映了吴兢思想中的一些消极东西。如书中第五卷罗列了关于封建伦理道德的一些说教；第六卷中又列举了许多关于修身养性的议论。这固然是希望统治者能够正身修德，作出表率，但也表明吴兢对封建伦理的重视和虔诚。

《贞观政要》在史料学方面也具有重要价值。现在唐代起居注、实录、国史已不存，《贞观政要》是现存记载太宗朝历史较早的一部史书。书中保存了较多的重要史实，比它晚出的《旧唐书》《新唐书》《资治通鉴》等书所记贞观年间史实，有些方面也不如它详尽。

050

"随时立制，遇弊则变""征诸人事，将施有政"
——《通典》

《通典》是我国第一部，也是成就最高的一部典章制度专史。它的作者杜佑，字君卿，唐京兆万年（今陕西西安）人，生于唐玄宗开元二十三年（735年），病逝于唐宪宗元和七年（812年）。杜佑出身于具有悠久历史和显赫地位的名门大族。他20岁左右步入仕途，40岁以后任中央高级官员和岭南、淮南等地的长官，近70岁时任宰相，78岁因病退休，不久去世。杜佑有很高的文化修养，又有丰富的政治经验。他以史学家的眼光处理现实的政治经济问题，又以政治家的见识撰写历史著作，这使他在两方面都取得了成功。

《通典》开始写作于唐代宗大历元年（766年）左右，德宗贞元十七年（801年）完成于淮南节度使任上，全书的修撰用了整整35年的时间。杜佑对史学的社会功用，有很深刻的认识，他写作《通典》是为了"征诸人事，将施有政"（《通典·自序》）。他要通过对历史上政治、经济制度方面的考察，来为当时的政治经济活动提供直接有益的指导。这个著述旨趣，决定了《通典》基本价值。

《通典》全书200卷，分为食货、选举、职官、礼、乐、兵刑、州郡、边防等八门。它的结构具有严密的内在逻辑联系。杜佑在《通典·食货》里对此作了明白的说明："夫理道之先在乎行教化，教化之本在乎足衣食。……夫行教化在乎设职官。设职官在乎审官才。审官才在乎精选举。制礼以端其俗，立乐以和其心，此先哲王致治之大方也。故职官设然后兴礼乐焉，教化隳然后用刑罚焉，列州郡俾分领焉，置边防遏戎狄焉。是以食货为之首，选举次之，职官又次之，礼又次之，乐又次之，刑又次之，州郡又次之，边防末之。"这个逻辑构成，体现了杜佑对封建制度的全盘理解。在每一门目之中，杜佑又细分子目，每事以类相从。他叙述各种制度及史事，大体按照年代顺序，原原本本详细介绍。在有关事目之下还引录前人的有关评论，或写下自己对此的看法。评述结合的写作方法，提高了《通典》的学术与经世致用价值。从总体看，全书编排得整齐有序，条理井然，眉目清楚，很便于读者阅读、查考。

《通典》在历史编纂学史上占有重要地位。它是典章制度专史的开创之作。杜佑以前的典章制度史，基本集中于纪传体史书中的书志部分。在史实容量和撰述体例上都有诸多的限制，无力承担完整记述社会政治经济制度发展变化历史的任务，落后于社会的客观需要。《通典》把这一体裁独立出来，为这一体裁的成熟、发展，开辟了广阔的天地。从此以后典制史成为传统史学的一个重要门类，出现了一系列典章制度史的专书，丰富了传统史学的表现能力，也促进了史学服务于社会这一优良传统的发展。

《通典》所记上起远古时期，下至唐代天宝末年，唐肃宗、代宗以后的史实多以夹注的形式补入。它基本包罗了封建社会政治、经济制度的主要方面。它的《食货典》12卷，叙述历代的土地、财政制度。对历代土地形态的变迁，租税的轻重，户口的盛衰，货币的变革，盐铁的管理，杂税的兴起等等情况都作了详尽的考察。《职官典》22卷，叙述历代官制的沿革变化。把从中央到地方，从文官到武官，从员额到官阶的情况，也都叙述得清清楚楚。《兵刑典》23卷，叙述兵略、兵法和历代的刑法制度。它把唐以前所有战争的胜负经验，兵法上的原理原则，统一归纳起来，各标以适当的题目，成了一部有系统的军事理论著作。《边防典》16卷，叙述历代的边防与四境各族政权的情况，交代了丰富的民族地区历史发展变化情况，为民族史和国防史研究提供了很大方便。《通典》中《礼典》有100卷，占了全书卷数的一半。它详记了古代礼制情况，材料是相当丰富的。在封建政权建设中，礼是关键环节之一，杜佑对此表现出极大的兴趣,这与他的身份地位和他对封建制度的理解有着直接的关系。《通典》为人们研究、了解典章制度,提供了系统的知识和材料,为封建政权建设提供了一部翔实可靠的参考书。

杜佑在书中除提供了详尽、系统的典章制度史料外,还表述了自己对封建政治、经济的一系列看法,阐发了他进步的历史思想。

他认为社会经济是治乱安危的先决条件与关键因素,治理国家的关键是进行教化,而教化的前提是丰衣足食,不能满足百姓基本的生存需要,安定社会的一切环节都形同虚设。他对经济重要性的强调,对于古代思想观念的发展进步有一定影响。他在书中把食货放在各类问题的首位,在史书中也是没有先例的。杜佑在长期理论实践中体会到粮食、土地和人是治理国家的关键。有了粮食就使国家用度充足,尽地力就使人不愁衣食,人户清楚就使赋役均匀。这三样事情做好了自然会使民富国强。在经济政策上,他提出要处理好国足与家足的关系,他指出家足是国足的基础,家足才能使社会安定,国家富强。他还根据当时的社会经济状况,提出"薄敛"和"节用",以减轻百姓负担,保证国家经济机器正常运转。这些主张都是很切实际的。

杜佑在《通典》中阐述了历史发展变化的观点。他反对是古非今之论,指出"汉、隋、大唐,海内统一,人户滋殖,三代莫俦"(《通典》卷31《职官》)。用社会发展进步的事实批驳历史倒退的观点。他还独具慧眼地从当时少数民族的社会状况中,推论古代先民的社会历史状况,指出"古之中华,多类今之夷狄"(《通典》卷85《礼》),存在着人殉、巢居穴处、茹毛饮血,同姓婚娶等陋习。当时的中华与少数民族落后状况的对比,正生动反映了中华文明从落后走向进步的历程。这个论证已有一定的科学因素,在古代可谓石破天惊之论。

社会发展进步的观念必然导致他因时变革的思想。他强调"随时立制,遇弊则变"(《新唐书·杜佑传》)。要使当世的政策措施,适应历史变化情况,跟上社会发展的步伐,符合现实的需要。对于历史上的商鞅变法、废封建立郡县,以及当时的两税法等改制措施,他都表示了赞赏的态度。

杜佑重人事而非天命。在对历史事件发展原委和政治、经济制度因革变化的分析中,他都把人们的历史活动和历史时势的促成放在重要地位,而很少考虑天命的作用。对于阴阳灾异学说,他基本持否定态度。在叙述历代战例时,他常常选取一些不信吉凶预兆之说而获取胜利的实例,来表明他对此的看法。对于流行已久的星宿分野说,他根据史籍记载,进行了有理有据的批驳。他在《通典》中删掉了纪传体史书志部分的五行、符瑞等内容,使《通典》表现出更强的理性色彩。

杜佑还在书中阐述了他的人才思想、吏治思想、法制思想、军事思想、民族思想等,其中包含着不少杰出的见解,对于社会建设是很有补益的。

《通典》礼的部分占去了过多篇幅,给人以全局失衡之感,兵、刑部分没有记载军事制度的发展变化,这是《通典》的两个不足。

"新旧合璧，备一代之典"
——《旧唐书》《新唐书》

二十四史中有两部记载唐代历史的著作，按两书完成的先后，分别称为《旧唐书》和《新唐书》。

《旧唐书》是五代后晋的官修史书，当时叫《李氏书》。到宋朝，因欧阳修、宋祁等人编修了《唐书》，才有了新、旧之别，称前者为《旧唐书》，后者为《新唐书》。

《旧唐书》由纪、传、志三部分组成，共有200卷。

早在后梁、后唐两代，就已经开始了搜集资料、编撰唐史的准备工作。《旧唐书》的正式编撰始于后晋高祖天福六年（941年），完成于出帝开运二年（945年），历时4年多。最初由宰相赵莹监修，做主持工作，他在组织人员、收集史料和确定体例上，做了大量工作。以后担任宰相的桑维翰、刘昫也相继担任监修。参加具体编写的是张昭远、贾纬、赵熙等9人。在全书最后完成时，正好是刘昫任监修，由他领衔奏上，所以《旧唐书》题为刘昫等撰。

《旧唐书》的显著特点是前后记事详略不一，文字风格也差别较大，这是由当时的时代特点所决定的。

《旧唐书》编修的时代离唐朝灭亡很近，所以能直接利用大量史料，特别是唐代前期的史料。但由于当时正是割据混战的时代，《旧唐书》在短期内仓促修成，所以对唐代史官的著述照抄照录多而加工少，缺乏必要的剪裁、整理和概括。

关于唐代前期的历史，吴兢、韦述、于休烈、令狐峘等人相继编写的

《唐书》130卷以及唐高祖到唐文宗的各朝实录对唐初至唐代宗时期的历史事件记述较为完整。唐代后期的史料则较少,只有《武宗实录》1卷和其他零碎材料。《旧唐书》主要是抄录唐代史料成书,所以后期大不如前。穆宗以后的本纪繁杂,《历志》《经籍志》的记述仅至玄宗时代,列传对唐代末期人物缺漏很多。此外还有一人两传,同一篇文字重复出现等现象。《旧唐书》比较粗糙是它的重要缺陷。

尽管《旧唐书》存在着上述的缺陷,但其同时也具有了不可抹杀的价值。它保存了丰富的史料,记事比较详细,便于读者了解历史事件的过程和具体情况,因而受到重视。比如对唐顺宗朝王叔文集团当政时期的政治改革措施记载比较具体。唐穆宗以后的本纪,虽然内容芜杂,但也记载了不少有价值的史料,如在《懿宗本纪》《僖宗本纪》里较详细地记载了庞勋起义、黄巢起义的情况。昭宗、哀帝本纪则较详细地记载了唐朝末年藩镇割据、宦官专权的情况。因为《旧唐书》记事详细明确,所以司马光著《资治通鉴》的《唐纪》部分,大抵采用《旧唐书》。

《旧唐书》还保存了不少很有价值的文章。如《吕才传》《卢藏用传》分别登载了两人反迷信的重要文章;《贾耽传》登载了他进奏所编地理图志的表奏。这些都是中国思想史和地理学史的重要文献。

《旧唐书》记述唐代少数民族以及外国的情况,超过以前各史,保存了唐代民族政策与对外关系的史料。

《旧唐书》编撰所遵循的指导原则是"纂修须按于旧章",即忠实于唐代遗留下来的原始资料,对历史事实的记载完全按照当时人的思想认识,这样就真实地反映唐代不同时期的思想认识和时代风貌。

由于《旧唐书》的这些优点,所以它具有不可替代的地位。《新唐书》虽然在史料上作了一些补充,特别是志、表以及唐后期的列传部分,但是《新唐书》意在克服《旧唐书》记事繁杂的缺点,所以行文记事又过于简略,使读者不易了解具体情况。《新唐书》还对《旧唐书》中保存的大量文章,进行了删削、改写,这样就改变了历史文献的本来面目。相比之下,《新唐书》在保存史料方面是不能取代《旧唐书》的。

《新唐书》修成后,《旧唐书》就不再传世。直到明朝嘉靖年间,闻人诠多方搜求，重新刊刻，才又流行于世。到清乾隆年间修《四库全书》时，才正式把新旧唐书并列于正史。

在《旧唐书》完成一个世纪后的北宋仁宗年间，又修了一部唐史，就是《新唐书》。当时的编修目的，一是为了吸取唐代兴衰治乱的经验教训。一是为了通过修史，进行忠奸善恶的褒贬，因为《旧唐书》"褒贬或从于新意"，以五代时期的思想认识来看待藩镇、忠义、叛逆等问题，这是宋代儒家所不能接受的。

《新唐书》是由欧阳修、宋祁、范缜、吕夏卿等人编撰的。全书由纪、志、表、传四部分组成，共225卷。

庆历五年（1045年），宋仁宗下诏开局修《唐书》，至嘉祐五年（1060年）最后完成。

总的说来，列传部分主要由宋祁负责编写，志和表分别由范缜、吕夏卿负责编写。最后在欧阳修主持下完成。本纪10卷和赞、志、表的序以及《选举志》《仪卫志》等都出自欧阳修之手。因为列传部分出自宋祁之手，而欧阳修只是主持了志、表的编写，出于谦逊，欧阳修认为宋祁是前辈，所以他没有对宋祁所写的列传部分从全书整体的角度作统一工作，因而《新唐书》存在着记事矛盾、风格体例不同的弊端。

《新唐书》所依据的史料，除了《旧唐书》外，还有一些当时重新搜集到的文献以及碑刻文字。宋祁为唐朝后期人物立传，就采用了不少小说、笔记、传状、碑志、家谱、野史等资料。同时，还增加了不少唐代晚期人物的列传。关于少数民族的种族、部落的记载，《新唐书》比《旧唐书》多而且详细。《新唐书》史料来源比《旧唐书》多，这是它的主要成就之一。另外，它的诸《志》内容也比《旧唐书》丰富得多，不少记载补正了旧书的缺误。

与《旧唐书》相比，由于时代不同，《新唐书》在编撰体例方面有自己的特点。

因为宋代大体上继承了唐代的制度，为了总结唐代的典章制度供宋王朝参考，《新唐书》对志特别重视，新增了《旧唐书》所没有的《仪卫志》《选举志》和《兵志》。其中《兵志》是《新唐书》的首创。《选举志》与《兵志》

系统地整理了唐朝科举制度和兵制的演变资料。《食货志》增加为5卷，不仅比《旧唐书》分量大而且比较有系统、有条理地保存了大量社会经济史资料。《地理志》着重叙述唐朝地理沿革，记载军府设置、物产分布、水利兴废等情况，补充了不少《旧唐书·地理志》所没有的资料。《天文志》和《历志》在篇幅上超过《旧唐书》3倍以上，记载了唐代流行的7种历法，特别是保存了历法史上占有重要地位的《大衍历》的《历议》，反映了唐代历法理论的水平和发展高度。《艺文志》比《旧唐书·经籍志》增加了很多，特别是唐玄宗开元以后的著作补充了不少。如李白、柳宗元的著作，就有一些是《旧唐书》所没有收录的。

《新唐书》还恢复了立表的传统，《史记》创造了表这一形式后，只有班固《汉书》有表。《新唐书》立了《宰相表》《方镇表》《宗室世系表》《宰相世系表》，弥补了纪、传的不足，对以后史书的编修也有很大影响。

《新唐书》写法上的一大特点是仿照《春秋》的笔法，通过用不同的字句来进行褒贬，这种做法对忠实地记载历史是不利的。

总的说来，《旧唐书》与《新唐书》互有优缺点，千百年来人们对这两部书就各有褒贬，就史料价值看，这两部书都是研究唐代历史的重要文献。

052

"综事迹之备，追《史记》之文"
——《旧五代史》《新五代史》

北宋时期，先后有两部记述五代时期历史的著作，一部是由薛居正主持的官修史书《旧五代史》，一部是由欧阳修私修的《新五代史》。

《旧五代史》原来称为《五代史》，或《梁唐晋汉周书》，共150卷。完成于宋太祖开宝六年（973年）四月至第二年闰十月，由薛居正监修，卢多逊、张澹、李昉等人同修。后来欧阳修《五代史记》问世后，称为《新五代史》，薛居正等所修的史书就被称为《旧五代史》。

《旧五代史》编修的目的性是很强的，那就是总结历史经验，为宋王朝的政治提供借鉴。五代时期是我国历史上一个分裂混乱的时期，在短短的50余年的时间里，中原地区先后出现了5个王朝，这些王朝的创建者都是前朝的镇将，他们手握重兵，一旦时机可乘就以武力推翻前朝，建立自己的王朝。这个时期的中央政权都没有足够的力量制服藩镇，谁的兵强马壮谁就可以做皇帝，毫无秩序可言。因此，王朝的变换很快。此外，5个中原王朝之外，还先后存在过10个独立的小国。北宋是继后周之后而建立的，赵匡胤有结束分裂局面，建立稳固的赵宋王朝的雄心。因此，总结五代时期的经验教训就很重要。

《旧五代史》的编撰只用了一年零八个月的时间，速度是很快的。之所以如此，是因为北宋离五代很近，参加编写的史官大多目睹了五代的历史场面，对五代的历史比较熟悉。另外，当时可以利用的资料比较全面，主要有五代时期的各朝实录，还有范质所编《五代通录》可供借鉴。

《旧五代史》由《梁书》《唐书》《晋书》《汉书》《周书》《杂传》《志》7个部分组成。各代的《书》是断代史，《志》则是五代典章制度的通史，《杂传》则记述包括十国在内的各割据政权的情况。这种编写体例使全书以中原王朝的兴亡为主线，以十国的兴亡和周边民族的起伏为副线，叙述条理清晰，较好地展现了这段历史的面貌。

《旧五代史》主要依据五代时期各朝《实录》，这些《实录》是原始资料，比较能反映历史实际，特别是有关典章制度的记载，可信程度很高。《旧五代史》保存了大量五代时期的历史文献，是它的可贵之处。《旧五代史》现存的《志》有10篇，全面地叙述了五代的政治、经济制度。《旧五代史》所叙述的范围，除中原王朝外，北至契丹，南至占城（越南北部），西至党项，东至新罗（朝鲜）的广大范围内的情况均有交代。

《旧五代史》因为史料丰富翔实，所以很受重视，司马光著《资治通鉴》，胡三省著《通鉴注》都依据此书。

《旧五代史》也有它的不足之处，因为它是依据五代实录，而实录多是由当朝人编写，所以隐讳粉饰的地方较多，修《旧五代史》的史官又多是五代时的旧臣，他们不加区分地照录了这些不实屈笔的文字，使书中的不少记述不符合历史事实，另外《旧五代史》叙事较为烦杂。这些都引起后人对它的批评。

北宋时期，《旧五代史》与《新五代史》并行于世，到后来《新五代史》因为更符合封建统治者的需要，越来越受到推崇，金章宗泰和七年（1207年）下诏不用《旧五代史》而专用《新五代史》，到元代，《旧五代史》就逐渐不行于世。清朝乾隆年间修《四库全书》时，邵晋涵等人才从《永乐大典》等书中加以辑录整理，大致恢复了原来面貌的十分之七八。

《新五代史》是欧阳修私修的史书。中国古代本来有私家修史的传统，但隋文帝时下诏禁止私人修史，正史都由官修，欧阳修的《新五代史》是唐以后唯一的一部私修正史。

《新五代史》由本纪、列传、考、世家、年谱、四夷附录六部分组成，共74卷。在编撰体例上，欧阳修不按朝代界限，打破了《旧五代史》一朝一史的体系，把五代的本纪、列传综合在一起，依时间的先后进行编排。欧阳修还分类编排列传，分列了《家人传》《死节传》《杂臣传》等等。

欧阳修撰《新五代史》也是与他相处的时代密切相关的。当时正是北宋王朝处于内忧外患的困境的时候，国内土地兼并剧烈，赋税繁重，农民起义不断爆发。同时辽和西夏给北宋造成了很大的压力，迫使它每年要向辽和西夏交纳大量钱物。范仲淹等人试图改革，却遭到了失败。欧阳修支持范仲淹的改革，抨击保守派，因而被贬。他在给尹洙的信中说：因为我们被贬到外地，所以想通过编写《五代史记》来表达一下自己的心声。欧阳修想通过仿照《春秋》笔法，表现褒贬之意，为维护君君、臣臣、父父、子子的封建统治秩序服务。

欧阳修编撰《新五代史》的确切时间，史籍中没有明确记载。从他给尹洙、梅尧臣等人的信件看，在景祐三年（1036年）之前，已着手编写，到皇祐五年（1053年）基本完成，这是史学界公认的说法。宋神宗熙宁五年（1072年）八月，在欧阳修去世一个月后，下诏命他的家人奏上。

《旧五代史》成书于宋建国后不久，所依据的史料多为五代实录。《新五代史》修撰时，距宋建国已有八九十年，距旧史的成书也已经60多年，这个时期又新出现了许多新的资料，这样就使得《新五代史》可以在《旧五代史》的基础上增加一些新的史料。

《新五代史》新增史料最多的是《十国世家》。列传人物部分也有补充，欧阳修采用了新的材料以及笔记、小说中的材料，补充了事实，使人物事迹更为生动、丰富。对于少数民族的记述，也有新的增加，如根据胡峤《陷虏记》，记述了在契丹的亲身见闻。在《于阗录》中记述了高如晦出使于阗时所见到的沿途各国的山川、风土情况。在《司天考》中，欧阳修将后周天文学家王朴的《钦天历经》4篇的主要内容记录下来，因为《旧五代史》这部分内容已经不全，所以欧阳修的记录在我国天文学史上是有重要贡献的。此外，欧阳修对所采用的史料进行了细致的考辨，订正了《旧五代史》和其他史籍的不少错误。

欧阳修还恢复设表，《史记》创立十表，以后只有班固采用，欧阳修加以恢复，并在《职方考》中用表的形式，将290余州郡的废置更易情况明白地显示出来。

《新五代史》仿《春秋》笔法，用不同的字句表现微言大义，个人好恶往往影响了史实的记述，终于招致了后人的批评。但是，欧阳修是宋代著名的文学大家,古文运动的领导人和集大成者,所以《新五代史》文笔简洁,叙事生动,当时人就认为它的笔力与《史记》不相上下。《新五代史》的文笔之出色,的确在二十四史中是罕见的。

总的来看,两部五代史互有短长,现存《旧五代史》全书是《新五代史》的两倍多,旧史列传人物460余人,新史只有256人;旧史有志10篇,新史只有2篇。新史的世家10卷,对十国历史的记述更为完备。在个别人物传的字数上也多于旧史。这两部史著都是研究五代十国历史的重要材料。

053 "鉴前世之兴衰，考当今之得失"
——《资治通鉴》

在我国历史上，有两位著名的历史学家，因都复姓司马，所以人们称为"两司马"。就是撰写《史记》的司马迁和主编《资治通鉴》的司马光。

司马光（1019—1086），字君实，北宋陕州夏县（今山西夏县）人。他父亲司马池，官任天章阁（皇帝藏书阁）待制（皇帝顾问）。司马池为人正直、清廉，这对司马光有深刻的影响，时人赞誉司马光是脚踏实地的人。仁宗宝元元年（1038年）司马光中进士，历仕仁宗、英宗、神宗三朝，任天章阁待制兼侍讲、龙图阁直学士、翰林学士、御史中丞等职。哲宗即位，任过尚书左仆射。

司马光为何要编写《资治通鉴》呢？他看到当时没有一部比较简明完整的通史，使学习历史的人感到很困难；同时他为了给封建统治者提供历史借鉴。于是，他便决心动手编一部"删削冗长，举撮机要，专取关国家盛衰、系生民休戚，善可为法，恶可为戒"（《资治通鉴·进书表》）的史书，并确定此书的宗旨是"鉴前世之兴衰，考当今之得失，嘉善矜恶，取是舍非"（同上），希望宋神宗借以改进政治，安定国家。

《资治通鉴》是一部集体编写的历史巨著，主编是司马光，协修是刘恕、刘攽和范祖禹，司马光的儿子司马康担任检阅文字的工作。司马光编写的书原名为《通志》，神宗即位后，把《通志》改名为《资治通鉴》，意思是"鉴于往事，有资于治道"。由于司马光与王安石政见不同，不想参与政治，而专门从事编书工作，得到神宗的批准，把《资治通鉴》的书局由汴梁迁往洛阳。司马光等人的编写分为三个步骤：首先，按年月顺序，标明事目，剪粘排列起来，叫作丛目，这是第一步；第二步是把丛目中编排的史料，进行初步整理，经过选择，决定取舍，并从文辞上加以修正。遇有年月事迹相抵触之处，须加考订，说明取舍理由，作为附注。由此写成第二稿，叫作长编；第三步由司马光就长编所载，考其异同，删其繁冗，修改润色，最后定稿。

元丰七年（1084年），司马光主编的巨著——《资治通鉴》终于完成了。它上起周威烈王二十三年（前400年），下止五代后周显德六年（959年），共1362年的历史，分为294卷，共计300多万字；另外《目录》30卷，《考异》30卷。共花了19年的时间，才编成这部巨著，据说，他们摘引的资料和底稿，堆满了两大间房子。书未完成，分工撰写魏晋南北朝部分的刘恕，由于积劳成疾死了。分工撰写两汉部分的刘攽，这时已经62岁了。分工撰写隋唐五代部分的范祖禹，这时虽年仅43岁，也显得未老先衰了。司马光此时也65岁了，由于操劳过度，双鬓霜白，牙齿脱落，用他的话说："我的全部精力，都消耗在这部书上了。"这年12月，司马光不顾寒冬腊月，请人用锦缎装裱了10个精美的匣子，用车马载着，他和刘攽、范祖禹等人亲自押送，从西京洛阳出发，日夜兼程，送往东京汴梁，向宋神宗进献《资治通鉴》。神宗加封司马光为资政殿学士。司马光因编纂此书，损害了健康，此书问世时，他已逝世1个多月了。

司马光是为了巩固当时的封建政权，才编写《资治通鉴》，这就决定了此书的内容主要是政治史。他把历史上的君主，根据他们的才能分为创业、守成、陵夷、中兴、乱亡五类。创业之君，如汉高祖、汉光武、隋文帝、唐太宗等。守成之君，如汉文帝和汉景帝。中兴之君，如汉宣帝。至于"习于宴安，乐于怠惰，人之忠邪，混而不分，事之得失，置而不察，苟取目前之佚，不思永远之患"，使"祖考之业"日趋颓下的陵夷之君（《历年图序》），像西汉的元帝、成帝，东汉的桓帝、灵帝，都属于这一类。在司马光看来，最坏的是那些乱亡之君，他们"心不入德义，性不受法则，舍道以趋恶，弃礼以纵欲，谗谄者用，正直者诛，荒淫无厌，刑杀无度，神怒不顾，民怨不知"（同上），像陈后主、隋炀帝等就是最典型的例证。对于乱亡之君，《资治通鉴》都作了一定程度的揭露和谴责，以为后世君主的鉴戒。

对于军事的记载，《资治通鉴》也很突出，对战争的描述也很生动。凡是重大的战役，对战争的起因，战局的分析，战事的过程及其影响，都有详细记载。如赤壁之战、淝水之战等，都是杰出的例证。

《资治通鉴》也注意关于经济的记载，因田赋和赋税是封建经济的首要问题。因此，它对于商鞅变法，文景之治，北魏孝文帝的均田制等都有记载。

文化方面，《资治通鉴》也有记载，就学术思想来说，上至先秦的儒、法、名、阴阳、纵横五家的代表人物和学术主张，下及汉初的黄老思想，汉武帝的独尊儒术，以及魏晋玄学的盛行都有记载。对于佛教、道教的起源、发展，以及儒、佛、道之间的斗争也有叙述。对西汉以来经学的发展，典籍的校理，石经的刻立，九经的雕印及流传，都有较系统的陈述。著名的文人学士及其作品也有记载。史学方面，从《汉书》到沈约的《宋书》以及唐代的修史制度，均有记载。科技方面，记载最多的是历代的历法。其他如天文学、地理学、土木建筑、水利工程也有反映。

《资治通鉴》还有历史评论。一类是属于司马光自己写的，每篇以"臣光曰"开头；还有一类是选录前人的评论，开头都写明作者名氏。当然，司马光所选录的前人史论，都是符合自己的观点，大部分用于表述他的政治思想。

《资治通鉴》还具有很高的史料价值。司马光是奉诏编书的。皇家的崇文院，据宋仁宗时所编《崇文总目》的记载，共列书籍30669卷，是当时全国藏书最多的地方，司马光和他的助手都可以查阅。宋神宗又以颍邸旧书2400卷，赏赐给司马光。司马光洛阳的住宅里，"聚书出五千卷"，其他协修人也各有自己的藏书。司马光等人所取材料，除十七史外，凡前代留存下来的史书也无不搜集。对于私家的藏书，他们也多方借阅，如刘恕曾亲自去藏书家宋敏求的家中，口诵手抄。可见，《资治通鉴》所搜集的材料是很丰富的。有人估计，《资治通鉴》所引之书多达300多种。

《资治通鉴》是我国一部极为重要的编年史，它不仅给封建统治阶级提供了统治经验，同时它具有很高的史料价值。比如书中所引各书材料有些已亡佚，得赖此书保存。它全书体例严谨，前后脉络分明，语言文字也极为简练。这些对后世史学都产生了极大的影响。自《资治通鉴》出现后，一度中衰的编年史书体裁，才得重振旗鼓，并加以发展起来。自南宋李焘撰《续资治通鉴长编》、李心传撰《建炎以来系年要录》，直到清代徐乾学撰《资治通鉴后编》、毕沅撰《续资治通鉴》、夏燮撰《明通鉴》，无不遵循司马光所创的义例。不仅如此，由《资治通鉴》派生出来的袁枢《通鉴纪事本末》和朱熹《资治通鉴纲目》，出现新的纪事本末体和纲目体，成为南宋以后流行的史书体裁。因此，司马光主编的《资治通鉴》一向受到史学界的好评。宋代的王应麟、清代的王鸣盛、钱大昕都有赞语。钱大昕在《跋柯维骐宋史新编》中说："读十七史，不可不兼读《通鉴》。《通鉴》之取材多有出于正史之外者，又能考诸史之异同而裁正之。昔人所言'事增于前，文省于旧'，惟《通鉴》可以当之。"这是符合《资治通鉴》实际情况的。

《资治通鉴》也有它的不足和缺点。由于司马光受时代和阶级的局限，在对待农民起义问题上，其立场与观点大有问题。它把历代农民起义均称为"贼"或"寇"。另外，在体例上也有失当的地方，洪迈《容斋随笔》和顾炎武《日知录》等书曾提出这一点。如年号问题，在封建社会，一年往往有几个不同的年号，司马光只采用后一个年号，而其他年号一概不提，这就使读者对在这之前的年号无从知晓，给阅读带来不方便。

这里还要提一下《通鉴目录》和《通鉴考异》。《目录》30卷，仿《史记》年表的体例，纪年于上，列《资治通鉴》卷数于下；《考异》30卷，说明材料去取的理由。这两书虽不能与《资治通鉴》相比，但它们互相配合，这样使《资治通鉴》的体例更为完备，这是值得读者注意的。

第一部纪事本末体史书
——《通鉴纪事本末》

开创以"事"为纲的本末体史书——《通鉴纪事本末》的作者是南宋的袁枢。袁枢（1131—1205），字机仲，南宋建安（今福建建瓯）人。宋孝宗隆兴元年（1163年）中进士，历任温州判官、严州教授、太府丞兼国史院编修、大理少卿、工部侍郎兼国学祭酒、右文殿修撰、江陵知府等职。他晚年喜易，著有《易学索引》《周易辨异》等书。

《通鉴纪事本末》是袁枢在严州任教授时所撰，这时由于职掌清闲，可以从容论著。袁枢与朱熹、吕祖谦和杨万里是同时代人，这时的社会经济和学术文化都有一定的发展，但是民族矛盾和阶级矛盾却处于比较紧张的状态，这一现实，对于抱有"爱君忧国之心，愤世疾邪之志"的袁枢来说，只有像司马光那样，拿起史笔，来抒发自己的报国忧民之情。

袁枢为人正直，对政治腐败，朋党互争，压制人才等丑恶社会现象是很不满的。当他为国史院编修官，分配负责撰修《宋史》列传时，北宋哲宗时"奸相"章惇的子孙，以同乡关系请袁枢对章惇传加以"文饰"时，袁勃然大怒说："子厚为相，负国欺君。吾为史官，书法不隐，宁负乡人，不可负后世天下公议！"（《宋史·袁枢传》）当时宰相赵雄"总史事"，听到后即称赞他"无愧古良史"（同上）。

当时现实政治的直接刺激，是袁枢编纂《通鉴纪事本末》的原因之一，给内外交困的赵宋封建政权提供安邦治国的药方。另一个原因，是为了解决读《资治通鉴》的困难。由于《资治通鉴》记述了1300多年的史实，取材宏富，但它只是每年记述，对于一件事情连续好几年的，它未能连贯记述，如果要了解其全貌，就要翻阅好几卷，读者很不方便。据说，《资治通鉴》修成后，司马光希望写作班子以外的有关人员再看一遍，但使他很失望，只有一个名叫王胜之的借去看了一遍，别的人面对这部巨著，有的只翻了几卷，有的只看了几页就不想再看了。由此可见，《资治通鉴》由于篇幅太大使人阅读困难。司马光本人也感觉到这一难处，他晚年时曾经想另写一部《资治通鉴举要历》，把《资治通鉴》简化一番，但他老了，已力不从心，结果没有完成。

袁枢根据《资治通鉴》记载的重要史实，以事件为中心，按照《资治通鉴》原来的年次，分类编辑，抄上原文，把司马光的史论也抄上，每事标以醒目的题目，而袁氏本人没有发表意见，也没有加上一句话。这样，共编集了239个事目，始于《三家分晋》，终于《世宗征淮南》，记述了1300多年的史事，共42卷。袁氏虽然只用了大约两年的时间编写《通鉴纪事本末》，但他熟读《资治通鉴》却花了不知多少年的时间。他不但要熟读《资治通鉴》，了解其全部内容，还要吃透司马光的史学见解。

袁枢跟司马光一样，始终恪守"专取关国家兴衰，系生民休戚，善可为法，恶可为戒"的原则。因此他在编立标题，抄录史料时，对于灾异、符瑞、图谶、占卜、鬼怪等绝少加以采用，即使稍有涉及，也是为起警诫作用而引用。这种反对天命论神学，而重视社会现实的史观，在当时无疑是进步的。对于统治者袁枢是提出警告的，如袁枢在《通鉴纪事本末》卷三《武帝惑神怪》中抄录了"臣光曰"，批评了汉武帝"穷奢极欲，繁刑重敛，内侈宫室，外事四夷，信惑神怪，巡游无度，使百姓疲敝，起为盗贼"。由此可见，袁枢是有自己的政治见解的，这正如朱熹所说的，袁枢"其部居门目，始终离合之间，又皆曲有微意"（《朱子大全》卷81）。所谓"微意"，就是指袁枢的政治观点。袁枢把有关封建政治的主要问题，如杨万里（与袁枢同为太学官）所举的内容，"曰诸侯，曰大盗，曰女主，曰外戚，曰宦官，曰权臣，曰夷狄，曰藩镇"（《通鉴纪事本末叙》）之类，都作为全书的基本内容，使它成为当时及后世君臣的鉴戒。袁枢还十分重视汉族政权的恢复事业，对于"祖逖北伐""宋明帝北伐"等，大书特书，而对于进据中原及举兵南犯的少数民族上层统治分子，则视为"石勒寇河朔""赵魏乱中原"。当参知政事龚茂良得到《通鉴纪事本末》

一书时，立即推荐给宋孝宗。宋孝宗阅读时，赞叹地说："治道尽在是矣。"（《宋史·袁枢传》）孝宗命令摹印十部，以赐太子和江上诸帅，命熟读之；还提升袁枢为大宗正簿。

袁枢最大的贡献，是开创了以纪事为主的本末体，实现了史书编纂体的突破，从而出现了编年、纪传、纪事本末三足鼎立的体例。以"时"为中心的编年体和以"人"为中心的纪传体各有千秋，而检索不便则是它们的共同缺点。而袁枢创立的以"事"为中心的纪事本末体裁，却弥补了编年与纪传体的不足，因而丰富了史学内容，正如清代著名历史学家章学诚所评论的那样："因事命篇，不为常格……文省于纪传，事豁于编年，决断去取，体圆用神……故曰：'神奇化臭腐，而臭腐复化为神奇。'"（《文史通义·书教下》）章氏的评论是正确的，袁氏创立的纪事本末新体裁，的确是对中国历史编纂学的一大贡献。

虽然《通鉴纪事本末》原抄《资治通鉴》，但对《资治通鉴》的校勘却起了一定的作用。由于《资治通鉴》流传已久，传抄刻印，难免会有错误。所以我们读书时，可以把两书互相校勘。清代的张敦仁曾经用《通鉴纪事本末》大字本（即湖州本；严州本字小，又叫小字本），和明代万历年间杭州所刻《资治通鉴》元注本互校，校出异文3000多条，写成《资治通鉴刊本识误》3卷，后来章钰撰写《胡刻通鉴正文校宋记》时，把张敦仁校勘《资治通鉴》的异文而无别本资印证处，列为附录。1957年由古籍出版社出版的标点本《资治通鉴》，除了章钰书中重要校勘都收入本书做注文外，还选录了张敦仁书中的一些校勘作为注文。这就使标点本《资治通鉴》成为现有较好的一种版本。

《通鉴纪事本末》也有它的缺点。首先表现在取材上，因《资治通鉴》本来就是一部政治史，关于经济、文化方面的记载比较少。袁枢所取资料，不过是有关诸侯、"大盗"、女主、外戚、宦官、权臣、"夷狄"、藩镇之类，其他史事，多略而不书。这不能不是一个欠缺。另外，它囿于《资治通鉴》范围，多属照抄，没有自取的第一手材料。总之，《资治通鉴》有的，它不一定都有，《资治通鉴》没有的，它也没有。其次，《通鉴纪事本末》记述的事与事之间没有联系，对于整个历史不能勾画出一个发展的线索，因此，它只能记述了"治乱兴衰"的现象。

还有，《通鉴纪事本末》具有明显的敌视农民起义和大汉族主义的思想。例如，对于农民起义，多称为某某之乱（如"黄巾之乱"）；汉族统治者和少数民族之间的战争，往往用"讨""平"一类的字样。

《通鉴纪事本末》，宋本共 42 卷，明末张溥（字天如，江苏太仓人，复社领袖）曾就《通鉴纪事本末》各篇，写成史论若干篇，附在各篇之后。这两种版本，一种有论，一种无论，还是容易区分的。

在袁枢的影响下，明、清两代许多学者依照他的体例编纂了不少纪事本末体史书。例如，《绎史》《左传纪事本末》《宋史纪事本末》《元史纪事本末》《明史纪事本末》等等。

055 "总天下之大学术而条其纲目"
——《通志》

属典章制度的书，一般称为"政书"。它专讲我国古代典章制度的沿革和演变，保存历代的文化、政治、经济、军事诸方面的资料，使用价值很大。我国古代最早涉及典章制度的，当推典、谟、训、诰一类的文字记载，以及"三礼"专著。到汉代，司马迁作《史记》，以八书——《礼书》《乐书》《律书》《历书》《天官书》《封禅书》《河渠书》《平准书》的形式记述了汉武帝以前历代典章制度的原委；东汉班固写《汉书》则改《史记》中的"书"为"志"。此后，各代凡涉及典章制度的，修史者均依前例散记于有关史书的各"志"中。这自然不可能是很有系统的。到唐代，刘知几的儿子刘秩作《政典》，遂有典章制度的专著，但它叙述十分简陋，不被人重视。后来杜佑在"志"的基础上更详细地论述了历代典章制度，有《通典》问世，由于它编排得体，条理分明，记叙完备，在史学界产生了巨大的影响，成为发凡起例者。

《通典》之后为后人所注意的，有郑樵作的《通志》与马端临作的《文献通考》，以上三书被合称为"三通"。"三通"所记我国古代典章制度内容全面，分类得当，源流分明，检索方便，所以深受后人欢迎。

郑樵（1103—1162），字渔仲，宋兴化军莆田（今福建莆田）人。他从16岁开始，谢绝人事，闭门读书，"欲读古人之书，欲通百家之学，欲讨六艺之文而为羽翼"（《夹漈遗稿》卷二《献皇帝书》）。他不应科举，无心于仕进，深居夹漈山读书、讲学30年，所以人称为夹漈先生。据《宋史·郑樵传》记载，郑樵好著书，自比不下汉的刘向、扬雄。每搜奇书访古，遇藏书家必借留，读尽其家之书而去。他一生著作甚丰，有《氏族志》

《动物志》《图书志》等80余种。但其代表作,却是一部包罗各代历史的《通志》。郑樵是自学成才,既无家学,又不是史官,在客观条件上,既不如司马迁,也不如班固。

郑樵所处的时代,是金兵南侵,民族矛盾激化的年代,靖康元年(1126年),金兵包围汴京,第二年汴京沦陷,徽、钦二帝被俘北去。从此,宋室南迁。郑樵从主张抗金,转入著述生活。1158年,郑樵被宋高宗面召对策,他当着皇帝的面述说自班固以来历代史家作史的不足之处。高宗很赞赏他的宏论,说他敷陈古义,自成一家。郑樵的晚年,埋头撰写《通志》,绍兴三十一年(1161年)书成之后,便进京献书,终于得了一个枢密院编修的官衔,准许他进入秘书省翻阅书籍,可惜被人弹劾,失去了这种权力,不久便病死了。

《通志》是郑樵毕生心血的结晶,他说是"五十载总为一书"。它共有200卷,记上古至隋唐的制度(二十略记上古至唐,纪传记三皇至隋)。全书分为:帝纪18卷,后妃传2卷,年谱4卷,二十略52卷,世家3卷,宗室8卷,列传130卷,载记8卷。其中,后妃、宗室、世家三部分,性质和列传相近,篇幅也不多,后人把它归入列传,这样,《通志》就成为纪、传、谱、略、载记五种体例构成的史书了。它实际上是继承《史记》的传统体裁,不过在改"表"为"谱"、易"志"为"略",以及全书纲目体例的统一,史事的考订改编,二十略的创作等方面,都有他的独到的见识,也有所创新,所以,章学诚称赞《通志》,是郑氏"别识心裁"的创作。

《四库全书总目》说,郑樵在《通志》中十分重视二十略。这二十略有些是郑樵独创的,像氏族、六书、七音、都邑、草木昆虫等略。郑樵自己也说过:"总天下之大学术而条其纲目,名之曰略;凡二十略,百代之宪章,学者之能事,尽于此矣。"(《通志·总序》)

郑氏在编纂《通志》这部500多万字的巨著时,其方法是值得重视的,他先从各个专门的学问入手,通过对史料的考订和实践的调查,把所有的史料"会同"起来,所谓"会同",是指把各种史料加以综合整理,也就是尽可能全面地汇总各种史料,按照年代先后予以整理、编排,探其源流,理出各种事物从古到今的发展过程。郑氏最后把其研究成果,归纳入纪、传、谱、略、载记等体例之中，编成了独创一格的《通志》。郑氏这种求实的治学态度，是他在史学史上最重要的贡献之一，这种思想含有辩证法的因素。他敢于批判某些传统的思想，如反对主观和迷信，这种思想含有唯物主义的因素。

《通志》的体例的编纂方法，在我国史学发展史上有过一定的影响。清乾隆年间所修的《续通志》和《清朝通志》，就是根据《通志》的体例和方法修成的。甚至马端临的《文献通考》以及《九通》中的其他著作，在体例上也吸取了《通志》的成果。后人在研究目录学、校雠学等有关编纂方法时，也不能不研究《通志》。当然，它的体例和编纂方法也有不少缺点。例如，二十略的体例虽有所创新，但从《通志》的整体来说，它仍然没有突破正统的旧史的格式；在史料的考订方面，也难免有主观片面的臆断。

但是，综观得失，郑樵是一位有贡献的史学家，他在史学方面，特别是历史编纂学方面的贡献是应当给予肯定的，而且其巨著——《通志》对于后代史学的发展也起过一定的作用。

056

"有志于经邦稽古者，或有考焉"
——《文献通考》

《文献通考》，是宋元时代著名学者马端临的重要著作。马端临，字贵与，江西乐平人，生于南宋理宗宝祐二年（1254年），卒于元泰定帝泰定元年（1324年）。《宋史》和《元史》都没有给予他立传，《通考·自序》也没有叙述事迹。《南宋书》和《新元史》中虽有传，但记事十分简单。所幸《通考》的《进书表》和《抄白》以及清初修的《乐平县志》中保存了几点有关的材料，大致可知他是南宋后期宰相马廷鸾的仲子，以荫补承事郎，曾漕试第一。廷鸾为人正直，不肯附和奸相贾似道，咸淳九年（1273年）被迫辞职，居家17年，元世祖至元二十六年（1289年）去世。廷鸾曾任史官，家中极富藏书。马端临随其父家居，读书颇广。父亲去世后，他曾短期间内出任慈湖书院、柯山书院院长、教授及台州路学教授等学职，一生主要时间都在家乡隐居著书。县志本传称他"门弟甚众，有所论辩，吐言如泉涌，闻者必有得而返"。可知他是一位学识渊博的学者。端临在其34岁左右时，即开始其著书工作。而《文献通考》的编写用时20余年。李谨思《通考序》称全书著成于丁未之岁，即元成宗大德十一年（1307年），马氏是年54岁。仁宗延祐五年（1318年），其书被一位道士访得，次年奏之于朝。至治二年（1322年）官家为之刊行，至泰定元年刊成。

《文献通考》全书分为24门，348卷。自《经籍》至《物异》等5门为《通典》所未有者，此外19门均为《通典》的原目或子目。书的内容起自上古，终于南宋宁宗嘉定年间。就其体例与内容来看，实为《通典》的扩大与续作，这是本书的第一个特点。本书的取材中唐前以《通典》

为基础，并进行适当补充。中唐以后则是马端临广收博采的结果，尤其是宋代部分，当时《宋史》尚未成书，而马氏所见到的宋代史料最丰富，所以其所收之材料多有为《宋史》所无者。取材广博，网罗宏富，可以说是本书的第二个特点。此外，《通典》以《食货》为首，说明杜佑对国家经济的重视；郑樵《通志》移之于《选举》《刑法》之后；而马端临更将之列于全书之首，且增加为8门之多，可知马氏对经济的重视更超过杜氏、郑氏。《通典》之《礼典》100卷，占去全书1/2，而《通考》之《社郊考》则3门才60卷，不及全书1/5。又《兵考》一门，详列古今兵制沿革，使《兵典》只叙用兵方法的偏差得到改正。这些都是《通考》的优点。

马端临是古代进步的史学家之一，他发展了杜佑所创立的新史书体裁，即以事类为中心叙述历史发展的典志体，又推进了郑樵所倡导的会通之义。《通考》与《通典》相比，从内容到形式都有了扩大和提高；《通考》与《通志》相比，《通志》只做到旧史书的粗略总和，《通考》则予以重新组织，表达了若干新思想、新看法。如商鞅变法和杨炎的两税法，对古代封建社会发展均具有重大作用，马氏明确指明其重要历史意义，而不因自己对二人的否定态度而否定其经济政策。又如五代时期，参加过唐末农民起义的张全义，对恢复洛阳一带经济生产起过有利作用，欧阳修作《五代史记》，因他出身于"群盗"，仅略记数语。而马端临不仅详记其事，而且加按语云："全义本出群盗乃能劝农力本，生聚教诲，使荒墟为富实。观其规划，虽五季之君号为有志于民者所不如也。贤哉！"（《文献通考·田赋考三》）作了有力的颂扬。

马氏著此《通考》，在"自序"中反复说明，一方面为续补杜佑《通典》天宝以后之事迹，另一方面要配补司马光的《资治通鉴》，略如纪传体史书中的纪和志。总起来说，是使"有志于经邦稽古者，或有考焉"。这就形成了这部书的消极面，虽有同情人民之处，但主要是为统治阶级立言。又因全书规模宏大，某些部门便容易失于疏略，如《职官考》全录《通典》之文，于五代部分则叙述寥寥；又如《经籍考》内容虽丰富，而主要依据不出于晁公武、陈振孙二家，自不能完备；《舆地考》多本于欧阳忞《舆地广纪》一书，无甚订补。因此，历代学者对二书的看法是：《通典》以精密见称,《通考》以博通见长,各有独到之处,应互相参证而不可偏废。《四库提要》论之云:"大抵门类既多,卷繁帙重,未免取彼失此。然其条分缕析,使稽古者可以案类而考。又其所载宋制最详,多《宋史》各志所未备,案语亦多能贯穿古今,折衷至当。虽稍逊《通典》之简严,而详赡实为过之,非郑樵《通志》所及也。"

《通典》《通志》和《文献通考》三书都以贯通古今为主旨,又都以"通"字为书名,故后人合之称为"三通"。"三通"在中国古代史籍中占有非常重要的地位。通行的刻本为清乾隆年间在武英殿校刊的三通合刻本,附有考证,其后复刻者多以此为底本,重要者为江西崇仁谢氏及浙江书局等本。

057 "天水一朝的辉煌"
——《宋史》

二十四史中篇帙最为浩繁的一部纪传体通史便是《宋史》，总共有496卷，包括本纪47卷、志162卷、表32卷、列传255卷，字数多达500多万。但是同时它也是二十四史中问题最多，后人已经或者想要重修者最多的正史之一。

中国自古以来历史意识便十分强烈，不但有着完善的史学机构记载本朝的历史，而且每一朝一代都为先朝修史。诚如至元十三年（1276年）临安攻克后，负责留守事宜的董文炳对前来招收儒士的李槃、王构所说的"国可败，而史不可灭"。（《元史》卷156）基于这一精神，元世祖至元初年（1264年）便建立了翰林国史院，南宋灭亡后，又在已下诏修辽、金二史的基础上，下令纂修《宋史》。但因元初局势初定，无暇顾及修史之事，《宋史》也就没有实际着手修撰；世祖以后数朝也曾多次下令纂修三史，也迁延未就。其原因何在呢？元顺帝至正二年（1342年），经筵检讨官危素在写给中书右丞贺惟一（太平）的信中说：三史迁延未修，原因主要有四点：一是三史纂修时，究竟以辽、金、宋哪一朝为正统问题的长期争论；二是本朝攻取金朝、宋朝有所避讳；三是经费问题；四是缺乏良好的修史人才。从当时实际情况看，其中最主要的问题是：朝野上下在正统问题上长期争论不决，形成僵局。元朝是第一个由少数民族建立的一统王朝，若以宋为正统，在史书中以宋为本纪，辽金为载记，则失去了少数民族的立场；若以辽金为北史，宋分写宋史和南宋史，则又引起有着传统华夷观念的汉族文官和知识分子的抗争。到了元顺帝时，在贺惟一、康里巎巎等人的一再建议下，才最后下定决心纂修三史。至正三年三月（1343年），顺帝下诏修辽、金、宋三史，以中书右丞相脱脱为都总裁官、中书平章政事铁木儿塔识、中书右丞太平、御史中丞张起岩、翰林学士吕思诚、翰林侍讲学士揭傒斯为总裁官。并遴选了一大批史官正式开局。而这一次之所以成功，除皇帝十分重视之外，也与脱脱裁定，最后解决了正统问题有关系。《庚申外史》卷上记载："先是诸儒议论三国正统，久不决，至是脱脱独断曰：'三史各与正统，各系其年号。'议者遂息。"脱脱的这一裁决虽然专制，但是它既为三史的纂修成功创造了条件，而且也彻底打破了以汉族政权为正统的传统修史观念。因而在中国史学史上具有积极意义。于是自至正三年（1343年）四月正式纂修三史，五年（1345年）十月，《宋史》脱稿，前后用了两年半的时间。因脱脱已于至正四年五月（1344年）辞职，因而《宋史》是由继任的中书右丞相阿鲁图呈给顺帝的。参与修纂《宋史》的人之中，阿鲁图虽名为都总裁，但因素不识汉字，因而所起作用不大；主要撰修者除上述揭傒斯等总裁官外，还有史官斡玉伦徒、泰不华、于文传、贡师道、余阙、贾鲁、危素等23人。

《宋史》修撰的时间是相当仓促的，因而不可避免地存在许多问题和缺陷，修成后对它的批评也极多，概括地说，其主要问题是：第一，篇帙庞大，内容繁芜；第二，对一些人物、事件的评价是非失当之处比比皆是；第三，史料的剪裁、编次、修饰、检校、考证等方面相当粗糙；第四，事实记载详北宋而略南宋，详南宋前期而略后期，因而轻重失当；至于史实的疏漏、前后矛盾等则更为常见了。因此易代之后，就有人开始改订、重修《宋史》，这种行为一直延续到清代中期。出现了不少的作品，这些作品有删繁就简的；有重点改进正统问题。其中最主要的有：明代王洙《宋史质》100卷；柯维骐《宋史新编》200卷；王惟俭《宋史记》250卷。清代陈黄中《宋史稿》219卷、陆心源《宋史翼》40卷等等。这一风气还影响了我们的邻国，朝鲜的李算也编了一部148卷的《宋史筌》。

这些改订之作，虽然也改进了《宋史》的某些缺点，然而没有哪一部能够取代《宋史》，甚至不能像欧阳修重新撰写《新唐书》那样，即虽不能取代，但也可与《旧唐书》并行于世。其原因何在呢？根据学者们的研究，这又得从《宋史》的史料价值方面加以考察。

宋代史学相当发达，史家辈出、著述宏富，官府的修史制度及机构也相当完善。官府所修有关本朝的史书有会要、起居注、时政记、日历、实录、国史等。所谓会要便是分类集中记载各项典章制度沿革、兴废；所谓起居注、时政记便是按年、月、日记载皇帝的生活起居及君臣商讨军国大事的情况；此外还有根据起居注、时政记修成的日历，根据日历和其他行状碑铭编年的实录以及博采众书修成的国史。其中会要属于政书体裁，国史是纪传体史书；其余基本上都是编年体史书。这些史书在南宋灭亡时，多数被元政府完整地接受下来了，修史时又进行了一些采访、搜集工作，得到了不少的野史、笔记、文集等。《宋史》便是在这大量史料的基础上修纂而成的。那么，它主要依据哪一类的宋代史料呢？清代史学家赵翼说："宋代国史，国亡时皆入于元，元人修史时，大概只就宋旧本稍为排次。"（《廿二史札记·宋史多国史原本》）这一说法是符合事实的，《宋史》中的15种志及列传基本来自宋国史的志及列传；本纪、表虽然兼采实录、日历、野史、文集等，但也是以国史为主干的（宋国史无表）。这些史书至今大都已经散佚，在其他书中虽然也有引用，但取舍、详略各不相同，因而《宋史》的史料价值是相当高的。加上在记载宋代历史各种文献中，只有《宋史》比较全面、系统地反映了政治、经济、思想、文化各个方面的状况，内容广泛而丰富，因而，要一般性地了解宋代历史便不可能离开《宋史》了；众多的修改之作，虽然确实各有其长处，但也不能取而代之或者与之并行于世了。

《宋史》修成以后，即在江浙行省予以刊刻，以后明代、清代及民国时期均有刻本。现在通行的是中华书局于1977年出版的标点、校勘的版本。本书吸收了学术界长期以来的校勘、研究成果，是目前最好的版本，极便阅读、应用。

宋代文治、武功略逊汉唐，然经济的发达、文化的昌明、思想的繁荣则远超汉唐，近代大史学家陈寅恪认为，中华民族传统文化经数千年之演变，造极于天水一朝。而要了解这一光辉灿烂的时代，《宋史》将是一部很好的入门参考书。

058

穹庐里的春秋
——《辽史》

《辽史》也是元代官修的一部纪传体正史，全书共 160 卷，计本纪 30 卷、志 32 卷、表 8 卷、列传 45 卷，另附《国语解》1 卷，比较全面地记载了辽代（907—1125）的历史事实。

与《宋史》一样，《辽史》也是元朝至正三年（1343 年）四月开始纂修的，但《辽史》用了不到一年的时间即在至正四年三月（1344 年）便完成了。要想修成一代之典籍，无论如何，一年时间是不够的，因而《辽史》完成之后，即成了二十四史中缺陷最为明显的正史之一。这一点既与如上所述的《辽史》纂修时间短促，元代史官不能仔细整理、考订有关；也与旷时日久、与辽有关的文献散佚太多有关系。

辽朝是契丹族建立的，开国于公元 907 年，1125 年为金所灭，共历 218 年。辽朝时，也沿用唐及五代各国的制度，设立有国史馆，修纂有起居注、日历、实录、国史等，但这些原始材料大部分已经散佚。元后期修《辽史》依据的主要是辽、金、宋人的著作中的第二手资料。原始文献主要只有以下几种：一、辽耶律俨的《辽实录》70 卷。二、金陈大任的《辽史》。金灭辽之后，曾两次下令纂修《辽史》。一次是在熙宗皇统年间（1141—1149）由耶律固主持修纂，由其弟子萧永琪最后完成的《辽史》75 卷，但未刊行；一次是在章宗时期，因为皇帝的重视和支持，这次修《辽史》颇花了些功夫，时间长达 17 年之久，参加的史官除陈大任之外，还有党怀英、郝俣、移剌益、赵沨等十余人，最后由陈大任完成。后人一般称此书为陈大任《辽史》。不过此书亦未正式刊行。三、南宋叶隆礼的《契丹国志》。

元世祖中统二年（1261年）七月，原金朝状元，时任元朝翰林学承旨的王鹗，向元世祖忽必烈建议修辽、金二史，忽必烈接受了这一建议，但因军事繁忙，时局未稳，没能实行。至元元年（1264年），王鹗再次建议修辽、金二史，时元翰林国史院也建立起来，但这一次也未见诸行动。以后仁宗延祐、文宗天历曾多次诏修辽、宋、金三史，都因正统问题的争论未决，义例来定，因而都未成功。直至元顺帝至正三年三月（1343年），在右丞相脱脱、平章也先帖木儿、铁睦尔达世、右丞太平、参议长仙、郎中孛里不花、员外郎老老等人的奏请下，诏修辽、金、宋三史，在君臣同心，而且由脱脱裁定三史各为正统，从而彻底解决正统、义例问题的前提下，《辽史》才最后纂修成功。当时以脱脱为辽、金、宋三史都总裁官，《辽史》的总裁官是铁木儿塔识、贺惟一（太平）、张世岩、欧阳玄、揭傒斯、吕思诚。由廉惠山海牙、王沂、徐昺、陈绎曾等4人分别执笔撰写而成。与金章宗时修《辽史》不一样，元代在组织撰写、成书，特别神速。从至正三年四月(1343年)始修，至次年三月便大功告成，只用了11个月时间。

《辽史》所据资料既少，又匆匆成书，存在许多缺点便是很自然的了。因此，数百年来，一直受到学者们的批评和指责。清代史学家顾炎武、钱大昕、赵翼等对它都有过评论。概括地说，其缺点主要表现在：第一，过于简略，以致漏载了许多修史所必不可少的内容。如建国后，曾几次改变国号，先称契丹、后称大辽、后又称大契丹、又后复称大辽。这样重大的事实，在《辽史》中竟然没有反映。又如从整体上看，《辽史》有116卷，卷数为《宋史》的1/5，而字数却仅47万字，只有后者的1/10。第二，记事前后矛盾。如《太祖纪》载："天赞三年，获甘州回鹘都督毕离遏，因遣使谕其主乌母主可汗。"而《属国表》记载同一事件却说成是"天赞三年，获甘州回鹘都督乌母主可汗"究竟俘获的是毕离遏还是乌母主可汗？使人无所适从。第三，记事错误甚多。其中既有纪年错误，如《太祖纪》：元年（907年）"夏四月丁未朔，唐梁王朱全忠废其主，寻弑之，自立为帝，国号梁，遣使来告"。而据欧阳修《五代史记》等书记载：朱全忠自立为帝是在四月甲子，明年正月才弑济阴王；也有文字、史实错误，如《辽史》中记载道宗有寿隆年号。这显然是错误的。因为第一，道宗先帝圣宗名隆绪，断无取祖先名字作年号的道理。第二，现在所见辽代碑刻、钱币皆作"寿昌"。

因为以上诸种缺陷，学者们一般认为元初三史中《辽史》是最差的一部。但是，留传到现代的辽朝史料已经非常之少，《辽史》作为现存唯一的一部比较系统、完整地记载了辽朝历史事实的著作，其珍贵和重要性是不言而喻的。而且《辽史》保存了许多由耶律俨的《辽实录》和陈大任的《辽史》二书所记载的许多材料，因而其史料价值还是比较高的，加上《辽史》在体例及内容也有许多为其他正史所不及的优点：首先《辽史》立了许多的表，如世表、部族表、属国表、皇子表、公主表、皇族表、外戚表、游幸表等等，内容极为丰富而且简明扼要，为其他正史所望尘莫及；其次，其《营卫志》及《国语解》的设立也是颇为独特的。前者的设立，为我们保留了契丹早期宫帐（斡鲁朵）、捺钵（行营）及部族的组织与历史等方面的重要史料；后者的设立则对在本纪、列传、表、志中出现的有关官制、人事、物产、部族、地理、姓氏等方面的契丹词汇作了译解，成了我们研究契丹语言文字历史的珍贵资料。正因为如此，《辽史》也能与其他诸正史一样，成为记载祖国各族悠久文化及历史文献的重要篇章。

《辽史》修成以后，在元代只刻印了100部，但这一版本今已失传。以后明朝及清乾隆、道光及民国时也有刻本。1974年中华书局出版的标点校勘本，是目前较好的版本。

059 草原与田园的交响诗
——《金史》

《金史》也是元末官修的一部记金代历史事实的纪传体正史，全书共135卷，计本纪19卷、志39卷、表4卷、列传73卷，书后还附有《金国语解》一篇。

《金史》的纂修，我们有必要从为《金史》作过重大贡献的王鹗说起。金哀宗天兴三年（1234年），蒙古军队包围了金朝廷的最后据点——蔡州，因蔡州的抵抗，元军恼羞成怒，攻下蔡州后下令屠城。正在这个时候，蒙古军统帅张柔发现原金朝状元——王鹗也在被俘者之列，张柔马上救下了他，从此，王鹗便成了张柔的座上客。他们二人为《金史》的成功都作出了重大的贡献。

元世祖忽必烈继位之后，王鹗成了他的得力助手，为元初朝廷上下的文字制作及各项典章制度的创立作出了重大贡献。王鹗向忽必烈建议，设立史馆，并且纂修辽、金二史。他认为，金辽二代皆有善政，如不及时记录，便可能逐渐被人遗忘，"宁可亡人之国，不可亡人之史，若史馆不立，后世亦不知有今日"（《元名臣事略》卷12）。忽必烈听从了他的建议，建立了国史馆，并命编修辽、金二史。于是王鹗即开始搜集金朝材料，并亲自拟定了《金史》的体例并将它委托给王恽。但《金史》的纂修工作并未从此具体展开；后来数朝因为正统义例问题的争论，《金史》的纂修也与宋、辽二史一样被耽搁下来了。直至元顺帝至正三年（1343年），才正式下诏修辽、金、宋三史。在皇帝的支持下，并由中书右丞相脱脱裁定，解决了正统问题，《金史》才与其他二史一起修纂成功。《金史》是至正四年四月（1344年）始修，次年十月完成的，用了一年半的时间。

三史的都总裁官是脱脱,《金史》的总裁官有铁睦尔达世、贺惟一(太平)、张起岩、欧阳玄、揭傒斯、李好文、杨宗瑞、王沂。由纂修官沙剌班、王理、伯颜、赵时敏、费著、商企翁等撰写而成。可见,这个写作班子是一个多民族的混合班子。

与《宋史》《辽史》不一样,《金史》修成以后得到了许多学者的好评。学者们一般认为,《金史》在二十四史中虽谈不上是上乘之作,不能与《史记》《汉书》《三国志》等比美。但是,在元末所修三史中却是最好的一部。清代史学家赵翼评论说:"《金史》叙事最详核,文笔亦极老洁,迥出宋、元二史之上。"(《廿二史札记》卷27)《四库全书总目提要》也说:"元人之于此书,经营已久,与宋、辽二史取办仓卒者不同,故其首尾完密、条例整齐、约而不疏、赡而不芜,在三史之中,是独为最善的。"确实,与宋、辽二史相比,其优点是比较突出的。首先,在编纂体例和内容方面,便有许多超越前史的独特之处。如《金史》不但记载了金建国以后120年的历史,而且为了专门叙述金太祖先世的生平事迹,回顾了女真族建国前的历史,从而保存了女真族早期历史的珍贵材料,备受今人重视;在各《本纪》的末尾,设立了《世纪补》一篇,专门记述了未曾即位称帝,而被后代追认的几位皇帝的事迹,这在体例处理方面十分得体,为后代修史者所继承;此外,《金史》在最末尾专立《金国语解》一篇,用汉语标出了表现在官称、人事、物象、姓氏等等之中的女真语称谓,是参照释读《金史》及研究女真语言文字的重要资料;《金史》还根据具体需要,创立了《交聘表》,以编年体表格的方式记述了金朝与邻国(如宋、西夏、高丽)的和战及来往关系,形式新颖,内容清晰。其次,在史料剪裁及记述方面,处理也比较得体。对重要历史事件、人物一般记载比较详细,从而反映出其历史全貌,避免了像《宋史》那样详略失当、比例失调的现象。记述历史事实也比较客观审慎,因而,真实性是比较可靠的。特别是本书的表和志,使用了大量的第一手材料,将金朝的典章制度比较系统、全面地记载下来。如《礼志》《乐志》《舆服志》《食货志》《选举志》《百官志》等。当然,《金史》所存在的问题也是不少的,如史实的记载经常出现颠倒,年代顺序、人名地名不统一以及张冠李戴等等。

《金史》之所以得到较好的评价，主要在于它纂修的准备时间比较长，有了比较好的史料准备。

与辽相比，金代修史制度要完善得多。有记注院，掌修起居注；秘书监设有著作局，掌修日历；还有国史院，掌修实录和国史。其实录编修最为完备，太祖以下除卫绍王、金哀宗之外，均有实录；除此之外，还有记载金朝先世的《先朝实录》3卷；生前未称帝，死后追加尊号的世宗生父睿宗、章宗生父显宗也都有实录；此外还修有国史，包括皇帝本纪及功臣列传；金宣宗时，因害怕蒙古军的再次进犯，金由中都（今北京）迁往开封，这些历史文献也随之携至汴京。汴京被蒙古军攻克之后，当时依附于蒙古，并参与了攻汴战斗的汉族地主军阀张柔颇具远见，在其他蒙军将士争抢金帛财宝时，他却来到金史馆，将金朝实录及其他秘府图书运回了家中。这些图书文献在中统二年（1261年）被献之于朝廷。天兴三年（1234年）正月，蒙宋联军攻克蔡州，金朝灭亡了。元朝建立后，金朝遗老王鹗不但向元世祖忽必烈提出了修辽、金二史的建议，而且开始着手搜集、整理金代的历史资料。卫绍王朝没有实录，现在卫绍王本纪中的材料都是中统三年王鹗收集的；金朝迁蔡州之后，史书记载中断，也是因为王鹗根据自己的亲身经历著有《汝南遗事》4卷，才得以将这一段亡国的历史始末记载下来。因而金代历史文献保存得比辽朝多而且完整，加上金朝其他文人也注意搜集金代史实，如金末文人刘祁著《归潜志》、诗人元好问著《壬辰杂编》（今已佚）等也保存了不少金代史实。可见元末修《金史》，既有实录、国史为根据，又有王鹗等人的搜集、补缀，还有刘祁、元好问等人的著作可直接资以参证，其所依据与《辽史》纂修时所据要丰富多了。加上这些资料又已经过不少人的加工整理，使编纂者易于着手，这与《宋史》撰写时面对一堆数量庞大、毫无整理的原始材料又不一样。于是《金史》比辽、宋二史高出一等，也就在情理之中了。

尽管《金史》的优点比较突出，但也存在不少的缺点，后代史学家虽然没有像《宋史》那样，有这么多人主张重修，但考订、校补之作还是不少的，其中最著名的是施国祁，他本是布店老板，花了20多年时间，细读《金史》十余遍，并与其他版本的《金史》和其他有关文献互相参校,写成《金史详校》10卷,订正了不少版本、史实错误,是读《金史》时所必备的参考书。

《金史》完成之后,至正五年(1345年)九月即在江浙等处刻印了100部,以后明代、清代、民国都有刻本。目前最为通行的是1975年中华书局出版的标点、校勘本,它吸收以前诸种版本的长处及国内外学者的许多校勘成果,方便我们学习阅读。

060 因以往之兴废，作将来之法戒
——《元史》

《元史》是记载自元太祖成吉思汗统一漠北，建立大蒙古国至元朝灭亡160余年历史的史书。

1206年，蒙古族卓越的首领、一代天骄成吉思汗在统一蒙古草原各部落后，建立了蒙古帝国。1271年，忽必烈在接受中原汉族文化的同时，也接受汉族儒士的建议，改国号为大元。1276年，元朝灭南宋统一全国。元朝自成吉思汗始，共传14位皇帝，立国162年。元顺帝统治后期，阶级矛盾和民族矛盾日益激化，爆发了全国规模的农民起义。1368年，朱元璋建立明朝，明朝军队攻克大都（今北京市），元顺帝逃到漠北，元朝灭亡。

明朝建立的时候，元朝的残余势力仍然很强大。元顺帝在漠北地区仍然维护着自己的统治，史称北元。参与镇压红巾军的地主武装在陕甘地区与北元协同抵抗明朝，元朝残余势力还占据着东北和云南，江南的地主阶级和知识分子不肯与明朝合作。朱元璋面临着巩固统治和统一全国的任务。为了巩固政权，笼络元朝遗民，招抚和平定割据势力，朱元璋利用编修《元史》这一举动，来表明自己建立明朝的合法性。《元史》修成也就意味着一个朝代的结束，从而打消元朝残余势力复国的幻想。明朝在建国之初即急于编修《元史》是有着良苦的政治目的。同时，明朝修《元史》也是为了总结和吸取元朝灭亡的历史教训，为明朝的长治久安提供借鉴。

明军攻克大都后，获得了元朝大量的文献典籍，为《元史》的编修创造了必要的条件。

洪武元年十二月（1368年），朱元璋下诏编修《元史》，命中书左丞相李善长为监修，宋濂、王祎为总裁官，并组成了16人的编修班子。第二年二月正式开局修史，至八月就完成了元顺帝元统元年以前的部分。接着又派人到各地征集史料。洪武三年二月（1370年）再次开局，继续修史，这次除仍用宋、王2人为总裁官外，只有1人参与了前一次的编修，其余人员都是新人。至七月，全书修成。《元史》编修前后总共用了331天，参加修史的人员前后共31人。

明朝修《元史》时，元朝的各位皇帝的《实录》《后妃功臣列传》是《元史》本纪和列传的重要资料来源。《元史》的《志》和《表》则主要取材于元朝所修《经世大典》。

《元史》全书210卷，其中本纪47卷、志58卷、表8卷、列传97卷。

《元史》有14位皇帝的本纪，《太祖纪》除记载铁木真一生活动外，还记载了其以前10世的简单情况和世系。

《元史》各志，按时间先后记述事实和制度的变化沿革，保存了大量原始资料。《天文志》记载了天文学家郭守敬所制作的天文仪器的制作、使用方法、用途和效果，以及引进西域的天文仪器。还记录了元代的各种历法，特别是郭守敬创制的《授时历》。《地理志》记录元代考察黄河发源地的情况，是汉唐以来对黄河河源考察最具体、记载最详细的文献。《祭祀志》对蒙古族生活习俗的记载为研究蒙古族的历史与文化提供了宝贵资料。

《元史》有列传人物1281人，去掉重复者，实有1270多人。《外夷传》记载了20个国家和地区的情况。

《元史》由于编修时间仓促，使它不可避免地存在许多不足之处；同时也因为它多照抄史料，所以保存了大量原始资料，使它具有比其他某些正史更高的史料价值。元朝的13朝实录和《经世大典》已经失传，部分内容只是靠《元史》才得以保存下来。《元史》的本纪和志占全书一半，而本纪又占全书近1/4，保存了大量失传的史料。列传部分，由于元代史馆的资料就不完备，汉人（特别是文人）常有碑传资料可以参考，而一些蒙古名臣的资料常常无处可找，因此立传的不及一半。就列传中的蒙古、色目人而言，其中一部分人已没有别的史料可供参考，后世对这些在当时很有影响的历史人物的事迹只有通过《元史》才能了解。《元史》的编修者违反一般的修史惯例，把一些儒家学者认为不值一提的史实也记入《元史》。如本纪中记载作佛事，礼乐志中记载游皇城，列传则把佛教、道教人物排在最前面，其次是方伎传。这些内容虽还有悖惯例，但恰恰反映了元代真实的社会情况，对研究金朝、元朝时期佛教，尤其是道教各流派的情况提供了重要资料。

《元史》存在的不足也是很多的。就资料而言，在长期战乱之后，史籍散失很多，一时难以征集，很难完备，已经收集到的资料，限于翻译条件，也没有得到充分利用，如《元朝秘史》以及元朝的蒙古文典籍、档案等等，都是很大的缺憾。

本纪和列传部分的记载，大致是后世多、前世少；文臣多、武将少。这是由于元朝史料本身原因造成的。从编修人员看，前后两次开局，人员变更大，当时修史的人员也是临时凑集，大多是江南的文士儒生，缺乏修史经验，这也造成了书中的许多错误。比如内容重复，前后记载矛盾，同一地名、人名、译名不统一，等等。

《元史》曾受到许多人的批评，清朝以来，不断有人重修《元史》，流传到现在的，有邵远平《元史类编》、魏源《元史新编》、曾廉《元书》、柯劭忞《新元史》、屠寄《蒙兀儿史记》等，但因为《元史》有保存原始资料的长处，所以这些史书都不能取代《元史》。

"一代贤奸托布衣"
——《明史》

《明史》是清代官修的一部反映我国明朝（1368—1644）历史情况的纪传体通史。全书336卷，其中目录4卷、本纪24卷、志75卷、表13卷、列传220卷，其卷数在二十四史中仅次于《宋史》，但其修纂时间之久，用力之勤却大大超过了以前诸史。修成之后，得到后代史家的好评，认为它超越了宋、辽、金、元诸史。清史学家赵翼在《廿二史札记》卷31中说："近代诸史，自欧阳公《五代史》外，《辽史》简略，《宋史》繁芜，《元史》草率，惟《金史》行文雅洁，叙事简括，稍为可观，然未有如《明史》之完善者。"

1644年3月，农民军攻克北京，明崇祯皇帝，在煤山上吊而死，明朝灭亡。次年5月，即顺治二年五月（1645年），清朝政府在洪承畴、李建泰、范文程、刚林、祁充格奏请下，即下令设立总裁官、副总裁官，开始纂修《明史》。但是因为当时南方各地的抗清斗争如火如荼地开展，而清朝政府反动强暴的"剃发令"又引起了江南老百姓的坚决反抗和抵制。在这种战火纷飞、政局动荡的情况下，当然是无暇顾及修史的。朝廷的意图也主要是想借此宣布明朝已经不复存在，以及笼络明朝遗老及降清明臣。加上当时明朝的大量档案、邸报等材料也没来得及整理，史料非常缺乏，因此纂修工作并未实际展开。直至康熙十七年（1678年），随着三藩之乱的基本平定，政治局面完全稳定，经济、文化各方面得到恢复和发展，人力、物力得到充实，明朝史料也大量发掘整理，修《明史》的条件已经成熟了，才正式开始《明史》的纂修工作。这一年，康熙试博学鸿儒143人于体仁阁，取上等20人，二等30人，命他们组成班子，纂修《明史》。但康熙也带有强烈的笼络汉族知识分子的政治目的,对修《明史》并不特别热心,因而纂修工作也就时紧时松,用了将近50年的时间。直至康熙去世、雍正继位之后才完成四部《明史》稿本,一种是313卷本,一种是416卷本。这是所谓万氏《明史稿》,即由民间史学家万斯同审定的两种明史稿本;另外两种是王鸿绪分别于康熙五十三年(1714年)进呈的205卷本(列传部分)及雍正元年(1723年)进呈的310卷本,但王鸿绪这两种稿本完全是在万氏稿本的基础上删削而成的。

经过近50年的努力(1678—1723),《明史》纂修的主要工作可以说已经基本完成了,雍正元年(1723年),清廷重开史局,以隆科多、王顼龄为监修,张廷玉为总裁,在王氏《明史稿》(310卷本)的基础上进行了一些增损、考订、修改,于雍正十三年(1735年)十二月,由大学士张廷玉进呈,乾隆四年(1739年)正式刊行,《明史》终于完成了。如果从顺治二年(1645年)始修算起,直至乾隆四年正式刊行,《明史》的纂修至刊行经历了近一个世纪。

《明史》经三次纂修,延时近百年,经手之人众多。第一次纂修时诏谕中提到的总裁官有冯铨、洪承畴、李建泰、范文程、刚林;第二次纂修时,监修都总裁官有徐元文及李霨、王熙、熊赐履、张玉书,总裁官有叶方蔼、张玉书及徐乾学、汤斌、陈廷敬、王鸿绪,另有编修、检讨50余人。此外还包括一些未入史馆或不署衔的人,如"布衣"万斯同等;第三次再修《明史》时也有总裁张廷玉、朱轼、徐元梦以及纂修官23人,最后由张廷玉进呈于皇帝。可见,《明史》经过三代学者精心撰写、勤奋钩考,历时近百年始告完成,因而它成为二十四史中的佳作之一也就不奇怪了。而《明史》之所以取得这样的成功,其功最伟,用力最多的当数清初著名史学家万斯同。

万斯同,字季野,浙江鄞州人,幼年即阅读古书及家藏明朝史料文献;后与兄万斯大一起从著名学者黄宗羲学习,尽窥其史学蕴奥及治世致用的学问精神。康熙八年(1669年),他在越城(绍兴)姜定庵家,精读姜所藏明十五朝实录,并参以其他野史、笔记等,从此熟识明代史实,为以后写明史奠定了坚实的基础。康熙十八年(1679年),应都总裁官、大学士徐元文之请来到北京，居其家中。当时修史之人，都可拿七品俸禄，称翰林院纂修官，但万斯同因祖宗四代效忠明朝，又受其父万泰、其师黄宗羲忠于故国思想的影响，不愿做清朝官，所以他不署衔，不拿俸禄，只作为徐氏门客，以"布衣"身份参加史局。与一般的总裁、编修不一样，万斯同是作为总审稿人参与纂修的，对明史稿的最后定稿起了关键作用，据后来全祖望在《万贞文先生传》中说：万入史局后，"诸纂修官以稿至，皆送先生覆审。先生阅毕谓侍者曰：取某书某卷某页有某事，当补入，取某书某卷某页某事，当参校。侍者如言而至，无爽者。《明史稿》五百卷，皆先生手定"。康熙四十一年（1702年）四月初八，万在京师王鸿绪家中去世，为《明史》可谓耗尽了毕生的精力。黄宗羲《送万季野北上诗》所说："四方身价归明水，一代贤奸托布衣。"（《南雷诗历》）即反映出万斯同在《明史》修撰过程中的重要作用。

《明史》之成功当然也与所据史料十分丰富有关。明朝自朱元璋开国至崇祯灭亡共历16帝，历276年。在这期间，产生了许多官私史书、笔记、文集，积累了大量的公文、档案。这些在清初基本上都保存下来了。加上修《明史》时还征得了不少的私人文集、遗事等，因而《明史》修撰所据材料是十分丰富的。尤其明朝十三朝实录完整地保存下来更是史事之渊薮。万斯同便是通过熟读明朝实录而熟悉明代史实的，其余官修政书、方志，如《大明会典》《大明一统志》《万历会计录》以及大量奏疏、文集、笔记和私人所撰明史，如郑晓《吾学编》、李贽《续藏书》、陈建《皇明从信录》、谈迁《国榷》、王世贞《弇州山人史料》等都成了《明史》的重要参考材料。既有如此丰富的史料，《明史》的史料价值当然是比较高了。

但是《明史》是否就那么完美无缺了呢？回答当然是否定的。综观《明史》，其缺点也是很明显的，除了任何史书都难免的史实错误，前后矛盾之外，最主要缺点就是隐瞒事实之真相。包括两个方面：一是清在建国之前曾臣服于明的事实；二是清入关之后南明诸朝廷存在的事实。清是建州女真人建立的，建国之前，曾经长期臣服于明，其首领经常朝见皇帝，上纳贡品，朝廷也常授予或允其袭替官职。这些事实，《明史》都一概讳见，以致明朝督抚辽东的文武诸臣，即使《明史》中有传，其在辽之事迹亦隐晦不明。明灭亡后，在南方各地先后有弘光、隆武、绍武、永历朝以及鲁王监国等南明政权，时间达20多年，《明史》亦隐讳未书。此外对于规模宏大的李自成、张献忠等人的起义斗争，也无专门的列传予以记载，而只零见于明朝有关官员的列传中。这些都是我们阅读《明史》必须注意的。

这些隐讳，如果再结合清初因私修明史屡兴大狱的事实，表明了封建的桎梏已经在严重地束缚着中国的发展，封建官修正史已经走到了它的穷途末路。《明史》的"完善"不过是它的回光返照而已，何况这一"返照"还有赖于一位"布衣"史学家呢！

《明史》刊行后，清乾隆、同治、光绪诸朝及民国时皆有刻本，现在通行的是中华书局于1974年出版的标点校勘本。

062 "推本得失之原，立一成之型" ——《读通鉴论》

《读通鉴论》是明末清初卓越思想家王夫之有关古史评论的代表作之一。

王夫之，字而农，号薑斋，湖南衡阳人，晚年隐居衡阳石船山，学者尊称为船山先生。生于明万历四十七年（1619年），崇祯十五年（1642年）壬午科举人。明亡后参加南明抗清斗争，后来放弃政治活动，退隐乡间，在极艰苦的条件下，以著述终其身，共计成书数十种，达300余卷。

《读通鉴论》是王夫之阅读司马光的历史巨著《资治通鉴》的笔记，全书30卷，其中秦1卷，西汉4卷，东汉4卷，三国1卷，晋4卷，宋、齐、梁、陈、隋各3卷，唐8卷，五代3卷，另附《叙论》4篇为卷末。

这不是一部单纯的历史著作。首先，它是阅读另一部历史巨著的笔记，其中每一节都是针对《通鉴》所记的某一段史实而发的议论，如果不参照《资治通鉴》而单读《读通鉴论》，就会弄得"丈二和尚摸不着头脑"。其次，这部书是一个思想家的历史沉思录。它既折射了明清之际那段血与火的历史之光，又积淀了一个当时心境极为痛苦与矛盾的思想家的深邃反思。所以，总体水平远超出一般史书。

王夫之是一个忠于明王朝，又具有浓厚民族意识的文人。对于明亡于清这一事实，他从其字里行间透溢出痛苦和悲愤。但是，他并没有简单地借古史来发泄自己的民族义愤，而是希望"推本得失之原""立一成之型"，所以，其史论具有巨大的现实感。明亡后，若干史学家探讨其灭亡原因，或批评政治混乱，或分析制度弊端，或抨击君主专制及其流弊，深度不一。其中，以黄宗羲的《明夷待访录》为代表的批判专制君主制度的思想最为深刻。王夫之与大多数史学家不同,他不仅具有这种现实感,而且能将其与历史的沉思融合起来,试图从中总结出更高层次的历史哲学来。

首先,他清醒地反观自身,认为"夷狄之蹂躏中国,亦非必有固狱之心,中国致之耳"。于是他在《读通鉴论》中,批评君主与大臣聚敛财富,批评君主贪巧自矜滥杀忠良,批评奸臣败坏纲纪使国家衰微,批评大臣拥兵自重强枝弱干,批评学风日衰邪说日盛,批评纵客商贾舍本逐末,批评奸臣引狼入室屈膝投降……批评几乎涉及历代王朝的政治、经济、文化等各个领域,在他心目中,前朝旧事只不过是明朝现实而已。

其次,在历史的沉思中,王夫之得到了一个启示,就是"事随势迁而法必变"。他从远古人类的"异于禽兽无几"与今天人类文明中看到了"世益降,物益备";从三代的"沉酗""淫奔""黩货"与唐代的"天下帖然受治"中看到了今未必不如昔;从三代的封建诸侯与秦始皇改郡县制的成功中看到了"势相激而理随以易"。历史的变化使王夫之得出了一个哲理性的结论:"势之顺者,即理之当然者矣",也就是说,顺应历史潮流的就是合理的。

"理势合一""理因乎势"是王夫之在历史沉思中得出的最有光彩的结论。"变"是这个历史哲学的核心。正是在此思想指导下,王夫之批判了封建史学中最要害的命题"正统论","统者,合而不离,续而不绝之谓也",就是说,所谓"统"是统一了国家并能较长久地持续下去的政权,不论是靠武力统一的,还是靠阴谋"篡弑"而来的,只要它顺应了大势,使国家"合而不离,续而不绝",就是合理的、正统的,并不在乎它姓李还是姓赵。他说:"论之不及正统者,何也?曰:正统之说,不知其所自昉也。自汉之亡,曹氏、司马氏乘之,以窃天下,而为之名曰禅。于是为之说曰:必有所承以为统,而后可以为天子。义不相授,受而强相缀系以掩篡夺之迹,抑假邹衍之邪说与刘歆历家之绪论,文其诐辞,要岂事理之实然哉。"史书从朱熹著成《通鉴纲目》以后,正统的争论已成为封建史学家所最关心的事,甚至影响到宋、辽、金三史的修撰,迟迟未能定稿。而王夫之此说完全粉碎了那些一无可取的谬论。如果说黄宗羲是从明代政治、经济、文化的现实出发得出了批判明朝君主专制的理论，那么，王夫之则是从历史的不断变化发展中得到了这一思想。千百年来，天不变道亦不变。宋元以来，为一家一姓而争正统的喧吵热闹非凡，君君臣臣父父子子，成则为王、为神、为圣，便是得天命、当正统，永远私有天下，无人敢说不字。而黄宗羲、王夫之却否定了这天经地义的结论，从历史变化上指出了顺应"势"者才合天理，无疑是一个进步。

当然，历史遗留的负担毕竟太沉重了，传统文化在他身上积淀的毕竟太深厚了，当这位思想家在进行历史沉思时，常常不自觉地沿袭了传统历史观与道德观，陷入传统的保守观念之中。如他认为封建君主不能变，能变的只是具体的措施与制度；封建思想观念不能变，能变的只是个别的方法与观点，这便成了王夫之思想中一个永远难以摆脱的矛盾。他理智上承认"势之所趋"即"理"这一哲学命题，但感情上却不能接受真正扑面而来的"势"。他骂与正统理学相左的学派，如宋代的苏学、浙学及明代李贽等人的异端史学，指斥李贽的《藏书》为害尤烈。当张献忠请他加入起义队伍时，他"劐面伤腕，誓死不肯"，而清兵南下时，他却举兵反抗，将民族大义与忠君思想糅在一起。所以，在阅读《读通鉴论》时，既要注意到他表露的进步史学思想，也不能忽视那些阻碍这种思想升华的种种保守因素。

063 "为师夷长技以制夷而作"
——《海国图志》

在中国近代史上，有位著名的思想家，对于如何抵抗外国的侵略，有力地打击侵略者，提出了一句名言——"师夷之长技以制夷"。在如何睁眼看世界，他写出了名著——《海国图志》。他就是爱国主义者魏源。

魏源（1794—1857），原名远达，字默深，湖南邵阳金滩人。魏源21岁时，父亲魏邦鲁由地方调往京师做官，他就随父到了北京。他和林则徐、龚自珍等爱国志士交往甚密，经常议论时政。由于魏源富有朝气，思想出格，所以在功名场中他是很不得意的。他一生的大部分时间是做幕客和从事写作。

魏源的著作宏富，除《海国图志》外，还著有《圣武记》《元史新编》《清夜斋诗稿》《古微堂诗集》《默觚》等。

鸦片战争爆发前，林则徐被任为钦差大臣去广东禁烟，他为了了解外国的情况，组织了一个班子翻译外国的报纸和书籍，他主持汇编的《四洲志》一书，记述了世界五大洲30多个国家的地理和历史。后来，林则徐把《四洲志》的全部资料送给好友魏源。魏源在《四洲志》的基础上写成《海国图志》。

1840年鸦片战争爆发，由于战事的失利，魏源悲愤填膺，爱国心切，于1841年3月，愤然弃笔从戎，投入两江总督、抵抗派将领裕谦幕府，到定海前线参谋战事。于1842年写成50卷的《海国图志》。作者为什么要编撰此书呢？魏源在《海国图志》一书的序中，讲得非常清楚："是书何以作？曰：为以夷攻夷而作，为以夷款夷而作，为师夷长技以制夷而作。"这就是说，写书的目的，是为了了解"夷情"，帮助人们习其"长技"，以抵御外侮，振奋国威。这给那些妄自尊大，把西方先进的科学技术视为"奇技淫巧"，盲目排外的顽固派，击一猛掌。魏源在《海国图志》中指出："有用之物，即奇技而非淫巧。"对付外国侵略者，不能"舍其长，甘其害"，而必须"塞其害，师其长"，只有"善师四夷者，能制四夷"。

1847—1848年，魏源又将《海国图志》增补为60卷本，刊于扬州；到1852年又扩充为百卷本。这是中国近代史上最早的一部由国人自己编写的有关世界各国情况介绍的巨著。《海国图志》百卷本，除了以《四洲志》为基础外，先后征引了历代史志14种，中外古今各家著述70多种，另外，还有各种奏折十多件和一些亲自了解的材料。应当注意的是，其史料来源还有外国人的著述。其中，如英人马礼逊的《外国史略》、葡萄牙人马吉斯的《地理备考》等20种左右的著作。

《海国图志》在中国近代史学史上，是第一部较为详尽较为系统的世界史地著作。开始在中国介绍有关世界史地知识，当推西汉司马迁的《史记》。以后，历代正史多立有外国传，但这些记载大多集中于中国边境的国家。到近代才有《四洲志》和姚莹撰成的《康輶纪行》。《四洲志》纯是一部译作，而《康輶纪行》系合日记杂录而成。而《海国图志》，这不仅在编纂和内容上弥补了《四洲志》和《康輶纪行》等书的缺憾，而且初步形成了自己的结构和理论方法。书中征引中外古今近百种资料，系统地介绍了世界各国的地理位置和历史沿革等史地知识，所记各国气候、物产、交通贸易、民情风俗、文化教育、中外关系、宗教、历法、科学技术等，都超过了前书。所以有人誉《海国图志》为国人谈世界史地之"开山"。因它不但详细记载外国情况，还首次从理论上肯定了研究世界史地的必要性。

《海国图志》的划时代意义，还在于给闭塞已久的中国人以全新的近代世界概念。明末清初，西洋传教士利玛窦等人来华，带来了世界知识的新东西，但却不被人们所重视。鸦片战争爆发前，妄自尊大的清廷皇帝和显官达贵，竟不知英国在何方？为什么成为海上霸王？《海国图志》的刊出，打破了这种孤陋寡闻的状况，它向人们提供了80幅全新的世界各国地图，又以66卷的巨大篇幅，详叙各国史地。这样，使当时的中国人通过《海国图志》这一望远镜,开眼看世界。既看到了西洋的"坚船利炮",又看到了欧洲国家的商业、铁路交通、学校等情况,使中国人跨出了"国界",认识近代世界的新鲜事物。

在百卷本的《海国图志》中,作者不仅重视工商业,并由经济扩展到政治,由原来对西方"坚船利炮"等奇技的惊叹,发展到对西方近代资本主义民主政体的介绍。至此,魏源的"师夷"思想发展到了他那个时代的高峰。

就拿介绍美国民主政治来说吧,《海国图志》中,征引《地球图说》《地球备考》《外国史略》《瀛环志略》等书中的材料,详细地介绍了美国民主政治,涉及美国的联邦制度、选举制度、议会制度等方面。由于受时代和阶级的局限,魏源没有像后来的康有为、梁启超等人那样,向资产阶级转化,成为资产阶级改良主义者。此时魏源的"师夷"思想实质,仍属于封建地主阶级改革派的思想范畴。

魏源不仅是爱国志士,而且是杰出的军事思想家。他在战略防御的思想指导下,提出了"以守为战""以逸待劳"(《海国图志·筹海篇三》)的战略思想,以及"诱其深入""坚壁清野""出奇设伏""水陆夹攻""草木皆兵"(《海国图志·筹海篇一》)等战术原则。魏源这种以弱胜强的战略战术思想,不但适用于近代中国的反侵略战争,也适用于遭受西方殖民主义侵略的其他国家。当时有个叫鹫津毅堂的日本人,为了寻求"防英夷之术",读了魏源的著作后,感慨地说:"海防之策莫善于是篇。"(《圣武记采要序》)

由于当时学术水平的限制,魏源的《海国图志》当然不是一部完善的著作,全书除《筹海篇》和各部分的序文、按语以及《元代北方疆域考》等文字为精心撰述外,其余大多是辑录他人著作汇编而成的。这样,在汇编时其中原有的欠缺和错误,他并没有下大功夫去纠正。比如,百卷本所辑之世界各国分图,由于原书绘制技术差,致使位置、距离、形状等亦多偏差,并不准确,魏源却没有逐一纠正。再如,魏源在书中认为,"亚墨利加一土,孤悬宇内,亘古未通声息,英人于前明万历年间探得之"(卷五十二)。其实,美洲是意大利人哥伦布发现的,而不是英国人,时间是在1492年，比明万历年间要早得多。

《海国图志》不愧是中国近代思想史和史学史上的一部杰作，它对海内外起过深远的影响。梁启超赞誉说："治域外地理者，（魏）源实为先驱。"（《清代学术概论》）尤其是他在该书中所阐发的"师夷"思想，对中国当时和后世都有相当大的影响。晚清的洋务派，就是受魏源"师夷"思想的影响，加以运用和发挥的。当然，应该指出的是，洋务派的思想与魏源的"师夷"思想虽有共同性、继承性，但二者并不尽相同。魏氏是地主阶级改革派，而洋务派则是大地主大官僚。魏氏倡导"师夷"的目的是为了"以彼长技，御彼长技""师夷之长技以制夷"；而洋务派曾国藩、李鸿章等人的"师夷"是为了"师夷长技以制民""资夷力以助剿济运"，镇压国内农民革命。在洋务派之后，早期的资产阶级改良派（如冯桂芬、王韬等人）及后来的资产阶级维新派（如康有为、梁启超等人），对"师夷"思想加以发展和丰富。

《海国图志》在国外，尤其是日本，也有一定的影响。此书出版后传入日本，1854年日本翻刻了《海国图志》60卷本，争相购读。它曾在日本维新运动中起过一定的作用，现代日本学者井上靖说过："幕府末期日本学者文化人等……例如，横井小楠的思想起了革命，倾向开国主义，其契机是读了中国的《海国图志》。"（《日本现代史》）日本维新潮流日趋高涨，倒幕府运动一浪高过一浪，终于1868年酿成了著名的明治维新运动，推翻了封建的幕府统治。可见，魏源《海国图志》在介绍和传播西洋情形与一般近代文化，在影响日本维新运动的发展上确曾起过一定的作用。

第一部女性名人传记——《列女传》

《列女传》8卷，汉刘向撰。刘向（约公元前77—前6），本名更生，字子政，沛（今江苏沛县）人。楚元王刘交的后代，经历了宣帝、元帝、成帝三朝，曾任光禄大夫、中垒校尉等官，是西汉著名学者，生平著书多种，其中有《洪范五行传》《新序》《说苑》《别录》《世说》《高士传》《列女传》等。

西汉成帝年间，命谒者陈农搜求天下遗书，于是，散落于民间的大量的诸子百家及各行各类典籍被汇集于兰台。为了对这一大堆杂乱无章的古书进行系统整理，汉成帝河平三年（前26年）秋，"诏光禄大夫刘向校中秘书"。刘向遂与其子刘歆受诏同领校书，开始细心地校正古书。而《列女传》就是刘向在校书时编撰的，他说："臣向与黄门侍郎歆所校《列女传》，种类相从，为七篇，以著祸福荣辱之效，是非得失之分，画之于屏风四堵。"（《七略别录》）班固也说："向以为王教由内及外，自近者始。故采取《诗》《书》所载贤妃贞妇，兴国显家法则，及孽嬖乱亡者，序次为《列女传》，凡八篇，以戒天子。"（《汉书·刘向传》）可知刘向作《列女传》，其目的就在于以此作为妇女的教育用书，同时也以"古列女善恶所以兴亡者以戒天子"（宋人曾巩语）。

《列女传》屡经传写，到了宋代已经不是原来的本子了，分篇也各有不同。现存的本子是7卷，每卷15人，共105人，每一卷的后面都有颂。书后有《续列女传》1卷，相传是东汉班昭所增加，《续传》又收列女20人。到了晋朝，又得名画家顾恺之为之一个个画出图像来，于是《列女传》的影响才大起来。

本书的7卷就是7类,按其编排顺序依次为《母仪》《贤明》《仁智》《贞顺》《节义》《辩通》《孽嬖》。

《母仪传》主要以封建伦理道德为标准,选取那些言行仪表中合封建礼仪道德的母亲,用以教育后代,以兴教化。例如魏芒慈母的故事,讲魏芒的后妻宁肯委屈3个亲子,而绝不亏待前妻5子,勤劳忧惧,仁爱持家,致使前后8子亲如一母兄弟,后来皆为魏大夫卿士。

《贤明传》主要选取贤明廉正、动作有节、通晓事理、遵纪守法的女性。如周宣王后姜氏,贤而有德,非礼不言,非礼不动。周宣王曾沉湎于女色,早睡晚起,不理朝事。姜后即脱簪珥彩服,待罪永巷,痛责自身以谏宣王。宣王惭而从谏,乃早起晚退,勤于政事,成为有名的中兴之君。

《仁智传》选取的是聪明仁智、能预识难易、避危趋安的女性。如曹僖氏妻善于观人。晋公子重耳不得志时,曾到曹国,曹恭公不予礼待。曹僖妻则谓僖曰:不知其子者,视其父;不知其君者,视其所从。视晋公子的随从,皆有卿相之材,将来必有成就,应该礼待他们。曹僖即从而礼待之。后来公子重耳果然成霸业,成为著名的霸主晋文公。文公为报曹僖当年之恩,令兵士不许入其闾里,而士民百姓却扶老携幼,赴其闾门以避祸,门外成市。时人都夸赞曹僖之妻有远识。

《贞顺传》选取的是谨遵妇礼、忠贞不贰的女性。如蔡人之妻既嫁于蔡,而其夫有恶疾,其母欲改嫁之。该女认为夫之不幸即妾之不幸。嫁人之道,一旦结婚,则终身不改。今夫不幸染上恶疾,正应细心照料,以情相慰,怎么可以弃之而再嫁呢?遂不从。

《节义传》选取的是好善慕书、终不背义、为了节义而不避死亡的女性。如鲁义姑姊的故事。齐军攻鲁,于郊野之中见一妇人怀抱一儿,手牵一儿而行。见齐军将至,妇人弃怀中儿而抱手牵者向山中奔去。弃儿啼哭,妇人径行而不回头。齐将追及而问之,才知妇人怀抱者乃是其兄之子。她解释说:见齐军将至,力不能护两儿,则舍己子而反抱兄子。己之子,私爱也;兄之子,公义也。背公义而向私爱,亡兄子而存己子,是背义也。齐人听之,而罢兵。

《辩通传》选取的是智慧聪颖、能言善辩,以讽喻而排忧解难的女性。如齐钟离春故事。齐无盐氏之女奇丑无比，但很有辩才。因年已40而无能嫁人，乃自荐于齐宣王，谏曰：齐国有四殆：西有强秦之患，南有劲楚之仇。外有国难，内聚奸臣，不务众子而务众妇，如此，一旦山陵崩弛，社稷不稳，则一殆也。修渐台，饰以黄金白玉、珍珠翡翠，致使百姓疲惫，则二殆也。贤者匿于山林，谄谀立于左右，邪伪立于本朝，谏者不得通入，则三殆也。饮酒沉湎，夜以继日，女乐俳优，纵横大笑。外不修诸侯之礼，内不秉国家之治，此四殆也。齐宣王闻之，愧而从之，拆渐台，罢女乐、退谄谀，去雕琢，选兵马，实府库，四辟公门，招进直言，延及侧陋，齐国由是大安。无盐女也因之被立为齐宣王正后。

《孽嬖传》选取的是淫妒荧惑、背节弃义、指是为非、终致祸败的女性。如殷纣之妃妲己，淫乱无度，唆使纣王造酒池肉林，令男女裸体而相逐其间。又鼓动纣王剖比干之心，囚禁其子于狱，逼走微子，终使殷朝佐臣尽失，殷终为周所灭。

《续传》也即第八卷，已非刘向所撰，而是后汉班昭所补，共收20人，也以"母仪""贞顺""仁智"等区分之。

《列女传》的成书有其重要意义。不管作者编撰此书的主观愿望如何，客观上，刘向把古代著名妇女事迹，"种类相从"的搜集起来，便于人们查考和研究。人类社会本是男女两性共同组成的，社会的发展与进步也是男女共同劳动的结果。在数千年的古代社会里，重男轻女，妇女压在社会的最底层，《列女传》可以稍稍提高人们对于妇女的认识。自从刘向编撰《列女传》以后，《汉书》即立《元后传》，《后汉书》则有《列女传》，其后许多史书有开设记载妇女活动的专栏，创立了重视妇女历史地位的先例。所以，《列女传》在中国古代妇女史中占有很重要的位置。

065 第一部系统性的史论专著——《史通》

史论又称史评,包括的范围十分广泛,基本上可以概括为史学理论和史学批评两大类。史学理论指有关史学体例、编纂方法以及史官制度的论述;史学批评则包括评论史事、研讨史籍得失、考订史事正误异同等。

我国史论源远流长。早在先秦时期,曾出现"百家争鸣"的局面。先秦诸子借评论史事,论证本学派政治观点的正确性,形成我国早期史论的一种形式。在先秦史籍中,又出现《左传》中的"君子曰"的另一种形式的史论,这种体例为后世史家所沿用。自秦汉以来,出现了如《史记》的"太史公曰"、《汉书》的"赞"、《汉纪》的"论"、《东观汉记》的"序"、《三国志》的"评",以及后史的"史臣曰"(如《资治通鉴》的"臣光曰")。除此之外,还有一种"序论",于史篇之前,加入史家说明著作宗旨、体例源流、评论人物史事的文字,如《史记》《汉书》等,都有这类"序论"的文字。

随着史学的不断发展,史学批评也随之开展起来,出现一种以论述史籍得失、评论史学体例、研究撰史方法为主要内容的新的史论形式。这种新的史论发端于秦汉而完成于唐代。到了唐代,刘知几继承前人的批判精神,将这种史学形式发展成"总括万殊,包吞千有"的史论著作,写出我国第一部系统性的史论专著《史通》。它兼有史学理论和史学批评两方面内容,是集唐以前史论之大成的宏伟巨著。

刘知几(661—721),字子玄,彭城(今江苏徐州)人。生于唐代名门,父(刘藏器)、兄(刘知柔)都是唐高宗和唐玄宗时的官僚,并以辞章知名于世。刘知几因家学渊源,自幼博览群书,攻读史学,后又致力文学。

他20岁时中进士,任获嘉(今河南获嘉县)主簿。武则天圣历二年(699年),刘知几奉调长安,任王府仓曹,并参与编纂《三教珠英》的工作。不久任著作佐郎兼修国史,又迁为左史,先后参与撰修起居注及唐史。

唐中宗景龙二年(708年),迁为秘书少监,又掌修史之事。当时,由于权贵控制史馆,史官无著述自由,凡事皆需仰承监修旨意,刘知几颇不得志。因此只好"退而私撰《史通》以见其志"。(《史通·自叙》)并以一家独创之学,对于史馆垄断史学表示抗议。景龙四年(710年),《史通》撰成。此后,刘知几名声大扬,迁官太子左庶子,兼崇文馆学士,加银青光禄大夫。唐玄宗时,又迁为散骑常侍。他的官职屡迁,但却一直兼任文职,先后参与《姓族系录》《则天实录》《中宗实录》《睿宗实录》《玄宗实录》等书的撰修。

《史通》共20卷,包括内篇和外将两部分,各为10卷。内篇有39篇,外篇有13篇,合计52篇。其中,属内篇的《体统》《纰缪》《弛张》等3篇,大约在北宋时已亡佚,今存仅有49篇。另有《序录》一篇,为全书的序文。

《史通》的内容,大致可分下述几个方面:

其一,关于史学源流及史官制度。《史通》内篇之开卷,即以《六家》《二体》两篇,根据唐代以前史学的体裁,对我国古代史学的源流进行了总结。首先,它将古代史学分叙六家,即尚书家、春秋家、左传家、国语家、史记家、汉书家;总归二体,即纪传体和编年体。然后,对六家、二体的优点和缺点,进行评述,刘氏认为,"丘明传《春秋》,子长著《史记》,载笔之体,于斯备矣。后来继作,相与因循,假有改张,变其名目,区域有限,孰能逾此?"(《史通·二体》)但是,在论及纪传体时,却盛誉《汉书》,并且以为"《尚书》等四家,其体久废,所可祖述者,唯左氏及《汉书》二家而已",则颠倒纪传体的源流。这是刘知几推崇断代的纪传史的缘故。同时,在《史官建置》《辨职》《忤时》诸篇中,刘氏论述了历代史官建置的沿革,史官的职责,以及唐代官修史书的弊端。

其二,关于历史编纂学。这是《史通》的主要部分,包括编纂体例、编纂方法、史料搜集等方面内容。在编纂体例方面,《史通》论述纪传史和编年史的体例，而以论述纪传体为主。《本纪》《世家》《列传》《表历》《书志》《论赞》《序例》《序传》诸篇，以具体史籍为例，对纪传史各组成部分的特点、功用都详细论述。例如，它指出本纪"既以编年为主，唯叙天子一人"，则应专载"大事"，而不必"巨细毕书，洪纤备录"。至于"书事委曲"，乃是列传的任务，并对合传和附传作了独到的论述。《史通》反对作"表历"，以为"表历"往往与史传重复，"成其烦费，岂非缪乎？"对于纪传史的志书，《史通》主张删除天文、艺文、五行三种，而增加都邑、方物、氏族等志。又以为"每卷立论，其烦已多，而嗣论以赞，为黩弥甚"（《史通·论赞》），对各史的"论赞"则多持批评的态度。

在编纂方法方面，《史通》牵涉范围广泛，包括叙事、言语、题目、模拟、断限、书法、人物、编次、称谓、烦省等十多种问题，均属于撰史方法和写作技巧的内容，有的至今仍有参考价值。例如，刘氏以为"国史之美者，以叙事为工，而叙事之工者，以简要为主"，指出叙事是择史的重要手法，而叙事最避忌繁芜之失。因此，刘知几主张叙事要"用晦"，以为用晦"省字约文，事溢于句外"，可以达到"一言而巨细咸该，片语而洪纤靡漏"的目的（《史通·叙事》）。所以，《史通》即总结前史在叙事方面的好经验，又批评各史存在冗句烦词、雕饰辞藻的病例，尤其反对骈文入史的做法。又如，在《言语》篇中，刘氏主张记录历史的言语，应随时代的发展而采用当代的语言，以避免"失彼天然"。今古不纯的弊病。他列举三传不学《尚书》之语，两汉多违《战策》之词的例证，反对撰史因袭古人词句，以记述后世言语，而提出使用"当世口语"撰史，以使"方言世语，同此毕彰"的要求。这些主张都有借鉴的价值。

此外，关于史料的搜集和鉴别问题，刘知几在《采撰》篇作了专门的探讨，以为史家撰述历史，如同"珍裘以众腋成温，广厦以群材合构"，需要"征求异说，采摭群言"，然后成为"不朽"之作。但是，由于史料来源不同，性质各异，尤需加以选择和鉴别，"苟不别加研核，何以详其是非？""故作者恶道听途说之违理，街谈巷议之损实"。对于失实的史料，不可低估其危害，以致"毁誉所加，远诬千载，异辞疑事，学者宜善思之！"

其三，关于历史文献学。《史通》将唐代以前的历史文献，分为"正史"

和"杂史"两大类。所谓"正史",指经传文字,唐以前的纪传史和编年史,以及唐代官修诸史;而"杂史"则分为偏记、小录、逸事、琐言、郡书、家史、别传、杂记、地理书、都邑簿10种。他在《古今正史》中,先叙述唐以前正史的源流,从《尚书》至唐修诸史,逐一介绍各史的作者、成书经过、体例卷帙、后人注补的内容。然后,在《疑古》《惑经》《申左》《杂说》诸篇中,对唐以前的历史文献,进行全面而具体的评述,并指出其矛盾、疏略之处。如《疑古》一篇,就条陈10疑,对《尚书》等提出了批评;而《惑经》对《春秋》的批评,竟达12条。总之,《史通》所论范围极其广泛,以上概括为主要的三方面,当然不能包括其全面。

应当肯定的是,《史通》对我国古代史学作出了全面的总结,提出了较为系统的史学理论,成为唐代以前我国史论的集大成。刘氏的思想及其历史观,有几点是值得重视的。例如:他反对"历史的宿命论",以为历史上任何朝代的兴亡,人物的成败,都不是天命,而是人事。他在《杂说》篇等文中有所论述。他也反对以成败论英雄之正统历史观。在《称谓》篇、《编次》篇中论述了这个问题。他甚至不主张"内中国而外夷狄"的大汉族主义的历史观。至于他敢于怀疑,则史料因此纠正,敢于非圣,则成见因此打破,这些都是他的科学精神。

当然,刘知几受时代和阶级的局限,《史通》中有维护封建名教,诬蔑农民起义等论述,这说明刘氏也没有超出封建史家的立场和观点。

066

"史所贵者义也，而所具者事也，所凭者文也"
——《文史通义》

《史通》问世之后，对于后世史论的发展，起了承前启后的作用。因此，宋元期间，相继产生了如范祖禹的《唐鉴》、吴缜的《新唐书纠谬》、郑樵的《通志》等。继宋元之后，明清两代评史论史之风更盛，而章学诚的《文史通义》，堪称能与《史通》匹敌的第二部史学理论巨著。章氏在《文史通义》中，不仅批判了过去的文学和史学，也提出了编写文史的主张。他对编纂史书的具体做法，又表现在他所修的诸种地方志之中。

章学诚（1738—1801），字实斋，浙江会稽（今浙江绍兴）人。少年时酷爱文史书籍，且能举其得失。后寓居北京，游于内阁学士朱筠之门，得以遍览群书，并与钱大昕、邵晋涵、戴震诸名流往还甚密，讨论学术源流及异同。乾隆四十三年（1778年）中进士，其后历主保定莲池、归德文正等书院讲席，纂修和州、永清、亳州等方志。晚年，得到湖广总督毕沅的器重，入其幕参与《续资治通鉴》纂修，又主修《湖北通志》。章氏著有《史籍考》《文史通义》《校雠通义》等。

章学诚为什么撰写《文史通义》呢？由于他对刘知几、郑樵、曾巩等人的史学成就，不是全部肯定，而是吸收他们有益的东西。他说："郑樵有史识而未有史学，曾巩具史学而不具史法，刘知几得史法而不得史意，此予《文史通义》所为作也。"（《章式遗书·自叙》）在章氏看来，刘知几、郑樵、曾巩在史学上各有优点，但却不全面，所以他才写《文史通义》，吸前人之长，加以补充发挥。应当说，章氏的史学观点，正是发展了刘知几等人史学思想而形成的封建社会末期比较完整的史学体系。

《文史通义》共8卷，包括内篇和外篇两部分，内篇5卷，外篇3卷。但是，由于该书版本很多，内容不尽一致。1921年，吴兴刘承干所刻《章氏遗书》本，《文史通义》内篇增1卷，又增《补遗》8篇。新中国成立后，中华书局据刘刻本排印，又附增《补遗续》5篇。另外，旧本《文史通义》卷前刊有章学诚次子华绂写的序文一篇，刘刻本未载，新中国成立后排印本补入。

章氏撰写《文史通义》，大约始于乾隆三十八年（1773年），至嘉庆六年（1801年）为止，历时20余年。由于版本不同，我们只好综合不同版本的内容，将其涉及史学理论的主要内容，简介于后。

其一，"六经皆史"论。关于我国史学的源流，《文史通义》开卷便宣称"《六经》皆史也"。又说："古人未尝离事而言理，《六经》皆先王之政典也。"（《易教上》）在《浙东学术》中，进一步阐述："三代学术，知有史而不知有经，切人事也；后人贵经术，以其即三代之史耳。近儒谈经，似于人事之外，别有所谓义理矣。"章氏提出"六经皆史"的命题，以为《六经》皆属先王的政典，记述了古代的典章制度，说明史之源起先于经，并且指明经术乃是三代之史而为后人所重视。虽然"六经皆史"不是章氏的创见，在他之前王守仁已提出"五经亦史"的见解，但是在乾嘉时期，针对"汉学"注重"舍今求古"的考据和"宋学"专尚"空谈性天"的两个极端，"六经皆史"提出学术必须"切合当时人事"，在客观上却有着积极的意义。这个命题的提出，源自章氏史学"经世"的思想，不但将史学的产生上溯至《六经》之前，而且扩大了古史研究的范围，对先秦史学史和史料学的研究作出了贡献。对于"六经皆史"的论述，《文史通义》的《易教》《书教》《诗教》《礼教》《经解》《史释》《浙东学术》等诸篇，均有涉及。

其二，有关历史编纂学问题。这是该书的主要内容之一，散见于《史德》《说林》《书教》《答客问》《原道》《释通》《古文十弊》诸篇中。章氏发展刘知几的史学理论，于"才、学、识"之外，提出"史德"问题。他说："史所贵者义也，而所具者事也，所凭者文也。"（《史德》）具备"义、事、文"方可称为"史学"。"义"指历史观点,"事"指历史事实,"文"则是表达的文笔。在章氏看来,三者以"义"为主,而"事"与"文"不过是求"义"的根据和技巧而已。然而,"义"毕竟是史家主观的东西,那么,如何使主观的"义"与客观的"事"一致呢?章氏认为,"能具史识者,必知史德;德者何?谓著书者之心术也。"这是说,史家治史要有尊重历史真实的基本态度,即"慎辨于天人之际,尽其天而不益以人"的态度。这里的"天人之际",是指客观的史实与主观的史家而言,要求史家不以主观的偏见代替客观的史实。所以,章学诚所说"史德"的内容,实际上就是"尽其天而不益以人"的治史态度。只要按照这个要求去做,就"足以称著书者之心术矣"。(《史德》)这是"欲为良史"的基本条件。

在章氏看来,古来史书就其性质而言,基本可分为两大类,即所谓"撰述"和"记注"(《书教》),或称为"著述"与"比类"(《报黄大俞先生》),又称之为"著述"与"纂辑"(《博约中》)。虽然称谓不尽相同,而含义并无区别。前者指史家的"独断之学",即史学著作;后者属文献资料汇编,即史料纂辑。章学诚可说是我国古代史学史上,第一个严格区别史著与史料的史学家。

在体例方面,章氏推崇通史,以为通史具有"六便"(即免重复、均类例、便铨配、平是非、去牴牾、详邻事)和"二长"(即具剪裁、主家法)的特点,尤其称赞像郑樵撰述《通志》这种专门的学者。对于纪事本末体,章学诚亦倍加赞许,以为"文省于纪传,事豁于编年""决断去取,体圆用神"(《书教下》),兼有纪传史和编年史所不具备的优点。

其三,把方志作为一门专门的学问。我国方志起源很早,《周官》载外史掌"四方之志",就是指当时的地方志。自宋元以来,纂修方志之风日盛,清初修志之风更加盛行。但是,把方志作为一门专门的学问,提出系统的理论主张,始自章学诚。章氏不但对方志的性质、内容、体例等问题有独到的见解,而且将其主张贯彻于具体的编修方志的工作中。章氏的有关方志的论述,如今仍保存在《文史通义》和《章氏遗书》中。这是章氏对方志学的杰出贡献。

关于方志的性质,历来把它列入地理类。章学诚认为,方志"乃史体",与地理不同。而"地理之学,自有专门"(《跋湖北通志检存稿》),二者不能混淆。从性质上划分了方志与地理的区别。至于方志的内容,章氏认为,它既然属历史,专载一方,就不应只重地区沿革,而轻一方文献。因此,在体例上,他主张方志立三书,即记载大事记和人物的"通志"、记载典章制度的"掌故"、记载文献诗文的"文征",以及作为附录的"丛谈"。为了征集文献资料,便于编修方志,章学诚还提出了各州县建立志科的主张。

由于章学诚是封建社会末期史家,在《文史通义》中,有其高于前人的评论,但也摆脱不了宣扬纲常礼教之例,如他把谤君和怨悱的人说成"乱臣贼子""名教罪人"。对于历代史学名著的评论,其观点仍有值得商榷之处。书中所论史实,也存在错误的地方,如全祖望是清初有民族思想的人,他的文集大量表扬明末清初抗清的忠臣义士,章学诚仅从《鲒埼亭集》中看到全氏所撰碑传事有重复,即把全祖望表彰民族气节的一片真心,看成是为自己的文集争体面。这些是我们在阅读《文史通义》时,应加以注意的。

067

"历史者，叙述进化之现象也"
——《新史学》

《新史学》是梁启超所撰的一篇长文，它是资产阶级史学家批判传统文学，试图建立新的史学理论体系的重要标志。

梁启超（1873—1929），字卓如，号任公，又号饮冰子、饮冰室主人，广东新会人。早年结识康有为，研究新学，宣传变法。戊戌政变后，政治上日趋保守。1918年起脱离政界，此后专事讲学与著述。史学是其所长，在中国近代史学发展上有一定的影响。

光绪二十八年（1902年），梁启超继上年在《清议报》上发表《中国史叙论》之后，又在《新民丛报》上发表了著名的长文《新史学》。前者着眼于撰写"中国史"的具体构想；后者着眼于从理论上批判"旧史"。作者自称"新史氏"，倡言"史界革命"，意在创立"新史学"。这两篇文章，后来分别收入《饮冰室合集·文集》第三册和第四册。

《新史学》全文凡6节，其次第是：中国之旧史、史学之界说、历史与人种之关系、论正统、论书法、论纪年。它与《中国史叙论》在节目上多有异同，然其基本思想前后连贯，二文在内容上互相补充，故宜结合起来考察，益可见作者倡导"新史学"的旨趣所在。梁启超对西学有广泛的涉猎，他在这两篇文章中，运用西方学者的历史哲学（主要是近代进化论思想）和史学方法论，提出并阐述了一些重要的史学理论问题。

关于历史撰述的性质和范围。作者在两文中都论到史学的"界说"，而历史撰述的性质和范围则是"界说"中居于首要地位的问题。作者指出："历史者，叙述进化之现象也。"他说的"历史"，按其意，当是历史撰述，亦即史家撰述中所反映出来的历史。历史撰述是"叙述进化之现象"，这实际上是指出了"新史学"之历史撰述的性质。以此为前提，作者给历史学确定了一个内涵，就是："进化者，往而不返者也，进化无极者也。凡学问之属于此类者，谓之历史学。"质而言之，历史学当以进化论为指导思想，考察和叙述种种进化现象，这就是"新史学"的本质。作者认为，"历史之真相"即运动规律"如一螺线"。这里说的"历史"，是指客观历史过程。他的这个认识，把中国传统史学中的朴素进化观提高到一个新的阶段。但梁启超之言历史进化和历史真相，并未超出他的老师康有为所谓据乱、升平、太平与世渐之说，即局限于庸俗进化论的范围。关于历史撰述的范围，梁启超说："历史〔撰述〕者，叙述人群进化之现象也。"作者认为，任何事物都有进化的现象，都"属于历史之范围"，但通常历史撰述所记常限于人类，这是因为："人也者，进化之极则也，其变化千形万状而不穷者也。"指出了人类进化在"凡百事物"进化中是最为复杂的特点。这样，梁启超就注意到历史研究有"广义""狭义"之分："言历史之广义，则非包万有而并载之不能完成；至语其狭义，则惟以人类为之界。"这种划分，在理论上是重要的。梁启超进而又指出：就"狭义"的历史来说，也不是都可以写入历史撰述的。他认为："欲求进化之迹，必于人群""人类进化云者，一群之进也，非一人之进也"。因此，"历史〔撰述〕所最当注意者，惟人群之事，苟其事不关系人群者，虽奇言异行，而必不足入历史〔撰述〕之范围也"。从中国史学之历史观的发展来看，从尊天命到重人事，是一大进步；从重视个人的作用到重视人群的作用，是又一大进步；但梁启超强调"人群进化之现象"，并没看重"人群"的物质生产活动及其分配关系对于这种"进化"的作用，这是他的局限性。

关于历史哲学和史学的社会作用。梁启超认为，历史研究的目的，是要寻求一种理性的认识；但是这种理性认识的获得则必须是"客体"和"主体"的结合；而只有获得了这种理性认识，史学才具有了它应有的社会作用。他指出："历史〔撰述〕者，叙述人群进化之现象而求得其公理公例者也。"所谓"公理公例"，就是下面他说的历史哲学。梁启超认为，史学是由"客体"和"主体"结合而成的。所谓客体，"则过去、现在之事实是也"；所谓主体，"则作史、读史者心识中所怀之哲理是也"。他进而阐述说:"有客观而无主观,则其史有魄无魂,谓之非史焉可也(偏于主观而略于客观者,则虽有佳书亦不过为一家言,不得谓之为史)。是故善为史者,必研究人群进化之现象,而求其公理公例之所在,于是有所谓历史哲学者出焉。历史〔撰述〕与历史哲学虽殊科,要之,苟无哲学之理想者,必不能为良史,有断然矣。"梁启超从历史研究和撰述之客体与主体的关系着眼,提出历史哲学是为良史的前提,这在史学理论的发展和建设上有重要的意义。他认为,历史哲学之所以重要,还在于它对从认识"局部之史"到认识"全体之史"、从认识史学本身到认识"史学与他学之关系",是必不可少的。而尤为重要的是,还在于它的社会作用,即:"所以必求其公理公例者,非欲以为理论之美观而已,将以施诸实用焉,历史〔撰述〕者,以过去之进化导未来之进化者也。吾辈食今日文化之福,是为对于古人已得之权利,而继续此文明、增长此文明、孳殖此文明,又对于后人而不可不尽之义务也。而史家所以尽此义务之道,即求前此进化之公理公例,而使后人循其理、率其例以增幸福于无疆也。史乎!史乎!其责任至重,而其成就至难!"这是表明,史学对于文化进化的社会作用,主要不是对于一人一事之经验教训的借鉴,而是从公理公例中得到启示,即"循其理、率其例"而表现出来。这是"新史学"理论体系的又一个显著特点。

关于"史学与他学之关系"。重视史学与其他学科的关系,也是"新史学"的特点之一。梁启超认为:"地理学也,地质学也,人种学也,言语学也,群学也,政治学也,宗教学也,法律学也,平准学也(即日本所谓经济学),皆与史学有直接之关系。其他如哲学范围所属之伦理学、心理学、论理学、文章学及天然科学范围所属之天文学、物质学、化学、生理学,其理论亦常与史学有间接之关系,何一而非主观所当凭藉者!取诸学之公理公例,而参伍钩距之,虽未尽适用,而所得又必多矣。"他在《中国史叙论》中,讨论了地理学、人种学、年代学、考古学与撰述中国史的关系;在《新史学》中,有"历史与人种之关系""论纪年"的专题。举例说来,他强调"地理与历史,最有密切之关系",诸多论述,皆源于孟德斯鸠和黑格尔的理论;他论"历史与人种之关系",则多据康德学说。

他所引进的西方学人的一些认识，即便在当时来看，有的也是不正确的；但从他倡导的"新史学"的方法论来说，在当时却是有积极意义的。

关于对"中国之旧史"的批判。这是梁启超"新史学"论纲的一个突出的部分。这个批判，贯穿于二文之中，其势之猛，其辞之烈，前所未有。他认为中国史学是"发达"的，但他对这种"发达"却持否定态度，认为它不过是"陈陈相因，一丘之貉"。梁启超具体指出"中国之旧史"有"四蔽"，"一曰知有朝廷而不知有国家"，"二曰知有个人而不知有群体"，"三曰知有陈迹而不知有今务"，"四曰知有事实而不知有理想"；"缘此四蔽，复生二病"，一是"能铺叙而不能别裁"，二是"能因袭而不能创作"；"合此六弊"，又有三"恶果"，即"难读""难别择""无感触"。其议论排击，多以西人、西史为据，梁启超虽也慷慨地把司马迁、杜佑、司马光、郑樵、袁枢、黄宗羲奉为中国史学上的"六君子"，但认为其余史家多碌碌无为，"因人成事"，《二十四史》不过是二十四姓的"家谱"，是"地球上空前绝后之一大相斫书"，所有的本纪、列传只是"无数之墓志铭"的"乱堆错落"，"汗牛充栋之史书，皆如蜡人院之偶像"等等，其所否定，可谓淋漓尽致，颇有不容分辩之势。这在当时提倡西学、批判旧学的思潮之下，提出对"中国之旧史"的批判，为"史界革命"和开创"新史学"开辟道路，在思想观念的转变上对中国史学的近代化过程，具有客观上的积极作用。但也必须看到，梁启超的这种对"旧史"的批判，在立论上，往往得失参半；在许多结论上，更是误解强于精审，谬误多于正确。究其原因，主要有两条。一条是，这种批判不是建立在冷静的、科学分析的基础上，因而带有明显的武断和感情色彩。又一条是，作者错误地认为，在"新史学"和"旧史学"之间决然存在着一道鸿沟，即无任何联系，却有对立之势，故以彻底否定"中国之旧史"为目的。指出这一点，并不是苛求于梁启超。其实，有一个最有说服力的参照者，即章太炎1904年出版的《訄书》重订本。《訄书》对西学的理解、消化、吸收，对中国史学的剖析、扬弃，反映出更多的理性认识，是梁启超二文所不及的。总的来看，《新史学》的成就，在倡言史学之"新"的方面，有首开风气的历史作用；而在批判史学之"旧"的方面，虽也提出一些有价值的问题，但尚不能作为一种理性的批判来看待。

068 先秦百工技艺之书——《考工记》

《考工记》是先秦时期一部重要的科技专著，原未注明作者及成书年代，一般认为它是春秋战国时代经齐人之手完成的。

春秋战国是我国古代社会大变革的重要阶段，农业、手工业、商业、科学技术此时都有了很大的发展。在手工业中，一方面是原有的操作工艺更为纯熟；另一方面又产生了许多新的工艺。分工亦更为精细。春秋以前"工商食官"的格局已经打破，除了官府手工业外，此时还出现了许多私营的个体手工业。由于礼乐崩溃，学术思想上呈现了一派百家争鸣的局面。许多士人都比较重视实践，关心社会的进步和生产技术的发展，鲁班、墨翟、李冰这样一些杰出的学者、技术发明家便是这一时期产生出来的。为了进一步组织和指导生产，需对已获得的生产经验和技术思想进行总结，《考工记》便是在这一社会大背景下产生出来的。

今见《考工记》一书是作为《周礼》的一个部分出现的。《周礼》一书原有六官之纪，即"天官冢宰""地官司徒""春官宗伯""夏官司马""秋官司寇""冬官司空"。但后者早佚。据说西汉时期，河间献王刘德修学好古，喜欢收集先秦经典，为购求此篇，曾费千金而不得，不得已乃以《考工记》补之。此书原无名称，《考工记》之名亦是汉代人手笔，后又经刘向、歆父子之手，才得今本。

《考工记》一书包括两个部分，第一部分约与总目、总论相当，主要述说了"百工"的含义，它在古代社会生活中的地位，获得优良产品的自然的和技术的条件。第二部分分别述说了"百工"中各工种的职能及其实际的"理想化"了的工艺规范。书中说国有六职，即王公、士大夫、百工、商旅、农夫、妇功。百工系六职之一，它又包括了六类30个工种，分别是：

攻木之工。包括轮人（主要制作马车的车轮和车盖等）、舆人（主要制作马车的车厢等）、车人（主要做耒和木牛车等）、弓人（做弓等）、庐人（制作殳、矛、戈、戟等兵器之柄）、匠人（负责都邑的测量和营建以及沟洫类水利设施和其他土木建筑）、梓人（即木工，负责制作编钟的悬架、饮器，以及箭靶）7个工种。此外还有一个总目不曾列入，制作马车车辕的辀人。

攻金之工。包括筑氏（为削）、冶氏（为杀矢）、凫氏（为钟）、㮚氏（为量器）、桃氏（做剑）、段氏（为镈器）6个工种。

攻皮之工。包括函人（做甲）、鲍人（鞣制皮革）、韗人（制作皮鼓）以及韦人、裘人5个工种。据清人孙诒让考证，"韦人"可能是专制柔熟之革，"裘人"可能是做名服之工。

设色之工。包括画、缋（皆事施彩）、钟氏（主要事染羽）、㡛氏（负责涷丝）、筐人5个工种。筐人，职无考。

刮摩之工。包括玉人（专做各种仪礼所用之玉器）、矢人（制作箭镞等）、磬氏（制作石磬）以及雕人、栎人5个工种。后二者之纪正文缺如，有人认为"雕人"系摩漆之工，"栎人"系治木之工。

搏埴之工。包括陶人（做甗、盆、甑、鬲、瘦等陶器）、瓬人（做簋、豆等陶器）2个工种。

《考工记》的特点在于：

一、内容丰富，涉及面广。由上可知，先秦官府手工业的一些主要部门大体都已列入，对每一工种，都简要地介绍了有关产品的形制、结构和工艺技术规范，其中还涉及了大量的物理、化学、天文、数学、生物等问题。

二、时间范围较宽，上下至少包罗800年。据研究，"辀人为辀"条关于七星像鹑火的记载，大约是相当于公元前1200年左右的天象。"㮚氏为量"条说："嘉量既成，以观四周。永启厥后，兹器惟则"，这显然是周天子的口吻。"攻金之工"说到了铜镜等器物应当使用的合金成分，而从大量考古实物的科学分析看，我国古代青铜合金技术的成熟期当在春秋战国时,铜镜技术之兴盛,则是战国中晚期的事。从书中还掺有齐国方言,看其下限当在战国时代。

三、其技术内容既具有实践性,又富有"理想性";许多文字既是生产经验的总结,又可作为指导生产实践的一种工艺规范。但也有一些文字,则是一种试验资料的反映,有的则带有"理想化"的成分,未必能够作为一种指导实践的工艺规范。前者如"钟氏染羽""幌氏涑丝"等所云,后者如文献规定的部分器物的具体成分和尺寸。

四、其许多技术规范反映了周王朝的一些典章制度。如"玉人之事"条说:"镇圭尺有二寸,天子守之。命圭九寸,谓之桓圭,公守之;命圭七寸,谓之信圭,侯守之;命圭七寸,谓之躬圭,伯守之。"等等。

总之,《考工记》一书从多方面反映了先秦科学技术的发展状况和先进水平以及人们对生产过程规范化的一些设想和周王朝的一些典章制度。这是我国古代比较全面地反映整个手工业技术的唯一的一本专著。本书的主要科技多成就在于:

在金属冶铸方面。"辀人为辀"条谈到了不同使用性能的器物应使用不同成分的合金,说:"六分其金而锡居一,谓之钟鼎之齐;五分其金而锡居一,谓之斧斤之齐……"这是世界上最早的合金规律。"㮚氏为量"条谈到了合金熔炼过程中,如何依据火焰和烟气颜色来辨别熔炼进程,这是世界上关于观察熔炼火候的最早记载。

在丝绸漂涑印染技术方面。"幌氏涑丝"条谈到了"以栏(楝)为灰,渥淳其帛","昼暴诸日"等丝绸漂涑操作,这是我国古代关于灰水脱胶,日光脱胶漂白的最早记载。"钟氏染羽"条谈到了"三入为𫄸,五入为緅,七入为缁"的染色工艺,这是我国古代关于媒染剂染色的最早记载。这些记载在世界上也是较早的。

在标准化管理方面。"㮚氏为量"条说金属熔炼时,需"不耗然后权之,权之然后准之,准之然后量之"。这是对熔炼工艺的一种规范。又如"车有六等之数"条说:"兵车之轮六尺有六寸,田车之轮六尺有三寸,乘车之轮六尺有六寸。"这是对车轮尺寸的一种标准化管理。若依齐尺(每尺约合19.7厘米)推算,此兵车、乘车之轮径应为1.30米;而经测量,河南辉县琉璃阁战国墓出土的 16 号车轮径正好为 1.30 米。

在力学方面。这方面的论述是较多的，在"轮人""辀人""弓人""矢人""匠人"等条都曾涉及，有的论述甚至相当精辟。如"车有六等之数"条说："轮已崇，则人不能登也，轮已庳，则马终古登阤也。"这是我国古代关于滚动摩擦与轮径关系的最早记载。又如"矢人为矢"条说："水之以辨其阴阳，夹其阴阳以设其比，夹其比以设其羽，参分其羽以设其刃，则虽有疾风，亦弗之能惮矣。"这是我国古代以沉浮法来确定物体的质量分布，把箭羽作为负反馈控制装置的最早记载。

在声学方面。"凫氏为钟"条、"磬人为磬"条等都从定性方面对发声理论作出了精辟的论述。如"凫氏为钟"条说："薄厚之所震动，清浊之所由出……钟已厚则石，已薄则播。""钟大而短，则其声疾而短闻；钟小而长，则其声舒而远闻。""韗人为皋陶"条也有类似的说法。"磬氏为磬"条说，磬声"已上，则摩其旁，已下，则摩其耑"。这后者说的是一种调音方法。这是我国古代打击乐器发声理论的较早记载。

在实用数学方面。"车人之事"条、"築氏为削"条、"辀人为辀"条、"轮人为轮"条、"矢人为矢"条、"㮚氏为量"条等，都包含有丰富的实用数学知识，并分别涉及了分数、角度、嘉量容器的计算方法等问题，对后世产生过不同程度的影响。如"车人之事"条谈到了矩、宣、欘、柯、磬折，这是我国最早的一套角度概念。

在天文学方面。"辀人为辀"条谈到了二十八星和四象，且明确地提到了其中一些星的名称，一般认为，这是我国古代关于二十八星最早的较为明确的记载。《周礼·春官·冯相氏》《周礼·秋官·硩蔟氏》虽也提到过二十八星，但都不曾明确地提到星名和四象。

《考工记》一书自被汉代人发掘出来，并被拼入《周礼》后，一直受到世人推崇，历代知识分子多以之作为必读之物，在国内外都产生过许多积极的影响。因该书文字古奥艰深，且有一些错简、漏简，故历代学者对它进行了许多注释。尤以元、明、清三代为盛。在元明时期，这种专门的注释本便近 20 种，其中大家比较熟悉的有徐光启《考工记解》（2 卷）等。清代，专著便达 20 余种，散篇则在 40 种以上，大家比较熟悉的专著有戴震《考工记图》(2卷)、程瑶田《考工创物小记》(8卷)等。今最为通行的是汉郑玄"注"本、唐贾公彦"疏"本、清孙诒让"正义"本。汉代《考工记》隶订本大约7000余字,清"正义"本则有数10万字之巨。如此这般受人重视,在我国古代典籍中是为数不多的。大约还在唐代,《周礼》便传到了日本;19世纪50年代,《周礼》又被译成了法文,《考工记》亦随之传到了日本和西方。现在它已受到了更多外国学者的注意和重视。

"算经之首"
——《九章算术》

我国数学史上有一部堪与欧几里得《几何原本》媲美的书，这就是历来被尊为算经之首的《九章算术》。它是我国现存最早的数学专著，其传本包括《九章算术》本文、曹魏刘徽注、唐初李淳风等注释三部分内容。

《九章算术》集先秦至西汉我国数学知识之大成，其编纂也是集体劳动的成果。根据刘徽的记载，《九章算术》是从先秦"九数"发展来的。暴秦焚书，经术散坏。西汉张苍（？—前152）、耿寿昌（前1世纪）收集遗文残稿，加以删补整理，编成《九章算术》。

《九章算术》包括了近百条一般性的抽象公式、解法，246个应用问题，分属方田、粟米、衰分、少广、商功、均输、盈不足、方程、勾股九章。

方田章提出了各种多边形、圆、弓形等的面积公式；分数的通分、约分和加减乘除四则运算的完整法则。后者比欧洲早1400多年。

粟米章提出比例算法，称为今有术；衰分章提出比例分配法则，称为衰分术；商功章除给出了各种立体体积公式外，还有工程分配方法；均输章用衰分术解决赋役的合理负担问题。今有术、衰分术及其应用方法，构成了包括今天正反比例、比例分配、复比例、连锁比例在内的整套比例理论。西方直到15世纪末以后才形成类似的全套方法。

少广章介绍了开平方、开立方的方法，其程序与现今程序基本一致。这是世界上最早的多位数和分数开方法则。它奠定了我国在高次方程数值解法方面长期领先世界的基础。

盈不足章提出了盈不足、盈适足和不足适足、两盈和两不足三种类型的盈亏问题，以及若干可以通过两次假设化为盈不足问题的一般问题的解法。这也是处于世界领先地位的成果，传到西方后，影响极大。

方程章采用分离系数的方法表示线性方程组，相当于现在的矩阵；解线性方程组时使用的直除法，与矩阵的初等变换一致。这是世界上最早的完整的线性方程组的解法。在西方，直到17世纪才由莱布尼兹提出完整的线性方程的解法法则。这一章还引进和使用了负数，并提出了正负术——正负数的加减法则，与现今代数中法则完全相同；解线性方程组时实际还施行了正负数的乘除法。这是世界数学史上一项重大的成就，第一次突破了正数的范围，扩展了数系。外国则到7世纪印度的婆罗摩及多才认识负数。

勾股章提出了勾股数问题的通解公式：若a、b、c分别是勾股形的勾、股、弦，则c：b：a=$\frac{1}{2}(m^2+n^2)$：mn：$\frac{1}{2}(m^2-n^2)$，m>n。在西方，毕达哥拉斯、欧几里得等仅得到了这个公式的几种特殊情况，直到3世纪的丢番图才取得相近的结果，这已比《九章算术》晚约3个世纪了。勾股章还有些内容，在西方却还是近代的事。例如勾股章最后一题给出了这样一组公式：a=$\sqrt{2(c-a)(c-b)}+(c-b)$，b=$\sqrt{2(c-a)(c-b)}+(c-a)$，c=$\sqrt{2(c-a)(c-b)}+(c-a)+(c-b)$。这在国外到19世纪末才由美国的数论学家迪克森得出。

《九章算术》确定了中国古代数学的框架，以计算为中心的特点，密切联系实际，以解决人们生产、生活中的数学问题为目的的风格。其影响之深，以致以后我国数学著作大体采取两种形式：或为之作注，或仿其体例著书；甚至西算传入中国之后，人们著书立说时还常常把包括西算在内的数学知识纳入"九章"的框架。

然而，《九章算术》亦有其不容忽视的缺点：没有任何数学概念的定义，也没有给出任何推导和证明。魏景元四年（263年），刘徽给《九章算术》作注，才大大弥补了这个缺陷。

刘徽是我国也是世界历史上最伟大的数学家之一。遗憾的是，他的生平我们现在知之甚少。据考证，他是山东邹平人。刘徽定义了若干数学概念，全面论证了《九章算术》的公式解法，提出了许多重要的思想、方法和命题，他在数学理论方面成绩斐然。

刘徽对数学概念的定义抽象而严谨。他揭示了概念的本质，基本符合现代逻辑学和数学对概念定义的要求。而且他使用概念时亦保持了其同一性。如他提出"凡数相与者谓之率"，把"率"定义为数量的相互关系。又如他把正负数定义为"今两算得失相反，要令正负以名之"，摆脱了正为余，负为欠的原始观念，从本质上揭示了正负数得失相反的相对关系。

《九章算术》的算法尽管抽象，但相互关系不明显，显得零乱。刘徽大大发展深化了中算中久已使用的率概念和齐同原理，把它们看作运算的纲纪。许多问题，只要找出其中的各种率关系，通过"乘以散之，约以聚之，齐同以通之"，都可以归结为今有术求解。

一平面（或立体）图形经过平移或旋转，其面积（或体积）不变。把一个平面（或立体）图形分解成若干部分，各部分面积（或体积）之和与原图形面积（或体积）相等。基于这两条不言自明的前提的出入相补原理，是我国古代数学进行几何推演和证明时最常用的原理。刘徽发展了出入相补原理，成功地证明了许多面积、体积以及可以化为面积、体积问题的勾股、开方的公式和算法的正确性。

在数学证明中成功地运用无穷小分割和极限思想，是刘徽最杰出的贡献。

《九章算术》提出圆面积公式 $S=\frac{l}{2}\cdot r$（S 为圆面积，l 为圆周长，r 为半径）。为证明这个公式，刘徽从圆内接正六边形 S_6（称为六觚）开始割圆，依次得圆内接正十二边形 S_{12}，圆内接正二十四边形 S_{24}，……，$S_6\cdot 2^n$，……所有 $S_6\cdot 2^n<S$，但"割之弥细，所失弥少。割之又割，以至于不可割，则与圆周合体而无所失矣"。这相当于：$\lim\limits_{n\to\infty}S_6\cdot 2^n=S$。然后他证明 $S_6\cdot 2^n+2(S_6\cdot 2^{n+1}-S_6\cdot 2^n)>S$，而 $\lim\limits_{n\to\infty}[S_6\cdot 2^n+(S_6\cdot 2^{n+1}-S_6\cdot 2^n)]=S$。于是

刘徽就把圆化为与之合体的内接正多边形来求面积，再把这个正多边形分割成以每边为底圆心为顶点的无穷多个小三角形之和，所谓"觚而裁之，每辄自倍。故以半周乘以半径而为圆幂"。S=$\frac{1}{2}$·r。刘批评了以往"圆径一而周三"的错误，指出此公式中周径是"至然之数"，即圆周率π。他以此公式为基础，求出π的两个近似值$\frac{157}{20}$和$\frac{3927}{1250}$，在中国首次创立了求圆周率的科学方法，奠定了我国圆周率研究在世界长期领先的基础。

刘徽注关于体积问题的论述已经接触到现代体积理论的核心问题，指出四面体体积的解决是多面体体积理论的关键，而用有限分割和棋验法无法解决其体积。为了解决这个问题，他提出了一个重要原理"邪解堑堵，其一为阳马，一为鳖臑。阳马居二，鳖臑居一，不易之率也"，今称为刘徽原理。刘徽平分堑堵的长、宽、高，通过出入相补，可以证明在堑堵的$\frac{3}{4}$中上述原理成立；而剩余的$\frac{1}{4}$与原堑堵的结构相同，可以重复上述分割，又可以证明其$\frac{3}{4}$中这个原理成立。这个过程可以无限继续下去，"半之弥少，其余弥细。至细曰微，微则无形。由是言之，安取余哉？"完成了该原理的证明。由堑堵的体积公式v=$\frac{1}{2}$abh，便证明《九章算术》提出的阳马体积公式v=$\frac{1}{3}$abh，鳖臑的体积公式v=$\frac{1}{6}$abh。近代数学大师高斯、希尔伯特才讨论这个问题，已是近100多年以来的事。

刘徽注多方面表述了今天称之为祖暅之原理的命题，并由此证明了《九章算术》中球体积公式的错误。他设计了牟合方盖，指出球与牟合方盖的体积之比是π∶4，只要求出后者的体积就可以求出球体积了。他尽管没能求出牟合方盖的体积，但诚恳地表示"以俟能言者"，表现出一位伟大学者的坦荡胸怀。这个问题后来由祖冲之父子彻底解决，李淳风注释《九章算术》时详细记述了祖氏的方法。

刘徽注中还有不少有价值的成就。如对开方不尽，提出继续开方，求其"微数"，以十进分数逼近无理根，开十进小数之先河；他还认识到不定方程有无穷多组解；等等。刘徽注形成了一套数学体系，他说"事类相推，各有攸归，故枝条虽分而同本干者，知发其一端而已"。把数学看作一株枝条虽然分开但本干相同的大树。他认为数学是"规矩"与"度量"亦即空间形式与数量关系的统一。基于这些深刻的认识，他的证明除个别失误外，都论点明确，论据充分，条理清晰，推理严谨；而且大都使用演绎推理，没有循环论证，是严格的数学证明。有了刘徽的证明，《九章算术》的公式解法，才建立在真实可靠的基础上。

《九章算术》及其刘徽注，以杰出的数学成就，独特的数学体系，不仅对东方数学，而且对整个世界数学的发展产生了深远的影响，在科学史上占有极为重要的地位。它的出现，标志着从公元前1世纪开始，中国取代古希腊成为世界数学的中心，为此后中国数学领先世界1500多年奠定了基础。今天，随着计算机的出现和发展，它所蕴含的算法和程序化思想，仍给数学家以启迪。吴文俊先生指出"《九章》所蕴含的思想影响，必将日益显著，在下一世纪中凌驾于《原本》思想体系之上，不仅不无可能，甚至说是殆成定局，本人认为也绝非过甚妄测之辞"。

070

"惠民之政，训农裕国之术"
——《齐民要术》

《齐民要术》是东魏（531—550）农学家贾思勰（青州齐郡益都，今山东寿平县人，生平不详）约在6世纪30年代至40年代间写成的一部农学名著。记述了黄河流域下游地区，即今山西东南部、河北中南部、河南东北部和山东中北部的农业生产，包括了农、林、牧、渔、副等部门的生产技术知识，堪称我国古代的一部农业百科全书。

《齐民要术》共10卷92篇，约11余万字，卷端另有"序"和"杂说"。"杂说"系后人掺入之作。"序"是全书的总纲，包括著者的指导思想、内容范围、资料来源和写作目的。

著者在"序"中援引大量经典和历史故事，反复阐发"食为政首"的重农思想，强调"治国之本，在于安民，安民之本，在于足用"。把农业生产提到治国安民（"农为邦本"）的高度上来认识。只有农业生产发展了，人民的温饱问题解决了，才能"国富民安"。

"食为政首"，是贯穿于《齐民要术》的主导思想。它规定了该书的写作范围和内容，甚至章节安排的次序。正如"序"中所说"起自农耕，终于醯醢，资生之业，靡不毕书"。从农作物栽培，直到制醋作酱，凡与民生直接相关的生活资料的生产，没有不详细记载的。

《齐民要术》的内容极为丰富。卷一，"耕田""收种"（以上栽培总论）、"种谷"各1篇；卷二，谷类、豆、麦、麻、稻、瓜、瓠、芋等粮食作物栽培各论13篇；卷三，"种葵"（蔬菜栽培总论）、蔓菁等各论12篇；卷四，"园篱""栽树"（园艺总论）各1篇，枣、桃、李等果树栽培12篇；卷五，栽桑养蚕1篇，榆、白杨、竹以及染料作物10篇、伐木1篇；卷六，畜、禽及养鱼6篇；卷七，货殖、涂瓮各1篇（酿造总论）、酿酒4篇；卷八、九，酿造酱、醋、乳酪、食品烹调和储存22篇，煮胶、制墨各1篇；卷十，"五谷果蓏菜茹非中国（北魏疆域以外地区）物产者"1篇，记热带、亚热带植物100余种，野生可食植物60余种。综括了农艺、园艺、造林、蚕桑、畜牧、兽医、选种育种、酿造、烹饪、农产品加工储存，以及备荒、救荒，基本上属于广义的农业范畴，反映了当时农、林、牧、渔、副多种经营方式亦已具备了较为完整的规模。

"序"中说它对"商贾之事，阙而不录"。其实，书中不录的，是那种弃农经商（"舍本逐末"），周流天下，买贱鬻贵，积累资本，重利盘剥农民的富商巨贾之事。然而，它对季节性较强的农村集市商业活动却非常重视，书中"杂说第三十"对谷类、葵、榆诸篇有多处记述。集市所售之物多为农民生产的剩余物，或利用农闲制作的一些手工制品（椀、车毂等）。物品售罄，季节一过，售者又都回到农业生产上去，不致因此而影响农业生产。基本上反映了当时人民所需"莫非种植之物""钱货无所交流"的社会实际。

全书的结构体例也相当严密，每篇由篇题、正文和经传文献组成。根据不同作物，所述详略不一。篇题下有注文（援引历史文献和亲自调查），相当于"释名"。"集解"，包括异名、别名、品种、地方名产、引种来源及其性状特征；正文则为实际调查和亲身体验（"爰及歌谣，询之老成，验之行事"），这是各篇的主体；篇末则援引文献以补充论证正文，包括重农思想、经营管理、生产技术、农业季节、农业地理、农产品贮存与加工。据统计，书中援引经传160余种（一说180余种）。可以说是历史经验和当代生产技术实践相结合的一部农业论著。

《齐民要术》规模之庞大、内容之丰富、结构之严谨，都远远超过以往。《吕氏春秋·上农》等四篇，虽说不算是农学专著，但内容连贯倒也自成一体，基本上属于栽培总论性质。西汉《氾胜之书》（公元前1世纪）史称18篇，存者不过3000余字，总结了关中地区的耕作技术，也只限于种植业。东汉崔寔（？—170年）《四民月令》虽已涉及农、林、牧、副，却略于技术而重于农事之安排，不过是一部月令性质的农书。《齐民要术》

则是在前代农学的基础上,全面、系统地总结了魏晋以来400年间黄河流域旱地农业生产的新经验和新成就。

《齐民要术》的最大功绩是：其一,它全面、完整地总结了以耕—耙—耱为主体,以防旱保墒为中心的旱地耕作技术体系,以增进地力为中心的轮作倒茬、种植绿肥等耕作制度,以及良种选育等项措施。更加丰富和发展了我国精耕细作的传统思想；其二,首次系统地总结了园、林经验,林木的压条、嫁接等繁育技术、畜禽的饲养管理、外形鉴定和良种选育；农副产品加工和微生物利用以及救荒备荒的措施。填补了传统农学的空白,为后来农学的发展奠定了良好的基础。毫无疑义,《齐民要术》的出现,是我国传统农学发展的一个重要标志。

《齐民要术》之所以作出如此重大的贡献,是与当时历史条件和贾思勰的文化素养、科学态度分不开的。

黄河流域是我国农业发源地之一,旱地农业生产一直居于领先地位。虽说东汉以后的200年间农业生产和社会经济因长期战乱而累遭破坏,但农业生产工具的改进和生产技术的提高却未因此而中辍。以耕作为例,魏晋时期,"铁齿镅鎊"（人字耙）和"耱'（无齿耙）的出现,以及由此而形成的耕—耙—耱结合的耕作技术,提高了旱地防旱保墒的能力,到北魏时,又积累了一整套针对不同季节、不同墒情而进行的耕—耙—耱经验,从而形成了更为完整的耕作体系,不仅增强了防旱保墒的能力,而且增进了土壤肥力,提高了产量。生产技术的提高和生产经验的积累,为贾思勰的写作提供了生动的资料和内容。

贾思勰生活于北魏末期。青少年时期,正值孝文帝提倡经学,实行"文治",深入汉化运动的高潮,孝文帝极力倡导农业,朝廷议政都以农事为首,令各州、郡、县官经常督促农业生产,做到"无失农时",违者免官,甚至"一门之内,终身不仕"。太和九年（485年）又实行均田制,把无主荒地分给无地或少地农民耕种,使"土不旷功",规定种植五谷瓜果蔬菜,植树造林,解决人民吃饭问题。

贾思勰对经学颇有造诣,既受历代重农思想之影响,又得到"太和之风"的熏陶。因此,他对农业生产非常重视,在他任瀛洲（今河北省保定市及其以南）高阳郡（保定市一带）太守时，勤于职守，督导农桑，对瀛洲及其邻近州县的作物进行深入调查。他特别重视良种的推广，这是种植物增产的关键。他对80余种粟类品种的性状特征的分析，是他多年调查的结果。及至后来他退居田园，更是亲自到稼穑、桑果、畜禽甚至场院整治等生产活动中去观察和分析农业生产技术的每一个环节，并在实践中加以验证。如，济州以西（现在鲁西）的长辕犁不如齐人的蔚犁那么"柔便"；蚕茧用盐杀蛹法比曝晒的要好。正是由于贾思勰坚持调查，坚持实践和坚持科学分析的求是作风，才使《齐民要术》植根于生产实践的基础之上而赋予它以科学的生命力，至今仍具有重要的历史意义。

"序"中说他著书目的只是"晓示家僮"。如果联系当时（主要是肃宗灵太后擅政）的社会现实来看，他在"序"中猛烈抨击当政者的骄奢，无不透露着著者爱国爱民之心，也透露了他著书的目的是在劝导政府和官吏重视农业生产，为"平民"谋求"资生之业"，让人民安居乐业，使国家强盛起来的强烈愿望。

《齐民要术》一经问世（初为手抄本传布），便引起历代政府之重视，北宋朝还规定"非朝廷人不可得"。明代王廷相（1474—1594）称它为"惠民之政，训农裕国之术"。唐、宋以来出现不少农书，无不以它为范本，其中，元《农桑辑要》、王祯《农书》、明徐光启《农政全书》、清《授时通考》均受其影响。《齐民要术》在国外也具有深远的影响。唐宋时期，传到邻国日本，引起日本学者的重视和研究；大约在19世纪传到欧洲，英国学者达尔文（1809—1882）在其名著《物种起源》和《植物和动物在家养下的变异》中就参阅过这部"中国古代百科全书"，并援引有关事例作为他的著名学说——进化论的佐证。在当今欧美国家面临农业危机的状况下，《齐民要术》更是引起欧美学者的极大注视和研究，说它"即使在世界范围内也是卓越的、杰出的、系统完整的农业科学理论与实践的巨著"。

071 中国科技史上的里程碑
——《梦溪笔谈》

在中国历史上难以胜计的笔记小说中，知名度最高，影响最巨，传播最广者，无过于《梦溪笔谈》一书了。作者沈括（1031—1095），字存中，钱塘（今杭州）人，北宋治平元年（1064年）进士，曾任负责天文、历法的提举司天监，负责兵器制造的判军器监，负责全国财政的权三司使，负责边关政务和防务的知延州（今陕西延安）、兼鄜延路经略安抚使，又曾出使辽国，并曾多次巡察地方政务，相度农田水利，后因边事获罪被贬。他博学多才，为一代学问大家，史称："博学善文，于天文、方志、律历、音乐、医药、卜算，无所不通，皆有所论著。"（《宋史》本传）本书乃集其一生学识和见闻之精粹而撰成，因成书于梦溪园，故名《梦溪笔谈》。

其最初版本为 30 卷，条数可能亦较多，但早已亡佚。现存 26 卷本至迟在南宋初年之前亦已流行。《补笔谈》2 卷、《续笔谈》1 卷则为本书成书后，作者所写的补稿。《补笔谈》为作者或后人所编，《续笔谈》则为后人所辑补。把原书与补、续合编成册，最早出现于明代会稽商濬在万历年间所刻《稗海》的再印本。现本以上海古籍出版社胡道静先生的校正本最为流行。胡先生对原书的不少错讹进行了订正，并加有大量注释、解说，又把书中条文按顺序编加序号，计分为 609 条，使阅读、寻检更为方便。

全书按内容分为故事、辩证、乐律、象数、人事、官政、权智、艺文、书画、技艺、器用、神奇、异事、谬误、讥谑、杂志、药议等 17 门，涉及典章制度、财政、军事、外交、历史、考古、文学、艺术，以及科学技术等广阔的领域，可谓包罗万象，应有尽有。

如叙典章制度，有官制、礼制、兵制、舆服、仪卫、文牍、掌故。叙财政，有茶法、盐法、均输法，以及北宋历朝铸造铜钱之情况。叙军事，有阵法、兵器、筑城、屯边、战守、粮运、谋略。叙外交，有作者熙宁八年（1075年）受命使辽，与辽方谈判边界争议的记述，为史籍中关于宋辽使节往来之最翔实、精确的实录。其于史学，除全书所记述大多为可靠史实外，又有很多记述，为其他史籍所无，或较其他史籍记载翔实。如王小波、李顺起义事件，以及不少科学技术发明事略，即是如此。这些记载，弥补了史料之缺陷，或考证了史料之错讹。其于考古，对各种出土文物之时代、形状、花纹、文字等，均有细致的考证，对宋代考古学之发展，其影响颇大。其于文学，除文字流畅、洗练，描述条理清晰，层次分明，本身就是一部笔记体文学佳作外，于诗、词亦有独到之论。其叙艺术，有书法、绘画，音乐方面更有清乐、雅乐、燕乐，以及律制、音制、乐器等。书中强调把形式、内涵、情感、技巧融为一体，再行升华，追求"意韵萧然，得于声外"的艺术境界，如是等等，可见全书极富学术价值和历史价值。而本书之著名，尤以科学技术价值见称。

全书所论及之科学技术内容极为广泛，据英国专事中国科技史之大家李约瑟博士统计，书中有关科学技术之条文有207条，占全书的三分之一强。内容包括有天文、历法、数学、地质、地理、地图、气象、物理、化学、生物、农学、医药学、印刷、机械、水利、建筑、矿冶等各个分支。

在天文方面，记述有作者改进浑仪、浮漏、圭表之事迹，开了宋元时代天文仪器改革之先锋。又记述有作者利用改进后的浑仪，连续对北极星进行3个月之观测，绘制星图200余幅，得出极星离天极三度有余之结论；利用改进后之浮漏，进行长达10余年之测量，第一次从理论上推导出冬至日长度"百刻而有余"，夏至日长度"不及百刻"的结论。对岁差、日月五星之运行、二十八宿距星等，亦均有所论及。

在历法方面，记述了作者主持编订《奉元历》之始末，民间天文学家卫朴之成就和在改历中之贡献。又论及历代历法之疏密，以及历法推步之术。书中所记载的"十二气历"，以节气定历，为一纯阳历制度，乃对传统阴阳合历所作的一根本性变革，是作者之首创。19世纪英国气象局采用的肖伯纳历法,与此相似。

在数学方面,记述有作者首创之隙积术和会圆术。隙积术为一种求解垛积问题的方法,属于高阶等差级数求和之范畴。会圆术为一种已知弓形圆径和矢高,求弧长的方法,属于求解高次方程的问题。这两种方法,开辟了中国传统数学新的研究方向,对宋元时期中国数学的高度发展,其功甚大。

在地质、地理、地图方面,记述有浙江雁荡山"峭拔险怪,上耸千尺,穹崖巨谷",西部黄土地区"立土动及百尺,迥然耸立"等地貌特征,指出此乃流水之侵蚀作用所造成。又记述了河北太行山之山崖间,往往衔蚌壳之化石,在石壁上横亘如带,从而推断这里为昔日之海滨,华北平原乃泥沙淤积而形成。又记述有作者利用木屑、面糊和熔蜡,以及用木刻等方法,制作立体地理模型,并被推广的情形;还有作者"以二寸折百里为分率",按"二十四至以布郡县",绘制天下州县图"守令图"的情况。

在物理学方面,记述有指南针乃方士(即风水先生)利用铁针磨磁石磁化所发明,当时有四种使用方法,即水浮法、置指甲上、置碗唇上和悬丝法,并指出指南针不全指正南,而常微偏东,指南针有指南、指北二种。这是关于指南针发明、应用,及地球磁偏角之发现的重要史料。又记述有作者关于球面镜成像的实验。指出凹面镜照物时,有一处叫"碍"(即焦点),在此点之上照物无所见,在此点之外照物成倒像,在此点之内照物成正像,并用小孔成像、细腰鼓、船上橹担等现象作比拟,来解释凹面镜成像原理。指出凸面镜只成小于原物的正像,并解释古人铸镜,镜大则平,镜小则凸的道理。此外,还记述有演示月亮盈亏的模拟实验,演示声音共振的实验。对于海市蜃楼、虹、雷电等现象,以及透光镜,也都有所记述,并进行解说。

在化学和矿冶方面,记载有利用钢铁离子置换反应,而发明的湿法冶钢方法"胆铜法",以及古代最先进的炼钢方法灌钢法。又记述了石油、井盐、池盐,以及青堂羌族的冷锻铁甲法。

在农学、生物学方面,记述有不少作物和动、植物的地理分布、生态特征和分类,并对一些古生物进行了考证,使这些早已灭绝的生物让人

271

们有所了解。

在水利方面,记述有作者在汴河分段筑堰,逐段进行测量,测得从汴京(开封)上善门起,经420公里,至泗州(今江苏泗洪)淮河口,水位落差64.95米的事迹。又记述有当时木工高超在治理黄河时,发明巧合龙门的三节压埽法。对于漕渠复闸、苏昆长堤和淤田法等,亦皆有所记述。

在印刷技术方面,记述有庆历年间(1041—1048)布衣毕昇发明泥活字印刷术,以及活字印刷的工艺过程。这是关于活字印刷术最早的文字记载。

在建筑学方面,记述有著名匠师喻皓加固杭州梵天寺木塔的事迹,以及其所著建筑学专著《木经》的片断。《木经》早已佚亡,人们仅借《梦溪笔谈》方知这部重要著作,并了解其内容之一斑。

在医药学方面,记述有人体解剖生理学,并阐述了食物、药物、空气进入人体后的运转过程,以及人体新陈代谢的原理。又记述有大量植物、矿物药物的特征、性味、采制和功效,以及用药配方的原则。

对于全书所记述的极其丰富的科学内容,当然不可能予以一一列述。但从上列各端,即可看到本书科学价值之高。可以说,本书反映了11世纪时中国科学技术的水平,其中不少成就在当时世界科学技术领域中居于领先的地位。因此,本书被视为中国科学技术史上里程碑式之典籍,受到中外学者的高度重视。

072 古典建筑之规范
——《营造法式》

《营造法式》刊行于宋崇宁二年（1103年），是北宋官方颁布的一部建筑设计、施工的规范书，是中国古籍中最完整的一部建筑技术专书。

《营造法式》是宋将作监奉敕编修的。北宋建国以后百余年间，大兴土木，宫殿、衙署、庙宇、园囿的建造此起彼伏，造型豪华精美铺张，负责工程的大小官吏贪污成风，致使国库无法应付浩大的开支。因而，建筑的各种设计标准、规范和有关材料、施工定额、指标急待制定，以明确房屋建筑的等级制度、建筑的艺术形式及严格的料例功限以杜防贪污盗窃被提到议事日程。哲宗元祐六年（1091年），将作监第一次编成《营造法式》，由皇帝下诏颁行，此书史曰《元祐法式》。因该书缺乏用材制度，工料太宽，不能防止工程中的各种弊端，所以北宋绍圣四年（1097年）又诏李诫重新编修。李诫以他个人10余年来修建工程之丰富经验为基础，参阅大量文献和旧有的规章制度，收集工匠讲述的各工种操作规程、技术要领及各种建筑物构件的形制、加工方法，终于编成流传至今的这本《营造法式》，于崇宁二年（1103年）刊行全国。

《营造法式》主要分为5个主要部分，即释名、制度、功限、料例和图样共34卷，前面还有"看样"和目录各1卷。

第1、2卷是《总释》和《总例》，考证了每一个建筑术语在古代文献中的不同名称和当时的通用名称以及书中所用正式名称。《总例》是全书通用的定例，并包括测定方向、水平、垂直的法则，求方、圆及各种正多边形的实用数据，广、厚、长等常用词的含义，有关计算工料的原则等。

第3-15卷是壕寨、石作、大木作、小木作、雕作、旋作、锯作、竹作、瓦作、泥作、彩画作、砖作、窑作13个工种的制度，详述建筑物各个部分的设计规范，各种构件的权衡、比例的标准数据、施工方法和工序，用料的规格和配合成分，砖、瓦、琉璃的烧制方法。

第16 - 25卷按照各种制度的内容，规定了各工种的构件劳动定额和计算方法，各工种所需辅助工数量，以及舟、车、人力等运输所需装卸、架放、牵拽等工额。最可贵的是记录下了当时测定各种材料的容重。

第26 - 28卷规定各工种的用料定额，是为"料例"，其中或以材料为准，如列举当时木料规格，注明适用于何种构件；或以工程项目为准，如粉刷墙面（红色），每一方丈干后厚1.3厘米，需用石灰、赤土、土朱各若干公斤。卷28之末附有"诸作等第"一篇，将各项工程按其性质要求，制作难易，各分上、中、下三等，以便施工调配适合工匠。

第29 - 34卷是图样，包括当时的测量工具、石作、大木作、小木作、雕木作和彩画作的平面图、断面图、构件详图及各种雕饰与彩画图案。

"看详"的内容是各工种制度中若干规定的理论和历史传统根据的阐释，如屋顶坡度曲线的画法，计算材料所用各种几何形的比例，定垂直和水平的方法，按不同季节定劳动日的标准等等的依据。

综观《营造法式》，其内容有几大特点，第一，制定和采用模数制。书中详细说明了"材份制"，"材"的高度分为15"分"，而以10"分"为其厚。斗拱的两层拱之间的高度定为6"分"，为"栔"，大本做的一切构件均以"材""分""栔"来确定。这是中国建筑历史上第一次明确模数制的文字记载。第二，设计的灵活性。各种制度虽都有严格规定，但未规定组群建筑的布局和单体建筑的平面尺寸，各种制度的条文下亦往往附有"随宜加减"的小注，因此设计人可按具体条件，在总原则下，对构件的比例尺度发挥自己的创造性。第三，总结了大量技术经验。如根据传统的木构架结构，规定凡立柱都有"侧角"及柱"升起"，这样使整个构架向内倾斜，增加构架的稳定性；在横梁与立柱交接处，用斗拱承托以减少梁端的剪力；叙述了砖、瓦、琉璃的配料和烧制方法以及各种彩画颜料的配色方法。第四，装饰与结构的统一。该书对石作、砖作、小木作、彩画作等都有详细的条文和图样，柱、梁、斗拱等构件在规定它们在结构上所需要的大小、构造方法的同时，也规定了它们的艺术加工方法。如梁、柱、斗拱、椽头等构件的轮廓和曲线，就是用"卷杀"的方法制作的。该手法充分利用结构构件加以适当的艺术加工，发挥其装饰作用，成为中国古典建筑特征之一。

《营造法式》在北宋刊行的最现实的意义是严格的工料限定。该书是王安石执政期间制订的各种财政、经济的有关条例之一，以杜绝腐败的贪污现象。因此书中以大量篇幅叙述工限和料例。例如对计算劳动定额，首先按四季日的长短分中工（春、秋）、长工（夏）和短工（冬）。工值以中工为准，长短工各减和增10%，军工和雇工亦有不同定额。其次，对每一工种的构件，按照等级、大小和质量要求——如运输远近距离，水流的顺流或逆流，加工的木材的软硬等，都规定了工值的计算方法。料例部分对于各种材料的消耗都有详尽而具体的定额。这些规定为编造预算和施工组织订出严格的标准，既便于生产，也便于检查，有效地杜绝了土木工程中贪污盗窃之现象。

《营造法式》的现代意义在于它揭示了北宋统治者的宫殿、寺庙、官署、府第等木构建筑所使用的方法，使我们能在实物遗存较少的情况下，对当时的建筑有非常详细的了解，填补了中国古代建筑发展过程中的重要环节。通过书中的记述，我们还知道现存建筑所不曾保留的、今已不使用的一些建筑设备和装饰，如檐下铺竹网防鸟雀，室内地面铺编织的花纹竹席，椽头用雕刻纹样的圆盘，梁木伏用雕刻花纹的木板包裹等。

《营造法式》的崇宁二年刊行本已失传，南宋绍兴十五年（1145年）曾重刊，但亦未传世。南宋后期平江府曾重刊，但仅留残本且经元代修补，现在常用的版本有1919年朱启钤先生在南京江南图书馆（今南京图书馆）发现的丁氏抄本《营造法式》（后称"丁本"），完整无缺，据以缩小影印，是为石印小本，次年由商务印书馆按原大本影印，是为石印大本。1925年陶湘以丁本与《四库全书》文渊、文溯、文津各本校勘后，按宋残叶版式和大小刻版印行，是为陶本。后由商务印书馆据陶本缩小影印成《万有文库》本，1954年重印为普及本。

073 元代三大农书之冠
——《王祯农书》

元王朝统治中国97年，时间虽不算很长，但却在我国农学史上留下了三部比较出色的农学著作。一是元建国初年司农编写的《农桑辑要》，此后有《王祯农书》和《农桑衣食撮要》。三书中尤以《王祯农书》影响最大。作者王祯，字伯善，元代东平（今山东东平）人。元成宗时曾任宣州旌德县（今安徽旌德县）尹、信州永丰县（今江西广丰县）尹。他在为官期间，生活俭朴，捐俸给地方上兴办学校、修建桥梁、道路、施舍医药，确实给两地百姓做了不少好事，时人颇有好评，称赞他"惠民有为"（《旌德县志》）。王祯像我国古代许多知识分子一样，也继承了传统的"农本"思想，认为国家从中央到地方政府的首要政事就是抓农业生产。王祯同时代人戴表元所写《王伯善农书序》中说，王祯在旌德和永丰任职时，劝农工作取得很大成效，政绩斐然。所采取的方法是每年规定农民种桑树若干株；对麻、苎、禾、黍、荞麦等作物，从播种以致收获的方法，都一一加以指导；还画出"钱、镈、耰、耧、耙、耖"各种农具的图形，让老百姓仿造试制使用。他又"以身率先于下""亲执耒耜，躬务农桑"。最后，王祯把教民耕织、种植、养畜所积累的丰富经验，加上搜集到的前人有关著作资料，编撰成《农书》。

《王祯农书》完成于1313年。全书正文共计37集，371目，约13万余字。分《农桑通诀》《百谷谱》和《农器图谱》三大部分，最后所附《杂录》包括了两篇与农业生产关系不大的"法制长生屋"和"造活字印书法"。

《王祯农书》在我国古代农学遗产中占有重要地位。它兼论北方农业技术和南方农业技术。王祯自己是山东人，在安徽、江西两省做过地方官，又到过江、浙一带，所到之处，常常深入农村作实地观察。因此，《农书》里无论是记述耕作技术，还是农具的使用，或是栽桑养蚕，总是时时顾及南北的差别，致意于其间的相互交流。如垦耕，书中就详述了南北的特点，并说："自北至南，习俗不同，曰垦曰耕，作事亦异。"（《垦耕篇第四》）又常把几种作用相同、形制相异的农具放在一起加以叙述，以便于人们比较采用，说："今并载之，使南北通知，随宜而用，无使偏废。"（《耙耢篇第五》）养蚕方面，采撷南北养蚕方法加以叙述，并指出各有的优缺点，目的是"择其精妙，笔之于书，以为必效之法"（《蚕缫篇第十五》）。可以说，在《王祯农书》以前所有的综合性整体农书，像《氾胜之书》《齐民要术》《农桑辑要》等，都只记述了北方的农业技术，没有谈及南方，更没有注意促进南北技术的交流。

《王祯农书》在前人著作基础上，第一次对所谓的广义农业生产知识作了较全面系统的论述，提出中国农学的传统体系。《吕氏春秋·上农》等4篇只是保存先秦有关农业政策、用地、整地和掌握农时的4篇农学论文。汉代的《氾胜之书》只残存了3000余字，不能见其全貌。现存最早最完整的综合性整体农书，只有成书于公元6世纪的《齐民要术》。与《王祯农书》相比较，《齐民要术》内容虽包括了粮食作物、蔬菜和果树栽培、畜牧、兽医、农产品加工以及烹饪等，最后还附有非中国产的一些栽培植物，范围可谓十分广泛，但占了很大篇幅的烹饪显然是不属于农业生产范围的。《王祯农书》则明确表明广义农业包括粮食作物、蚕桑、畜牧、园艺、林业、渔业，而把《齐民要术》中的酿造、腌藏、果品加工、烹饪、饼饵、饮浆、制糖，以及煮胶、制笔等农产品加工的内容都去掉了。从整体性和系统性来看，《王祯农书》也超过《齐民要术》。《齐民要术》还没有明确的总论概念，属于这方面的内容只有《耕田》和《收种》两篇，构成全书的主要是农作物栽培各论，分别孤立地叙述各项生产技术。而《王祯农书》中的《农桑通诀》则相当于农业总论，首先对农业、牛耕、养蚕的历史渊源作了概述；其次以"授时""地利"两篇来论述农业生产根本关键所在的时宜、地宜问题；再就是以从"垦耕"到"收获"

等 7 篇来论述开垦、土壤、耕种、施肥、水利灌溉、田间管理和收获等农业操作的共同基本原则和措施。《百谷谱》很像栽培各论，先将农作物分成若干属（类），然后一一列举各属（类）的具体作物。分类虽不尽科学，更不能与现代分类相比，但已具有农作物分类学的雏形，比起《齐民要术》尚无明确的分类要进步。《农器图谱》是全书重点所在，插图 306 幅，计 20 集，分为 20 门，261 目。另外，在《农桑通诀》《百谷谱》和《农器图谱》三大部分之间，也相互照顾和注意各部分的内部联系。《百谷谱》论述各个作物的生产程序时就很注意它们之间的内在联系。《农器图谱》介绍农器的历史形制以及在生产中的作用和效率时，又常常涉及《农桑通诀》和《百谷谱》。同时根据南北地区和条件的不同，而分别加以对待。既照顾了一般，又重视了特殊。

将农具列为综合性整体农书的重要组成部分是从《王祯农书》开始的，也是本书一大特点。我国传统农具，到宋、元时期已发展到成熟阶段，种类齐全，形制多样。宋代已出现了较全面论述农具的专书，如曾之瑾所撰的《农器谱》3 卷，又续 2 卷。可惜该书已亡佚。《王祯农书》中的《农器图谱》在数量上是空前的。《氾胜之书》中提到的农具只有 10 多种，《齐民要术》谈到的农具也只有 30 多种，而《农器图谱》收录的却有 100 多种，绘图 306 幅。在做这部分工作时，王祯花费精力最多，不仅搜罗和形象地描绘记载了当时通行的农具，还将古代已失传的农具经过考订研究后，绘出了复原图。如西晋（265—316）刘景宣创制的"磨"，奇巧特异，用一头牛拉，"能转八磨之重"。（《农器图谱·杵臼门》）可惜久已失传，王祯经过查找资料研究，把它进行复原，并名之为"连磨"。又东汉杜诗（？—38 年）发明水排，利用水力鼓风来炼铁。到元代制法已不可考，王祯也多方搜访，力求复原，并加以发展。古代水排用皮囊鼓风，而王祯复原所绘的水排已经是用木扇（简单的风箱）来鼓风了。王祯对轮轴特别感兴趣，在"杵臼门""灌溉门""利用门"中，集中了 57 种与轮轴有关的生产工具。在此基础上，他自己又创制成了"水砻"和"水轮三事"。其中尤以"水轮三事"最为机巧，具备磨、砻、碾三种功能。《农器图谱》展示了我国古代农业生产工具的卓越成就。在此之后的农书和其他一些书籍，如《三才图绘》《农政全书》《古今图书集成》《授时通考》等书中与农事有关的插图基本上都源于本书。

"授时指掌活法之图"和"全国农业情况图"也是《王祯农书》的首创。后图的原图已佚失，无法知其原貌。现在书中看到的一幅是后人补画的。"授时指掌活法之图"是对历法和授时问题所作的简明小结。该图以平面上同一个轴的八重转盘，从内向外，分别代表北斗星斗杓的指向、天干、地支、四季、十二个月、二十四节气、七十二候，以及各物候所指示的应该进行的农事活动。把星躔、季节、物候、农业生产程序灵活而紧凑地联成一体。这种把"农家月令"的主要内容集中总结在一个小图中，明确、经济、使用方便，不能不说是一个令人叹赏的绝妙构思。

《王祯农书》附录中的"造活字印书法"是王祯把请工匠刻制的3万多个木活字，以及自己发明的可减少排字工人的疲劳与提高效率的转轮排字盘，用来试印《旌德县志》成功的方法与经验的总结。虽然与农业生产无关，但都是对印刷排字技术的一大贡献。

074 农业手工业技术的百科全书
——《天工开物》

《天工开物》是我国明代大科学家宋应星（1587—1663）的代表作，初版于崇祯十年（1637年），是作者任江西分宜教谕时（1634—1638）撰写成的。

明代是我国古代农业、手工业、商业都比较发达的阶段，由于商品经济的发展，明代中期后，部分地区，不少行业中还出现了资本主义萌芽。在农业中，耕地面积扩大，作物品种得到改良和增加，粮食作物、经济作物的单位面积产量和总产量都有了明显提高。一些地区出现了专业化经营。明代手工业种类较多，且已具备了一定规模，尤其是与国计民生较为密切的冶金、陶瓷、纺织等行业最为发达。明代商业和交通亦较发达，一些巨商往往致富于数千里之外。农业、手工业和商业的发展，都有力地促进了科学技术的发展。徐光启（1562—1633）《农政全书》、李时珍（1518—1593）《本草纲目》、徐弘祖（1586—1641）《徐霞客游记》等长篇巨著，都是明代中期以后产生出来的。明代科学著作大都具有承前启后、集历代之大成的特点：它们既总结了前人的优秀成果，而在研究方法和学术思想上，却又有许多创新。人们重视实践，许多学术观点都往往带有启蒙思想的气息。这样一个时代，自然要在科学内容和学术思想上为《天工开物》的产生创造出更为优越的条件。

宋应星，字长庚，明南昌府奉新县北乡人。他出生在官宦之家，书香门第，自幼聪慧过人。万历四十三年（1615年），时年28岁的宋应星便与其兄一起在江西乡试时同榜中举，一时传为佳话。宋应星兴趣十分广泛，对农业、手工业生产都比较注意观察和研究。当科举场中屡受挫折，以致"六上公车而不第"之后，他便幡然醒悟，一方面为官，另一方面著书立说起来。遂成为一名科学上的巨人。

《天工开物》一书原分作18卷，依次为：乃粒（五谷）、乃服（纺织）、彰施（染色）、粹精（粮食加工）、作咸（制盐）、甘嗜（制糖）、陶埏（陶瓷）、冶铸（铸造）、舟车（车船）、锤锻（锻造）、燔石（烧造）、膏液（油脂）、杀青（造纸）、五金（冶金）、佳兵（兵器）、丹青（朱墨）、曲蘖（制麴）、珠玉。前面一些卷目都是与人民群众日常生活关系较为密切的内容，这样一种排列次序，一定程度上反映了作者贵五谷而贱金玉的思想。该书分量最大的是农业技术，其次是金属冶铸技术。宋应星撰写此书的目的，一是要向人们系统地介绍农业、手工业的生产知识。他认为天覆地载，物号数万，若每一种知识都要靠别人口授，或者亲自去观察，那是认识不了多少东西的，故应向书本学习。二是强调生产知识之重要，批判那种轻视生产劳动，连枣梨之花都不能分辨，侈谈楚萍的错误倾向。

从内容上看，《天工开物》一书有几个特点：一是门类多，技术范围较广，包含了我国古代农业、手工业的各主要部门。我国是个伟大的文明古国，在农业和手工业方面曾有过许多重大的发明和创造，但在浩如烟海的文化典籍中，却无一部全面反映农业、手工业生产技术的书。《考工记》一书的内容虽也比较丰富，但它反映的主要是先秦时期的百工技艺，有关农业生产技术则涉及较少，《天工开物》则承上启下。二是既全面系统，又深入细致；既有一般性介绍，又重点突出。无论在广度还是深度上，其均非其他古代技术专著可以比拟。三是重视实践，以实带虚。全书以描写生产过程、介绍技术要点为主，绝少空发议论。间有议论时，也是言简意赅，精辟之至。四是重视各种事物间的数量关系，及其所引起的质量变化。作者在书中经常使用一些数字比例来说明问题。五是坚持从客观事物的内部去寻找事物变化的客观规律。六是具有批判精神，对一些不正确看法，能依据自己的调查研究，重新作出判断。七是重视人的自然属性，较好地阐述个人在自然界中的地位。认为人是不能永远活着的，在这短暂的一生中，要靠五谷来维持生命，但五谷不能自生，要靠人去种植。

《天工开物》一方面继承和发扬了前人的优秀成就，另一方面也有许多新的研究成果。它的主要技术成就是：

第一，在作物分类学上提出了一些新的方法和标准，且与今人之分类法十分接近。如它把古代农业归纳成了乃粒、乃服、彰施、粹精、甘嗜、膏液、曲蘖7个大类，这在先世或者同时代的其他农书以及本草类书中是不曾见过的。该书还把水稻排到了五谷之首，稻下又分出了水稻、旱稻，麦下又分出了大麦、小麦，并指出了荞麦非麦。这些分类方法，给人一种眉目清秀之感。

第二，在水稻栽培技术上，较早地阐明了秧龄和早穗的关系。它首次记述了再生秧技术，以及冷浆田中以骨灰、石灰包秧根的技术，这对于提高粮食作物的产量具有十分重要的意义。它还最先记述了早稻在干旱条件下变异为旱稻的问题，从而在世界生物变异理论上写下了光辉的一页。

第三，在麦类栽培管理技术方面，最先指出了以砒霜拌豆麦种子以作防虫杀虫之法，最先指出了荞麦的吸肥性。

第四，在养蚕技术上，最先记述了利用"早雄配晚雌"的杂交优势来培育新品种的方法，并指出了家蚕"软化病"的传染性，指出"需急择而去之，勿使败群"的处理方法。

第五，较早记述了山羊绒可用于织造之事。

第六，在金属冶炼方面，空前绝后地记述了串联式炒炼法，较好地记述了明代灌钢工艺的发展，首次记述了今俗称为"焖钢"的箱式渗碳制钢工艺，最早记述了火法炼锌的操作方法。

第七，在铸造技术上，最早以图文并茂的方式记述了大型器物的铸造工艺，较早图示了活塞式鼓风箱的使用情况。

第八，在金属加工方面，最早明确地记述了响铜的合金成分以及有关响器的成型工艺，最先记述了铁锚锻造工艺、钢铁拉拔工艺以及一种叫作生铁淋口的特殊化学热处理工艺，较早地详述了金属复合材料技术的基本操作。

第九，煤炭技术方面，较早对煤进行了分类，较早记述了煤井排除瓦斯的方法。

第十，化工技术方面，最早记述了银朱生产过程中的质量互变关系，可认为这是"化合物"观念和"质量守恒"观念的萌芽。

《天工开物》一书在崇祯十年（1637年）初版发行后，很快就引起了学术界和刻书界的注意。明末方以智《物理小识》较早地引用了《天工开物》的有关论述。还在明代末年，就有人刻了第二版，准备刊行。大约17世纪末年，它就传到了日本，日本学术界对它的引用一直没有间断过，早在1771年就出版了一个汉籍和刻本，之后又刻印了多种版本。19世纪30年代，有人把它摘译成了法文之后，不同文版的摘译本便在欧洲流行开来，对欧洲的社会生产和科学研究都产生过许多重要的影响。如1837年时，法国汉学家儒莲把《授时通考》的"蚕桑篇"，《天工开物·乃服》的蚕桑部分译成了法文。并以《蚕桑辑要》的书名刊载出去，马上就轰动了整个欧洲，当年就译成了意大利文和德文，分别在都灵、斯图加特和杜宾根出版，第二年又转译成了英文和俄文。当时欧洲的蚕桑技术已有了一定发展，但因防治疾病的经验不足等而引起了生丝之大量减产。《天工开物》和《授时通考》则为之提供了一整套关于养蚕、防治蚕病的完整经验，对欧洲蚕业产生了很大的影响。著名生物学家达尔文亦阅读了儒莲的译著，并称之为权威性著作。他还把中国养蚕技术中的有关内容作为人工选择、生物进化的一个重要例证。据不完全统计，截至1989年止，《天工开物》一书在全世界发行了16个版本，印刷了38次之多。其中，国内（包括大陆和台湾）发行11版，印刷17次；日本发行了4版，印刷20次；欧美发行1版，印刷1次。这些国外的版本包括两个汉籍和刻本，两个日文全译本，以及两个英文本。而法文、德文、俄文、意大利文等的摘译本尚未统计入内。《天工开物》一书在一些地方长时期畅销不滞，这在古代科技著作中并不是经常看到的。

杂采众家，兼出独见
——《农政全书》

《农政全书》的作者是徐光启。徐光启，字子先，号玄扈，上海人，生于明嘉靖四十一年（1562年），卒于崇祯六年（1633年），明末杰出的科学家。徐光启的科学成就是多方面的。他曾同耶稣会传教士利玛窦等人一起共同翻译了许多科学著作，如《几何原本》《泰西水法》等，成为介绍西方近代科学的先驱；同时他自己也写了不少关于历算、测量方面的著作，如《测量异同》《勾股义》；他还会通当时的中西历法，主持了一部130多卷的《崇祯历书》的编写工作。除天文、历法、数学等方面的工作以外，他还亲自练兵，负责制造火器，并成功地击退了后金的进攻。著有《徐氏庖言》《兵事或问》等军事方面的著作。但徐光启一生用力最勤、收集最广、影响最深远的还要数农业与水利方面的研究。

徐光启出生的松江府是个农业发达之区。早年他曾从事过农业生产，取得功名以后，虽忙于各种政事，但一刻也没有忘怀农本。眼见明朝统治江河日下，屡次陈说根本之至计在于农。自号"玄扈先生"，以明重农之志。玄扈原指一种与农时季节有关的候鸟，古时曾将管理农业生产的官称为"九扈"。

万历三十五年（1607年）至三十八年（1610年），徐光启在为他父亲居丧的3年期间，就在他家乡开辟双园、农庄别墅，进行农业试验，总结出许多农作物种植、引种、耕作的经验，写了《甘薯疏》《芜菁疏》《吉贝疏》《种棉花法》和《代园种竹图说》等农业著作。万历四十一年（1613年）秋至四十六年（1618年）闰四月，徐光启又来到天津垦殖，进行第二次农业试验。天启元年（1621年）又两次到天津，进行更大规模的农业试验，写出了《北耕录》《宜垦令》和《农遗杂疏》等著作。这两段比较集中的时间里从事的农事试验与写作，为他日后编撰大型农书奠定了坚实的基础。

天启二年（1622年），徐光启告病返乡，冠带闲住。此时他不顾年事已高，继续试种农作物，同时开始搜集、整理资料，撰写农书，以实现他毕生的心愿。崇祯元年（1628年），徐光启官复原职，此时农书写作已初具规模，但由于上任后忙于负责修订历书，农书的最后定稿工作无暇顾及，直到死于任上。以后这部农书便由他的门人陈子龙等人负责修订，于崇祯十二年（1639年），亦即徐光启死后的6年，刻版付印，并定名为《农政全书》。

整理之后的《农政全书》，"大约删者十之三，增者十之二"，全书分为12目，共60卷，50余万字。12目中包括：农本3卷；田制2卷；农事6卷；水利9卷；农器4卷；树艺6卷；蚕桑4卷；蚕桑广类2卷；种植4卷；牧养1卷；制造1卷；荒政18卷。

《农政全书》基本上囊括了古代农业生产和人民生活的各个方面，而其中又贯穿着一个基本思想，即徐光启的治国治民的"农政"思想。贯彻这一思想正是本书不同于前代大型农书的特色之所在。前代农书，无论是北魏贾思勰的《齐民要术》，还是元代《王祯农书》，虽然也都是以农本观念为中心思想，但重点在生产技术和知识，可以说是纯技术性的农书。《农政全书》按内容大致上可分为农政措施和农业技术两部分。但前者是全书的纲，后者是实现纲领的技术措施。于是在书中我们看到了开垦、水利、荒政这样一些不同寻常的内容，并且占了全书将近一半的篇幅，这是前代农书所鲜见的。以"荒政"为类，前代农书，如汉《氾胜之书》、北魏《齐民要术》，虽然亦偶尔谈及一二种备荒作物，甚至在元《王祯农书》"百谷谱"之末开始出现"备荒论"，然不足2000字，比之《农政全书》实在是少得堪怜。《农政全书》中，"荒政"作为一目，且有18卷之多，为全书12目之冠。目中对历代备荒的议论、政策作了综述，水旱虫灾作了统计，救灾措施及其利弊作了分析，最后附草木野菜可资充饥的植物414种。

然而，救荒只是治标，水利才是治本。水利作为一目，亦有9卷之多，位居全书第二。徐光启认为，水利为农之本，无水则无田。当时的情况是，一方面西北方有着广阔的荒地弃而不耕；另一方面京师和军队需要的大量粮食要从长江下游启运，耗费惊人。为了解决这一矛盾，他提出在北方实行屯垦，屯垦需要水利。他在天津所做的垦殖试验，就是为了探索扭转南粮北调的可行性问题，以借此巩固国防，安定人民生活。这正是《农政全书》中专门讨论开垦和水利问题的出发点，从某种意义上来说，这也就是徐光启写作《农政全书》的宗旨。

但是徐光启并没有因为着重农政而忽视技术，相反他还根据自己多年从事农事试验的经验，极大地丰富了古农书中的农业技术内容。例如，对棉花栽培技术的总结，古农书中有关的记载最早见于唐韩鄂的《四时纂要》，以后便是元代的《农桑辑要》和《王祯农书》，但记载都很简略，仅有寥寥数百字而已。明代王象晋《群芳谱》中的"棉谱"，约有2000多字，比之略晚的《农政全书》却长达6000多字，可谓后来居上。该书系统地介绍了长江三角洲地区棉花栽培经验，内容涉及棉花的种植制度，土壤耕作和丰产措施，其中最精彩的就是他总结的"精拣核，早下种，深根，短干，稀科，肥壅"的丰产十四字诀。从农政思想出发，徐光启非常热衷于新作物的试验与推广，"每闻他方之产可以利济人者，往往欲得而艺之"。例如当他听到闽越一带有甘薯的消息后，便从莆田引来薯种试种，并取得成功。随后便根据自己的经验，写下了详细的生产指导书《甘薯疏》，用以推广甘薯种植，用来备荒。后来又经过整理，收入《农政全书》。甘薯如此，对于其他一切新引入、新驯化栽培的作物，无论是粮、油、纤维，也都详尽地搜集了栽种、加工技术知识，有的精彩程度不下棉花和甘薯。这就使得《农政全书》成了一部名副其实的农业百科全书。

通观全书不难发现《农政全书》系在对前人的农书和有关农业的文献进行系统摘编译述的基础上，加上自己的研究成果和心得体会撰写而成的。徐光启十分重视农业文献的研究，"大而经纶康济之书，小而农桑琐屑之务，目不停览，手不停毫"。据统计，全书征引的文献就有225种之多，真可谓是"杂采众家"。

然而徐光启摘编前人的文献时，并不是盲目追随古人，卖弄博雅，而是区分糟粕与精华，有批判地存录。

徐光启就是在大量摘引前人文献的同时，结合自己的实践经验和数理知识，提出独到的见解，这些也多以"玄扈先生曰"的形式出现。例如，在书中徐光启用大量的事实对"唯风土论"进行了尖锐的批判，提出了有风土论，不唯风土论，重在发挥人的主观能动性的正确观点。对引进新作物，推广新品种，产生了重大的影响，起了很大的推动作用。据统计，徐光启在书中对近 80 种作物写有"玄扈先生曰"的注文或专文，提出自己独到的见解与经验，这在古农书中是空前绝后的。

徐光启之所以能够在杂采众家的基础上兼出独见，是与他的勤于咨访，不耻下问的好学精神和破除陈见，亲自试验的科学态度分不开的。徐光启一生以俭朴著称，"于物无所好，惟好学，唯好经济，考古证今，广咨博讯。遇一人辄问，至一地辄问，问则随闻随笔。一事一物，必讲究精研，不穷其极不已"。因此，我们在阅读《农政全书》的时候，所了解到的不仅仅是有关古代农业的百科知识，而且还能够了解到一个古代科学家严谨而求实的大家风范。

中国医学发展的理论源泉
——《黄帝内经》

《黄帝内经》是早期中国医学的理论典籍。世简称之为《内经》。最早著录于刘歆《七略》及班固《汉书·艺文志》，原为18卷。医圣张仲景"撰用素问、九卷、八十一难……为《伤寒杂病论》"，晋皇甫谧撰《针灸甲乙经》时，称"今有针经九卷、素问九卷，二九十八卷，即内经也"，《九卷》在唐王冰时称之为《灵枢》。至宋，史崧献家藏《灵枢经》并予刊行。由此可知，《九卷》《针经》《灵枢》实则一书而多名。宋之后，《素问》《灵枢》始成为《黄帝内经》组成的两大部分。

《内经》冠以黄帝名，并非真为黄帝之作。《淮南子》曾指出："世俗之人，多尊古而贱今。故为道者必托之于神农、黄帝而后能入说。"（《淮南子·修务训》）《内经》既非黄帝之作早已为确论，但其成书究竟何时？又出于何人之手？对此，历代以来意见纷纭，终未能取得共识。例如，司马光指出："谓《素问》为真黄帝之书，则恐未可。"他认为"此周汉之间，医者依托以取重耳"。综观历代学者，在《内经》之成书时代上，约有以下几种观点，如有成书于战国者，有成书于战国末至秦汉之际者，有成书于西汉者，或谓更为晚出者等等，现仍为学者争论最为激烈之问题之一。在这个争论之中，有一点则为大家所公认，即明代医学家吕复之所论："乃观其旨意，殆非一时之言。其所撰述，亦非一人之手。"

《汉书·艺文志》有《黄帝内经》《黄帝外经》，还有扁鹊内、外经等。何以分内经、外经，犹《易》之有内、外卦，《春秋》之有内、外传，《庄子》之有内、外篇，《韩非子》之有内、外储说。故知医学之分黄帝内经、外经等，只有次第名而并非有何深意。今《黄帝外经》早佚，唯《黄帝内经》

尚存。

《黄帝内经》成书后，在其传抄流布过程中，既有内容的散落，也有掺入和补撰，在历代注释整理中，也增加了该书内容。因此，出现了何为原文、何为讹传、何为杂入等难以分辨的混乱局面，为研究者的辨析鉴别造成了困难，也时有争论。《黄帝内经》流传甚广，现就今之《素问》《灵枢》分述之。

《素问》：公元6世纪，全元起首次全面注释，当时第七卷早佚，故只有8卷。公元762年，王冰次注，称为《黄帝内经素问》24卷，81篇，其中除72-73篇有目缺文外，经王氏补入"旧藏"7篇。11世纪，北宋校正医书局对王氏注本再加校勘注释，改名《重广补注黄帝内经素问》，成为宋之后历代刊刻研究之蓝本和依据，刊刻者有数10种之多。

《灵枢》：在《汉书·艺文志》名为《九卷》，公元6世纪前后，其名有《针经》《九墟》《九灵》《灵枢》等不同书名之传本。南北朝、隋唐间，《针经》注本多种曾有流传，并见于隋唐及日、朝之医事法令将其列为医学教材，但未能流传后世。如前所述，宋史崧刻刊《灵枢》（1135年）后，即成为《九卷》之唯一刻本流传于世，虽有12卷本与24卷本之不同，但篇目内容次第等并无差异。

《素问》《灵枢》历代之注释、节要、语译以及国外之注释、译本，共计有200余种之多，其中少数影响大者，每种刊刻印行有达40多次者。

《黄帝内经》内容十分丰富，《素问》偏重人体生理、病理、疾病治疗原则原理，以及人与自然等等基本理论；《灵枢》则偏重于人体解剖、脏腑经络、腧穴针灸等等。二者之共同点均系有关问题的理论论述，并不涉及或基本上不涉及疾病治疗的具体方药与技术。因此，它成为中国医学发展的理论渊薮，是历代医学家论述疾病与健康的理论依据，尽管医学家学说各异而有争论但鲜有背离之者，几乎无不求之于《内经》而为立论之准绳。这就是现代人学习研究中医，也必须首先攻读《内经》的缘故。因为，若不基本掌握《内经》之要旨，将对中医学之各个临床科疾病之认识、诊断、治疗原则、选药处方等等，无从理解和实施。

《黄帝内经》的科学成就：前已提及，《内经》之成书，既非成于一时，也非成于一人。由此可知，乃是先秦诸多医学家对其前代医学发展的一次系统的总结，是对十分丰富的医疗经验的高度概括，并从而奠定了中医学发展的理论基础，达到了历史的高水平，有着许许多多的科学成就和十分正确的预见。或者正因为如此，《内经》至今仍有其很强的生命力。现仅就其科学成就之重要者分述如下：

公然宣布与巫术决裂。中国医学在商周时期仍处于鬼神观念占据统治地位，不但病因要寻求鬼神作用的因素，治疗也多巫术之法。到春秋战国时期，这种认识逐渐发生了动摇，围绕着疾病诊疗是否鬼神因素在理论和实践上展开了激烈的争论。民间医生扁鹊及《内经》作者们在这场影响深远的斗争中，鲜明地反对鬼神说。《史记·扁鹊仓公传》明确记述了扁鹊行医的六不治，其中之一即"信巫不信医不治"。《内经》的作者在《素问·五脏别论》中强调："拘于鬼神者，不可与言至德；恶于针石者，不可与言至巧。"用意深刻地阐明了他们在这关系医学发展道路和方向上的立场和观点，他们的观点为历代医学家所遵循，从而保证了中国医学基本上一直沿着唯物的疾病观不断发展。

人体解剖、生理研究的成就。认识人类疾病必须首先认识人类自身。《内经》的作者们很可能直接参与了对人体解剖研究，并实地进行了人体体表与内脏的解剖。《灵枢·经水》："若夫八尺之士，皮肉在此，外可度量切循而得之，其死可解剖而视之。其藏脏之坚脆，腑之大小，谷之多少，脉之长短，血之清浊……皆有大数。"例如消化道解剖，《灵枢》已详述了唇口几何，唇到齿距离几何，舌形重量，齿至咽距离，会厌形质，口腔容量，食管长度，胃容量及体大小，贲门、幽门形质，小肠长度、如何曲屈、容量，大肠之升、横、降、容量、重量，肛门形质等等，其所记述之大小、长度、容量、形态与相互关系等，同现代人体解剖基本一致。又如关于消化系统之功能，血液环流周身之功能，泌尿生殖系统之功能，虽然认识多有失之于笼统，然而也有许多科学的论断。譬如血与脉的关系，不但对血管区分为经脉（大血管）、络脉（大血管之分支血管）和孙脉（细小血管），并且明确指出血脉是运行人体经过饮食消化而产生营养精气等物质的，特别强调这种运行在人体"如环无端"，周而复始，永无休止。实际上他们对人体的血液循环系统提出了科学的预见。

高明的医疗技术。《内经》是一部理论专著，但个别部分也涉及医疗技术。例如该书不但记述了水浴疗法、灌肠技术，而且比较正确地论述了血栓闭塞性脉管炎——脱疽的外科手术截趾术等。《内经》已设计使用了筒针（中空的针）进行穿刺放腹水的医疗技术，这是一次改善腹水治疗和减轻患者痛苦比较成功的尝试。筒针穿刺放腹水虽然未能创造出根治腹水的方法，但作为一种医疗技术在后世继续得到发展和应用。至今虽然在器械条件和技术上已有了极大的进步，然而其原理却是完全一致的。可贵的是《内经》还记述了筒针的制作技术要求，指出："故为之治针，必筒其身而锋其末。"在进针的技术要领方面也已达到与现代基本相似的步骤和方法。

提倡疾病预防强调早期治疗。中国医学自古就十分重视促进人体健康以预防疾病的思想，追其源则始于《内经》。例如：反复强调的"虚邪贼风（指致病因素），避之有时"。又如强调：一位高明的医学家，应当治未病之病，而不是治疗已病的病。如果等到病已发而后才给予药物治疗，就犹如渴而穿井，战乱已成才去制造兵器的道理一样，不是太晚了吗？又说：一个高明的医学家，治疗疾病必须"救其萌芽"。并批评了医学家中对一些久病轻易作出"不可治"的结论，指出："疾虽久，犹可毕也（是可以治愈的），言不可治者，未得其术也。"（《灵枢·九针》）其思想都是很先进的。

《内经》虽有不少待研究、商议的内容，但其科学的内容、积极探求的思想等，是其2000多年来富有旺盛的生命力的源泉。

《内经》不单在中国医学的发展上创造了2000多年医学家们不断研究、不断运用以解决医疗理论和技术的有效记录，而且为朝鲜、日本以及东南亚医学家所研究和运用，以为指导，也有千余年的历史。同时，《内经》也早已为欧美汉学家、私人收藏家、国家图书馆所广泛收藏和流传，而且有被部分节译或全译为英、法、德等文本出版者。在当代科学日新月异发展的今天，《内经》也更加为人类所重视。

中国临床医学之祖
——《伤寒杂病论》

《伤寒杂病论》是一部论述传染病与内科杂病为主要内容的典籍，东汉张仲景约撰成于公元2世纪末3世纪初。该书编成后不久，晋王叔和析为《伤寒论》与《金匮要略》二书，经北宋校正医书局校刊，历代刻印数10次而流传至今，对中医学治疗急慢性传染病、流行病以及内科杂病等理论和技术的发展，曾产生过极其深远的影响，历代医学家围绕着张仲景于该书内所阐发的理论问题和医疗技术问题展开热烈的争论，特别是围绕着防治急性温热病的病因、辨症和治疗思想、选方用药等，有时甚至是十分激烈的，从而产生了不同的学派。例如：经方派与时方派之争，伤寒派与温病学派之争，促成了时方与温病学说得到独立与发展壮大。随着时间流逝，经方派之继承发扬虽然有些衰退，但直至现代却并未退出历史舞台，相反在近些年来随着中成药生产的扩大，在国内外大有复苏和再发展的明显趋势。

《伤寒论》是《伤寒杂病论》一书中综合论述传染病、流行病理论与治疗规律性的重要部分，共10卷，北宋治平二年（1065年）校正医书局孙兆、林亿校勘刻印后通行于国内外。流传后世而影响巨大者，现存有明赵开美的影宋刻本和宋成无己的《注解伤寒论》本。宋校正《伤寒论》，或称宋本《伤寒论》，以及金成无己《注解伤寒论》，在宋、金以后，历代及日本刻本之现存于国内者，有60多个版本。若计其节录、别本、发挥、集注、方论等，目前国内各图书馆收藏之国内外版本有近700种，1990多次刊印。由此即可见其历代流传影响之大了。

《伤寒论》在大量治疗传染病、流行病经验总结的基础上，对其发病因素、临床症状病候表现、治疗过程与预后等等之共性问题，进行了比较系统而全面的综合分析，从而创造性提出了六经辨症的理论学说。即将当时几乎年年常发的许多热性病，按其发病初期、中期、末期不同的临床表现，以及不同治疗的反应与结果，分为辨太阳病、辨阳明病、辨少阳病、辨太阴病、辨少阴病、辨厥阴病脉证并治。此即历代所称的"辨伤寒六经病"，由此构成了该书的主体内容。有的学者视六经病为六个症候群以帮助学者学习理解。实际上，太阳病所论基本上是综合论述了许多传染性或流行性疾病初发的症状、征候表现，以及切脉等四诊之要点和治疗之原则方法等。如果未经治疗或治疗失当，疾病继续发展，则依次出现少阳、阳明等征候，以上是三阳经。如果治疗得当或及时，尚属易治或能获得良好结果，否则，该病就传至三阴经，即太阴病而少阴病而厥阴病，其治疗的难度也就随之而增加，甚至不能治愈而死亡。在这些辨症论治的过程中，张仲景以其渊博的学识，以及极其丰富的临床经验，随着各种传染病、流行病与不同病人体质等不同反应所表现的千变万化的征候，作出了颇富科学思想的综合、分析、论述和预见性结论。与此同时，张氏还以"平脉法""辨脉法""伤寒例"（一说为王叔和整理时所加），集中论述了伤寒的切脉与切脉诊断等问题。

《伤寒论》的理论体系即六经病证的辨证论治体系。它以六经辨症为纲，方剂辨症为法，对六经传变过程中之征候、脉象等各阶段的审证、辨脉、论治的结果，给予遣方、用药等，进行了有规律性的论述。世称《伤寒论》113方、397法，虽不尽确，但其逐条评述传染病、流行病不同发展时期不同表现的因素、病理、症状、体征以及据以诊断的依据，治疗处方用药的原则与具体方法，无不条分缕析。张仲景在《伤寒论》中所总结和创造的医疗处方如：桂枝汤、麻黄汤、白虎汤、青龙汤、承气汤、柴胡汤、四逆汤、真武汤、乌梅汤、理中汤等等，至今仍是国内外医学家临床治疗所常用，也是中外制药厂家据以生产中成药的理论依据。可见宋林亿在校正《伤寒论》一书后所称誉的"其言精而奥，其法简而详"，的确是比较实在的评估。

如前所述，历代研究《伤寒论》并有著作流传至今者约700家，但就其学术思想和特点而归纳之约有三个学派。或有认为有三纲重订与维护旧论两大阵营。或谓可分作三纲编次派、维护旧论派、以方类证派与以法类证派四个体系者。目前学术界大多认为三个学派或三个体系比较符合实际。一派以明方有执为代表,他们认为:《伤寒论》"编始虽由于(王)叔和,而源流已远,中间时异世殊,不无蠹残人弊"。强调必须考订重加编次,以求恢复仲景之本意。阐发方氏者有喻昌、沈明宗、张璐、吴仪洛等。世称之为"重订派"。一派以张遂辰、张志聪为代表,他们确信宋本《伤寒论》"皆仲景原文",反对"断简残篇"的观点,批评重订派是"举一废百",反失张仲景心法。世称之为"维护派"。一派以柯琴、徐大椿为代表,主张重视《伤寒论》中之方证,认为六经之中是以辨症为主的,故命其代表作为《伤寒类方》。应当说以上三个学派分别对发展张仲景伤寒学说,提高传染病、流行病等治愈率作出了贡献,但同时也各有其立论之偏颇者。

《金匮要略》是《伤寒杂病论》的组成部分,专论内科等杂病,共3卷。北宋治平二年(1065年)孙兆、林億等据馆阁收藏之蠹简文字,重新加以整理编校而成。全书共分25篇,所论述之内科杂病有:痉、湿、暍、百合病、狐惑病、阴阳毒、疟病、中风、历节、血痹、虚劳、肺痈、咳嗽上气、消渴、黄疸、下痢等40多种;外科、骨伤科方面疾病有:痈肿、肠痈、浸淫疮、刀斧伤等;此外,还有妇科病症等之专门论述。该书认为上述疾病等等之发作,其病因不越三条,即六淫(风寒暑湿燥火)所致疾病为外因;七情(喜怒哀乐悲惊恐)过甚所引起的疾病为内因;金刃、虫兽咬伤与饮食偏颇而造成伤病者为不内外因。张氏对内科等杂病之认识,重视一个病一个病地进行比较具体的叙述,在诊断上强调望、闻、问、切四诊合参,辨症多以脏腑经络为重点,运用营卫气血、阴阳五行等学说,以指导临床治疗之实施。该书共收方剂262首,其特点与《伤寒论》之方剂一样,药味精炼,配制严密,主治多富有针对性。例如大柴胡汤、泻心汤、大建中汤、黄芪建中汤、当归生姜羊肉汤、茵陈蒿汤、酸枣仁汤、麦门冬汤、栝蒌薤白汤、温经汤、大黄牡丹皮汤、薏苡附子败酱散、白头翁汤等等,均被广泛为历代医学家用于临床治疗,并成为他们发展及创造新的医疗用方的基础。

《金匮要略》中医方运用的理论和制方原则与《伤寒论》一样，均出于《内经》的理论指导和张仲景大量临床经验的总结，世代医家多尊之为"医方之祖"，这几乎是众口一词。必须指出，《金匮要略》除数以百计的经方外，更创造性地总结了十分丰富的医疗技术。例如：温熨疗法、肛门坐药、灌肠、烙法、洗浴法、鼻内用药、吹耳疗法、灌耳、浸足等等。特别该书所记载的自缢患者的抢救，其所叙述的原则要求、技术要领，生动地描述了人工呼吸法的全过程，该法几乎与现代之人工呼吸法没有什么两样，甚至更富有综合性技术要求。

《金匮要略》自北宋校正刊行后，以元刻本为我国现存之最早者。其本文、注释、发挥、方论与歌括等刊印虽远不如《伤寒论》广泛，但其版本截至1949年国内图书馆收藏的国内外刊本也多达110多种，印刷也多达370余次，从而奠定了历代内科杂病辨症论治的理论基础，并为临床处方用药树立了典范。

张仲景被宋以后的医学家尊之为医圣，明清时人们为推崇纪念他的成就，在其家乡河南南阳修建了医圣祠，年年纪念，岁岁引以为效法学习的先师。个中原因，除了他在东汉兵荒马乱、疫病流行时所作的杰出贡献外，更因为是他的《伤寒杂病论》奠定了我国临床医学发展的基础。

078 "洞明医术，遂成其妙"
——《针灸甲乙经》

《针灸甲乙经》是中国针灸学专著，原名《黄帝三部针灸甲乙经》，简称《甲乙经》，皇甫谧（215—282）编撰于曹魏甘露四年（259年），共10卷，南北朝时期改为12卷本。该书集《素问》《针经》（即《灵枢》古名）与《明堂孔穴针灸治要》三书中之有关针灸学内容等分类合编而成。原书根据天干编次，内容主要论述医学之理论和针灸之方法技术，故命名为《针灸甲乙经》。皇甫谧本是一位史学家，年近50岁时，因患关节炎，加之耳聋，开始钻研针灸医术，学习上述三书，并将其中"事类相从，删其浮辞，除其重复，论其精要"而成书。人称其"习览经方，手不辍卷，遂尽其妙"，或誉之为"晋朝高秀，洞明医术"。可知其因病习医针灸而成功者。

首先，《针灸甲乙经》在中国独具特色的针灸疗法的发展中，发挥了承先启后、继往开来的重大作用。众所周知，在此期间，中医学典籍《素问》《灵枢》等虽有关于针灸学理论与技术的阐述，也有若干专门论述针灸经络的小册子，然而或已散落残佚，或只散见而不成系统，《针灸甲乙经》正是在这样的历史背景下对针灸经络、腧穴、主治等从理论到临床进行了比较全面系统的整理研究而成书的。该书在针灸理论上，除了强调："上工治未病"之病，即要求一位高明的针灸医生要学会运用针灸来达到保健预防疾病之目的。他所指出的"中工刺未成"则是强调仅能做到疾病早期治疗者，也只能算作一位比较好的针灸医生——中工。这表现了该书对预防疾病和提倡早期治疗的重视。然后，他以"下工刺已衰，下工刺方袭"，将不能做到预见和早期诊断治疗的针灸医生则一概称之为下工、下下工，视之为不合格的针灸医生。这一先进思想促成了中国历代针灸医生的勤奋学习和为发展针灸作出了重要贡献。同时，该书还对针灸用针之形状制作、针灸之禁忌、针灸经络。孔穴部位之考订、针灸的临床适应症、针灸操作方法，以及临床经验的总结等进行了系统的论述。

系统整理考订针灸穴位。该书对针灸穴位之名称、部位、取穴方法等，逐一进行考订，并重新厘定孔穴之位置，同时增补了典籍未能收入的新穴，使全书定位孔穴达到349个，其中双穴300个，单穴49个，比《内经》增加189个穴位，即全身共有针灸穴位649个。在此之后穴位数虽每有增减，但该书为之奠定了可靠的基础。关于穴位的分布，该书采取了分区记述的方法，如头部分正中，两侧再分五条线与脑后各有穴若干；面部、耳部、颈部、肩部各有穴若干；胸、背、腰、腹部分之正中，两侧各线各有穴若干；四肢部分三阳、三阴各有穴若干。虽然未完全按经络叙述穴位，但部位明确，相互关系清楚，有利于学习和临床运用。该法为历代中外学者所沿用。

系统论述经络学说。经络学说是一个至今尚未证实其客观存在的系统，但2000多年来其理论学说一直指导着中医学、针灸学之诊断和临床治疗，并每获佳效。这一系统的径路、走行方向、与穴位关系等在针灸学的发展上每有不同观点，《甲乙经》在晋以前医学文献的基础上，对其进行了比较全面的整理研究，对人体的十二经脉、奇经八脉、十五络脉以及十二经别、十二经筋等之内容、生理功能、循行路线、走行规律以及其发病特点等作了传统理论的概括和比较系统的论述，成为后世对此学说研究论述的依据。

关于针灸疗法的适应症。哪些疾病适合运用针灸治疗，这是针灸临床的一个重要问题，对选择治疗方法是十分必要的。《甲乙经》在前人经验的基础上，提出适合针灸治疗的疾病和症状等共计800多种。例如该书所分述的热病、头痛、痉、疟、黄疸、寒热病、脾胃病、癫、狂、霍乱、喉痹、耳目口齿病、妇人病等等，也基本上达到了条分缕析，内容比较丰富，使学习者易于掌握的治疗学水平。

阐明针灸方法和临床禁忌。该书提示针灸医生为病人施治时，必须掌握时机，根据病人的不同体质、不同病情，采用不同的针刺艾灸手法和技术。要求选穴适宜，定穴准确，操作严谨，补泻手法适当等等。该书还在选穴治疗方面论述了后世始形成的子午流注针法的理论。《甲乙经》专篇阐述了每日中，时辰不同与选穴、针刺补泻方法的关系，这一时间医学问题至今在临床上还在应用，并为国际学者所注目和研究。关于针刺操作手法，从理论到具体操作要领，均作了比较具体的叙述。例如，持针之姿势和方法，针灸施术必须全神贯注，审示病人接受治疗前后的神态反应，掌握针刺之浅深、方向、轻重以及事故之预防。对留针时间、艾灸壮数、某穴禁针、某穴不能深刺等等，均作了明确的规定。所有这一切，既具有对前代经验的总结性，又富有一定的创造性，无论从文献学价值和指导后世针灸发展都有着重大的意义。

《针灸甲乙经》是一部影响中国针灸学发展的划时代著作。远在隋唐时期，就已作为医学教育的必学课本，并视之为经方。不但为唐代伟大医药学家孙思邈列为"凡欲为大医，必须读《素问》《甲乙》等诸部经方"，定为医学生必须学习熟读的基本功。而且在唐代、宋代官方的医学教育中，也明确规定其为医学校学习必修课，并设计博士、针助教、针师等进行授课和据以指导临床实习。在此之后，不论是宋王唯一创制针灸铜人、著书和刻石以广针灸之正确流传，或是明、清诸针灸学者编撰针灸书籍，几乎无不以之为主要依据。

《针灸甲乙经》成书后，为历代医学家、针灸学家所重视，传抄者颇多，自北宋校正医书局校正后始成今之传本。在国内现仅存若干明刊本，日本珍藏有我国宋刊本。现国内所收藏者有明刊本之后历代刊刻出版者计约 20 种。

《针灸甲乙经》对国外发展中国针灸也产生了极为广泛的影响。公元七八世纪，日本、朝鲜在引进中国医学的同时，均在其医学教育中明确规定以《针灸甲乙经》为教材，还明确规定了学习日数。日本的《大同类聚方》等也都较多地引用了《甲乙经》的内容。其后，日本不但收藏中国宋版之《黄帝针灸甲乙经》，并多有中国历代之版本，近年他们影印了宋版在日本和国际上流传。欧美学者学习中国针灸虽然较晚，虽然并非始于《针灸甲乙经》,但该书在 19 世纪末、20 世纪初在欧美产生影响,为欧美一些大图书馆所收藏,特别在法国影响更大。

中国最早的临床百科全书
——《备急千金要方》

《备急千金要方》是被誉为中国最早的临床百科全书,世简称为《千金方》。唐孙思邈(581—682)撰于公元652年,共30卷。《道藏》收入时析为93卷。孙氏以为"人命至重,有贵千金,一方济之,德逾于此",故以"千金"命名。该书撰成后在国内外有着极广泛之影响,现存日本之《真本千金方》可能系未经宋校正医书局校正之传抄本,经宋校正医书局校刊之《备急千金要方》,中、日翻刻影印者达30余次,又有刻石本、节选本、改编本、《道藏》本等刻印者亦数十种。日本于1974年成立《千金要方》研究所,特重新精印南宋本《备急千金要方》,并誉之为"人类之至宝"。近年来更为日、美、德以及东南亚各国学者和理论研究者所关注。孙氏撰成《千金要方》后,因感其内容之不足而续编《千金翼方》,30卷,约成书于公元682年。该书的内容和科学价值在于:

第一,发展传染病诊疗技术与学说。张仲景撰写《伤寒杂病论》中关于伤寒的学说,到唐代已经历四五百年的实践检验,深为历代学者所重视,孙氏撰《千金要方》时只见其片断,晚年始得"江南诸师秘仲景《伤寒论》"之书,他结合自己诊疗传染病、流行病之实践经验和理论认识,创造性提出:其要意"不过三种,一则桂枝,二则麻黄,三则青龙。此之三方,凡疗伤寒不出之也"。孙氏的大胆革新,从医疗实践中总结新的理论经验,提高医疗水平,减少学习掌握的难度,不泥守仲景繁难的六经辨症体系,自创此三纲论治传染病的新学说,对发展仲景学说和明清医学家研究仲景学说产生了巨大的影响。

第二,提高内科杂病与外科疾病的诊疗水平。孙氏临床研究十分重视一个病一个病的观察研究,因此,对内、外、妇、儿科疾病的认识,突破了前人在病因、症候等方面着重笼统论述的僵化思想,使许多疾病的认识水平和诊疗效果均获得明显的提高,有的认识达到比较科学的境界,甚至产生出若干富有病因治疗的成就。例如他对消渴(糖尿病)与化脓性感染关系的认识已比较正确。他忠告医生与病家,千万不可为糖尿病患者施行针灸,以防引起化脓而成为不治之症,并强调家属与患者提防不要破伤皮肉,以防化脓之祸,劝告患者要常备防治化脓性感染的药物等,这在唐代是一件非常了不起的成就。孙氏对急性胃肠炎——霍乱病因的认识,科学地强调"皆因食饮,非关鬼神"。他在论述豁毒、射工等病症时,实际上已对现代的血吸虫病的病因、发病季节、流行地域、症状和预后等,均已作出了正确认识,有许多结论同今天的认识并不两样。可贵的是他明确强调消灭病源以预防的思想和方法,指出"此虫畏鹅,鹅能食之","夏月常备大蓦根屑,若入水浴,以方寸匕投水上游,辟射工。凡洗浴以少许投水盆中,即无变毒"。又如他对痢疾的分型、治疗等也达到很高的水平。强调"热痢(急性痢疾)则多加黄连",至今仍是临床治疗痢疾常用的有效药物。孙氏对麻风病记述尤详,并报告了他经手治疗的 600 余病例的经验和结果。孙氏认为麻风病有 1/10 可以治愈,因而,他被誉为近世麻风病专家之祖。

第三,强调妇人、小儿特点,为妇、儿科分立奠定学术基础。孙氏用两书的 1/6 篇幅,专论了妇人病、婴幼儿病及体质发展的特点。孙氏在比较正确地论述了妇女妊娠及胎儿在母体逐月发展之形态等发育过程后,并强调了初生儿的护理、喂养、乳母、保育员的选择条件等,应该说是很符合科学要求的。例如接生的程序、难产的处理、儿不啼哭的处理方法、沐浴方法、断脐方法、防止婴儿破伤风(脐风)等等,都达到了较高的水平。尤其是强调初生儿、20 天、30 天、百日乃至 3-10 岁儿童每一阶段所可能多发病的防治,有的方法和要求甚至在现今对产科医生、乳母、母亲等,仍有着参考和学习的价值。

第四,总结对病因有治疗效果的药物,针对疾病病因而进行的治疗是最富有成效的治疗方法。虽然孙氏所处时代对于若干病的真正病因尚不具备确切认识的条件，但他在治疗这些疾病的方药中所用药物却十分符合现代科学所证实的病因认识。例如他强调瘿（地方性甲状腺肿）是因久居常食山区坞水（缺碘）引起的，在治疗上他多用含碘丰富的海藻、昆布以及动物甲状腺等，其疗效自然是十分理想的。又如雀目（夜盲症）是因缺乏维生素 A 引起的，孙氏虽然并不确知其病因，但他多处强调用猪肝、羊肝煮食治疗，众所周知，肝含有极丰富的维生素 A 等营养。又如脚气病的防治，孙氏主张用穀白皮煮水去渣后用以"煮米粥常服防之"，"即不发"，现代科学研究证明这种穀白皮含有丰富的乙种维生素，而脚气病的病因正是饮食长期缺乏乙种维生素引起的。如此等等，说明孙氏在病因治疗上，虽然还是不自觉的，但其成就令人钦佩。

第五，丰富了针灸疗法的理论与技术。关于针灸疗法，必须首先掌握经络、穴位的理论和技术。孙氏指出经络循环腹背，无所不至，往来出没，难以测量。因此，他强调"非图莫可"。他在前人绘图的基础上，经过考订、修改，并创造性地以青、黄、赤、白、黑五色彩绘以区别其十二经各条经络之走行方向和孔穴之部位，并以绿色绘制奇经八脉。该图分正、侧、背面三幅，大小取常人之一半为之，使我国针灸经络腧穴之绘图达到相当高的水平，为宋代铸造针灸铜人、刻制针灸腧穴石碑等奠定了基础。孙氏的彩绘不但在经络腧穴的规范化和提高教学水平等方面发挥了重大的作用，并且在提高针灸临床效果上产生了深刻的影响。此外，关于针灸临床，他正确指出，选穴要少而精，提倡针灸辨症，主张综合治疗。因此，在论述一位合格的针灸医师时强调"若针而不灸，灸而不针，皆非良医也；针灸不药，药不针灸，尤非良医；知药知针，固是良医"。他的这一理论，早已为千百名针灸名家的实践证实是完全符合科学原理的精辟论断。"阿是"穴是历代医师乃至现代针灸医学家所经常用于临床治疗的有效穴位，它以痛为穴，并无固定部位，这是孙氏在针灸治疗学上的创造性发现。

第六，提高疾病诊疗技术水平。孙氏创造的"验透膈法"是确诊胸背部化脓性感染是否穿透胸膜引致脓胸的科学方法，这在当时应该说是人类医学发展高水平的诊断技术。其方法是在胸、背或胁部脓疮疮面贴一薄纸或竹内膜，于光亮处观察竹膜是否随着病人呼吸而有同步的呼气则竹内膜内陷,吸气则竹内膜凸出的节律性变化,如是则可诊断为脓肿已穿透胸膜而已成脓胸,否则,尚未穿透胸膜,这在决定有效治疗方法上是极为重要的。再如孙氏在医疗技术方面实际上已创造出有血清疗法性质的技术。其方法是对很难根除疠病病人的治疗,他创造性提出用针刺或小刀在疠肿周围刺令出血,然后以刀取血或渗出之血清与药物内疠疮中;他还叙述了用患者父亲的血与血汁接种患者疠疮中,并强调疗效甚佳,这一创造是十分可贵的,思想是十分先进的,这与人痘接种技术之发明是否有直接关系是值得给予考察与研究的。此外,孙氏还创造性发明了许多有效的医疗技术。例如经他改进的下颌脱臼手法复位术至今还在临床中使用;他所记述的阴囊撕裂伤睾丸脱出之手术,还纳缝合术,运用葱管导尿术,烧烙止血术,咽喉异物(针、钉、骨刺)剔出术,保留灌肠、压力灌肠术等等,均达到了历史的最高水平。这些医疗技术,虽然后来在器具上有了极大的进步,但其原理仍然沿袭着孙氏的思想。

第七,发展卫生保健学说。两部《千金方》集中体现了孙思邈这位百岁医学家关于延年益寿的思想与实践经验。综观两书,在此问题上有三个比较显著的特点:一是将老庄"吐故纳新"思想指导下的"静功"与华佗等倡导的"流水不腐,户枢不蠹"思想指导下的"动功"结合起来;二是把一般人的养生保健理论技术与中老年常见病的防治结合起来;三是严厉批判了服五石企图长生的思想,同时强调了服食植物类营养防病方剂的必要性。这些思想和具体技术方法要求,把我国卫生保健、延年益寿的学说推到了时代的高水平。

第八,发展药物、方剂以提高临床防治疾病的效果。《千金方》在道地中药之规范方面作出了突出的贡献,同时,关于药用植物的野生变家种,以及植物药的采收时节、加工保管和炮制等,也都作出了重要的贡献,其理论和方法要求大都为现代所遵循,或成为临床运用之依据。在这些中药学理论指导下,该书广泛收录了唐以前的医疗方剂。《千金要方》记有医疗方剂4500余首,《千金翼方》记有医疗方剂2000余首,临床内科、传染病、外科、骨伤科、妇产科、小儿科、耳目口齿、咽喉科等等数以百计的各种病症,都选列了多少不定的医方,供作临床处方治疗时之参考。其中有许多前人的医方和孙氏自创的方剂,至今仍有着比较广泛的影响。

《备急千金要方》卷首以显著地位论述了《大医精诚》与《大医习业》,突出地强调了作为一位优秀医生,必须具备高尚的医疗道德修养和精辟的医学理论、医疗技术。为此,该书对医德医术作出了严格要求,成为历代临床医生修养的准绳。

080
"明代最伟大的科学成就"
——《本草纲目》

《本草纲目》是一部中医学论述药物学的专著，其内容颇多博物学价值。明代著名医药学家李时珍（1518—1593）编撰于公元1578年，成书后几经周折，后初刊于万历二十一年（1593年）。全书共52卷，收载药物1892种，其中植物药计有1094种，动物药443种，矿物药161种，其他类药物194种。李时珍新补入药物374种。该书图文并茂，有药物图1109幅。作者为了增加该书的临床参考价值，于若干药的论述中附录临床处方11096首，其中8000多首来自作者临床经验之总结或多年之征集，有着较好的参考价值。

《本草纲目》共分水、火、土、金石、草、谷、菜、果、木、服器、虫、鳞、介、禽、兽、人16部为纲，62类为目，其分部类的原则为"从微至巨，从贱至贵"。搜罗群集，有谓其所参考之书多达800余种者，可谓"贯串百氏"的一代巨著。该书又在每药物之下，标正名为纲，附释名为目，故命名其书为《本草纲目》。每药之论述内容，则详之于集解、辨疑、正误、修治（炮制加工）、气味（药性药理）、主治（药效）、发明（李时珍之心得体会和研究结论）、附方等。《本草纲目》之分类叙述方法是在前人基础上的一次创造性发展，条分缕析，使读者一目了然，其分类方法实际上已具备了现代生物进化思想的科学性。

《本草纲目》的分类是先无机而后有机，先植物后动物。在植物类药物中，则先草、谷、菜而后果、木；在动物类药物中，则先虫、鳞、介而后禽、兽。最后则叙述人类药。

该书首先是对矿物药之科学分类，这在无机化学方面也已具备一定的水平。书中所记载的19种单体元素，如：钠、钾、钙、镁、金、银、铜、锌、锡、汞、铝、锰、铅、铁、砷、硫等等，如以化合物计则多至数十种。李氏所述之每一物质，均评论其来源、鉴别与化学性。该书以单体元素为纲，对各化合物作了比较全面的论述和分类，大体上对前代所存在的混乱作了澄清。在生物药的分类方面，可以说是划时代的，基本上采用了"双名法"。其法虽不能与现代所应用的拉丁系统双名法那么科学精确相比，但在明代却是世界上最为先进的。其次在关于动物药之分类方面，基本上有以下之特点，例如其虫类相当于无脊椎动物，鳞类相当于鱼类和部分爬行类，介类则相当于两栖类和少数软体动物类，其禽类则为鸟类，兽类系哺乳类动物。这种分类方法之依据虽然强调"从贱至贵"，但并非经济或社会地位价值观念上的贵贱，实则包含着从单细胞生物到多细胞生物，从单一到繁杂，从低等生物到高等生物的发展过程。就贱贵而言，作者将封建社会至高无上的龙与凤，均列入相应的低一级类别，并不因为皇帝为真龙天子，也不因为凤为皇后，就提高龙凤在该书类别中的地位。这就说明《本草纲目》"从贱至贵"的分类方法并非地位、经济等之价值观。其分类方法富有科学性，代表了当时的先进水平，近代中外学者称赞其有着生物进化论思想，为把人为分类法推向自然分类法作出了重要贡献。

《本草纲目》在药物学发展方面，也作出了卓越的贡献。不但收录了前人1518种药物，并以自己的亲身实践，调查研究，搜寻访验，为中国医药宝库增加新药374种，这对一位学者来讲是一个十分巨大的数字。这里仅举若干例证说明之。在药物鉴别方面，《本草纲目》纠正了明代之前《本草》中的许多错误和非科学内容。过去之本草著作往往将一物误认为二，如南星与虎掌，本来是一种药物，过去却误认为两种药物；又如本应当分述的却混而为一，《本草纲目》以前每将葳蕤、女萎并为一条，李氏经过鉴别则确认为两种；又如宋寇宗奭《本草衍义》中错误地"以兰花为兰草，卷柏为百合"，苏颂《图经本草》将天花、括楼分为两处图形，而实际上本是一种植物的根块与果实；前人错误认为"草子可以变鱼"，"马精入地变为锁阳"等等传说，也都一一经过《本草纲目》而予以纠正，并指出鱼乃鱼子所化,而锁阳本是植物。

关于水银的记述,更能说明李时珍严肃认真求实的科学态度和无畏精神。《神农本草经》被封建社会尊为经典,其叙述水银"久服神仙",晋葛洪《抱朴子》谓为"长生之药",《大明本草》称其"无毒",唐甄权言其"还丹元母"。故在六朝之下,企图贪生不死者因服之而成废身甚而夭者不知有多少。《本草纲目》批判了这一非科学的讹传,指出"水银……入骨钻筋,绝阳蚀脑,阴毒之物,无似之者"。他严肃地强调:"方书固不足道,本草岂可妄言哉。"历史和科学实验均证实了《本草纲目》所论述的水银,在当时达到科学发展的最新水平,对彻底根除服水银以求长生之荒谬做法产生了积极的作用。

关于生物对生活环境的适应,《本草纲目》也有独到见解。以动物药的描述为例,《纲目》对每一动物药的动物都有概括性的定义,多能抓住各类动物的生物学属性特征。如指出"鸟产于林,故羽似叶;兽产于山,故毛似草",又说:"毛合四时,色合五方",这都正确地掌握了禽兽对环境之适应以求保护的变异特点。在动物相关变异方面,该书正确指出:"乌骨鸡但验舌黑"即可知其骨黑的鉴别方法。《本草纲目》在有关药物的论述上,还强调了生物受到人工方法的干预而在生活习性方面产生改变的特性。如记述的动物变野生为人工驯养,家种植物可以优于野生等,说明当时对生物之遗传特征已有一些知识。

在制药化学和实验研究方面,《本草纲目》较以前也有着突出的成就。所载制药化学包括有蒸馏、蒸发、升华、重结晶、风化、沉淀、干燥、烧灼、倾泻等许多化学反应的方法。所制取的醋酸铅(铅霜);利用消石与矾石分解和氧化作用制取铅丹;以浓茶煎熬五倍子,使其产生沉淀;经曲菌发酵水解而析出没食子酸的白色结晶,都达到了较高的科学水平,甚至是最早的记录。在科学实验方面,作者不但亲自验证了罗勒子治疗眼翳和自服曼陀罗花以观察其治疗效果和麻醉作用外,还对若干药物的药理作用等进行了动物实验。他观察大豆、鸡肠草等之药理作用,他解剖鲮鲤、蛇等多种低等动物,以证实其解剖结构上的异同,进行了若干比较研究。这些方法在当时科学界也可以称得上是一个创举。

当然，未知或知之甚少在当时更是普遍的，在当时条件下不可知者也非少见。因此，作者对若干药物的记述客观地指出"未审然否"，或谓："亦无所询证，姑附于此，以俟博识"，足可证明其实事求是的科学态度。

《本草纲目》问世后其影响面之广而深远是创纪录的。明万历十八年（1590年）由金陵（今南京）胡承龙首次刊刻，世称"金陵本"，至今尚存有极少几部，除日、美、德均有收藏外，我国仅存两部。1603年由夏良心等刊行于江西刻本《本草纲目》，世称"江西本"，为仅次于金陵本之善本，现存于世者尚多。此后，重刻《本草纲目》者逐渐增多，如湖北本（1606年）、石渠阁本、立达堂本等，均刻于明末之前。清代刻本以张朝璘本（1657年）、太和堂本（1655年）等为最早，其后刻刊者甚多。据现存国内之刻印本统计，截至1949年约有70余版次。继《本草纲目》之后，我国药物学之发展在此基础上虽不如其广博，然在发挥、深化认识上和吸收外来药物上取得了不断进步，如赵学敏撰《本草纲目拾遗》（1765年）等，几乎都是在其直接或间接影响下完成的。

《本草纲目》不但在国内有着如此深广的影响，早在公元1606年即传至日本。据统计，日本在1637—1714年间先后出现了《本草纲目》的8种刻本，此后还先后出版了日文节译和全译本多种。日本学者研究《本草纲目》并有著作者多达30余种。《本草纲目》在朝鲜、越南等也有较大的影响。大约从18世纪开始，《本草纲目》即传至欧洲，英国大英博物馆、剑桥大学图书馆、牛津大学图书馆、法国国民图书馆等都收藏有《本草纲目》的多种明刻本或清刻本。德国皇家图书馆收藏有金陵本。此外，在俄罗斯、意大利、丹麦等也都有收藏。美国国会图书馆也收藏有金陵本和江西本等。据英国李约瑟博士考证，1732年法国医生范德蒙德曾将《本草纲目》中部分内容译为法文，几经周折于百余年后在巴黎发表，引起著名化学家和化学史学者的注目。据研究，《本草纲目》早在18世纪及以后的年代曾被部分摘译成法文、英文、德文和俄文，欧洲在19世纪对研究《本草纲目》与中国本学产生兴趣，并由此而获得博士学位者，英国伟大的生物学家达尔文在奠定进化论、论证人工选择原理的过程中，即曾参阅了《古代中国百科全书》，其内容即《本草纲目》之内容。如达尔文在《变异》中谈到鸡的变种、金鱼家化史等，均吸取和引用了《本草纲目》的内容。李约瑟博士在评价《本草纲目》时写道："毫无疑问，明代最伟大的科学成就，是李时珍那部在本草书中登峰造极的著作《本草纲目》。""李时珍作为科学家，达到了同伽利略、维萨里的科学活动所能达到的最高水平。""中国博物学家中'无冕之王'李时珍写的《本草纲目》，至今这部伟大著作仍然是研究中国文化史的化学史和其他各门科学史的一个取之不尽的知识源泉。"

081 早期百科全书
——《山海经》

《山海经》是一部内容丰富、风貌独特的古代著作，包含历史、地理、民族、神话、宗教、生物、水利、矿产、医学等诸方面。

《山海经》的性质，历代说法不尽相同。《汉书·艺文志》把它列入形法类，东汉班固则列入术数类，而刘歆则认为《山海经》是一部地理博物著作。西晋郭璞很推崇《山海经》，认为它是一部可信的地理文献。至明代，胡应麟认为《山海经》为"古今语怪之祖"，始将该书列入"语怪"之书。清《四库全书》也把此书列入小说类。近代鲁迅也认为此书是巫觋、方士之书。然而大多数论者认为《山海经》是一部早期有价值的地理著作，其中尤以《五藏山经》地理价值最高。

历代对《山海经》的地学价值的认识经历着一个反复曲折的过程。东汉时，著名的治水专家王景，从治汴入手治河，临行，明帝赠送给他的参考书中就有《山海经》。北魏郦道元作《水经注》时，引用《山海经》达80余处。以后《隋书·经籍志》《旧唐书·经籍志》《新唐书·艺文志》及王尧臣《崇文总目》皆将其列入史部地理类书。明清时代是《山海经》地学价值被贬时期，被说成"多杂以神怪""道里山川难考据"。至近代，顾颉刚作《五藏山经试探》，发表了许多极为精辟的见解，使人们重新认识《山海经》的科学价值。其后，谭其骧又作《"山经"河水下游及其支流考》，利用《山海经》中丰富的河道资料，将《北山经》中注入河水下游的支流一条一条梳理，并加以排比，考证出一条最古的黄河故道。此文的发表，进一步确立了《山海经》尤其是《五藏山经》在地理学上的科学地位。

《山海经》的作者与成书年代，众说纷纭。刘歆《上山海经表》中，主张该书出于唐虞之际，系禹、益所作。以后《尔雅》《论衡》《吴越春秋》皆从其说。此说出现最早，流传时间也长。然而，北魏郦道元作《水经注》时已发现《山海经》"编韦稀绝，书策落次，难以缉缀，后人假合，多差远意"，开始怀疑此书非出于一人一时之手。北齐《颜氏家训·书证篇》又据《山海经》文中有长沙、零陵、桂阳、诸暨等秦汉以后的地名，认为绝非是禹、益所作。《隋书·经籍志》亦云断不作于三代以上。此后随着考古学与辨伪学的发展，禹、益之说日趋被否定。

当代学者较一致认为《山海经》是由几个部分汇集而成，并非出于一人一时之手。但具体看法又不同。有学者认为《山海经》由三大部分组成，其中以《山经》成书年代最早，为战国时作；《海经》为西汉所作；《大荒经》及《大荒海内经》为东汉至魏晋所作。有的学者从《山海经》中《山经》与《禹贡》作比较研究，结论是《山经》所载山川于周秦河汉间最详最合，故作者当是这一地区的人。至于时代当在《禹贡》之后，战国后期。

《山海经》的今传本为18卷39篇，其中《山经》(又称《五藏山经》)5卷，包括《南山经》《北山经》《东山经》《中山经》共21000字，占全书的2/3。《海内经》《海外经》8卷，4200字。《大荒经》及《大荒海内经》5卷，5300字。晋郭璞作注，其后考证注释者有清代毕沅《山海经新校正》和郝懿行《山海经笺疏》。

《山海经》中最具有地理价值的部分《五藏山经》，是全书中最为平实雅正，从形式至内容都以叙述各地山川物产为主，尽管也杂有神话，比例不大，无疑是一部早期地理书。

《山海经》记载的山川比早些时代《禹贡》丰富，其记载山岳共15000字，其篇幅之长，相当《禹贡》导山部分的14倍。《禹贡》所记山岳仅4列，而《山经》则发展成26列。《山经》以山为纲，分中、南、西、北、东五个山系，分叙时把有关地理知识附丽上去。全文以方向与道里互为经纬，有条不紊。在叙述每列山岳时还记述山的位置、高度、走向、陡峭程度、形状、谷穴及其面积大小，并注意两山之间的相互关联。有的还涉及植被覆盖密度、雨雪情况等，显然已具备了山脉的初步概念，堪称我国最早的山岳地理书。在叙述河流时，必言其发源与流向，还注意到河流的支流或流进支流的水系，包括某些水流的伏流和潜流的情况以及盐池、湖泊、井泉的记载。

《山海经》的地域范围：《南山经》东起浙江舟山群岛，西抵湖南西部，南抵广东南海，包括今浙、赣、闽、粤、湘5省。《西山经》东起山、陕间黄河，南起陕、甘秦岭山脉，北抵宁夏盐池西北，西北达新疆阿尔金山。《北山经》西起今内蒙古、宁夏腾格里沙漠贺兰山，东抵河北太行山东麓，北至内蒙古阴山以北。《东山经》包括今山东及苏皖北境。《南山经》西达四川盆地西北边缘。

《山海经》记载众多的原始地理知识，有如南方岩溶洞穴，北方河水季节性变化，不同气候带的地理景观与动植物分布的特点。

《山海经》在物质资源分布的篇幅中，对于矿产的记载尤其详细，提及矿物产地300余处，有用矿物达七八十种，并把它们分成金、玉、石、土四类。希腊学者乔菲司蒂斯在公元前371—前286年所著《石头志》被认为是世界上最古老的地质文献，但它记载的矿物仅16种，把这些矿物分成金、石、土三类。而与其同时代或稍晚的《山海经》所记的矿物种类是它的5倍，分类更细。《山海经》还注意到矿物的共生现象，并据其硬度、颜色、光泽、透明度、构造、敲击声、医药性等识别矿物的方法，及详细记述动植物形态、性能和医疗功效，因此《山海经》在矿物学分类上有突出贡献。撰写《中国科学技术史》的英国李约瑟说："《山海经》是一个名副其实的宝库，我们可以从中得到许多古人是怎样认识矿物和药物之类物质的知识。"

《山海经》在地理学史上占有一定的位置。作者以《中山经》所在地区为世界的中心，四周是《南山经》《西山经》《北山经》《东山经》构成大陆，大陆被海包围着，四海之外又有陆地和国家，再外还有荒远之地，这就是世界。《山海经》的结尾指出："天地之东西二万八千里，南北二万六千里。"这在科学发展的今天来看似乎是天真可笑的，但在2000多年前《山海经》的作者已认为世界不是不可知的，而是可以认识的，世界是有极限的，是可以测量出的，这在研究地理学史上是极为珍贵的资料。

但《山海经》也有其局限性。《山经》记载447座山，据考证，其中见于汉晋以来记载并能实指方位者，约140余座，不及总数1/3。而这140余座山分布极不平衡，其中半数属《中山经》，另半分属南、西、东山经。就所记山的方向而言，整个经讲的大方向基本正确。在里距方面，除《中山经》所在的晋南、陕中、豫西、河、渭、伊、洛地区所载较为详细准确外，其他经中里距差别很大，可信度差。《海经》中记了60余个远方异国，但除了天毒、朝鲜等少数名称外，大都以当地人的形状命名，如结胸国、大人国等，显然不是真实国名。至于有关各国的形貌、起居与风俗，亦多传闻之词。《大荒经》中，诡谲荒诞成分更多，有地理价值的内容更少。

082 宇宙未有之奇书——《水经注》

《水经注》是公元6世纪北魏时郦道元所著,是我国第一部以记载河道水系为主的综合性地理著作,在我国长期历史发展进程中有过深远影响,自明清以后不少学者从各方面对它进行了深入细致的专门研究,形成了一门内容广泛的"郦学"。

郦道元,字善长,北魏涿州郦亭(今河北涿州南)人。他生年说法不一,尚难确定。史书仅记载他于孝昌三年(527年)被害于阴槃驿亭(今陕西西安临潼区东)。他出身仕宦之家,少年时随父官居山东,喜好游历,培养了"访渎搜渠"的兴趣。成年后承袭其父封爵,封为永宁伯,先后出任太尉掾、书侍御史、冀州镇东府长史、颍川太守、鲁阳太守、东荆州刺史、河南尹、黄门侍郎、侍中兼摄行台尚书、御史中尉等职。他利用任职机会,周游了北方黄淮流域广大地区,足迹遍布今河北、河南、山西、陕西、内蒙古、山东、江苏、安徽等省区。每到一地都留心勘察水道形势,溯本穷源,游览名胜古迹,在实地考察中广泛搜集各种资料,以补文献不足,从而完成了举世无双的地理名著《水经注》。郦道元自幼好学,历览奇书,除《水经注》外,还撰有《本志》13卷及《七聘》诸文,但都已亡佚,仅《水经注》得以流传。

我国古代记载河流的专著就叫《水经》,其作者历来说法不一,一说晋郭璞撰,一说东汉桑钦撰,又说郭璞曾注桑钦撰的《水经》。当代郦学家陈桥驿认为即使汉桑钦撰有《水经》,晋郭璞为其作注确有其事,但这部《水经》和《水经注》也都已失传,今本郦道元所注的《水经》当是另外一部，是无名氏所为，其成书年代，诸家说法不一，全祖望认为是东汉初，戴震认为是三国时作品，今人钟凤年又认为是新莽时所作，诸说尚难确认，不过大体应为汉魏之作不成问题。《水经注》则是以注《水经》而得名。

郦道元为何要为《水经》作注呢？他自己在序文中写道：首先，古代地理书籍，《山海经》过于荒杂，《禹贡》《周礼·职方》只具轮廓，《汉书·地理志》记述又不详备，而一些都、赋限于体裁不能畅所记述，《水经》一书虽专述河流，具系统纲领，但未记水道以外地理情况。他在游历大好河山时所见所闻十分丰富，为了把这些丰富的地理知识传于后人，所以他选定《水经》一书为纲来描述全国地理情况。正如王先谦所说，郦道元注《水经》的目的在于"因水以证地，而即地以存古"（《合校水经注序》）。其次，他认识到地理现象是在经常变化的，上古情况已很渺茫，其后部族迁徙、城市兴衰、河道变迁、名称交互更替等等都十分复杂，所以他决定以水道为纲，可以进而描述经常变化中的地理情况。而更重要的是，他当时身处政局分裂时代，他向往祖国统一，着眼于《禹贡》所描写过历史上曾经出现过的版图广大的祖国，他利用属于全国的自然因素河流水系来作纲，可以把当时人为的政治疆界的限制打破了。

《水经注》是以《水经》所记水道为纲，《唐六典》注中称《水经》共载水道137条，而《水经注》则将支流等补充发展为1252条。今人赵永复将全书水体包括湖、淀、陂、泽、泉、渠、池、故渎等算入，实记2596，倍于《唐六典》之数。注文达30万字。涉及的地域范围，除了基本上以西汉王朝的疆域作为其撰写对象外，还涉及当时不少域外地区，包括今印度、中南半岛和朝鲜半岛若干地区，覆盖面积实属空前。所记述的时间幅度上起先秦，下至南北朝当代，上下约2000多年。它所包容的地理内容十分广泛，包括自然地理、人文地理、山川胜景、历史沿革、风俗习惯、人物掌故、神话故事等等，真可谓是我国6世纪的一部地理百科全书，无所不容。难能可贵的是这么丰富多彩的内容并非单纯地罗列现象，而是有系统地进行综合性的记述。侯仁之教授概括得最为贴切："他

赋予地理描写以时间的深度,又给予许多历史事件以具体的空间的真实感。"(《水经注选释·前言》)

《水经注》是我国古代地理名著,其内容包括了自然地理和人文地理的各个方面。在自然地理方面,所记大小河流有1000余条,从河流的发源到入海,举凡干流、支流、河谷宽度、河床深度、水量和水位季节变化、含沙量、冰期以及沿河所经的伏流、瀑布、急流、滩濑、湖泊等等都广泛搜罗,详细记载。所记湖泊、沼泽500余处,泉水和井等地下水近300处,伏流有30余处,瀑布60多处,所记各种地貌,高地有山、岳、峰、岭、坂、冈、丘、阜、崌、障、峰、矶、原等,低地有川、野、沃野、平川、平原、原隰等,仅山岳、丘阜地名就有近2000处,喀斯特地貌方面所记洞穴达70余处,植物地理方面记载的植物品种多达140余种,动物地理方面记载的动物种类超过100种,各种自然灾害有水灾、旱灾、风灾、蝗灾、地震等,记载的水灾共30多次,地震有近20次。在人文地理方面,所记的一些政区建置往往可以补充正史地理志的不足。所记的县级城市和其他城邑共2800座,古都180座,除此以外,小于城邑的聚落包括镇、乡、亭、里、聚、村、墟、戍、坞、堡10类,共约1000处。在这些城市中包括国外一些城市,如在今印度的波罗奈城、巴连弗邑、王舍新城、瞻婆国城等,林邑国的军事要地区粟城和国都典冲城等都有详细记载。交通地理包括水运和陆路交通,其中仅桥梁就记有100座左右,津渡也近100处,经济地理方面有大量农田水利资料,记载的农田水利工程名称就有坡湖、堤、塘、堰、碣、堋、磴、坨、水门、石逗等。还记有大批屯田、耕作制度等资料。在手工业生产方面,包括采矿、冶金、机器、纺织、造币、食品等。所记矿物有金属矿物如金、银、铜、铁、锡、汞等,非金属矿物有雄黄、硫黄、盐、石墨、云母、石英、玉、石材等,能源矿物有煤炭、石油、天然气等。此外还有兵要地理、人口地理、民族地理等各方面资料。

除了丰富的地理内容外,还有许多学科方面的材料。诸如书中所记各类地名约在2万处上下,其中解释的地名就有2400多处。所记中外古塔30多处,宫殿120余处,各种陵墓260余处,寺院26处以及不少园林等。可见该书对历史学、考古学、地名学、水利史学以至民族学、宗教学、艺术等方面都有一定参考价值。以上这些内容不仅在数量上惊人，更重要的是作者采用了文学艺术手法进行了绘声绘色的描述，所以它还是我国古典文学名著，在文学史上居有一定地位。它"写水着眼于动态"，"写山则致力于静态"，它"是魏晋南北朝时期山水散文的集锦，神话传说的荟萃，名胜古迹的导游图，风土民情的采访录"。《水经注》在语言运用上也是出类拔萃的，仅就描写的瀑布来说，它所用的词汇就有：泷、洪、悬流、悬水、悬涛、悬泉、悬涧、悬波、颓波、飞清等，真是变化无穷。所以我们说《水经注》不仅是科学名著，也是文学艺术的珍品。

如此丰富的内容，其价值自不待言。这里仅就历史地理方面来说，就有取之不尽的功效，侯仁之教授曾利用它复原了北京周围古代水利工程，研究了毛乌素沙漠的历史变迁。我们可以运用它来研究古代水道变迁、湖泊湮废、地下水开发、海岸变迁、城市规划、历史时期气候变化等等诸多课题。

《水经注》有如此深远影响，这与郦道元治学态度的认真是分不开的。为了著作此书，他搜集了大量文献资料，引书多达437种，辑录了汉魏金石碑刻多达350种左右，还采录了不少民间歌谣、谚语方言、传说故事等，并对所得各种资料进行认真地分析研究，亲自实地考察，寻访古迹，追末溯源，采取实事求是的科学态度。这本书实际上是我国北魏以前的古代地理总结，书中许多珍贵资料早已失传，不少人从中可以辑佚或校正一些古籍。

当然，如此宏富的巨作，受到当时时代和条件的限制，难免存在不少错误。唐代杜佑在《通典》中即已明确指出其黄河河源问题上的"纰缪"。另外由于他不可能到边远地区和南方进行实地调查，这方面错误也较多些。有些地方的引书也不尽可信等等，但这些并不损害全书价值。

《水经注》原有40卷，宋初已缺5卷，后人将其所余35卷，重新编定成40卷。由于途经传抄翻刻，错简夺伪十分严重，有些章节甚至难以辨读。明清时不少学者为研究《水经注》做了大量工作，有的订正了经注混淆500余处,使经注基本恢复了原来面貌。有的做了不少辑佚工作,更多的是做了校勘注疏工作。清末著名学者杨守敬与其弟子熊会贞用了毕生精力撰写了《水经注疏》和编绘了古今对照、朱墨套印的《水经注图》。江苏古籍出版社出版了有段熙仲点校、陈桥驿复校的《水经注疏》,为研究利用《水经注》提供了方便。

古代印度旅行记中的金字塔
——《大唐西域记》

在供人们今天了解中世纪的中亚和印度方面，唐代高僧玄奘及其所著《大唐西域记》一书的贡献是旷古未有、永世不灭的。

玄奘，俗姓陈，名祎，洛州缑氏（今河南偃师县南缑氏镇）人，隋文帝仁寿二年（602年）出生于一个世代儒学之家，出家后法名玄奘，敬称三藏法师，俗称唐僧。13岁时在洛阳净土寺诵习佛典，后赴首都长安，游历成都、荆州（今湖北江陵）、扬州、苏州、相州（今河南安阳）、赵州（今河北赵县）等地，遍访名师，后复至长安，问学于法常、僧辩两位大师，被称为佛门的"千里驹"。随着学业的日益长进，他的疑问和困惑也越来越多，而这些疑惑又非中国佛典和高僧所能解决，于是下决心去佛教的发源地印度取经求法。其目的主要是寻求学习大乘《瑜伽师地论》，解决南北朝以来中国和尚长期争论不休的佛性问题，即：凡人能不能成佛？什么时候成佛？经过什么阶段、通过什么手续才能成佛？

唐太宗贞观元年（627年），玄奘从长安出发，孤身踏上万里征途，开始了他的西行。途经秦州（今甘肃天水）、兰州、凉州（今甘肃武威）、瓜州（今甘肃酒泉东南），偷渡玉门关，历5天4夜滴水不进，艰难地通过了800里大沙漠，取道伊吾（今新疆哈密），年底到达高昌（今新疆吐鲁番），受到高昌国王麴文泰的礼遇和赞助，沿天山南麓继续西行，经阿耆尼国（今新疆焉耆）、屈支国（今新疆库车）、跋禄迦国（今新疆阿克苏），翻越凌山（今天山穆素尔岭），沿大清池（今吉尔吉斯斯坦伊塞克湖）西行，来到素叶城（即碎叶城，在今吉尔吉斯斯坦托克马克西南），在这里巧遇西突厥叶护可汗，并得到可汗的帮助。玄奘继续前进，经昭武九姓中的石国、康国、米国、曹国、何国、安国、史国（皆在今乌兹别克斯坦境内），翻越中亚史上著名的铁门（今乌兹别克斯坦南部布兹嘎拉山口），到达覩货逻国（即吐火罗，今阿富汗北境），由此又南行，经大雪山（今兴都库什山），来到迦毕试国（今阿富汗贝格拉姆），东行至健驮罗国（今巴基斯坦白沙瓦城），进入了印度。

当时的印度小国林立，分为东、西、南、北、中五部分，史称五印度或五天竺。玄奘先到北印度，在那里拜望高僧，巡礼佛教圣地，跋涉数千里，经历十余国，进入恒河流域的中印度。在中印度，历史悠久的摩揭陀国（今印度比哈尔邦）拥有全印度规模最大，长达700年，并居印度千万所寺院之首的那烂陀寺，这是当时全印度的文化中心，玄奘西行求法的目的地。寺中僧徒常有万人，聚集了精通各项学术的精英，还收藏着佛教大、小乘经典、婆罗门教经典及医药、天文、地理、技术等书籍。玄奘在那烂陀寺留学5年，向寺住持、当时印度佛学权威戒贤法师学习《瑜伽论》等，又研究了寺中收藏的佛教典籍，兼学梵文和印度很多的方言。后到中印度、东印度、南印度、西印度游学，足迹几遍全印度，再返回那烂陀寺，戒贤法师命他为寺内众僧讲解《摄大乘论》等佛典，赢得了极大声誉。

玄奘的学识受到印度僧俗的极大敬重，也引起了许多国王的景仰，其中有羯苦鞠阇国的戒日王。戒日王召见玄奘，下令在国都曲女城（今印度卡淄吉）举行盛大的法会（学术辩论会），命玄奘为论主（主讲人），五印度18国国王、官员及僧人6000人前来与会，大家倾听玄奘的议论，深为他的精辟而渊博的知识所折服，玄奘因而获得了"大乘大"的尊称，名震五天竺。

贞观十七年（643年）春，玄奘谢绝了戒日王和那烂陀寺众僧的挽留，携带657部佛经，取道今巴基斯坦北上，经阿富汗，翻越帕米尔高原，沿塔里木盆地南缘回国，两年后回到了阔别已久的首都长安。玄奘此行，行程5万里，历时18年，是一次艰难而又伟大的旅行。

唐太宗得知玄奘回国，在洛阳召见了他，并敦促他将在西域、印度的所见所闻撰写成书。于是玄奘口述，由弟子辩机执笔的《大唐西域记》

一书，于贞观二十年（646年）七月完成了。

《大唐西域记》分12卷，共十余万字，书前冠以于志宁、敬播两序。卷一记载了今天新疆和中亚的广大地区，是玄奘初赴印度所经之地。卷二之首有印度总述，然后直到卷11分述五印度的各国概况，其中摩揭陀一国情况占去了8、9两整卷的篇幅。卷12记载了玄奘返国途中经行的帕米尔高原和塔里木盆地南缘诸国概况。全书共记述了玄奘亲身经历的110国和得之传闻的28国情况，书中对各国的记述繁简不一，通常包括国名、地理形势、幅员广狭、都邑大小、历时计算法、国王、族姓、宫室、农业、物产、货币、食物、衣饰、语言、文字、礼仪、兵刑、风俗、宗教信仰以及佛教圣迹、寺数、僧数、大小乘教的流行情况等内容。全书内容丰富、文字流畅、叙事翔实，再加上执笔人辩机学精内外典，文笔优美简洁，使全书增色不少。

《大唐西域记》记载了东起我国新疆、西尽伊朗、南到印度半岛南端、北到吉尔吉斯斯坦、东北到孟加拉国这一广阔地区的历史、地理、风土、人情，科学地概括了印度次大陆的地理概况，记述了从帕米尔高原到咸海之间广大地区的气候、湖泊、地形、土壤、林木、动物等情况，而世界上流传至今的反映该地区中世纪状况的古文献极少，因而成了全世界珍贵的历史遗产，成为这一地区最为全面、系统而又综合的地理记述，是研究中世纪印度、尼泊尔、巴基斯坦、斯里兰卡、孟加拉国、阿富汗、乌兹别克斯坦、吉尔吉斯斯坦等国、克什米尔地区及我国新疆的最为重要的历史地理文献。

《大唐西域记》业已问世1300多年，随着时光的流逝，更加显示出这部著作的灿烂光辉。对于具有悠久文明的印度古代地理、宗教而言，此书是基本史料，7世纪前后印度混沌的历史地理，赖此书得以在幽暗中略睹光明、散乱中稍有秩序。对印度某些佛教圣地进行历史考察或考古发掘，唯一的文献指导书就是玄奘的这部著作，印度对那烂陀寺的考古发掘证实了玄奘记载的正确无误。人们如果想了解阿富汗境内觇货逻（吐火罗）故国的地理布局、巴基斯坦境内健驮罗、乌苌地区情况、我国新疆和田文化遗址的分布等等，舍此书而无他求。因而阿富汗、巴基斯坦的考古调查与发掘时常以此书为参照。印度的考古工作更是如此，1971—1974年印度考古学家在北方邦的比普拉瓦重新进行发掘，确认了这是玄奘书中迦毗罗卫的真正故址。

像《大唐西域记》这样内容丰富、记载国家之多、记载之翔实，就连玄奘以后很长的时间内，也没有一本书能够比得上它。实际上，玄奘所留下的这部地理学著作已超越了中国的范围，在中外学术界有关方面发挥了重要的作用。

084

"扼天下之吭，制群生之命"
——《元和郡县图志》

《元和郡县图志》为唐李吉甫所撰。吉甫，字弘宪，赵郡赞皇（今河北赞皇）人。生于唐肃宗乾元元年（758年），卒于唐宪宗元和九年（814年）。《旧唐书·李吉甫传》说他"少好学，能属文"，"该洽多闻，尤精国朝故实，沿革折衷，时多称之"。著有《六代略》《百司举要》《元和十道图》《删水经》《元和郡县图志》等，但只有《元和郡县图志》流传下来，其余几种早已亡佚。

《元和郡县图志》写于宪宗元和年间（806—820），当时正处于藩镇割据的局面。按唐代政区来说，起初基本上实行的是州、县二级制。贞观年间分全国为10道，即：关内道、河南道、河东道、河北道、山南道、陇右道、淮南道、江南道、剑南道、岭南道。到开元年间，又析关内道置京畿道，析河南道置都畿道，分山南道为山南东、西二道，分江南道为江南东、西二道和黔中道，这样就成了15道。但道只是监察区，并不构成一级政区。州的长官仍然听命于中央。而在安史之乱以后，一些藩镇"大者连州十余，小者犹兼三四"，实际上形成州县以上的一级政区。李吉甫在《元和郡县图志》中即以贞观十道为基础。唐中叶以后，陇右道被吐蕃占去，但为了表示有志于"收复故土"，仍列于最后。又按照当时的情况，分为47个节镇，将所属各府州县的户口、沿革、山川、古迹乃至贡赋等依次作了叙述。每镇篇首有图，所以称为《元和郡县图志》。但到南宋以后图已亡佚，书名也就略称为《元和郡县志》了。

《元和郡县图志》在魏晋以来的总地志中，不但是保留下来的最古老的一部，而且也是编写最好的一部。清初编写的《四库全书总目提要》

说："舆地图经，隋唐志所著录者，率散佚无存；其传于今者，惟此书为最古，其体例亦为最善，后来虽递相损益，无能出此范围。"

《元和郡县图志》的内容非常丰富，作为一部讲述全国范围的地理总志，首先对政区沿革地理方面有比较系统的叙述。在每一州县下往往上溯到三代或《禹贡》所记载，下迄唐朝的沿革。其中特别是关于南北朝政区变迁的记载尤其可贵。记述南北朝时期的正史，除《宋书》《南齐书》《魏书》外，其他各史皆无地理志；《隋书·地理志》虽称梁、陈、北齐、周、隋五代史志，但隋以前的四个朝代较为简略；《水经注》虽是北魏时期的地理名著，但它毕竟是以记述水道为主，因而《元和郡县图志》有关这一时期的叙述至关重要。《元和郡县图志》中在每一县下都简叙沿革及县治迁徙、著名古迹等，还作了一些必要的考证。如京兆府万年、长安、咸阳三县均有名叫细柳营的地方。《元和郡县图志》在"万年"县下注明："细柳营，在县东北三十里，相传云周亚夫屯军处。今按亚夫所屯，在咸阳县西南二十里，言在此，非也。"又在"长安"县下载："细柳原，在县西南三十三里，别是一细柳，非亚夫屯军之所。"在"长安"县下还有关于秦阿房宫、汉长乐宫、汉未央宫及秦始皇陵等遗址的记载。所有这些，都对我们研究历史上的政区变化，考证一些名胜古迹遗址，有重要参考价值。对于某些弄不清楚的问题，书中也并不是武断地下结论，而是抱着存疑的态度。如《元和郡县图志》卷2京兆府兴平市（今陕西兴平市）对马嵬故城的记载，就说："马嵬于此筑城，以避难，未详何代人也。"又如，卷9申州义阳县（今河南信阳市）对平靖关城的记载，只是说："旧有此关，不知何代创立。"这些都反映了作者实事求是的科学态度。

在自然地理方面，资料也极其丰富。在每县下记载着附近山脉的走向、水道的经流、湖泊的分布等等。在这方面自班固著《汉书·地理志》以来，历代正史地理志中大部分都有记述，但内容过于简略。郦道元《水经注》中记载比较详备，可是自北魏至隋唐数百年中没有记载这方面的书籍保存下来。因此，《元和郡县图志》中保存下来的这部分资料也非常可贵。全书记载到的水道有550余条，湖泽陂池130多处。不仅记载了人所共知的大川大泽，也记载了一些小的河流和陂泽。如卷11密州高密县（今山东高密市）的夷安泽，"周迴四十里，多麋鹿蒲苇"。又如卷18定州望都县（今河北望都县）的阳城淀，"周迴三十里，莞蒲菱芡，靡所不生"。另外还有对各种地形特征的描述。如卷1京兆府万年、长安、三原等县均有关于西北黄土高原上所谓"原"的记载，如毕原、白鹿原、细柳原、孟侯原、丰原、天齐原等。卷4灵州鸣沙县（今宁夏中宁县东北）有关于沙漠的记载，说"人马行经此沙，随路有声，异于余沙，故号鸣沙"。卷30辰州卢溪县（今湖南泸溪县西南）又有对于喀斯特地形的记载，说"溪山高可万仞，山中有槃瓠石窟，可容数万人"。所有这些，都对我们研究历史上水道、湖泊的变迁，各地自然环境的变化，提供了极其珍贵的资料。

在经济地理方面，每个府、州之后有"贡赋"一项，可以说是《元和郡县图志》一书所首创。贡品多数都是当地的土特产，包括著名的手工业产品及矿产、药材等；赋为绵、绢等物。如卷1京兆府下记载："开元贡：葵草席、地骨白皮、酸枣仁；赋：绵、绢。"在县下又有对于当地水利设施、工矿业及其他经济资料的记载。如卷1京兆府醴泉县（今陕西礼泉县）有关于郑、白渠灌溉情况的记载；卷16相州邺县（今河北临漳县）有西门豹及史起引漳水灌田的记载；卷11密州辅唐县（今山东安丘市）有浯水堰灌田的记载，并说"今尚有余堰，而稻田畦畛存焉"；卷3原州平高县（今宁夏固原县）有西北地区监牧场地、马匹数字的记载；卷4盐州有关于盐池的记载；卷3延州肤施县（今陕西延安市东北）和卷40肃州玉门县（今甘肃玉门市北）都有关于石油矿的记载；卷14蔚州飞狐县（今河北涞源县）有三河冶官营铸钱工业的记载，并描述了作者亲自主持恢复铜冶置炉铸钱的经过。至于一般铜矿、银矿、铁矿的记载就更多了。《元和郡县图志》对各地户口记载的一大特色是兼记不同时代的户口数。地理志对户口的记载始于《汉书·地理志》，但《汉志》对西汉一代的户口，只记平帝元始二年（公元2年）的数字；《元和郡县图志》既记载开元年间的户数，也记载元和时的户数，为我们研究安史之乱前后各地户口的变动提供了重要佐证。

当然，《元和郡县图志》也还存在着不少的缺点，如叙述某些州县沿革过于简略。由于资料不全，往往显得残缺、混乱，给人以拼凑起来的感觉。但这书毕竟保存了大量丰富的资料，对全国各地的地理沿革、山川、物产，都有一个简要的叙述。在编写体例方面，对宋代乐史的《太平寰宇记》，元、明、清各代的《一统志》都有很大影响。因此，人们盛赞《元和郡县图志》开我国总地志的先河，这话也并非过誉。

《元和郡县图志》在流传过程中，不仅附图散佚了，而且文字也有残缺。全书 40 卷中缺第 19、20、23、24、26、36 诸卷及第 18 卷和第 25 卷的一部分。清代严观有《元和郡县补志》及缪荃荪《元和郡县志缺卷逸文》等均可供参考。

085 中外交通史必读之书
——《岛夷志略》

《岛夷志略》是元代中外海上交通地理名著。汪大渊撰。原名《岛夷志》，明代作《岛夷志》，清代改名《岛夷志略》。全书共分100条，前99条记载和涉及的地点总计220个，均系作者亲睹，其说可靠；其第100条"异闻类聚"，是摘录前人旧记《太平广记》等书而成，没有什么价值。

汪大渊，字焕章，江西南昌人。关于他的生平，据吴鉴在《岛夷志·序》中介绍："豫章汪君焕章，少负奇气，为司马子长之游，足迹几半天下矣。顾以海外之风土，国史未尽其蕴，因附舶以浮于海者数年然后归。其目所及，皆为书以记之。校之五年旧志，大有迳庭矣。"汪氏自己在《岛夷志后序》里说："大渊少年尝附舶以浮于海，所过之地，窃尝赋诗以记其山川、土俗、风景、物产之诡异，与夫可怪、可愕、可鄙、可笑之事皆身所游览，耳目所亲见。传说之事，则不载焉。"张翥在《序》里说："西江汪君焕章，当冠年，尝两附舶东、西洋，所过辄采录其山川、风土、物产之诡异，居室、饮食、衣服之好尚，与夫贸易贵用之所宜。非其亲见不书，则信乎其可征也。"可见，汪大渊是大游历家，曾两次随中国商船到东洋（即南洋）、西洋（即印度洋）。《岛夷志略》前99条中有关各地的山川、风土、物产、居民、饮食、衣服和贸易的情况，都是他当时根据亲身的见闻记录下来的，因而是可靠的。归来之后，他又以5年的时间，校对前人的记载，发现其中许多与自己的见闻"大有径庭"的地方。可以断定，该书初稿，大概也是在这5年内完成的。

《岛夷志略》最后成书是在"至正己丑冬"，即元顺帝至正九年（1349

年）冬天。这年冬，汪大渊路过泉州，适值泉州路达鲁花赤偰王立莅任。偰以《清源前志》（泉州在五代后曾置清源军节度，宋代加清源郡号，故又称"清源"）散失，《后志》仅至南宋淳祐十年（1250年）为止，乃命吴鉴编修《清源续志》。吴鉴以泉州为对外贸易的大港，船舶司的所在地，诸蕃辐辏之所，不能没有海道诸岛屿及诸国地理情况的记载，于是请两次亲历海外，熟悉海道地理情况的汪大渊撰写《岛夷志》，附于《清源续志》之后。这一是为增加商人、文人的见识，二是宣扬元朝的威德远大。从吴鉴为《岛夷志》作"序"在"至正己丑冬十有二月"看出，汪大渊最后成书的时间不会晚于这年11月。

不久，大渊回到故乡南昌，复将《岛夷志》刊印成单行本，以广其传。至正十年（1350年），又请翰林修撰张翥为之作序，正式发行于世。现存的《岛夷志略》，在吴序之前，有张序，可见源于南昌所刻之单行本，而不是出自《清源续志》附录。

元代海外地理专著还有陈大震的《大德南海志》和周达观的《真腊风土记》，两书都不如《岛夷志略》的价值。《大德南海志》原书20卷，今仅存卷6至卷10。所收地名多虽多，然仅列其名而无叙述。《真腊风土记》虽记载详赅，但仅一国而已。总之，《岛夷志略》是我们研究元代中外海上交通最有价值的必读地理著作。

《岛夷志略》上承南宋周去非的《岭外代答》和赵汝适的《诸蕃志》，下启明初马欢的《瀛涯胜览》、费信的《星槎胜览》等书。但《岭外代答》，特别是《诸蕃志》，主要是作者耳闻，而不是亲历，因此其中存在一些错误。《四库全书总目》在评价中指出："诸史外国列传秉笔之人，皆未尝身历其地。即赵汝适《诸蕃志》之类，亦多得于市舶之口传。大渊此书，则皆亲历而手记之，究非空谈无征者比。"马欢著《瀛涯胜览》，是受汪大渊的启发。他在自序中说："余昔观《岛夷志》，载天时气候之别，地理人物之异，慨然叹曰：普天下何若是之不同耶？……余以通译番书，亦被使末，随其所至，鲸波浩渺，不知其几千万里。历涉诸邦，其天时、气候、地理、人物，目击而身履之；然后知《岛夷志》所著者不诬。……于是采摭各国人物之丑美，壤俗之异同，与夫土产之别，疆域之制，编次成帙。"《瀛涯胜览》虽叙事更为详细,但涉及的只有20个国家,远不如《岛夷志略》之广。费信受汪大渊的影响更深。在他的《星槎胜览》里,许多地点的记述是从《岛夷志略》中抄袭来的。巩珍的《西洋番国志》,所收条目与《瀛涯胜览》相同,内容也大同小异,实不过是根据马欢的记录加以润色,行文瞻雅罢了。

《岛夷志略》自明至今,一直为我国公、私藏书家所珍藏。例如:明《文渊阁书目》、晁氏《宝文堂书目》、钱氏《述古堂书目》等均收有《岛夷志》;《寰宇通志》《大明一统志》《东西洋考》《古今图书集成》等,都引用过《岛夷志》,清代的《四库全书本》中有《岛夷志略》,而《四库全书总目》《四库全书简明目录》则作《岛夷志略》,这说明明清官方都收藏有《岛夷志略》。

在明代,未闻有《岛夷志》刻本,当时藏书家所藏刻本当是汪大渊在南昌所刻的单行本。钱氏《述古堂》还藏有"元人钞本",《天一阁》则藏有明抄本。元、明抄本今已亡失。清代有刻本,也有抄本,民国初年所见的抄本为旧抄本和《四库全书》传抄本。彭元瑞、李文田所藏的旧抄本与《四库全书》本有出入,说明在明、清有多种抄本存在。彭氏《知圣道斋》藏本今在北京图书馆,丁氏《竹书堂》抄本今藏南京图书馆。在日本、美、英、法也有藏本。

《岛夷志略》自元以来,为中外研究海上交通的学者所重视,校注的人很多。从现存的来说,以沈曾植的注本为最早。1912—1913年,上海神州国光社将该本刊于《古学汇刊》中,题名《岛夷志略广证》,分上、下两卷。沈氏认为不妥,在他本人著作《海日楼书目》中改为《岛夷志略笺》,孙德谦帮助校订。沈氏不懂外文,书中所考之地名往往游移不定,错误之处较多;孙氏校订时,亦仅以沈氏笔误、字误为限,因而价值不大。今本则以北京大学苏继顷教授的《岛夷志略校释》为最好,他以《四库全书》文津阁本作底本,同时以龙氏《知服斋丛书》刊本、彭氏《知圣道斋》藏本、丁氏《竹书堂》藏本以及《寰宇通志》《大明一统志》等书中引用的《岛夷志》互为比勘,并以《诸蕃志》《星槎胜览》等书为旁证,因而纠谬补正较为完备。在注释方面,更是详征博引,参考图书达100多种,涉及的语文、方言有10余种；他集中外诸家之说，然后进行分析研究，取长补短，考诸家之所未考；此外，在校释中，苏继顾教授还涉及了中外交通史、华侨史、西域南海物产志和民俗学等，为研究古代中外关系提供了不少参考资料，并有独创的见解。这些，都是中外其他学者所不能比拟的。

《岛夷志略》在国外也有很大的影响。凡是研究元代东亚、南亚诸国及海上交通的外国学者，都一定阅读《岛夷志略》。在国外，研究和阅读《岛夷志略》的学者大有人在。早在19世纪中叶，西方学者就注意到《岛夷志略》这本书，接着就进行翻译、征引和考证。其中最著名的学者首推卫理亚瑟（Arthurwylie）。在他1867年所编的《汉籍丛录》里，列有《岛夷志略》。格伦维尔（Croeneveldt）在1876年编辑的《南海群岛文献录》里，亦有此书名。布莱资须纳德（E·V·Breitschneider）在1888年《中世纪史地探究》中，将《岛夷志略》中的"天堂"条译成英文。伯希和（P·pelliot）对《岛夷志略》的有关地名，也有颇多的论述。

日本学者对《岛夷志略》的重视与研究远远超过海外其他诸国。藤田丰八以龙氏《知服斋丛书》刊本为底本，参考其他藏本，对《岛夷志略》进行了全面的校订，同时作出注释，题名为《岛夷志略校注》，于1914年在罗振玉主编的《雪堂丛刊》第二集中刊登出版。1935年，又在北京《国学文库》中重版。这是当时最好的版本。作者博学多才，所注可取者多。然而仍不完全，且多错误。现在，研究《岛夷志略》的日本学者仍有不少。

美国学者对《岛夷志略》的研究较晚。柔克义（W·W·Rockhill）曾将《岛夷志略》的前99条中的60条地名译成英文，发表在1914—1915年《通报》上的《十四世纪时中国与南洋群岛印度洋沿岸诸港往来贸易考》里。此后，随着贸易的发展，美国学者（包括华裔汉学家）研究《岛夷志略》的日多。

"世间真文字，大文字，奇文字"
——《徐霞客游记》

　　《徐霞客游记》是明代地理学家、旅行家徐霞客根据自己的亲身经历用日记体裁撰写的一部光辉著作，它生动、准确、详细地记录着祖国丰富的自然资源和地理景观。它为历史地理学的研究提供了许多重要资料，具有很高的科学价值和社会效益，受到国内外广大专家和读者的赞赏，称徐霞客为"千古奇人"，称《徐霞客游记》为"千古奇书""古今一大奇著"。英国的科技史专家李约瑟在其主编的《中国科学技术史》一书中评价道："他的游记读来并不像是17世纪的学者所写的东西，倒像是一部20世纪的野外勘察记录。"

　　徐霞客，名宏祖，字振之，明朝南直隶江阴县（今江苏江阴市）南旸岐村（今属马镇乡）人。他生于万历十四年（1587年），卒于崇祯十四年（1641年），享年54岁。

　　徐霞客从小就有一个远大理想，立志游遍祖国的锦绣河山，探索大自然的奥秘。他22岁就开始外出旅游，直到生命结束为止，在30多年中，他先后东渡普陀，北游幽燕，南达闽粤，西北勇攀太华之巅，西南远涉云贵边陲。游历了相当于今天的江苏、浙江、安徽、福建、山东、河北、山西、陕西、河南、江西、广东、广西、湖南、湖北、贵州及云南16个省区及北京、天津、上海3个直辖市。可以说，几乎大半个中国的土地上都留下了他的足迹，他把自己的毕生精力全部献给了祖国的地理考察事业。

　　徐霞客在考察大自然的过程中，不管困难多么大，条件如何恶劣，每天都坚持把旅游的经历和考察的情况以及自己的心得体会，详尽而生动地记录下来，据他自己说："余日必有记"，从未间断过。明崇祯十三年

（1640年），因疾病缠身，双足不能行走，才由云南木知府用轿送回家乡。

徐霞客回家后，即卧病在床，已无力整理自己的游记手稿。临危前，不得不委托其外甥季梦良（字会明）来实现这一心愿。后经季氏、王忠纫共同努力将游记手稿编辑成书。可惜的是，时值明末战乱之际，江阴县广大地区遭到清军的蹂躏和屠杀，《游记》手稿大部分被焚于火，季氏整理本亦散失殆尽。幸世上尚有数种抄本流传，但皆有残缺和讹误。后来由季会明、李寄（徐霞客的第四子）的多次搜集整理，去伪存真，才使得这部《游记》免于湮灭的命运，世称之为"李本"，曾被后人误认为是徐霞客的原稿本。

清乾隆四十一年（1776年），徐霞客的族孙徐镇又进一步对李本重新编订，与各种手抄本对比校勘，考其缺失，订其异同，然后刻印出版，成为《徐霞客游记》的第一个木刻本面世世称"徐本"，一直流传至今。不过这个本子仍然不够完备，尚缺考察太湖、泰山、孔陵、南京、荆溪、勾曲、罗浮、京师、盘山、闽州、障州等地的游记和《滇游日记》首册。

嘉庆十三年（1808年），藏书家叶廷甲（字保堂）又对徐本进行了校勘，并增辑补编一卷，其中收集了不少徐霞客及其亲友的诗文、题赠、书牍，成为最通行的本子，共40余万字。此后陆续刻印的各种版本（包括石印本、铅印本）达10余种之多，皆以叶本为底本。

民国初年，在著名地质地理学家丁文江先生的倡导和主持下，专门撰写了《徐霞客先生年谱》，编绘了旅行地图，与《游记》合在一起，重新印行，起到了宣传推动作用。

近年来在国家图书馆（原北京图书馆）善本特藏书库发现了季本的残存部分，名为《徐霞客西游记》，共5册，虽然只有崇祯九年（1636年）九月十九日至十一年（1638年）三月十七日的游记，但比通行本记载详细、具体、生动。

1980年，上海古籍出版社为了恢复《游记》的本来面貌，约请褚绍唐、吴应寿两位专家对《游记》进行整理、校点，以季会明抄本《徐霞客西游记》和徐镇本为底本，参考多种抄本和印本，并由褚绍唐、刘思源二人编绘旅行路线图39幅，另印成册。卷首还收有徐霞客的肖像、手迹和季会明、徐建极抄本书影及岩溶地貌等图片多幅,可以说这是目前了解和研究徐霞客及其《游记》最完善的本子。

《徐霞客游记》自从问世以来,一直受到国内外广大学者和读者的欢迎,并给予了很高的评价,今天已掀起了研究徐学的高潮。大家一致认为《游记》至少具有以下科学价值和社会效益。

第一,《徐霞客游记》(包括《徐霞客西游记》)是徐霞客30多年旅行考察的真实记录和结晶,它的内容十分广泛、丰富,从山川源流、地形地貌的考察到奇峰、异洞、瀑布、温泉的探索;从动植物生态品种到手工业、矿产、农业、交通运输、城市建置的记述;从风土人情了解到民族关系和边陲防务的关注等等,皆有记载。它为我国历史自然地理和历史人文地理的研究都提供了极其珍贵的资料,开创了我国地理学上实地考察自然,系统描述自然的先河。

第二,徐霞客系统地考察了我国西南地区的石灰岩地貌(亦称"岩溶地貌"),他的《游记》对峰林、洞穴、溶沟、石芽、石梁、圆洼地、落水洞、天生桥和地热显示等地貌景观的分布、类型、变化、特征和成因皆作了详细的记录和分析研究,有比较科学的解释,是我国也是世界上最早的有关岩溶地貌的珍贵文献,比欧洲人于18世纪后半期才开始的岩溶地貌的考察,还要早100多年,其中许多西方地理学家认识到的地理现象和规律,早在《游记》中有了论述。它在世界上开辟了岩溶地貌考察的新方向。

第三,徐霞客考察了湖南、湖北、广西、云南等省区的大小河流,对诸水的源头、走向进行过认真的探索,他勇于打破传统的错误说法,并纠正前人研究中的不足和地方志记载的错误。尤其是他的《江源考》,正确指出长江的正源是金沙江,不是岷江,大胆地否认了1000多年来陈陈相因的"岷山导江"的错误论断,为以后进一步探求长江源头开辟了新方向,具有深远的历史意义。

第四,《游记》对一些奇特的自然地理现象作了许多科学解释,揭示了一定的自然规律。例如,它以福建宁洋溪(今九龙江)与建溪为例,说明二水发源的山岭高度相等,但距海的远近不同而决定了二者流速的快慢,即所谓"程愈迫,则流愈急"。

第五，《游记》中有关各地的工农业生产、交通运输、风土人情，动植物的种类、分布、特征以及与地理环境的关系，亦有不少记载和认识，给我们研究历史经济地理和历史动植物地理提供了一些有益的资料。

第六，《游记》充分反映了徐霞客严谨的治学态度、实事求是的考察方法和追求真知的献身精神。徐霞客旅游的目的，就是要穷江河之渊源，山脉之经络，攀登地理科学的高峰。为了达到这一目的，他下定了最大的决心，临行前，他嘱咐儿子说："譬如吾已死，幸无以家累相牵矣。"在考察中，他不畏巉岩，不避死，百折不挠地同大自然作斗争，"虽山精怪兽群而狎我，亦不足为惧"。他重实践、勤考察，不迷信书本知识和民间传说。他能够经常遵循科学的原则去认识和解释自然界中各种奇异现象。总之，我们通过《游记》，可以学到徐霞客的许多优良品质。

第七，《游记》是一部进行爱国主义教育的好教材。从《游记》中，我们可以看到徐霞客是一个爱国主义者，他爱憎分明，对当时政治腐败不满，尤其对宦官头目魏忠贤一伙深恶痛绝，不入仕途，不与贪官污吏为伍，并同情被迫害的东林党人，情愿和他们交朋友，他以"身许之山水"，决心走科学救国的道路；他关心老百姓的疾苦，"恤孤怜寡，拯弱救饥"。因此，凡是读过《游记》的人，无不被徐霞客的爱国主义精神和行为所鼓舞。

此外，《徐霞客游记》不仅是一部地理学名著，还是一部享有盛名的文学佳篇；不仅有很高的科学价值，而且有很高的文学价值。祖国的锦绣河山，自然界的万千奇景，在徐霞客的笔下，如诗如画，栩栩如生。写动态，千变万化；写静态，清新秀丽；写山，或峻险幽奇，或巍峨雄壮，令人目不暇接；写水，或碧波荡漾，或水清石寒，令人心旷神怡；写洞，或玲珑剔透，或乳柱缤纷，令人眼花缭乱；写险，或悬流而下，或猿挂蛇行，令人心惊胆战。如此种种，美不胜言。它文字优美，语言生动，感情真挚，表达深刻细致。洋洋60多万字的大著作，人们读起来，如身临其境，深受感动，爱不释手，真不愧为"世间真文字，大文字，奇文字"。

087

"造端宏大，未为定稿"
——《天下郡国利病书》

《天下郡国利病书》120卷，是明末清初伟大的启蒙运动思想家顾炎武撰。顾炎武生于明万历四十一年（1613年），卒于清康熙二十一年（1682年），享年70岁。初名绛，字忠清，入清后为表示不与清朝合作，便改名为炎武，易字宁人，号亭林，江苏昆山人。他自幼继承家学，15岁时就加入"复社"，与宦官弊政作斗争，清兵南下后，他又参加了昆山嘉定人民的反清武装斗争。他针对当时晚明的社会政治腐败、人民生活困苦、外患日急，而文坛学士每每只是夸夸其谈、追求名利的腐朽状况，提倡经世致用学风。他决心涉猎群书，探求一些有益于国计民生的学问，作为自己改造社会拯救国家的根据。他一生勤奋好学，博览群书，学风严谨，成就宏富。在经学、音韵学、史学、地理学、金石学等诸多方面造诣很深。有人统计他一生著述多达38种，《天下郡国利病书》和《肇域志》是其中最为宏大的地理著作。

顾炎武自崇祯十二年（1639年）开始锐意读书，广接资料，兼以实地调查，有得即录，企图把地理知识用于改造社会和政治斗争的实践。他为了编纂此书，收集资料十分广泛："先取《一统志》，后取各省府州县志，后取二十一史参互书之，凡阅志书一千余部。"（《肇域志》序）同时将这些文献资料与实地调查相引证。他周游苏杭、两淮，十谒明陵。自1668年45岁以后，舍弃江南故里，飘游北国，足迹遍布华北、山东和西北，尤其致力于边防和西北地理研究。每到一地"所考山川、都邑、城廓、宫室，皆出自实践"。（《历代宅京记》阮元序）一路"考其山川、风俗、疾苦利病"（潘耒《日知录》序）。他在旅途中以一骡二马载着应用书籍随行，每到险要地方，便找老兵退卒或当地百姓详细询问曲折原委，坚持实地考察、调查研究，遇有与平日所知不合，便在坊肆中翻书对勘，将其收获心得，注之其旁，旁又不尽，便别为二集曰"别录"。

"别录"实际上是一些读书札记，是作者为了准备著书长期积蓄的一些资料长编。所以在内容上是将不同的观点，甚至相反矛盾的史料兼收并蓄，而未加考辨论述和筛选。全书很不平衡，有的地区收得很多，有的地区却很少。在他50岁时，由于年老善忘，对这些材料不能逐一校正，便将这些原始材料编订成册，存于箧中，总名为"肇域志"。有人考证认为这是出典于《尚书·尧典》："肇有十二州"，以此表示明代整个疆域。作者编订后，希望后人能在此基础上斟酌去舍，"续而传之"。在他晚年时，他又将此书一分为二："一为舆地之记，一为利病之书"，前者即《肇域志》，后者为《天下郡国利病书》。

《天下郡国利病书》以讲究郡国利病贯穿全书，重点辑录了兵防、赋税、水利三方面内容。作者十分重视研究各地兵要地理，深感兵防之重要，所以书中对全国各地的形势、险要、卫所、城堡、关寨、岛礁、烽堠、民兵、巡司、马政、草场、兵力配备、粮草供应、屯田以及有关农民起义和其他社会动乱等方面资料，无不详细摘录。所以梁启超在《中国近三百年学术史》中称此书为"政治地理学"。

其次在赋税方面主要对明代一条鞭法实行后果及各地所遭破坏事实，以及揭示地主阶级如何将国家赋役通过各种不法手段转嫁到农民身上的种种事实等都加以详细收录，同时也辑录了与之有关的土田、屯垦、粮额、租税等项目。所以今人赵俪生认为此书"不应列为地理类，而应列为明朝社会经济资料之书"。"主要是著录明朝社会经济情况的一部重要的资料书，仅仅它的著录方式是按'郡国'的框框而已"。其理由"主要是由于本书绝大部分篇章所注录的是关于赋役、屯垦、水利、漕运、兵防、马政、盐政、少数民族以及农民起义诸项目的资料，其中虽然偶有记录地方风俗以及山川沿革考订事项等，但所占的比例究竟太少了"。这种说法虽有一定道理，但仍有些牵强。因这些经济内容无一不通过地理显示，至少应属经济地理范畴，何况书中尚有大量沿革地理、军事地理、民俗、文化地理等材料。

再说水利方面，书中收集了主要河道、漕运诸河（运河、胶莱运河等）、航运、主要作物区特别是三吴地区农田水利以及明代水利专家治水方略、奏折等主要资料。

全书实际汇总了政治、经济、军事、历史、地理等各方面资料，这些资料除了摘自方志外，同时也辑录于实录、文集、邸抄及其他各种史料，其中不少今已失传，或已成罕见的碑刻和地方史志材料，十分珍贵。《四库全书总目》称其"杂取天下府州县志书及历代奏疏文集，并明代实录，辑录成编"，将其列入史部地理类，是有一定道理的。

至于说到这部书的价值，除了前面已叙过它保留了许多珍贵资料和进行了实地考察加以厘正以外，更重要的是它对明史研究有特殊史料价值。有学者指出，在考查明朝社会经济方面，《利病书》却与《明实录》《皇朝经世文编》有三鼎足之妙。自上而下的材料，多见于实录，《经世文编》中主要是来自中层士大夫的意见，惟有《利病书》是透过基层人们的回忆、总结、评论及一些下层的意见，可以补足《实录》自上而下材料的片面性，对研究明代社会经济是很有价值的。

此书原为34册，今已不全，第14册全缺，其他各册也有佚文。以后版本多种，现通行本中，以四库善本丛书馆借涵芬楼印昆山图书馆所藏稿本影印本为佳。

至于《天下郡国利病书》的姐妹篇《肇域志》则是专述地理的，可谓明代地理总志，因与《天下郡国利病书》关系十分密切，这里有必要作一些简要介绍。《肇域志》全书不分卷，约200万字，其内容包含沿革、形势、城廓、山川、道路、驿递、街市、坊宅、兵防、风俗、寺观、水利、陵墓、郊庙等项，有的府州还附有长篇的食货、官职资料，可见内容十分丰富。这部书一大特点是收编了大量地名。它收集的地名不仅超过《寰宇通志》《大明一统志》，而且有的地区比《读史方舆纪要》还多。它除记载了各省府州县著名山川古迹外，还收录了许多小山、支水、盐场、坑冶、镇市、渡口、巡检司和课税司所在的小地名，有的地区甚至比专志以及《古今图书集成·方舆汇编》所辑录的小地名还多，这是非常难能可贵的。另外它与《天下郡国利病书》一样，也保存了大量已经失传的明代方志资料和许多罕见的专志资料，这些珍贵资料可以作校勘其他古籍参考。此书在乾隆末年已佚京师、江西、四川、广西四部分，现有抄本很多种。近年谭其骧主持以云南图书馆藏的抄本为底本，校订后将由上海古籍出版社出版，这将是我国目前国内最佳版本。

《天下郡国利病书》与《肇域志》因源出同一部资料，在拆分时比较粗疏，以致分而未净。正如今人杨正泰的《天下郡国利病书》介绍中指出：《肇域志》显偏重于地理，但也杂有食货、兵防、水利等方面资料；《天下郡国利病书》虽偏重郡国利病，但也杂有许多舆地记载。诸如沿革、山川、城池、古迹、市镇、风俗、屯垦、水利、赋役、漕运、兵防、马政、盐政等门类，在两书中均有。分得不当的也屡见不鲜，有的州县沿革、山川、城池等材料不在《肇域志》中，却收入了《天下郡国利病书》中；同样不少有关国计民生的"论""说""文""集"却不载于《天下郡国利病书》，却收入了《肇域志》中。甚至论证同一问题的资料却被硬行拆开分置在各书中，最典型的是对曾子籍贯考证，提出问题和罗列不同说法的材料在《肇域志》中，大量考证资料却留在《天下郡国利病书》中，而考证后得出的结论却又放入他的另一部著作《山东肇域记》中。所以对这两部书的资料，不能机械隔立对待，需要相互补充、相互参证，相得益彰。

088
"千古绝作""海内奇书"
——《读史方舆纪要》

有清一代地理著作层出不穷，其中，清初顾祖禹独撰的《读史方舆纪要》颇受后世称道，被誉为"千古绝作""海内奇书"。

顾祖禹，字瑞五，号景范，江苏无锡人，生于明崇祯四年（1631年），卒于清康熙三十一年（1692年）。由于久居无锡城东宛溪，被学者称为宛溪先生。他自幼聪颖过人，好学不倦，背诵经史如流水，且博览群书，尤好地理之学。顺治元年（1644年），清兵入关，顾祖禹随父避居常熟虞山，长期躬耕授业，过着"子号于前，妇叹于室"的清贫生活。虽如此，亦耻于追名逐利，走入仕途。相反，选择了以著书立说为手段，以图匡复亡明的道路。秉承父亲遗命，立志著述《读史方舆纪要》，"盖将以为民族光复之用"。自顺治十六年（1659年）始，他边教私塾，边开始《读史方舆纪要》的著述。康熙十三年（1659年），三藩起兵，顾祖禹只身入闽，希望投靠耿精忠，借其力达到反清复明的目的，但未被耿精忠收用，只好重返故里，继续撰写《读史方舆纪要》。康熙年间，虽曾应徐乾学再三之聘，参与《大清一统志》的编修，但坚持民族气节，不受清廷一官一职，书成后甚至拒绝署名。在此期间，顾祖禹利用工作之便，遍查徐氏传是楼藏书，为《读史方舆纪要》的修撰，积累了大量资料。经过30余年的笔耕奋斗，约在康熙三十一年（1692年）前，也就是顾祖禹50岁左右时，终于完成了这部举世闻名的历史地理巨著。

《读史方舆纪要》共130卷（后附《舆地要览》4卷），约280万字。综观全书有如下一些特点：

第一，选材得当，体裁新颖。《读史方舆纪要》选取材料与一般地志不同。着重记述历代兴亡大事、战争胜负与地理形势的关系，而游观诗词则大多"汰去之"。前9卷撰述历代州域形势。接着，以114卷之多，以明代两京十三布政使司及所属府州县为纲，分叙其四至八到、建置沿革、方位、古迹、山川、城镇、关隘、驿站等内容。与各地理实体有关的重要史实，附系于各类地名地物之下。并常在叙述中指出该地理实体得名的缘由。随后，以6卷记述"川渎异同"，作为"昭九州之脉络"。最后一卷是传统之说"分野"，作天地对应，有"俯察仰观之义"。前面历代州域形势以朝代为经，以地理为纬；后面分省则以政区为纲，朝代为目，全书经纬交错，纲目分明，且自作自注，叙述生动，结构严谨，读之趣味无穷。

第二，具有浓厚的军事地理色彩。顾祖禹著述《读史方舆纪要》的主要目的之一既然是为反清复明之需，当然十分注重对于军事的记述。他鉴于明朝统治者不会利用山川形势险要，未能吸取古今用兵成败的教训，最后导致亡国的历史，在书中着重论述州域形势、山川险隘、关塞攻守，引证史事，推论成败得失，"以古今之史，质之以方舆"。详细记载历代兴亡成败与地理环境的关系，而对名胜古迹的记载则相对简单得多。不仅前面9卷专门论述历代州域形势，而且每省每府均以疆域、山川险要、形势得失开端。各省形势及其在军事上的重要性，皆有总序一篇进行论述。《历代州域形势》和各省山川险要总论，几乎每篇都是甚有价值的军事地理论文。而且每叙述某一地理实体时，必穷根究源备述其军事上的地位和价值。顾祖禹认为，地利是行军之本。地形对于兵家，有如人为了生存需要饮食，远行者需靠舟车一样重要。只有先知地利，才能行军，加上"乡导"的帮助，"夫然后可以动无不胜"。这正是他在《读史方舆纪要》中，对于地理环境与战争得失成败的关系着重记述的初衷。难怪张之洞认为"此书专为兵事而作，意不在地理考证"。梁启超也认为，"景范之书，实为极有别裁之军事地理"。

第三，注重人地关系的辩证思维。以研究天险地利为主的《读史方舆纪要》，始终贯穿着天险地利只是成败得失的从属条件，而决定的因素还在于社会和人事的正确思想。因为"阴阳无常位、寒暑无常时、险易无常处"。虽是"金城汤池"之故，若"不得其人以守之"，连同"培塿之丘""泛滥之水"都不如。如若用人得当，纵使"枯木朽株皆可以为敌难"。也就是说，决定战争胜负的原因，地理形势固然重要，但带兵将领所起的作用更大。在论述历代都城的变化和原因时，顾祖禹认为是由许多因素决定的，并非地势险固决定一切。首先，都城的选择与当时的形势有关，此时可以建都的地方，而到彼时则不一定适于建都，其次，是否适合建都不但要看地势是否险固，攻守是否有利，而且要看交通是否方便，生产是否发达，对敌斗争是否有利。由于建都的各种因素是在经常变化的，不能单纯考虑山川地势。他的这种观点与历史唯物主义的观点基本上是符合的。

第四，注重经世致用，有关国计民生的问题尤其重视。顾祖禹认为：舆地之书不但要记载历代疆域的演变和政区的沿革，而且还要包括河渠、食货、屯田、马政、盐铁、职贡等历史自然地理和历史经济地理的内容。当他开始撰写时的确对此十分重视，但后来由于各种原因，原稿多有散佚，加上"病侵事扰"，顾不上补缀，但其大略亦能"错见于篇中"。不过他在论述各地的地理形势时，尽量做到以地理条件为印证，使历史成为地理的向导，地理成为历史的图籍，互相紧密融会。全书对于有关国计民生的多写，无关的少写，详人之所略，略人之所详，这也是《读史方舆纪要》有别于其他地理著作之处。由于黄河之患历来不止，直接对国计民生产生不良影响，因此，顾祖禹在《读史方舆纪要》中大量辑录前人治水的主张，以留给后人借鉴。他十分赏识潘季驯的治河方针。认为"以堤束水，借水攻沙，为以水治水之良法，切要而不可易也"。（《川渎异同》）书中对潘季驯的主张颇多引证。此外，书中对漕运的记载也十分重视。顾祖禹认为漕运相当重要，因为"天下大命，实系于此"。但他反对为了漕运而置运河沿线百姓生命财产于不顾的观点。在《川渎异同》中，他以整整一卷的篇幅，论述漕运和海运，又在有关州县下，详细记载运河的闸、坝、堤防和济运诸泉。此外，对于明代农业经济发展较快的苏松地区，以及扬州、淮安等转漕城镇冲要地位，书中都一一作了记载。同时，《读史方舆纪要》于农田水利的兴废、交通路线的变迁、城邑镇市的盛衰，都详略得当地有所记载。由此可见，不但对于军事地理、沿革地理方面《读史方舆纪要》有十分重要的记述，而且在经济地理方面亦有相当可观的内容。

以军事地理为主，集自然与人文地理于一身的巨著——《读史方舆纪要》的撰写，当然与顾祖禹本人的努力分不开。为了编撰这本巨型历史地理著作，他先后查阅了二十一史和 100 多种地志，旁征博引，取材十分广泛。同时，他也比较注重作实地考察，每凡外出有便必然观览城郭，而且对于山川、道里、关津无不注意察看。并且深入作调查，无论过往商旅、征戍之夫，乃至与客人谈论时都注意对地理状况的异同进行考核。但无论实地考察或是调查，囿于条件所限，他都只能"间有涉历"而已。主要工作还是限于对图书资料的探索和考核。尽管全书考证严谨，描述论证也多确实可靠，但他本人总觉得未能十分满意，尤其以缺乏只有从实地考察中才能获得的感性知识为憾事。当然，由于时代与条件的限制，加上全书仅为顾祖禹一人独撰，难免有疏漏、谬误之处，但这些并非其主流，毫不影响它闪耀于历史地理巨著之林的光辉。

《读史方舆纪要》长期以来由于内容丰富、地名齐全、考订精详、结构严密，不但胜于唐代成书的《元和郡县图志》、宋代成书的《太平寰宇记》，而且超越明代成书的《寰宇通志》《大明一统志》。若与清代历史地理巨著、官修的《大清一统志》相比，也是各有千秋，并不逊色。至今仍成为历史地理学者乃至研究历史、经济、军事的学者们必读的重要参考书。

089 内容最丰富最完善的地理总志
——《大清一统志》

《大清一统志》，清朝官修地理总志。从清康熙二十五年（1686年）至道光二十二年（1842年），前后编辑过3部：即康熙《大清一统志》，乾隆《大清一统志》《嘉庆重修一统志》。

康熙《大清一统志》。清自努尔哈赤统一长城以北，世祖灭大顺、大西，至康熙三年（1662年），最后灭南明。二十年（1681年）平定三藩之乱，二十四年（1685年）又击败沙俄侵略者，国内出现了空前稳定的局面。同明代相比，无论是政区、边界，还是职官、户口、田赋、物产等，都有程度不同的变化，为了全面了解并掌握国内的情况，进一步治理国家，次年三月，圣祖下令编纂《大清一统志》，以反映当时国内变化了的情况。其体例，基本仿照《大明一统志》。由于工程浩大，特别是地图的绘制，资料的收集，需要花费很长的时间，同时人事又有很多周折，断断续续，以致圣祖于康熙六十一年（1722年）去世时，这部总志尚未完成。

世宗继位以后，重加编辑。可是迄雍正十三年（1735年），仍未完成。高宗继之，至乾隆八年（1743年），才最后成书，俗称乾隆旧志。又因为该志的时间至康熙时为止，故世人称之为康熙《大清一统志》。

全书共五百卷。排次为京师、直隶，然后是各省。直隶及"每省皆先立统部，冠以图表，首分野、次建置沿革、次形势、次职官、次户口、次田赋、次名宦，皆统括一省者也。其诸府及直隶州，又各立一表，所属诸县系焉。皆首分野、次建置沿革、次形势、次风俗、次城池、次学校、次户口、次田赋、次山川、次古迹、次关隘、次津梁、次堤堰、次陵墓、次寺观、次名宦、次人物、次流寓、次列女、次仙释、次土产"（《四库全书总目》）。

其后续修、重修，基本上都是沿用这个体例。

乾隆《大清一统志》，是反映雍正元年（1723年）至乾隆时期国内情况大变化而续编的。雍正二年（1724年），清政府平定青海罗卜藏丹津之乱。三年（1725年），将青海北部的厄鲁特蒙古诸部分编为29旗（其中和硕特部为21旗、辉特部3旗、土尔扈特部4旗，喀尔喀部1旗），又将大喇嘛察罕诺们汗所属的蒙古人分为4佐领，青海南部的藏族分设40个土司，上设西宁办事大臣管辖之。雍正五年（1727年），又平定西藏阿尔布巴之乱。九年（1731年），晋封颇罗鼐为多罗贝勒，使之办理西藏事务。至乾隆十五年（1750年），其子谋反伏诛，清政府设驻藏办事大臣和帮办大臣，分驻前藏和后藏，统领西藏事务。二十年（1755年），平定准噶尔。二十二年（1757年），再平阿睦尔撒纳叛乱，二十四年（1759年），又平大、小和卓木之乱，定南疆，于是设总统伊犁等处将军及参赞大臣、办事大臣、领队大臣等，管理新疆地区。与此同时，内地和东北、内外蒙古地区的政区、赋税、人口等，也有大小程度不同的变化。这样，原来的康熙《大清一统志》已经不能适应当时的需要了。于是，乾隆二十九年（1764年），高宗下令续修《大清一统志》，以反映变化了的情况，满足当时的需要。续编《大清一统志》，首先要测绘、制作青海、西藏、新疆地区精确的地图，编写《西域图志》等边区的图书，并动员各省官员收集、整理、上交有关《大清一统志》所需的资料等，工程也相当大。因此，历时20年，至乾隆四十九年（1710年）方才完成。

全书共500卷。其体例与康熙《大清一统志》相同，只是增加了新疆地区和雍正至乾隆时期的变化内容。就这一点来讲，它比前者进步，价值要大。

《嘉庆重修一统志》。到了嘉庆十七年（1812年），中国国内的情况又有很大的变化，其中包括田地日辟，田赋日增，户口日盛，人物日多，物产渐丰，政区变迁，等等。为了补充乾隆四十九年至嘉庆年间的这些变化，嘉庆十七年四月，仁宗下令重修《大清一统志》。这次重修也经历了30年，直至道光二十二年（1842年）才完成。因为开编于嘉庆十七年，取材内容也到嘉庆二十五年（1820年）为止，所以称为《嘉庆重修一统志》。

全书共560卷，另加凡例、目录二卷。其体例是在前两志的基础上进行了一些增补。例如：在直隶承德府增加了"行宫"门，在各省统部"田赋"之后，增加了"税课"门，等等。最主要的是增加了乾隆《大清一统志》以后至嘉庆二十五年间各方面的变化，同时对前志的某些内容进行了一些补充。

《嘉庆重修一统志》的排次是："首京师，次直隶，次盛京，次江苏、安徽、山西、山东、河南、陕西、甘肃、浙江、江西、湖北、湖南、四川、福建、广东、广西、云南、贵州，次新疆，次蒙古、各藩部，次朝贡各国。""自京师以下，每省有统部，总叙一省大要。各府、厅、直隶州自有分卷，凡所属之县入焉。蒙古各藩统部，分卷悉照各省体例。"（《凡例》）有新增者，则另标出。

这次重修，是在两志之后，收集的图书比两志多，特别是有关边疆地区。如采用的群书中，自国史之外，新增加的有：《日下旧闻考》《热河志》《盛京通志》《平定准噶尔方略》《西域同文志》《西域图志》《平定金川方略》《天下舆地全图》等书，旁搜博采，"然后确切参稽"。这些新图书和乾隆《大清一统志》以后至嘉庆二十五年的新资料一起，"并照体例登入"（《凡例》），因而内容较前两志丰富而且准确。

在《嘉庆重修一统志》里，凡是新增补者，都一一加以说明。如"府、厅、州、县有升降分合者，府与直隶州、厅自立专部，即于'建置沿革'门叙清源流及升降分合年份，其各州、县，除于所辖府、州下详载外，仍于本条兼注"。又如："直、省修葺及新建之城池、学校并海岳江、河神庙与诸寺、观等，凡在嘉庆二十五年以前奉旨修建及赐名者，均据各省来册备载外，其各书院及津梁、隄堰等，有经某官、某人增建增修者亦载入"，并且注明。"职官有增设、裁汰者，于本条下注明"。"四川、广西、贵州等省向设有土司官员，历年有裁汰、停袭，《续志》悉仍前志"。今按嘉庆二十五年前所查之各省来册修改。"河工海塘事宜，谨遵嘉庆二十五年以前所奉谕旨及督抚河臣奏疏所陈节，载于各省河、海条下"。陵墓、名宦、人物，凡自乾隆元年（1736年）以后至嘉庆二十五年新增者，一律补入。"外藩各部，自内扎萨克、察哈尔至喀尔喀、青海、西藏诸境，俱详核其山水、形势之迹,及封爵、旗分添设移改,并世袭传次之数,照理藩院册籍登记"。"乌里雅苏台设有将军一,参赞二,统辖唐努乌梁海、科布多、喀尔喀四部官兵,会办库伦以西事务,并设办事司员,旧志未经晰载,今详考晷度、山川、卡伦、台站,自为二卷,附于新疆志之末"。(《凡例》)

《嘉庆重修一统志》不仅仅是嘉庆二十五年以前的清代地理总志,而且也包含了以往各代的地理志内容,因此,成了每一个研究中国历史、地理工作者的必读物,而受到官方、学者的重视;同时,它也为我们研究清史提供了许多宝贵的资料。可见,它的价值和重要性,超过了以往的任何一部地理总志。

它的最大缺点,是只反映到清嘉庆二十五年(1820年)为止。由于编辑者中学术水平不一,其中不少内容存在错误;还有,它把当时派使臣来华的所有国家,统统称作"朝贡各国",列为专门,排于书尾,根本与事实不符。然而这是受时代的限制,是封建时代任何一部官修地理总志所不能避免的。这并不能否定《嘉庆重修一统志》伟大的学术价值与重要性,也不能掩盖它在世界历史地理著作中的光辉。

090

"武学之圣典，兵家之绝唱"
——《孙子兵法》

《孙子兵法》一般被认为是春秋末期我国古代大军事家孙武所著的一部军事经典著作。

孙武的生卒年月现已不可考。他本是齐国人，后移居吴国，因擅长兵法，被吴国大臣伍子胥推荐给吴王阖庐。孙武将其所撰兵法13篇献给吴王，阖庐遂以孙武为将，出兵西破强楚，北威齐、晋，扬名诸侯之间。孙武最后终老于吴国，葬在吴都巫门外。

《孙子兵法》的主要思想和内容出自孙武。但后人因《汉书·艺文志》著录《吴孙子兵法》有82篇，图9卷，而多认为13篇是曹操削除繁冗，取其精粹而成。又有人因《汉书·艺文志》著录的《齐孙子》，即《孙膑兵法》久已失佚，后世流传的只有一部《孙子兵法》，而认为13篇出自孙膑之手。不过，在1972年山东临沂银雀山汉墓出土了一部《孙膑兵法》和《孙子兵法》的残简，以及记载孙武言行的70余枚竹简后，学者们已多倾向于13篇应出自孙武之手，82篇则是孙武后学所著，是用以补充和解释13篇的内容。

《孙子兵法》共有13篇，各篇均有其主题思想，但又构成一完整的思想体系。

《计》篇论述的是能否进行战争的问题。孙武指出，战争是关系到国家生死存亡的大事。"道""天""地""将"和"法"是决定战争胜负的五项基本要素。"道"指使人民与统治者同心同德；"天"指昼夜、晴雨、寒暑等气候时节和天命、人事、道义；"地"指土地和地势、地形的高下、险要、平坦、距离的远近，攻守进退的利弊；"将"指将帅的智谋、赏罚必信、爱抚士卒、英勇果断和军纪严明；"法"则指军队的组织编制、将吏职责的划分和管理，以及军需物资的供应、管理。孙子认为，从这五要素出发，根据国君是否贤明，将帅有无才能，"天""地"二方面的条件如何，法令能否贯彻实行，兵力强弱与否，军队是不是训练有素，和赏罚是否分明，可以预知战争的胜负，从而采取适当的对策和相应的行动。

《作战》篇主要阐述的是如何进行战争。孙子认为，战争的消耗和战费的开支是十分庞大的，战争旷日持久势必危及国家的存亡。所以，他主张速胜。此外，为弥补己方的消耗和削弱敌国，他又主张"因粮于敌"，"胜敌而益强"。

《谋攻》篇主要论述了如何进攻敌国的问题。孙子主张以尽可能小的代价，去取得最大的成功，即力求不战而胜，不靠硬攻而夺取敌城，不需久战而毁灭敌国。所以，为实现这一目标，他就特别强调以谋略取胜，指出：用兵的上策首先是以政治谋略取胜，其次以外交手段取胜，再次是使用武力取胜，下策才是攻城。而要做到这一点，就不仅需要知己，还要做到知彼。

《形》篇主要讲如何利用物质之"形"来保全自己，取得完全的胜利。孙子认为，只有先使自己立于不败之地，然后等待和寻求战胜敌人的时机，才能夺得战争的胜利。当取胜条件不足时，应采取守势，当取胜条件具备时，则应采取攻势。因此，会用兵的人善于使自己处于不可战胜、必胜无疑的地位，擅长于创造战胜敌人的机会。只有这样的人才能掌握胜败的决定权，他所战胜的是已经注定要失败的敌人。而上述足以使自己立于不败之地的物质之"形"，便是由国土的大小所产生的物产、军资、士卒的多少，以及军事实力对比的强弱。

《势》篇主要阐述如何造成有利的态势，来压倒对方。孙子认为，只要选择有才能的将领，充分发挥他们的才干，以自己的军事实力为基础，造成一种势不可挡的有力态势，士卒就会勇猛无比地战胜敌人。而要造成有利的态势，就必须正确组织和部署兵力，善于指挥调动军队，擅长出奇制胜，即以正兵当敌，以奇兵取胜。"奇""正"是相辅相生的关系，它们的变化是无穷的。所以，要出奇制胜，就应善于因时、因地、因事制宜，根据情况的变化，改换奇正的战法。此外，要造成有利的态势，还必须善于故意向敌示弱，诱敌以利，以达到欺骗和调动敌军的目的，造成战胜敌军的有利时机。

《虚实》篇主要论述指挥作战如何争取主动权，主动灵活地打击敌人。孙子认为，要取得主动，就要善于诱敌以利，调动敌军而不被敌军所调动，就要善于了解敌情和隐瞒我军的意图、行动和用兵规律。如能做到这些，就能掌握主动，集中我军兵力，分散敌军兵力，利用敌军的弱点和错误，以众击寡，避实击虚，因敌而制胜。

《军争》篇论述的是如何通过机动掌握主动，先于敌人造成有利态势和取得制胜的条件。孙子认为，两军相争时，最困难的莫过于要懂得将迂曲视为径直，以不利为有利，比敌人后出动而先到达必争之地，先敌取得制胜的有利条件。孙子还指出，要先敌取得制胜的条件，必须避免轻率冒进，把握各国的动向，了解道路、地形，重视向导，善于欺骗敌人，根据情况分散或集中使用兵力，擅长指挥军队，根据军队的士气、军心和军力，因敌而变，去夺取胜利。

《九变》篇主要论述如何发挥指挥上的灵活性。孙子认为，灵活性的基础在于对利弊进行全面的衡量。只有认识这一点，才能设法威胁、挫折和困扰敌国，以利诱敌，才能常备不懈，使敌无机可乘。只有全面看待利弊，在有利的情况下看到不利的因素，在不利的情况下看到有利的因素，方能根据具体情况，趋利避害，采取相应的对策和行动。

《行军》篇主要讲述了如何配置、组织军队，观察判断敌情和团结将士。孙子认为，行军作战必须占据便于作战和生活的有利地形，善于根据地形配置兵力，必须对敌情进行周密细致的观察，善于深谋远虑，从现象到本质，对各种症候作出正确的判断。孙子还指出，将帅只有在取得士卒的信任后，才能用教育和惩罚相结合的方法训练好士兵，率领全军去争取胜利。

《地形》篇主要论述在不同的地形条件下如何指挥军队的行动。孙子认为，地形是用兵的辅助条件。将帅应重视地形，善于利用有利地形，避免不利地形。在此基础上，将帅如能做到知己知彼，正确判断敌情，以夺取胜利为行动的唯一准则，并能使全军上下团结一心，服从指挥，那就能无往而不胜。

《九地》篇论述了在九种不同的作战地区指挥作战的原则。孙子认为，在不同的作战地区，将帅应根据地形的不同而采取不同的行动。用兵的原则在于善于发现敌人的可乘之隙，乘其不备，迅速行动，集中兵力，抢先攻占其战略要地，以压倒敌军的抵抗。

《火攻》篇主要指出火攻的目标、种类，发火的物质和气象条件，以及实施方法。孙子认为，火攻只是辅助军事进攻的一种手段。所以，火攻者应利用纵火所引起的敌军的骚乱，适时发起攻击，发展并扩大战果。

《用间》篇主要论述使用间谍的重要性及其方法。孙子认为，是否了解敌情对战争的胜负具有重要影响。要先知敌情，只能求诸间谍。只有大圣大智大仁大义之人才能使用各种间谍，获得广泛的情报。

《孙子兵法》既是一部军事经典著作，又是一部光辉的哲学著作。它是我国灿烂的古代文化中一份珍贵的遗产。孙武在其书中揭示了一系列具有普遍意义的军事规律，提出了一套完整的军事理论体系。这一理论不仅深受战国以来历代军事家的重视和推崇，对他们的军事思想和实践产生了重要的影响，而且在世界军事思想领域内也拥有广泛的影响，享有极高的声誉，至今仍有其不可抹杀的科学价值。《孙子兵法》虽不可避免地受到它所处时代的限制，有着这样或那样的缺陷。但瑕不掩瑜，这些缺陷并不能掩盖它的光辉，丝毫也无损于它的伟大。

091

"仁道礼义，机权法制；克敌制胜，立国之道"
——《吴子》

《吴子》是中国古代一部有名的军事著作。对它的成书年代和作者，历来就存在种种不同的说法。

一种观点认为，《吴子》是战国初名将吴起所著。司马迁《史记·孙子吴起列传》指出，西汉前期，吴起所作兵法所在多有，颇为流行。班固《汉书·艺文志》著录有《吴起》兵书48篇，其中多为后人附益之作。其本人所撰即《隋书·经籍志》所著录的《吴起兵法》一卷，也就是今天传世的《吴子》。

另一种观点对今本《吴子》即《吴起兵法》表示怀疑，认为《吴子》书中的许多内容不像出自战国初年人之手，可以断言这是一部伪书。有人根据今本《吴子》的笔调风格，指出此书是西汉中叶人托名吴起而写成。又有人根据今存《吴子》提及汉代流行于西域和塞北的"笳"，和西汉后期才出现的真正的"马鞍"，认为今本《吴子》可能成书于西汉后期。

还有一种观点认为，今本《吴子》的基本思想应出自吴起。此书是由吴起后学记录、整理和增补成书，又经过汉人的修订删补，才以今天的面貌流传于世。这种说法应与事实相去不远。

《吴子》是中国古代颇有影响的一部兵书。全书分为《图国》《料敌》《治兵》《论将》《应变》《励士》6篇。

《图国》篇主要论述了战争观问题。它认为，战争起因于"争名""争利""积恶""内乱"和"因饥"。因此，战争可以分作禁暴救乱的"义兵"，恃众凌弱的"强兵",因怒兴师的"刚兵",弃礼贪利的"暴兵"和国乱人疲,举事动众的"逆兵"。按照战争性质的不同,它认为可以用礼驾驭"义兵",以谦逊驾驭"强兵",以言辞驾驭"刚兵",以谋诈驾驭"暴兵",以权力、权变驾驭"逆兵"。以上说法仅就事论事,对现象作了一些分析,而未能透过现象,抓住战争的本质来论述问题,所论不免流于浅显。

该篇既反对恃众好战,也反对只重修德,而废弛武备。它认为只有内修文德,外治武备,才能使国家强盛。

该篇指出,要取得战争的胜利,必须修举"道""义""礼""仁",用礼教育人民,用义激励人民,使人民有耻辱之心,并要亲和百姓,加强战备,选拔练卒锐士。

值得一提的是,《图国》篇发展了孙武"兵贵胜,不贵久"的思想,提出了取得胜利容易,保持胜利困难,多胜亡国,少胜方可得天下的观点。这一观点对以追求战胜为目的的种种军事理论进行了深刻的批判,实属难能可贵。

《料敌》篇主要讲如何判断敌情,因敌制胜的问题。该篇先从齐、秦、楚、燕、三晋诸国的政治、经济、军事、地理和人民的心理、性格的不同所造成的作战特点出发,提出了与之一一相应的击破敌军的不同原则。

接着,又提出在8种敌军处于困境的情况下,要抓住战机,迅速发起攻击;在另外6种情况下,则要避免与敌作战。

最后,在上述基础上,它提出了通过观察敌军的外在表现以了解其内情,审察敌军的虚实以攻击其要害的原则。这种从现象到本质,全面察明敌情而乘敌之隙的作战方法无论在理论上还是在实践上,都是正确的。

《治兵》篇主要论述如何治军。指出战争的胜负不是取决于军队人数的多少,而是取决于军队治理与否,即是否法令严明,赏罚必信,打不散,拖不垮。治理产生于进退有节度,饮食适时适当,人马体力充沛,足以保持旺盛的战斗力,胜任并完成其任务。此外,临阵还必须避免犹豫不决,优柔寡断。平时必须重视军事训练,包括战阵的排练、演习,矛戟弓弩等兵器和旌旗金鼓的配备使用,军伍的编制和按号令统一行动,以及战马的驯养，装备的保养和骑兵的训练。

《论将》篇主要论述将帅的重要和对将帅素质的要求。

该篇指出，将帅是全军的统帅，必须刚柔兼备。勇敢并非决定某人能否担任将帅的唯一标准，而只是将帅所应具备的品质之一。将帅必须注重和做到：治理大军就像治理小部队；出门处处严加戒备，如临大敌；临阵破敌，不怀生还之念；初战告捷，仍慎终若始，小心如初；法令简约而不烦琐。

该篇认为，将帅必须依靠金鼓旗帜和禁令刑罚来治军和指挥作战。良将应具备"威""德""仁""勇"四项条件，足以统率部下，安抚大众。良将还应把握战争的四个关键：即懂得使全军保持高昂的士气；懂得利用地形，据守险要；懂得使用间谍和计谋，以分散敌人的力量，制造、加剧其内部矛盾；懂得充实部队的装备，加强其战斗力。这是指挥作战的关键，是不可违背的科学规律。

该篇又指出，用兵作战的要点是必须先预测敌方的统帅，通过试探性的军事行动观察其才能，根据具体情况，因事制宜，采取相应的行动。只要做到这些，即可轻而易举地战胜敌人。

《应变》篇阐述了在不同情况下的应变之术和作战方法。

该篇首先指出，在突然与敌遭遇的情况下，若我军车坚马壮，兵强将勇，全军只要听从号令，统一行动，诛杀不服从命令者，就可战无不胜，攻无不克。若敌众我寡，则应避开开阔地，抢占险阻，迎击敌军。

接着，又分别论述了在各种具体情况下的不同作战方法。例如敌军勇武善战，人数众多，又据守险要，粮草充足，就应派遣间谍了解敌情，诱敌出战，分兵合围，加以歼灭。又如敌军逼近，我军无路可走；或敌众我寡，猝然遇敌于山谷险阻之间；或遇敌于两山夹峙，进退两难的狭窄地带；或遇敌于大泽之滨，车骑不可用，舟船又没有；或阴雨连绵，车马陷入泥水中，四面为敌军所包围；或强寇突至，掠取我田野和牛羊，则应采取相应的作战方法，以战胜敌人。

最后，该篇对攻破敌国城邑后的行动准则，提出了自己的看法。它主张在攻占敌国城邑后，应入居其宫室，任用其官吏，没收其器物。军队所至之处,不得砍伐树木、发人房屋、强取粮食、滥杀牲畜、烧毁其积聚,以示无残民之心,并应招降、安抚其人民。

《励士》篇主要讲述如何激励士气。该篇认为,国君必须做到:发号施令而人人乐闻,兴师动众而人人乐战,交兵接刃而人人乐死。这就是孙武所说的使人民与国君同心同意。而要实现上述目标,就应尊崇有功,论功行赏,优待战死者的家属,激励无功者立功受奖。

《吴子》一书与《孙子兵法》同是我们灿烂的古代文化中的一份珍贵的遗产,该书所论及的一些军事理论和方法,对战国以后的历代军事家均有较深的影响,至今仍有其不可抹杀的科学价值。

092 "议兼儒、墨，合名、法；论诛暴乱，禁不义"
——《尉缭子》

《尉缭子》是中国古代颇有影响的一部著作。对它的作者和成书年代，历来就有各种不同的说法。

一种意见认为，《尉缭子》是一部伪书。虽然《汉书·艺文志》著录有"兵形势"《尉缭》31篇，但今存《尉缭子》不讲"兵形势"，显然不是《汉书·艺文志》所著录的《尉缭》，而是出于后人的伪造。不过，自从1972年山东临沂银雀山汉墓《尉缭子》残简出土后，学者们发现残简有6篇与今存《尉缭子》相合，伪书一说已遭到大多数人的否定。

另一种意见认为，《尉缭子》的作者姓尉，名缭，是战国时人，此书的前身即《汉书·艺文志》所著录的"兵形势"《尉缭》31篇。

还有一种意见与此大致相同，不同处在于它认为此书的前身是《汉书·艺文志》所著录的"杂家"《尉缭》29篇。"杂家"兼合儒墨名法之说。"杂家"《尉缭》属"商君学"，除论述军事外，还应论及政治和经济。它虽谈兵法，却并非兵家。《隋书·经籍志》著录有"杂家"《尉缭子》5卷。这都和今存《尉缭子》的内容和卷数相同，可见今存《尉缭子》即"杂家"《尉缭子》。宋人将"杂家"《尉缭子》收入《武经七书》，归入兵家。所以后人多误认《尉缭子》为兵家之书。

今本《尉缭子》共分5卷。卷1包括"天官""兵谈""制谈""战略""攻权"5篇，主要论述政治、经济和军事的关系，攻城与作战的原则，主张行事不应依靠鬼神，而应依赖人的智慧。

它认为，国土广阔而得到充分利用，国家就富足；人口众多而得到治理，国家就井然有秩。国家富足而井然有秩，不必动用武力，就可以威制天下。而要使人民富足，就必须亲近、安抚流民，开辟荒莱，发展农业。要使国家治理，就必须使人民明晓什么能做，什么不能做，使人民唯有努力耕耘，才能丰衣足食，唯有奋力作战，才能得到爵位。经济上的富足和政治上的贤明是军事上强大的基础和保证。它又认为，通向胜利的途径有三条。一是加强战备，料敌如神，使敌军丧失士气，分崩离析，以致不战而胜，这是以"道"取胜。二是法制、赏罚明察，人民有必战之心，这是以"威"取胜。三是击破敌军，夺占敌国的土地，这是以"力"取胜。军队的战斗力全在士气的高低，所以要战胜敌人，就应激励全军的士气。要激励士气就应从政治和经济入手，重视和搞好人民的生活，用爵位勉励人民，等等。

它指出，建城邑应从军事、政治和经济三方面加以综合考虑。建城前首先应衡量土地的肥瘠，决定是否有必要在此兴建城邑。如决定兴建，那就应使城邑和所辖土地的大小相适应，使城邑的大小和人口相适应，使人口的多少和粮食的供应相适应。如能做到以上三点，就能使城邑防守坚固，依托城邑作战就能取胜。它又指出，攻城的原则是：没有把握攻破敌城，就不去攻打它。如要攻城，就必须有坚定的决心，集中兵力，出敌不意，深入其境，包围并切断敌城与外部的联系，实施猛攻，使敌措手不及，乘虚攻克敌城。它还指出，临阵作战的原则是：没有必胜的把握，就不和敌军交战。在敌寡我众的情况下，应依靠兵多势众的军事优势战胜敌人。在敌众我寡的情况下，就要使用权谋战胜敌人。

卷2包括"守议""十二陵""武议""将理""原官"5篇，主要论述战争的性质、作用和守城的原则。

关于守城的原则，它认为一是不能只守城墙，而应兼守城外，占据城外的军事要地，设置工事，以增大防御纵深。二是不能只进行单纯的消极防御，还必须积极发动进攻。在占绝对优势的敌军的围攻下，防守者或是依靠外援，或是靠消耗削弱敌军，出奇以制胜。外有必定到达的援军，城就必定能坚守不拔。外无必定到达的援军，城就不一定能固守到底。援军抵达后，可与守军内外夹击敌军，也可以牵制敌军主力，减轻守军压力，使其得以保持补给线的畅通，增强抵抗力。如外无援军，守军应把握时机，不时出击，以削弱敌军，打破封锁，出奇兵战胜敌人，而不能死守待毙。三是为做到攻守两全，守军必须分为守备部队和出击部队两部分。出击部队不担任守备任务，守备部队也不承担出击任务。

关于战争的性质和作用，它认为，战争可用来禁止不义，讨伐和剪除暴乱，是政治的另一种手段的继续。所以，用兵不进攻无过失的城市，不杀无罪之人。这样，军队所到之处，农民不会离开土地，商人不会离开店铺，士大夫不会离开官府，兵不血刃，就天下亲和归附。

卷3包括"治本""战权""重刑令""伍制令""分塞令"5篇，主要讲述用兵的原则、军队的纪律和奖惩制度。如用兵作战要善于先发制人，做到虚虚实实，说有却无，说无却有，决心坚定，争取主动，明察敌情，然后发兵决战。又如它主张统率百人和千人以上的将吏战败或举城降敌，或弃军逃跑，除本人处死外，还要受到抄家和全家为奴等惩罚。在军营内，中、左、右、前、后各军按编制分设营地，彼此隔绝，禁止往来，违者处死。营内道路纵横，每120步设一岗哨，管制行人来往，不是持有将帅符节的人，一律不准通行。打柴放牧，必须整队行动。士兵以5人为伍，10人为什，50人为属，100人为闾，实行联保连坐制。凡有士兵违犯禁令，同伍、同什、同属、同闾有人揭发，就全伍、全什、全属、全闾免罪。知道而不揭发，就全伍、全什、全属、全闾一齐受罚。将吏从什长到左、右将军，也都实行联保连坐。凡有人犯禁违法，也都是揭发者免罪，知道而不揭发的，与其同罪。

卷4包括"束伍令""经卒令""勒卒令""将令""踵军令"5篇，主要叙述战场法纪、部队的编组、标志和指挥信号，以及行军序列。如战斗中伍内伤亡与斩获相当的功罪相抵；有斩获而无伤亡的，有赏；有伤亡而无斩获的，同伍的都处死，并惩办其家族。战斗中各级将吏如有伤亡或无伤亡，也按上述原则奖惩其部下。为便于识别，各单位按旗帜、羽毛和所佩徽章颜色的不同加以区别。全军按金鼓信号统一进退。君主一旦任命将帅，下令用兵，将帅就应指定军队集结的时间和地点，迟到的按军

"议兼儒、墨，合名、法；论诛暴乱，禁不义"——《尉缭子》

法严惩。为保守秘密，只要大军没有出发，在宣布戒严的地区不准任何人通行。军队开拔后，在大军前面50公里处行进的是先遣部队——踵军，踵军前50公里处行进的是前卫部队——兴军，兴军又派出小股部队——分卒，任务是抢占军事要点，追击败退的敌人。

卷5包括"兵教上""兵教下""兵令上""兵令下"4篇，主要论述军队的训练和取胜之道。关于军队的训练，它认为应先讲清金鼓旗帜的作用，然后训练士兵按信号变换队伍和使用武器。训练时先进行单兵训练，然后不断增加训练人数，最后以全军联合演习来结束训练。它认为，战争是"凶""逆"之事，但又是不可废除的。用兵应本乎仁义，以讨伐暴乱。政治和军事是文为"种"，武为"植"，文为里，武为表的关系。明白这一点，就能预知胜败。政治可以使人分辨利害安危，武力可以用来进攻强敌，保卫自己。为驱使全军拼死作战，它主张以严刑重罚禁止士兵逃亡，使吏卒在战斗中互相救助，并借此树立威信，使士兵服从命令，做到号令明白，攻守得宜。

《尉缭子》反对迷信鬼神，主张依靠人的智慧，具有朴素的唯物主义的思想。它对政治、经济和军事关系的认识是相当深刻的。在战略、战术上，它主张不打无把握之仗，反对消极防御，主张使用权谋，争取主动，明察敌情，集中兵力，出敌不意，出奇制胜。这些观点即使在今天也仍有值得参考的价值。

093
"武学必读之书"
——《六韬》

《六韬》包括《文韬》《武韬》《龙韬》《虎韬》《豹韬》《犬韬》，是以周文王、武王和姜太公对话的形式写成的一部兵书。它的书名在战国时就已见诸《庄子》一书的记载。但对它的成书年代和作者，历来就存在各种不同的说法。

《淮南子》注和《后汉书》认为，《六韬》出自殷周之际的姜太公吕望之手。

班固《汉书·艺文志》认为它写成于周惠王、襄王之间（前676年—前619年），或周显王时（前368年—前321年），或孔子（前552年—前479年）时。

唐以后人多倾向于此书并非太公所著，不是先秦时书，而是出自秦汉间人或汉以后人的伪造。

1972年山东临沂银雀山汉墓竹简本《六韬》出土后，学者们多认为《六韬》成书于战国，盛行于西汉前期，而不是出于秦以后人的伪造。

另外，又有人认为，姜太公撰作《六韬》的说法并非空穴来风，必有它的根据，不可随意否定。《六韬》的一些基本思想很可能来源于太公，由春秋中叶和战国中叶人撰写、扩展、补充成书，又经过汉人的附益，才以今天的面目出现在世人面前。这一说法接近于目录学大师余嘉锡的观点，较为可信。

《六韬》是一部很有价值的军事经典著作，在战国和秦汉时即已广泛流传，具有很大的影响，深受刘备、诸葛亮、孙权等政治家和军事家的重视。北宋元丰年间(1078—1085),《六韬》被定为武学必读之书,位居《武经七书》之首。长期以来,它一直是中国古代兵家学习、研究和不断引用的军事经典。

《文韬》包括"文师""盈虚""国务""大礼""明传""六守""守土""守国""上贤""举贤""赏罚""兵道"等12篇文字,主要阐述了政治(文治)和军事(武功)的关系。《文韬》认为,政治先于军事。政治是军事的基础,军事则是政治的另一种手段的继续。它指出,战争本乎道义,要想夺取战争的胜利,取得天下的统治权,就必须运用"文韬",即通过政治收揽天下人之心。收揽人心的关键在于爱民,在于按为君之道施政行事,处理好君臣关系,推行相应的内外政策和发展经济。

具体来说,《文韬》认为天下不是一个人的天下,而是天下人的天下。只有和天下人利益一致,休戚与共,才能取得天下。反之,就会为天下人所唾弃。而要做到与天下人利益一致,就必须实行"仁""义""道""德",与人民一齐顺从天时,共享土地所产生的财富,免除人之死,替人排忧解难,与人民忧乐好恶相共,给人民以种种利益,亦即使人民不失业,不误农时,减少刑罚,减轻赋敛、徭役,不苛扰百姓,爱民如子弟。君主只要实行爱民之道,自然就能取得人民的拥护,从而取得天下。所以,君主应抑制自己的私欲,无为而治。官吏要忠贞爱民,廉洁奉公。人民要孝顺父母和长辈,爱护子女和晚辈,一心从事农耕和纺织。国家要努力发展农业、手工业和商业,实现富足的目标。对外应安抚近邻,控制四方。发动战争前要事先秘密地做好充分的准备,一旦时机成熟,就应公开声讨敌人,号召天下之人一齐征讨。

《武韬》包括"发启""文启""文伐""顺启""三疑"5篇,主要从战略的角度出发,主张在使用武力、进行战争的同时,还要采取"修德""安民"等政治手段争取民心,瓦解敌人,加速其崩溃的过程,以尽可能小的代价,换取战争的胜利,甚至做到不战而胜。

《武韬》指出,要夺取战争的胜利,首先要做到名正言顺,师出有名,进行战争是为了吊民伐罪。战前应秘密做好充分的准备,然后看准时机,发动进攻。其次,是力求不战而屈人之兵。《武韬》认为,天下之人都欢迎给自己以好处的人，而不欢迎损害自己利益的人。不掠夺人民，就是予人民以好处。不侵犯别国的利益，就是使各国获益。不垄断天下的利益，就是使天下之人都得利。所以，只要不侵夺人民和各国的利益，不独占天下之利，就能得到人民和各国，以及天下之人的拥护，从而在不知不觉中不战而胜。再次，是运用"文伐"，即发动政治攻势。"武韬"列举了12种具体的谋略，主张用这些权谋诡诈的方法，去利用、扩大、加剧敌人的内部矛盾，以分化、瓦解和削弱对方，为军事进攻铺平道路，创造有利条件。这也是不战而屈人之兵的一种手段。最后，行事要合乎用兵之道，按照战争的基本规律采取行动，才能取得胜利。

《龙韬》包括"王翼""论将""选将""立将""将威""厉军""阴符""阴书""军势""奇兵""五音""兵徵""农器"13篇，主要论述军队的统帅和指挥等问题。如怎样遴选将领，拜将立帅，编组统帅部，树立将帅的威信，鼓舞士气，秘密通信和临敌制胜等。它将"智""信""仁""勇""忠"作为选择将帅的标准，主张用8种方法考验将帅，并举行隆重的仪式，将军权授予通过考验的统帅。其中"王翼"篇对统帅部的组成，作了详尽而全面的阐述，对统帅部各种人员的配备、人数和职责都作了具体的规定。"阴符"篇记载了利用不同长度的符节表示不同的意思的方法，进行秘密的通讯联络。"阴书"篇则记载了将一封信分作3份，由3人分别送达的秘密通信法。"军势"和"奇兵"篇揭示了临阵决战，创造和利用优势，把握时机，出奇制胜的一些原则。"五音""兵徵"篇将阴阳五行学说引为其理论的基础，其中不乏牵强附会和迷信之处。

《虎韬》包括"军用""三阵""疾战""必出""军略""临境""动静""金鼓""绝道""略地""火战""垒虚"12篇，分别论述了兵器、军用器材的种类及其性能，以及突围、渡河、对阵、迂回、伏击和反伏击、攻城、反火攻等各种形式的作战形式和战术问题。

《豹韬》包括"林战""突战""敌强""敌武""乌云山兵""乌云泽兵""少众""分险"8篇，分别论述了在森林、山地、江河水泽地带和险阻地形下的作战方法，并对特种地形和特殊情况下的作战原则，如抗击突然袭击、夜袭和以寡击众，以弱击强等原则进行了总结。

《犬韬》包括"分合""武锋""练士""教战""均兵""武车士""武骑士""战车""战骑""战步"10篇,分别论述军队的分合集结,如何按一定的标准选拔勇猛有力、武艺高强娴熟的步兵、车兵和骑兵,充当军队的基层军官和常备兵,如何训练军队。值得一提的是,《犬韬》还在逐一论述步兵、车兵和骑兵诸兵种的性能、战斗力、阵法和作战方式的基础上,结合地形条件和敌情的变化,指出步兵贵在知变化,车兵贵在明晓地形,骑兵贵在了解别径奇道,提出了步兵抗击车骑的方法,车兵有"十胜八害",骑兵有"十胜九败",揭示了使用各种不同兵种的原则和方法,开创了对诸兵种联合作战的研究。

094 "兵家之楷模，用兵之典范"
——《唐李问对》

《唐李问对》一作《李卫公问对》，是《唐太宗与李靖问对》一书的简称。全书因以李世民与李靖一问一答的形式写成而得名。

自《唐李问对》一书行世以来，历代学者就普遍认为此书是北宋仁宗时（1023—1063）人阮逸的依托之作。如陈师道（1052—1101）的《后山谈丛》、何薳（1077—1145）的《春渚纪闻》认为此书是阮逸所著。邵博（？—1158）的《邵氏闻见后录》和陈振孙的《直斋书录解题》则认为此书是阮逸拟作和假托。后人因《唐李问对》一书不见于《旧唐书·经籍志》《新唐书·艺文志》的著录，《太平御览》《武经总要》等书没有引用该书，其内容文字又浅陋不文，也都认为此书是赝作，成书于北宋中叶。

不过，也有人对这种说法表示怀疑的。如马端临的《文献通考》就认为此书并非出自阮逸的假托。

值得注意的是，从《唐李问对》曾论述到上古阵法等宋人已不甚了了的问题来看，此书恐怕不是阮逸所能凭空臆造，而是应另有所本。公元1042年成书的《崇文总目》著录有《李靖行述》1卷、《韬钤秘录》5卷和《卫国公手记》1卷。南宋人王应麟所撰《玉海》卷141《兵制·兵法·〈李卫公问对〉》条引《书目》说："李靖《兵钤新书》1卷，载靖与秦王论兵，如《问对》书。"据此，可知《唐李问对》一书很可能是阮逸根据《李靖行述》《韬钤秘录》和《卫国公手记》诸书编撰附益而成。

《唐李问对》共分3卷。卷上主要论述奇正、阵法、兵法和军队编制等问题。

奇正是中国古代军事理论中常用的一对概念。自黄帝以来的兵法都主张先正后奇，先仁义后权谲。曹操解释奇正说，先投入战斗的是正兵，后投入战斗的是奇兵；正面作战的是正兵，从侧翼发动攻击的是奇兵。此书作者认为投入战斗的主力部队是正兵，主将自己统率的出击部队是奇兵。奇正之分不在于投入战斗的先后，以及是正面作战还是迂回侧击。它指出，奇正之分完全是人为的，奇正可以互相转化。训练部队时，可按奇正来划分，但在作战时，却不能有奇正有别，固定不变的观念，而应随机应变，以奇为正，以正为奇，变化无穷，使敌人捉摸不透，将我军的正兵误认作奇兵，奇兵误认作正兵。它对奇正相互转化的辩证关系作了深刻的阐述，发展了《孙子兵法》有关"奇正相生"的思想。它又对天、地、风、云、龙、虎、鸟、蛇八阵的名称提出了新的解释。作者认为，八阵本是一阵，临阵对敌时，出于变化制敌的需要，才散成八阵，战斗结束后，又复归为一阵。其中天阵、地阵的名称来源于旗号；风阵、云阵的名称来自旛名；龙、虎、鸟、蛇四阵的名称则本自队伍的分别。后人出于误解和以讹传讹，才将其误认为8种事物。其实在实际战斗中，阵势的变化远远不止这8种。它还对楚国和中原各国车兵编制的差异提出了有价值的见解。它指出，按周朝兵制，每车一乘由步兵72人，甲士3人组成，分为3甲，每甲25人。楚国每车一乘由150人组成。这是因为楚国地处丘陵和江河湖泽地带，车少而人多。

卷中主要论述如何戍守北边、训练军队、择人任势、避实击虚、增强部队的战斗力和排列营阵诸问题。

它认为，在平定突厥和薛延陀后，戍守北边的汉兵和蕃落应采取不同的教习方法。一旦战争爆发，就临时变易两者的旗号服色，使敌人难以捉摸，产生误解，然后出奇制胜。它又认为，君主良将应善于选择将士，利用其优势。蕃兵的长处在于骑兵，汉兵的长处在于强弩。善于用兵的人应分别利用和发挥其各自的优势，以战胜敌人。它还发展了《孙子兵法》中关于虚实的思想。虚通常指劣势和弱点，实则指优势和强点。要识别虚实，必须先懂得奇正相生的方法。不懂得以奇为正，以正为奇，就不会了解虚是实，实又是虚。懂得了奇正相生，就可以采取主动，用这一方法来调动敌军，从而摸透敌军的虚实，然后用正兵对抗敌军的坚实之处，出奇兵攻击敌军的虚弱之处。敌人以为我是正兵，我就出奇兵攻击它，反之，就用正兵攻击它。这样，就可以达到掌握主动，调动敌人而不被敌人所调动的目的，并最终战胜敌人。作者在这里全面而又深刻地论述了虚实与奇正、主观与客观的辩证关系，对如何争取用兵的主动权问题作了精彩的阐述。它又指出，为保持和提高我军的战斗力，削弱敌军的战斗力，可以采用以近待远，以逸待劳，以饱待饥，和以诱待来，以静待躁，以重待轻，以严待懈，以治待乱，以守待攻的方法，来取得作战的胜利。它还对李靖创制的六花阵作了详细、朴实的阐述，指出该阵来源于诸葛亮的八阵法，并介绍了方、圆、曲、直、锐等阵形和阵名。这在阵法研究中阴阳五行八卦之说和穿凿附会之风盛行的时代，是十分难得的。唐宋时的军事著作往往将古代军队宿营部署的营，和作为战斗队形的阵这两个概念混为一谈。作者在这里虽没有犯同样的错误，但也没有将这二者的区别和联系论述清楚。

卷下主要论述重刑峻法与胜负的关系，以及义利、主客、步兵对抗车骑、分合、攻守、御将、阴阳术数、临阵交战和对兵法的理解等问题。

它认为，用兵应处理好义和利的关系。要铲除大患，就不能顾虑小义。主客是既对立又统一的辩证关系。只有因时制宜，善于反客为主，变主为客，才能屡战屡胜。它又对《孙子兵法》"形"篇所说的"守则不足，攻则有余"提出了自己的解释。它认为，"不足"不是指弱，"有余"也不指强，而是指有胜算或胜利的条件。"守则不足，攻则有余"指的是当战胜敌人的条件不足时，我就防守；当取胜的条件有余时，我就进攻。这种解释是颇有道理的。它虽遭到一部分学者的反对，但又为另外一部分学者所接受。它对攻守的论述是相当精辟的。它指出，进攻是防守的枢纽，防守是进攻的策略。进攻不仅仅是进攻敌城、敌阵，还必须攻敌之心。防守不只是守卫营阵壁垒，还必须保持我军的士气，等待战胜敌人时机的到来。它认为，攻敌之心的人就是所谓的知彼者，保持我军士气的人就是所谓的知己者。使自己不被敌人战胜，主动权操在自己手中；先使自己不可战胜的人，就是知己者。我军可以战胜敌军，在于敌军有可乘之机；

等待并寻求可以战胜敌人之时机的人,就是知彼者。这是用兵作战要点。

不过,它在论及攻守时犯有将攻守和好战、忘战这两个概念混为一谈的错误。它一方面引述《司马法》说:国家虽大,好战必定自取灭亡;天下虽然安定,忘记战争势必危及稳定。另一方面又承认好战、忘战和攻守的道理是一样的,将进攻等同于好战,将防守等同于忘战。其结果就是将攻守这两种不同的战略态势和作战形式,与好战、忘战这两种对待战争的不同态度相提并论,混而为一。

它还指出,阴阳术数不可信,功成业就,事在人为。这是值得肯定的。但它又认为阴阳术数是不可废除的。其理由是用兵作战是一种诡诈的行为,善于用兵的人自己不能相信阴阳术数,但可以假托和利用这些东西,以驱使和命令那些相信阴阳术数的贪欲、愚昧之辈。

总之,《唐李问对》是一部颇有价值的兵书。它提出了一些新的创见,发展了前人的一些光辉思想。毋庸置疑,它也存在一些错误和不足之处,但这些错误和不足并非这部著作的主要方面。

第一部词典
——《尔雅》

《尔雅》是我国最早的一部解释词义的专著,也是第一部按照词义系统和事物分类来编纂的词典。作为书名,"尔"是"近"的意思(后来写作"迩"),"雅"是"正"的意思,在这里专指"雅言",即在语音、词汇和语法等方面都合乎规范的标准语。《尔雅》的意思是接近、符合雅言,即以雅正之言解释古语词、方言词,使之近于规范。

《尔雅》最早著录于《汉书·艺文志》,但未载作者姓名。对于《尔雅》的写作年代及作者,历来说法不一。有人认为是西周初年周公旦所作,后来孔子及其弟子作过增补,也有人认为是孔子弟子编写的。这种种说法都不可信。《尔雅》成书的上限不会早于战国,因为书中所用的资料,有的来自《楚辞》《庄子》《吕氏春秋》等书,而这些书是战国时代的作品。书中谈到的一些动物,如狻猊(即狮子),据研究,不是战国以前所能见到的。《尔雅》成书的下限不会晚于西汉初年,因为在汉文帝时已经设置了《尔雅》博士,到汉武帝时已经出现了犍为文学的《尔雅注》。

从《尔雅》的性质来看,它本是一部以解释五经的训诂为主,通释群书语义的训诂汇编,而训诂萌芽于春秋战国,到西汉时才有较大的发展。因为从春秋战国到西汉,几百年间,语言文字发生了很大的变化,一般人已经不大看得懂古书,需要有专门的学者来讲解。而汉代的统治者力图用儒家的经典来巩固自己的统治,于是尊《诗》《书》《礼》《易》《春秋》为五经,并设立五经博士,在官学里讲授经义。这就促进了训诂的繁荣。经学家们纷纷给先秦流传下来的儒家经典作注解,并随后把这些随文而释的各种典籍的注解汇集到一起,按照一定的体例分类编排起来。

《尔雅》就是这样一部训诂汇编。它并非是一人一时之作，最初成书当在战国末年，是由当时一些儒生汇集各种资料而成。历经秦火、战乱之后，这部书在汉代初年重新问世，又经过经师儒生的陆续增补，才成为今天所见到的《尔雅》。

《尔雅》全书收词语4300多个，分为2091个条目。这些条目按类别分为"释诂""释言""释训""释亲""释宫""释器""释乐""释天""释地""释丘""释山""释水""释草""释木""释虫""释鱼""释鸟""释兽""释畜"19篇。

这19篇的前3篇与后16篇有显著的区别，可以分成两大类。前3篇，即"释诂""释言""释训"解释的是一般语词，类似后世的语文词典。例如：

如、适、之、嫁、徂、逝，往也。（释诂）

克，能也。（释言）

明明，斤斤，察也。（释训）

其中"释诂"是解释古代的词，它把古已有之的若干词类聚在一起，作为被训释词，用一个当时通行的词去解释它们。"释言"是以字作为解释对象，被训释词大多只有一两个。"释训"专门解释描写事物情貌的叠音词或联绵词。尽管作为语文词典来说，它的注释过于笼统，许多条目仅仅是同义词表，但是远在公元前2世纪就能产生出这样的著作，就是在世界辞书编纂历史上也堪称第一了。

《尔雅》后16篇是根据事物的类别来分篇解释各种事物的名称，类似后世的百科名词词典。其中"释亲""释宫""释器""释乐"4篇解释的是亲属称谓和宫室器物的名称。例如：

谓我舅者，吾谓之甥也。（释亲）

门侧之堂谓之塾。（释宫）

肉倍好谓之璧，好倍肉谓之瑗，肉好若一谓之环。（释器）

大鼓谓之鼖（fén），小者谓之应。（释乐）

"释天""释地""释丘""释山""释水"5篇解释的是关于天文地理方面的词语。例如：

载，岁也。夏曰岁，商曰祀，周曰年，唐虞曰载。（释天）

墳莫大于河墳。（释地）

绝高为之，京；非人为之，丘。（释丘）

泰山为东岳，华山为西岳，霍山为南岳，恒山为北岳，嵩山为中岳。（释山）

水注川曰溪，注溪曰谷，注谷曰沟，注沟曰浍，注浍曰渎。（释水）

"释草""释木"以下7篇解释的是关于植物动物方面的词语。例如：

木谓之华，草谓之荣，不荣而实者谓之秀，荣而不实者谓之英。（释草）

枞，松叶柏身。桧，柏叶松身。（释木）

有足谓之虫，无足谓之豸。（释虫）

鲲，鱼子。（释鱼）

舒雁，鹅。舒凫，鹜。（释鸟）

罴，如熊，黄白文。（释兽）

狗四尺为獒。（释畜）

《尔雅》后16篇相当于百科词典。在汉代，儿童在完成识字阶段的教育后，要读《论语》《孝经》和《尔雅》这3部书。学习《尔雅》可以"博物不惑"，多识鸟兽草木虫鱼之名，增长各种知识。尽管用今天的标准来看，《尔雅》的知识容量相当有限，但是在古代已经非常可观了。所以有人说，《尔雅》是我国古代的百科全书。

在历史上，《尔雅》备受推崇。这是由于《尔雅》汇总、解释了先秦古籍中的许多古词古义，成为儒生们读经、通经的重要工具书。在汉代《尔雅》就被视为儒家经典，到宋代被列为十三经之一。事实上，《尔雅》并不是经，也不是某一部经书的附庸，它是一本独立的词典。人们借助于这部词典的帮助，可以阅读古籍，进行古代词汇的研究；可以了解古代社会，增长各种知识。

《尔雅》在中国语言学史和词书史上都占有显著的地位。《尔雅》首创的按意义分类编排的体例和多种释词方法，对后代词书、类书的发展产生了很大的影响。后人模仿《尔雅》，写作了一系列以"雅"为书名的词书，如《小尔雅》《广雅》《埤雅》《骈雅》《通雅》《别雅》等等，而研究雅书又成为一门学问，被称为"雅学"。

从汉唐到清代，为《尔雅》作注的人很多。现存的最早最完整的注本是晋代郭璞的《尔雅注》。《十三经注疏》中的《尔雅注疏》采用的是郭璞的《尔雅注》和北宋邢昺的《尔雅疏》。清人研究《尔雅》的著作不下20种，其中最著名的是邵晋涵的《尔雅正义》和郝懿行的《尔雅义疏》。今人注有徐朝华的《尔雅今注》，文字深入浅出、简明扼要，并附有笔画索引，最利于翻检、学习。

第一部词典的续篇
——《广雅》

《尔雅》是我国最早的一部词典,《广雅》是仿照《尔雅》体裁编纂的一部训诂汇编,相当于《尔雅》的续篇,篇目也分为 19 类,各篇的名称、顺序,说解的方式,以致全书的体例,都和《尔雅》相同,甚至有些条目的顺序也与《尔雅》相同。例如:"释诂"的前 6 条是"始也""君也""大也""有也""至也""往也",与《尔雅》完全相同。所不同的是,《广雅》取材的范围要比《尔雅》广泛。书取名为《广雅》,就是增广《尔雅》的意思。

《广雅》的作者是三国时魏人张揖。张揖,字稚让,清河(今山东临清)人,在魏明帝太和年间(227—232)任博士。他是一个博学多闻,精通文字训诂的学者。

因为《尔雅》以解释五经的训诂名物为主,所收集的训诂还不够完备,而由西汉初到三国,已经 400 多年,由于生产和文化的进步,语言和文字都有了新的发展,不见于《尔雅》的新词、新义、新字日益增多,所以社会需要新的语言文字著作。张揖编著《广雅》正适应了社会的这种需要。此外他还著有《埤仓》和《古今字诂》等书,但是都未能流传至今。

《广雅》前 3 篇,"释诂""释言""释训",解释的是一般词语。"释诂"多数条目是把许多同义词放在一起,编为一组,然后用一个常用的、词义宽泛的词来解释。例如:

涛(táo)、汏、渮(jiǎn)、浙、涤、潒(dàng)、溞(sāo)、澡、沐、浴、湔(jiān)、濯、沬(huì)、洒(xǐ)也。

"洒"通"洗"。这个条目是《广雅》增补的。其中的"涝"通"洮",又写作"淘"。"涝""汰""滴""淅""溞",都指淘米,是用水冲洗粮食中的杂质。"涤""湔""濯"都指洗去污垢。"潒"通"荡",是涤荡的意思,"澡"是洗手,"沐"是洗发,"浴"是洗身,"沫"是洗面。

"释言"的条目都很短,被释词有的仅一个。例如:

徇,营也。
韪,是也。
购,偿也。
将,扶也。

"徇"是曲从的意思,"营"是谋求的意思,"徇"和"营"意义相近,所以"徇"释为"营"。"韪"即"冒天下之大不韪"的"韪","韪"和"是"同义,意思是认为正确。"购"是悬赏征求的意思,"偿"是酬报的意思,所以"购"释为"偿"。"将"有扶助的意思,例如《木兰辞》"出郭相扶将","扶"和"将"同义词连用。

"释训"解释的是叠音词的联绵词。例如:

孜孜、汲汲(jí jí)、惶惶、伥伥(guàng guàng),剧也。
拳拳、区区、款款,爱也。
踌躇,犹疑也。
般桓(pán huán),不进也。

"孜孜"形容勤勉不知疲倦。"汲汲"同"汲汲",形容急切追求。"惶惶"形容匆忙仓促。"伥伥"形容心神不定匆匆忙忙。这4个词的共同点都是形容程度深、用力甚,而"剧"有极、甚的意思,所以用"剧"做训释词。"拳拳"形容恳切、忠谨。"区区"形容诚挚、爱慕。"款款"形容忠实、诚恳。这3个词都是形容感情好,所以用"爱"来做训释词。"踌躇"意思是徘徊不前,用"犹疑"解释"踌躇"是用词来释词。"般桓"又作"盘桓",是滞留、徘徊的意思,用"不进也"解释"般桓"是用短语来释词。

"释亲"以下的16篇解释百科名词。其中"释亲"解释亲属称谓以及人的形体的名称。"释宫"解释的是关于房舍建筑方面的词汇。"释器"除了解释用器,还解释了一些有关骨骼、肌肤、脏腑、饮食等方面的词语。"释乐"解释的是音乐的名称、乐器的名称、形制和礼乐的制度。例如：

翁、公、叟、爸、爹、奢（zhē），父也。（释亲）

埤堄（pì nì）、堞（dié），女墙也。（释宫）

兜鍪谓之胄。（释器）

埙（xūn），象秤锤，以土为之，有六孔。（释乐）

"释天""释地""释丘""释山""释水"5篇主要解释的是关于天文地理方面的词语。例如：

夜光谓之月。（释天）

湖、薮（sǒu）、陂（bēi）、塘、都、沆（hàng）、斥（chì）、泽、埏（yán）、衍、皋、沼，池也。（释地）

小陵曰丘。（释丘）

岱宗谓之泰山。（释山）

渍泉，直泉也。直泉，涌泉也。（释水）

"释草""释木""释虫""释鱼""释鸟""释兽""释畜"7篇解释的是关于植物动物方面的词语。例如：

菅（jiān），茅也。（释草）

楚，荆也。（释木）

孑孓，蜎（yuān）也。（释虫）

鲢，鲂也。（释鱼）

野鸡，雉（zhì）也。（释鸟）

豨（xī）、狙（cú）、豭（jiā），彘，豕也。（释兽）

白马里脊，驙（zhān）。（释畜）

《广雅》原书分为上中下3卷，总计18150字。拿《广雅》和《尔雅》相比，多出7000多字。从条目来看，前3篇中"释诂"篇幅最长，计有809条，比《尔雅·释诂》多出600多条。后16篇中"释器"篇幅最长，计有359条，比《尔雅·释器》多出200多条。

《广雅》是在《尔雅》后出现的"雅"书中最有价值的一部训诂词典。《广雅》书中收录了不见于《尔雅》的许多词语，其中包括汉魏以前经传子史的笺注，以及《三苍》《方言》《说文》等字书当中的训诂，为后人考证周秦两汉的古词古义提供了非常宝贵的资料。清人王念孙在《广雅疏证序》中评论《广雅》说："盖周秦两汉古义之存者，可据以证其得失；其散佚不传者，可借以阚其端绪。则其书之为功于训诂也大矣。"

《广雅》在隋代避隋炀帝杨广讳，改称《博雅》。隋代秘书学士曹宪为《广雅》作音释，自称所著为《博雅音》。清代乾嘉年间文字音韵训诂之学盛行，王念孙著《广雅疏证》10卷，《补正》1卷，认真校订了原书的正文和曹宪的音释，广搜博引，找出了《广雅》释义的根据，运用以声音通训诂的方法说明词义，为后人提供了明确的解说和非常丰富的训诂资料。

097 最早、影响最大的字典——《说文解字》

《说文解字》又简称《说文》,作者是东汉许慎。此书作于和帝永元二年(100年),历时21年,直到安帝建光二年(121年)才告完成。许慎在病中遣其子许冲将此书献给皇帝。

《说文》旧称字书,按今天观点看,它是我国语言学史上第一部分析字形、说解字义、辨识声读的字典。同时,它创立了汉民族风格的语言学——文献语言学,《说文》就是文献语言学的奠基之作。《说文》成书不久,就被当世学者所重视。如:郑玄注三礼,应劭、晋灼注《汉书》,都曾援引《说文》以证字义。《说文》对传统语言学的形成和发展有巨大影响,后世所说的文字、音韵、训诂之字,大体不出《说文》所涉及的范围,而《说文》本身则形成一个专门学科。《说文》完整而系统地保存了小篆和部分籀文,是我们认识更古文字——甲骨文和金文的桥梁;《说文》的训解更是我们今天注释古书、整理古籍的重要依据。所以《说文》在今天仍有巨大的学术价值和应用价值。

《说文》这样一部巨著,是在经学斗争中产生的。今文经学与古文经学之争是汉代学术思想领域中最重要的一场论争。秦以前的典籍都是用六国时文字写的,汉代称六国文字为"古文",用古文书写的经书称为古文经。秦始皇出于思想专制的需要,把这些用古文字写成的《诗》《书》等典籍付之一炬。西汉初年,一些老年儒生凭记忆把五经口授给弟子,弟子用隶书记下来。隶书是汉代通行的文字,称"今文",用今文书写的经书,称今文经。后来陆续发现用古文字写的经书。这样在汉代经学家中就分成了今文经学家和古文经学家。

两派的区别不只是表现为所依据的经学版本和文字不同，更主要的表现为怎样使经学为封建统治服务上。今文经学家喜欢对经书作牵强附会的解释和宣扬迷信的谶纬之学；古文经学家则强调读懂经典，真正理解儒学精髓，为此侧重名物训诂，重视语言事实，比较简明质朴。许慎属于古文经学派，他编著《说文》是要以语言文字为武器，扩大古文经学在政治上和学术上的影响。

《说文》全书共收单字9353个，另有重文（异体字）1163个，附在正字之末，把9353个字分别归在540个部首之中。

《说文》一书的突出贡献可以概括为以下四点：

1. 建立部首是许慎的重大创造之一。汉字是凭借形体来表示意义的，因此，对汉字义符加以分析，把所有汉字都按所属义符加以归类，这是汉字学家的工作，这项工作，由许慎最先完成了。《说文》一共分540部，除了个别部首还可以合并与调整外，从总体上说都是合理的，都符合造字意图。许慎在安排540部的次序上煞费苦心，把形体相近或相似的排在一起，这等于把540部又分成若干大类，这可以帮助读者更深刻地理解义符，更正确地理解字义。

每部所属的字的排列也不是杂乱无章的，而是依据以类相从的原则。具体说来有三种情况：其一，词义相近的字排在一起；其二，词义属于积极的排在前边，属于消极的排在后边；其三，专有名词排在前边，普通名词排在后边。

许慎创造的540部首和一部之中各个字的排列方法，都是从文字学角度出发的，这种排列方法更能体现部首与部首、字与字之间的意义联系，这与后世从检字法角度的分部和按笔画多少分类迥然不同。

2. 训释本义。许慎之前的经学家为经典作注，都是随文而释，所注释的字（词）义，基本上是这个字在一定语言环境中的具体意义和灵活意义。许慎在《说文》中紧紧抓住字的本义，并且只讲本义（由于历史的局限，个别字的本义讲得不对），这无疑等于抓住了词义的核心问题，因为一切引申义、比喻义等都是以本义为出发点的，掌握了本义，就能够以简驭繁，可以推知引申意义，解决一系列有关词义的问题。此外，许慎在训释本义时，常常增加描写和叙述的语言，使读者加深对本义的理解，扩大读者的知识面，丰富本义的内涵和外延。

3. 对汉字形音义三方面分析。许慎在每个字下，首先训释词义，然后对字形构造进行分析，如果是形声字，在分析字形时就指示了读音，如果是非形声字，则常常用读若、读与某同等方式指示读音。汉字是属于表义系统文字，是由最初的图画文字演变而来的，这样通过字形分析来确定、证实字义完全符合汉民族语言文字的一般规律。而语音是语言的物质外壳，文字不过是记录语言的符号，许慎深知"音义相依""义傅于音"的原则，所以在《说文》中非常重视音义关系，常常以声音线索来说明字义的由来，这为后世训诂学者提供了因声求义的原则。

4. 以六书分析汉字。在许慎之前，有仓颉依据六书造字的传说。现代文字学家认为，六书是对汉字造字规律的总结，而不是汉字产生之前的造字模式。在许慎之前，仅有六书的名称：象形、指事、会意、形声、转注、假借，没有具体阐述，更没有用来大量地分析汉字。许慎发展了六书理论，明确地为六书下定义，并把六书用于实践，逐一分析《说文》所收录的9353个汉字，这在汉字发展史和研究史上有着承前启后、继往开来的重要意义，从而确立了汉字研究的民族风格、民族特色。

《说文》问世以后，研究者蜂起。清代是《说文》研究的高峰时期。清代研究《说文》的学者不下200人，其中称得上专家的有数十人之多。清代《说文》之学，可分为四类：其一，是校勘和考证工作，如严可均的《说文校议》、钱坫的《说文解字斠诠》等；其二，对《说文》进行匡正，如孔广居的《说文疑疑》、俞樾的《儿笘录》等；其三，对《说文》的全面研究，如段玉裁的《说文解字注》、桂馥的《说文解字义证》、朱骏声的《说文通训定声》、王筠的《说文句读》；其四，订补前人或同时代学者关于《说文》研究的著作，如严章福的《说文校议议》、王绍兰的《说文段注订补》等。其中第三种最为重要，段玉裁、桂馥、朱骏声、王筠被誉为清代《说文》四大家。4人之中，尤以段玉裁、朱骏声最为突出。

《说文》问世以后，也很快就引起当时学者的重视，在注释经典时常常引证《说文》。到了南北朝时期，学者们对《说文》已经有了比较完整、系统的认识。唐代科举考试规定要考《说文》。自唐代以后，一切字书、韵书及注释书中的字义训诂都依据《说文》。

《说文》早期传本不得而知，有记载最早刊刻者是唐代李阳冰，他在代宗大历年间刊定《说文》，但其中掺杂李氏臆说颇多。南唐徐铉、徐锴兄弟二人精研《说文》，徐锴的《说文解字系传》是第一种《说文》注本，成书于南唐末年，世称小徐本，徐锴对李阳冰谬说多有匡正。徐铉于宋太宗雍熙年间奉旨校定《说文》，世称大徐本。另外，今尚存有唐写本《说文》木部残卷一卷，仅188字。清人研究《说文》，多以大徐本为基础，同时参校小徐本。大小徐本今天均有中华书局影印本。

最完整、最古老、最重要的韵书——《广韵》

韵书是一种按韵编排的字典。《广韵》是现今保存最完整的、最古老的，也是最重要的一部韵书。它完整而详细地记录中古的（从南北朝到宋末）语言系统，今天的学者可以依据《广韵》确知中古语音的声母、韵母及声调情况。学者还以《广韵》为桥梁，上推古音（两汉以前的语音）、下证今音（现当代语音）。所以说《广韵》是研究汉语语音史、研究当代汉语方言不可缺少的典籍。另外，作为韵书，从它问世的那一天起，一直起着供文人写作诗文查找韵字及辨析字音、字形、字义的作用。

《广韵》是宋陈彭年、邱雍等人奉旨编撰的，成书于大中祥符元年（1008年），一说成书于景德四年（1007年）。书成后皇帝赐名为《大宋重修广韵》，简称《广韵》。《广韵》是宋代的官韵，也是我国第一部官修的韵书。《广韵》是在《切韵》《唐韵》基础上增广而成的。要了解《广韵》，应先对《切韵》《唐韵》有所了解。

《切韵》是隋陆法言编撰的，成书于仁寿元年（601年）。参加讨论该书编写原则的有刘臻、颜之推、魏渊、卢思道、李若、萧该、辛德源、薛道衡8人，在当时他们都是地位很高的学者和文人。在审音上萧该、颜之推起的作用最大。20年以后，陆法言根据讨论的大纲编成《切韵》。

据学者考证，陆法言《切韵》共193韵，全书按四声分五卷，平声分上下两卷，上去入各一卷。平声54韵，上声51韵，去声56韵，入声30韵。共收11000字左右。

《切韵》到了唐代，更名为《唐韵》，除了增字加注外，语音体系没有什么变化。

《广韵》就是在《切韵》《唐韵》的基础上增广而成。

《广韵》分206韵,比《切韵》增加13韵。虽然增了韵数,语音体系并没有发生变化,因为增加的韵只是把某些包含两个韵母的韵析成两韵。《广韵》收单字26194字,比《切韵》增加1.5倍。注文191692字,比原本《切韵》增加若干倍。《广韵》注文引证丰富,使韵书具有一般字典或辞典的作用。

《广韵》在体例上也继承了《切韵》《唐韵》,下面对《广韵》体例做个简要介绍。

1. 分卷。按声调分卷。当时汉语共有四个声调,四声即应是四卷。由于平声字多,分为上下两卷,全书共五卷。平、上、去、入四个字,除了代表本调类之外,还有直接描述调值的作用。

2. 分韵。同声调的字在同一卷里,在一卷之中用韵做单位。同属一韵的字汇集在一起,称为一韵。同一韵里原则上不掺入其他韵的字(有个别例外,下文会提到)。

3. 韵目。每个韵有一个名称,又叫韵目,如一东、二冬、三钟……这些韵目都是每个韵开头的第一个字,它与本韵其他字同韵。一部韵书有多少个韵,就有多少个韵目。

4. 韵次。韵的排列次序,一个韵之后接哪一个韵,一组韵后接哪一组韵,都是经过精心设计的。现在我们能清楚知道的是一组相邻次的韵,韵母相近,至于两组韵之间存在什么关系,就不完全清楚了。每个声调的韵都按先后次序标上一、二、三……数字,表明它的韵次。

5. 小韵。一个韵中的一个音节为一个小韵,一个小韵把同韵中所有同音字汇集在一起,在小韵的第一个字下注出反切,并标出这个小韵同音字的数目。小韵的第一个字,也称这个小韵的代表字。《广韵》中的小韵次序是没有规律的。

6. 注文。在小韵的代表字下首先注出词义,末尾用反切注音,最后标出这个小韵包括多少字。小韵中的其他字主要是注出词义,如果该字有又音,注文末尾标出又音。

《广韵》全书206韵,下面介绍其中的三个主要问题。

1. 四声相承。《广韵》206 韵，首先按四声分成四大类，也可以说是以四声为纲。所谓四声相承，是指韵母相同、只有平上去入声调不同的一组相配的韵。如平声一东、上声一董、去声一送、入声一屋就是四声相承的一组韵。这样一组韵，通常叫一个韵部，也叫以韵为单位的韵类。在实际应用中，为了称说的方便，常常用平声韵代表这一组韵，比如说东部，同时包括了董送屋三韵，这叫"举平以赅上去入"。一个韵部并非都是四声俱全，阳声韵四声俱全，阴声韵只有平上去三声，没有入声，如支、纸、寘韵；有的只有去声，没有与之相承的其他声调韵，如去声中的祭、泰、夬、废。

2. 四声韵数不等。在 206 韵中，平声 57 韵，上声 55 韵，去声 60 韵，入声 34 韵。平声分上、下两卷，上平声 28 韵，下平声 29 韵。平声分上、下，是因为平声字数多，与今天说的阴平、阳平无关。既然是四声相承，平声 57 韵，上去声也应该是 57 韵，实际却不是这样。其原因是：平声冬、臻两韵的上声字太少，没有单独立韵，这两个韵的上声字分别归到相近的韵——钟韵的上声肿韵、欣韵的上声隐韵里去了，这样上声就是 55 韵。去声祭、泰、夬、废四韵，没有与其相承的平声韵和上声韵，等于比平声多出 4 韵，这样去声应该是 61 韵，但由于臻韵的去声字太少，没有单独立韵，把臻韵的去声字归到欣韵的去声焮韵里去了，这样去声就是 60 韵。综上所述，如果按四声相承的原理说，《广韵》共有 61 个韵部。

3. 阴声韵、阳声韵、入声韵。阴声韵指没有韵尾或以元音为韵尾的韵，阳声韵指以鼻音 m、n、ŋ 韵尾的韵，入声韵指以塞音 p、t、k 为韵尾的韵。入声韵与阳声韵相承，阳声收 m 尾，入声则为 p 尾；阳声收 n 尾，入声则为 t；阳声收 ŋ 尾，入声则为 k 尾，对应得非常整齐。在《广韵》61 个韵部中，阴声韵 26 个，阳声韵 35 个，这样入声韵也应该是 35 个。但由于阳声欣韵的入声字太少，因此，没有单独立韵。

《广韵》是韵书，按韵编排，考查韵部比较容易。如果考查声母系统，就比较困难了，因为韵书并没有明确标出全书的声母系统。为此，清代学者陈澧创造了反切系联法。利用系联法研究《广韵》声母系统，他得出 40 声类。现当代学者用同样方法研究，结果与陈澧很不一样，如：黄侃得到41声类，白涤洲、黄粹伯得出47声类，曾运乾、陆志伟、周祖谟得51声类。当今多数学者认为《广韵》有36个声母。如果用传统的汉字表示法，可以列成下表（为理解方便，标出每组声母的发音部位、发音方法，并在每个代表字的后面加上拟音）：

双唇塞音及同部位鼻音	帮〔p〕 滂〔p'〕 并〔b〕 明〔m〕
舌尖前塞音及同部位鼻音	端〔t〕 透〔t'〕 定〔d〕 泥〔n〕 来〔l〕
舌尖前腭塞音及同部位鼻音	知〔tɕ〕 彻〔tɕ'〕 澄〔dɕ〕 娘〔nɕ〕
舌尖前塞擦音和擦音	精〔ts〕 清〔ts'〕 从〔dz〕 心〔s〕 邪〔z〕
舌尖硬腭塞擦音和擦音	照〔tɕe〕 穿〔tɕe〕 神〔dze〕 审〔ɕe〕 禅〔ze〕 日〔ɲze〕
舌尖前腭塞擦音和擦音	庄〔tʃ〕 初〔tʃ'〕 崇〔dʒ〕 生〔ʃ〕
舌根软腭塞音及同部位鼻音	见〔k〕 溪〔k'〕 群〔g〕 疑〔ŋ〕 晓〔x〕 匣〔ɣ〕
零声母和半元音	影〔ø〕 喻〔j〕

《广韵》从刊行到现在版本很多,现在常见的本子有张氏泽存堂本、《古逸丛书》覆宋本、涵芬楼覆印宋刊巾箱本、曹刻楝亭五种本、宋乾道五年黄三八郎本(《钜宋广韵》)、覆元泰定本、小学汇函内府本7种。前5种称繁本,后2种称简本。所谓简本是元人根据宋本删削而成。繁本和简本主要表现为注文的多少不同,个别韵收字多少也略有不同,但音系是相同的。其中宋乾道本《钜宋广韵》曾于清末传到日本,而在国内失传。20世纪80年代初期,上海古籍出版社据日本《经籍访古志》影印出版。据周祖谟考证,此本与楝亭五种本相近。此外还有周祖谟《广韵校正》,周氏以泽存堂本为底本,以能见到的其他本子进行校雠,同时吸收了清段玉裁、近代王国维、赵万里的校刊成果,并参考了唐写本残卷20种。此书搜集资料全,校雠方法精,是较好的《广韵》校本。

"悬诸日月不刊之书"
——《方言》

《方言》一书的全称是《輶轩使者绝代语释别国方言》,作者扬雄(公元前53—公元18),字子云,西汉蜀郡成都(今四川成都)人。他是文学家、哲学家,又是著名语言学家。《方言》不仅是我国语言学史上第一部对方言词汇进行比较研究的专著,在世界语言学史上也是一部开辟语言研究的新领域,独创个人实际调查的语言研究的新方法的经典性著作。在《方言》尚未完全成书之时,与扬雄相识的张伯松(西汉张敞之孙)就盛赞它是"悬诸日月不刊之书"。(扬雄《答刘歆书》)

扬雄虽是我国第一部方言专著的编撰者,但方言调查的做法,在周秦时代就已存在了。扬雄给刘歆的信,东汉应劭的《风俗通义序》中都谈到,周秦时代的每年8月,中央王朝都派出乘坐輶(yóu)车(一种轻便的车子)的使者到全国各地调查方言、习俗、民歌民谣。扬雄和应劭称这种人叫"輶轩之使",也就是"輶轩使者"的意思。周王室的这种做法,本身虽不属于语言科学研究的范畴,它的目的正如东晋人常璩在《华阳国志》中所说:"以使考八方之风雅,通九州之异同,主海内之音韵,使人主居高堂知天下风俗也。"通过了解各地方言,以了解各地的风土人情,加强中央王朝与地方上的联系,这是当时方言调查的目的。汉朝官方有无此种做法,已不得而知,但刘歆给扬雄的信中说:"今圣朝留心典诰,发精于殊语,欲以验考四方之事,不劳戎马高车之使,坐知徭俗。"(《刘歆与扬雄书》)扬雄的回信也说:"其不劳戎马高车,令人君坐帷幕之中,知绝遐异俗之语。"(《杨雄答刘歆书》)扬雄是西汉时人,这起码说明,方言调查在汉代可能也是皇帝所关心的一件事情。

但是这种通过輶轩使者调查所得的方言材料,随着周秦王朝的败亡,可能也就成了王朝书库中的尘封散乱之物,西汉前期并未见到有何人加以留心整理。扬雄提到成都的严遵(字君平)和临邛的林间翁孺("林间"是复姓)"深好训诂,犹见輶轩之使所奏言"。而这两个人不仅与扬雄是同乡,且又都是其老师,林间翁孺与扬雄还有亲戚关系。但他们二人掌握的材料并不多,"君平才有千言""翁孺梗概之法略有"。但也许正是这种种关系和他们所见到的材料和拟就的"梗概",启发了扬雄研究方言的兴趣;而扬雄本人又曾在汉成帝时"得观书于石室"(皇家藏书之处),并校书于天禄阁。方言调查的传统和调查所得材料的遗存,应当视为扬雄编撰《方言》的引发契机和初步基础。

所谓"輶轩使者绝代语释",所指应当是先代使者调查方言所得到的"绝代语"的释义,说得通俗点,就是古代语言的解释;"别国方言"则是就地域而言,也就是西汉时代各地方言的意思。这个题目本身就说明此书不只是讲"方言"的,它包含了对"绝代语"的释义和"别国方言"的释义两个方面的内容(依何九盈先生说,见《中国古代语言学史》)。不过,"绝代语"和"方言"这两个概念,具体落实到某一个词儿上,只具有相对的意义,而不是绝对的。书中明言地域区划的,当然是该地的方言;至于"绝代语"在扬雄时代也许是较易辨识的,今天则不易分辨出来了。

扬雄还是一位古文经学家。据东汉许慎说,汉平帝曾召集百余名学者到未央宫讲解文字,扬雄根据会议材料,采以作《训纂篇》。《汉书》本传记载他曾教授刘歆之子刘棻学作"奇字"。所谓奇字,就是先秦古文字中的形体奇异者。语言文字方面的深厚功底为他撰写《方言》提供了有力的工具。

扬雄大约在40岁左右从老家到长安,以后一直在长安任职。这就使他有机会熟悉带有今天普通话性质的当时的"通语",有机会接触来自各个方言区的人。在给刘歆的信里扬雄说,在长安时,他常常手握毛笔,携带白绢(写字用),向来自各地的孝廉和士卒询问各地方言异语,回到家里即加以整理排比。这样的实际调查工作,一直进行了27年之久。扬雄

71岁时死在长安。他一生官位不高，家境素贫，很少有人到他门上拜访。扬雄把他的后半生几乎全都奉献给了方言调查研究工作。扬雄的足迹虽只由蜀郡至长安，但他握笔携绢的记录工作，已开创现代方言调查的先河。

《方言》经东晋郭璞注释之后流传至今。今本《方言》计13卷，大体轮廓可能仿《尔雅》体例，但卷内条目似不及《尔雅》严格有条理。大体上，卷1、2、3是语词部分，其中有动词、形容词，也有名词；卷4释衣服；卷5释器皿、家具、农具等；卷6、7又是语词；卷8释动物名；卷9释车、船、兵器等；卷10也是语词；卷11释昆虫；卷12、13大体与《尔雅》的"释言"相似，往往以一词释一词，而没有方言词汇比较方面的内容，与前10卷大不相同。何九盈先生怀疑最后2卷可能原来是分作4卷的（扬雄自己说全书是15卷），且扬雄生前并没有把《方言》写完，现在的后2卷原本只是写作提纲。后扬雄因病去世，没有来得及把这2卷中有关方言的对比写进各条之下，以致成了未最后完成的书稿。

13卷的《方言》所收的词条计有675条（据周祖谟《方言校笺》统计），每一条下，作者往往先提出一个或几个同义词作为条目，然后或用一个词来解释它们，或分别说明各个词的使用地域，所以实际词目远远超过了条数。例如：

① 跌：蹶也。（卷13）

② 炀、烈：暴也。（同上）

③ 忱、俺、怜、牟：爱也。韩郑曰忱；晋卫曰俺；汝颍之间曰怜；宋鲁之间曰牟，或曰怜。怜，通语也。（卷1）

④ 嫁、逝、徂、适：往也。自家而出谓之嫁，由女而出为嫁也。逝，秦晋语也。徂，齐语也。适，宋鲁语也。往，凡语也。（卷1）

例①、②这种释词方式见于卷12、13，缺少了方言词的比较和通行区域的说明。例③、④大体是全书的通例。所谓"通语""凡语"，指的是当时没有区域限制的通行语；某地语或某某之间语指某地区或某两地区方言而言，最后两种情况也有通行区域广狭之分。

在记录方言词汇时，扬雄已敏锐地觉察到，某些方言词的区别，是方音不同造成的，他把这种情况称之为"转语"或"语之转"。例如：

⑤庸谓之㑞，转语也。（卷3）

⑥䵷䵷：……或谓之蠾蝓。蠾蝓者，侏儒语之转也。（卷11）

例⑤㑞（sōng）与庸叠韵，都是懒惰无能的意思。例⑥两种名称实指一物，即今天的蜘蛛，它们都是由"侏儒"一词的语音衍化而来。

《方言》一书所涉及的方言区域，东起齐鲁，西至秦、陇、凉州，北起燕赵，南至沅湘九嶷，东北至北燕、朝鲜，西北至秦晋北鄙，东南至吴、越、东瓯，西南至梁、益、蜀、汉，中原地区则几近包罗无余。由此我们可以考见汉代方言分布的大致区域，绘制出大致的方言地图。《方言》还为我们提供了研究汉代社会生活某些方面情况的资料。尤为重要的是，《方言》给我们提供了研究汉语发展史、汉语方言史、汉语词汇史、汉语音韵史的丰富资料。《方言》一书的价值更在于，这是第一次，也是最后一次用个人力量进行全国方言词汇调查后而撰成的一部书，它的编纂在中国语言学史上是一种创举，收集材料和编写方法在当时已具有相当的科学性。在方言词汇、方言语音调查的规模和记录手段、工具都已远胜古人的今天，我们不能不铭记扬雄握笔携绢，口问手写，孜孜不倦的开创之功。《方言》作为"悬诸日月而不刊之书"，在中国语言学史和世界语言学史上，占有一席之地，应当是当之无愧的。

"晰名物之殊，辨典礼之异"
——《释名》

大千世界，万物纷呈，其名各异。百姓大众呼物品而欲究其得名之由。适应这种心理需要，我国东汉末年出现了一部专门探求事物名源的佳作，这就是《释名》。

《释名》作者刘熙，字成国，北海（今山东省寿光、商密一带）人，生活年代当在桓帝、灵帝之世，曾师从著名经学家郑玄，献帝建安中曾避乱至交州，《后汉书》无传，事迹不详。

《释名》共8卷。卷首自序云：自古以来，器物事类"名号雅俗，各方名殊……夫名之于实，各有义类，百姓日称而不知其所以之意，故撰天地、阴阳、四时、邦国、都鄙、车服、丧纪，下及民庶应用之器，论叙指归，谓之《释名》，凡二十七篇"。说明刘熙撰此书的目的是使百姓知晓日常事物得名的缘由或含义。其27篇依次是：释天，释地，释山，释水，释丘，释道，释州国，释形体，释姿容，释长幼，释亲属，释言语，释饮食，释采帛，释首饰，释衣服，释宫室，释床帐，释书契，释典艺，释用器，释乐器，释兵，释车，释船，释疾病，释丧制。所释名物典礼共计1502条。虽不够完备，但已可窥见当时名物典礼之大概。

刘熙解释名源，采用的是声训的方式。所谓声训，就是用声音相同或相近的字来解释词义。声训在先秦典籍中已有采用。汉代《尔雅》《方言》《说文解字》等著作中，声训用得也很多。但全书的名物语词都用声训来解释，则《释名》为第一书，是刘熙的独创。

《释名》中的声训，从训释词和被训释词的关系来看，大致有几种情况，即：或同音，如"贪，探也，探取入他分也。""勇，踊也，遇敌踊跃欲击之也。"贪与探、勇与踊同音；或音近，如"骂，迫也，以恶言被迫人也。"（骂，鱼部明纽上声字；迫，铎部帮纽入声字）；或双声，如"河，下也，随地下处而通流也。"（河、下皆匣纽）；或叠韵，如"月，阙也，满则阙也。"（月、阙皆在月部）《释名》在用一个字做声训之后，还接着说明用该字释义的理由。如"探取入他分"，说明了以"探"释"贪"的缘由；"满则阙"，说明以"阙"释"月"的缘由。这样也就从音义的结合上说明了一个名称的来由。

《释名》用声训解释名物典礼，有些讲得较贴切，有些则为穿凿杜撰之说。如"斧，甫也。甫，始也。凡将制器，始用斧伐木，已乃制之也。"（《释用器》）"发，拔也，拔擢而出也。"（《释形体》）"雹，跑也，其所中物皆摧折，如人所蹴跑也。"（《释天》）这样的解释显得十分牵强。其实世上事物得名的途径很多，情况非常复杂。而通过声音线索由一物名衍生出另一物名，只是起名的一种途径而已。而且有的名称由约定俗成而来，仅仅是记录事物的一种代号，音与义之间并无联系。所以对事物之名如果全通过声训来解释，势必出现悖误。故《四库全书总目提要》批评《释名》"中间颇伤穿凿"。不过，远在1700多年以前，刘熙能写出这么一部具有语源学性质的书，实在可贵。

《释名》与《尔雅》《方言》《说文解字》历来被视为汉代4部重要的训诂学著作，在训诂学史上占有重要地位，具有较高的学术价值。其价值主要表现为：

1.《释名》以声训解释名物，为因声求义开辟了道路，促使了古代韵书的产生。《释名》又集汉代音训之大成，为考见汉末语音，研究上古音提供了可靠的材料。特别可贵的是，《释名》中记录了当时一些语词的方言读法，如《释天》："天，豫、司、兖、冀以舌腹言之。天，显也，在上高显也，青、徐以舌头言之。""风，兖、豫、司、冀横口合唇言之。风，氾也，其气博氾而动物也。青、徐言'风'，踧口开唇推气言之。"这些记录说明了汉代一些方言语词的发音部位和发音方法，是扬雄《方言》所没有的，因而十分宝贵。

2.《释名》记录了很多汉代通用的语词，可与《尔雅》《说文》以及古代经典或传注相参证。如《说文·禾部》:"秦,伯益之后所封国,地宜禾。从禾,春省。"《释名·释州国》:"秦,津也,其地沃衍,有津润也。"此说正是秦"地宜禾"之证。尤其是《释名》中有许多与《尔雅》《说文》及经传不同或不尽相同的训释,是很有价值的训诂材料。如《诗·邶风·泉水》:"我思肥泉。"毛传:"所出同,所归异为肥泉。"出自同一源头而流向异处的泉水为何称为"肥泉"?《释名·释水》曰:"本同出时所浸润少,所归各枝散而多似沘者也。"刘熙说明了原委,比《毛传》更进了一步。又如《礼记·曲礼上》:"七十曰老而传,八十、九十曰耄。"《释名·释长幼》曰:"七十曰耄,头发白耄耄然也。八十曰耋,耋,铁也,皮肤黑色如铁也。九十曰鲐背,背有鲐文也。"这一解释有异于《曲礼》,内容也较丰富。又如《说文》:"瓦,土器也,已烧之总名。"瓦本指烧制的陶器。《释名·释宫室》:"瓦,踝也,踝,确坚貌也。"这里所说的瓦是指盖房顶的瓦(古瓦有当,向外。瓦与当连,犹如人足与踝相连,故以"踝"释"瓦")。这说明至少在汉末"瓦"的词义已发生了转移。这类材料对我们探讨词义学和汉语史都很有价值。

3.《释名》还保留了汉代的一些古语。如《释天》:"露,虑也。覆虑物也。""覆虑"是古语,亦谓之"覆露",在《汉书·晁错传》《严助传》《淮南子·时则篇》中都曾出现,是"荫庇""霑润"之义。《释天》:"虹,又曰美人。"这是古代俗称。传说古时有一对夫妻,荒年菜食而死,俱化成青虹,故俗呼为美人虹。《释丧制》:"汉以来谓死为物故。""狱死曰考竟。"这些古语,传达了上古时代语言的信息,可以作为考察古今语言发展轨迹的凭据。

4.《释名》所训释的对象不侧重于文献语言,而重于日常名物事类,因此它涉及社会生活面广,从天文、地理到人事、习俗都有所反映,加上《释名》成书去古未远,所以可以因所释名物推求古代制度。如《释书契》"汉制,约敕封侯曰册。册,赜也,敕使整赜不犯之也。"说明汉代册封侯王时立有整敕其不得犯法的文书。又如《释典艺》:"碑,被也。此本王莽时所设也,施其辘轳,以绳被其上,以引下棺也。臣子追述君父之功美,以书其上。后人因焉,无故(即物故)建于道陌之头,显见之处,名其文就,谓之碑也。"碑的功用的演变由此可见。原来,古时丧葬,在墓坑两端各树一石碑,碑间架辘轳,以绋绕辘轳上,挽棺缓缓下放。后来碑用来追述先人功业。《释书契》:"笏,忽也。君有教命,及所启白,则书其上,备忽忘也。"由此我们可了解古代朝会时大臣所执手板的用途。《释衣服》:"裲裆,其一当胸,其一当背也。"汉代的裲裆,相当于后代的背心。"帔,披也,披之肩背,不及下也。"帔即披肩。前人认为始于晋,由此可见汉末就有了。《释首饰》:"髲,被也,发少者得以被助其发也。"原来假发早在汉代就作为头饰了。"穿耳施珠曰珰。此本出于蛮夷所为也。蛮夷妇女轻浮好走,故以此琅珰锤之也。今中国人效之也。"珰的产生及其流传情况由此可见。《释用器》:"枷,加也,加杖于柄头,以挝穗,而出其谷也。"可见今天一些地区脱粒用的农具连枷的历史相当悠久。阅读这些记载,可以获得百科知识,了解我国古代社会的文明史,考究事物缘始和汉代生产生活情况。

　　从上所述,可见《释名》对研究训诂学、语言学、社会学来说,都是极为重要的著作。清人毕沅说:"其书参校方俗,考合古今,晰名物之殊,辨典礼之异,洵为《尔雅》《说文》以后不可少之书。"(《释名疏证序》)这一评价是很中肯的。

　　《释名》产生后长期无人整理,到明代,郎奎金将它与《尔雅》《小尔雅》《广雅》《埤雅》合刻,称《五雅全书》。因其他四书皆以"雅"名,于是改《释名》为《逸雅》。从此《释名》又别称《逸雅》。《释名》的明刻本缺误较多,清人对它进行补证疏解,其中最重要的著作是毕沅的《释名疏证》,王先谦的《释名疏证补》,后者为清人研究整理《释名》的集大成之作。